谢彦君 等◎著

旅游体验研究

走向实证科学

中国旅游出版社

目 录
CONTENTS

绪论：旅游体验研究的意义、方法与方向

一、旅游体验研究的意义

笔者把旅游体验纳入到旅游学研究视野，还是 1995 年的事情。当笔者在构思《基础旅游学》(该书初版印行于 1999 年)的内容框架之时，由于对传统教科书所包含的旅游核心组分缺位的反思，促成了旅游体验这部分内容得以登堂入室，被纳入旅游学研究的范畴，并赋予其独特而重要的地位。就这个举动的意义而言，笔者一直不认为它是一个创举，而仅仅是一个回归，是一个企图给旅游研究一个说得过去的理由的一次尝试。

如今，10 多年过去了，旅游体验已然成了一个热门的研究领域，甚至它在旅游研究中的核心地位也逐渐被人们接受。这是令人欣喜的一件事情。试想，即使到了 2002 年，在中国知网上还仅仅只有笔者的一篇发表在《旅游科学》上的文章是关于旅游体验的(这是笔者于当年在美国留学期间的一次检索结果。如果此结论有误，也许是由于当时该数据库收录的文献较少的缘故)，到如今，已经有上千篇专文探讨旅游体验的问题，其发展速度之快，怎能不令人感到欣快！

旅游体验之所以能得到学术界如此热烈的关注，笔者并不认为这是社会发展到了体验经济时代所带给我们小小的旅游学术界的一次意外的恩惠。倘若真的这样认为，那么，我们还依然没有寻到自己的根，没有回到自己的家，没有擦亮我们看世界的那双独特的眼睛。体验经济时代会使旅游体验成为其中的典型的体验形式之一，体验经济时代还可以为旅游体验研究准备很多像模像样的多学科相关研究成果供我们借鉴、应用，但仅仅从外部体验经济时代大环境的角度去看待旅游体验问题，那注定依然是不能解决我们的学科问题的。说得更清楚一点就是，独特而独立的旅游学科的构建，不应该来自外部的理由，而在于发自内在的认识：是旅游现象的体验性质，使得旅游体验研究成为旅游学的

一个显性研究领域。

　　基于这样的认识，多年来，笔者一直把旅游体验看做是旅游研究的核心领域，是纷繁复杂的旅游现象的万变之源，而对旅游体验现象的科学研究成果将能够统御所有旅游知识从而促成旅游知识共同体的形成。这样看待旅游体验，相当于把旅游体验看作旅游现象的内核或共核。这种企图为旅游知识共同体寻找一个可以依赖的"内核""共核"或"基点"的思想，明显地带有一元论的意味，按照笔者的理解，这可能是促成旅游研究走向科学实证的重要理念。建立在这一理念基础上的旅游研究，将旅游现象理解为有规律、可预测的因果关系，由此成为科学研究的对象。举个例子来说，在中国文化的源头之一老子哲学那里，就把世界看做"道"的统一，即所谓"道生一，一生二，二生三，三生万物"，于是，万物的终极都以"道"为依归，或者以"道"的特性为特性。这一哲学方法不仅在弗洛伊德的精神分析理论那里被翻版，认为人类行为都源自"力比多"的作用，而且在现代宇宙学的大爆炸理论中也得以变相地体现出来：宇宙产生于一个"奇点"。由此可以得出一个结论：自然与社会都是成体系的，而这个体系也是有根源的，存在着某种一致性，因此，对自然和社会现象的研究及其知识的组成也应该是成体系的、有根源的、一致的。这一点，对旅游研究、旅游学科的构建来说，自然不会例外。

　　对于旅游体验研究的这一学科贡献价值，笔者在2005年出版的《旅游体验研究——一种现象学的视角》一书中曾做过这样的说明：

　　首先，笔者认为，旅游体验研究可以作为旅游学基础理论研究的硬核。目前旅游学研究的迫切使命是要为它找到一个可以使其自立的理论内核，用这个内核来统御整个旅游学术研究，整合旅游学科关系，推动旅游学科建设。直到今天，这种努力不仅在国内没有达成目的，在国外也没有。笔者曾经在文章中表达过这样的观点：国外旅游学术成果在旅游学各个分支领域的积累已经相当丰富，而问题是，目前还没有一个集大成者，能寻找到最恰当的视角，将这些分隔的知识加以整合，因此，国外的旅游学科体系也照样没有建立起来。我国旅游教育30多年来所遭遇的连我们自己都不敢面对的教育质量低下的问题，在很大程度上可以溯源于学科体系上的不自立、不成熟。国内学者对此都有认识，大家也都在孜孜以求地寻找这个突破口。笔者个人认为，在目前阶段，旅游体验研究可以作为旅游学研究的主体部分，经过大家的努力，使其成为旅游学术研究中的显学，从而起到统领旅游学科体系的作用。它之所以能扮演这个角色，理由还在于几个方面。

其次，旅游体验研究是最能够体现旅游学作为一个跨学科的体系架构的研究视角。在旅游学术界内部，现在已经很少有人会否认，旅游学是一门跨学科。按照皮亚杰的说法，跨学科具有学科超越特征，是在一种有效的视角统辖之下的学科有机整合，它不能容忍学科之间处在一盘散沙的状态，甚至也不满足于那种多学科研究的被动学科关联方式。所以，在学科融合、分解如此频繁和常见的今天，要想对一些学科进行整合，没有一个恰当的、有效的研究视角，恐怕很难做到。长期以来旅游学研究就处在多学科（包括地理学、文化学、经济学、心理学、管理学、环境科学、生态学、伦理学、人类学和美学等）各自为政的研究状态之下，没有一个视角能够统领各个学科，而一旦这些学科呈现各自为政的局面，旅游学科内部的科学沟通就成问题，更不用说在整个科学界会造成旅游学研究的小儿科局面。说旅游体验具备这种视角的潜质，是因为，尽管旅游体验已经变成一个相当纯粹的范畴，但它依然是旅游学传统各学科借以表现的重要学术平台，因为很显然，不仅从旅游体验外部关联来看，对它的研究不是单一学科所能胜任，就是从其内部来看，也有各个学科施展的空间。这样，旅游体验这个单纯范畴似乎具备了两种品质：其单纯性使其可以作为一个理论的硬核，其丰富性以及可拓展性又赋予它可以作为统御一个跨学科的视角的潜质。它的地位，由此而一点点彰显出来。

再次，从旅游的理论研究的角度，笔者感到旅游体验研究是一个富矿，有广泛探索的空间，有可以深入发掘的魅力。通过对旅游体验的初步研究，笔者感受到了它所拥有的巨大空间。对它的研究，使我们有机会动用一些非常成熟的学科的知识，来深入地、独特地探讨旅游现象。这是一个可以容纳一大批人来共同投身去做的领域。

最后，就目前我国旅游学研究状况来看，笔者认为展开旅游体验研究可能是快速解决旅游研究理论空洞化的最有效途径。在一定程度上，我们不能否认一个事实，最起码在我国的旅游教育领域，旅游学研究是一个没有理论的领域。笔者感觉，由于它自身的资质使然，旅游体验研究或许可以成为解决这个问题的最快速有效的途径。

上述结论可以用一个图例来加以总结，借以说明旅游体验作为一个知识共同体的内核所具有的知识衍生能力和理论拓展能力（见图1）。

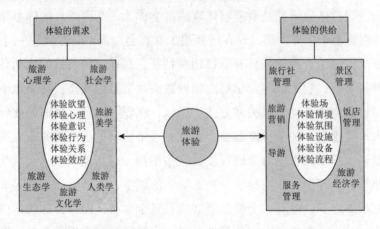

图1　旅游体验的知识衍生能力和理论拓展能力

旅游体验研究所具有的这些十分重要的意义，目前正通过中国旅游学术界的广泛关注、积极投入和深入钻研以及大量成果等多种现实全方位地体现出来。毋庸置疑，这一态势还会持续下去，直到相关的科学研究达到其预想的目标或者被证实其方向的彻底荒谬为止。这两个相互对立的结果，无论哪一个最终呈现出来，都是科学研究的自然结果，是知识积累的自然途径，不足为怪。

二、旅游体验研究的方法

不过，在实现上述意义的过程中，还有一个工具性的问题必须加以考虑，那就是，旅游体验研究也存在方法论的问题。

在这个问题上，笔者想提出两点看法：关于旅游体验本质的认识方法，以及关于旅游体验质量的测量方法。

在面对旅游体验展开科学研究伊始，我们就面临要回答的第一个问题：什么是旅游？旅游的本质是什么？这是一个重要的问题，尤其是，当旅游学术界多年来因受到旅游的技术性定义的牵制甚至蛊惑而本末倒置地认识旅游的本质的时候，对旅游的本质的认识，就更加是一个重要的问题——我们不能在开拓旅游体验这样一个新领域的初始阶段就重犯以往那种影响至深的方法论错误。

当我们接受了旅游是人生的一个片段这一事实的时候，就等于我们接受了旅游是一种高度复杂的现象这一命题，就等于接受了与旅游相关的知识可能存在着高度变异性的假定。旅游学研究的历史也确实证明了这个结论：介入旅游研究的学科，如今已经涉及方方面面，任何一种与人生、与人类、与人类活动的对象有关的学科（这等于说，恐怕涉及所有的学科，差别仅仅在于关联的直接程度不同而已），都可能插足于旅游研究，为这个领域贡献独特的认识视角、研究方法和科学命题。

然而，如果我们满足于当前的这种各个学科随意插足、各取所需的局面，我们就永远不能形成属于"旅游"自身的一个独立的知识共同体。进一步而言，如果把有关一种事物的科学研究的知识积累过程划分成某种学科类型的话，当前的旅游研究恐怕还处于多学科研究的阶段，并没有达到跨学科状态。沿着史密斯对旅游的多元属性的描述，我们可以用图 2 来说明旅游研究当前所呈现的多学科研究状况的性质及其影响。

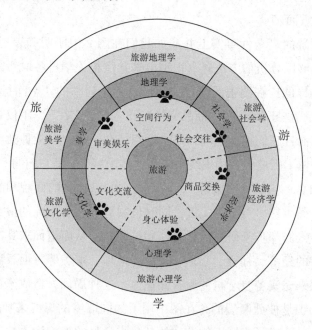

图 2　旅游学与相关学科的关系（逆转前）

在这图 2 中，所能解读出来的思想或认识是值得我们深思的。首先，旅游现象的复杂性是多学科介入旅游研究的前提。旅游作为人类社会生活的一个阶段，这一性质决定了旅游在内容上的多样性和复杂性。可以说，旅游是这样一种事物，举凡人类日常生活的各种活动、条件、过程和内容，都会在一个新的时空框架中重新发生，差别仅仅在于它改换了面孔，更新了意义，还可能提升了品质或层级（谢彦君，2005）。

其次，当前多学科研究旅游的结果或贡献，在于为各个介入学科丰富自身的研究领域、拓展自身的研究视野、补充自身的研究内容提供了一种新的可能性。通过对旅游现象的研究，有关学科将自身的知识延伸到人类社会生活的全过程、全景观当中，不再留有明显的缺漏——在有旅游（指具备了相当规模的旅游，通常是近代意义上的旅游）而没有任何关于旅游的研究的历史时期，社会科学研究等于遗漏了对这种现象的关注和探讨，因此，有关人类社会生活的总体知识就其类型而言当然是不全面的。比如，当心理学研究完全忽略了人在旅途当中的心理规律和行为倾向，那么，它等于忽略了当今人类社会生活的一个极其重要的方面。

然而，旅游的复杂性事实上并非如我们在图 2 中所明确表现出来的那样：这种复杂性能够以分析的方法轻易识别出来并供相关学科各取所需加以独立的研究。不是这样的！在图中的第二层环形当中所列举的"空间行为""审美娱乐""文化交流""身心体验""商品交换"和"社会交往"，不仅是旅游众多内容的一部分，而且它们彼此之间，还永远纠结在一起，以某种独特的方式相互作用而成为一体（因此笔者用虚线来隔离这些内容）。是它们的"总合"（并非局部的简单加总）构成了"旅游"，而不是它们以独立的面貌和品质构成了旅游的某一个方面。这一点至为关键，同时也制造了旅游研究的最大困难。正是在这一点上，人们却步于研究的复杂性和关联性，从而退而求其次，满足于割裂地研究旅游的经济、社会、心理、文化、地理、审美等方面，满足于将相关的知识仅仅用来充实各自学科的原有知识体。这种局面，造成了这些学科当中涉及旅游的知识是彼此断裂的（在图中用了如同墙壁的黑线来加以表示），甚至是对立的，也造成了本属于旅游学的各分支学科的架构和方法并不是由旅游学来加以规定、指导或限制，反倒是对各个介入学科的简单"戴帽"和"移植"。这种错位的影响是严重的。因为，一方面，旅游各分支学科因丧失了"旅游"的统辖而变得分崩离析、互不说话；另一方面，也使得"旅游学"本身作为一个知识共同体而存在这一理性诉求变成了难以实现的梦想。各个分支学科在研究旅游这一现象时，其基点是多少有些自私的攫取，却毫无构建旅游知识共同体的自觉，因此也不能对旅游学知识给予令人满意的反哺。

在图 2 中，还反映了一个事实，那就是，在旅游研究的历史过程以及当前状态中，暴露了一种学科介入程度、顺序和地位上的颠倒。换言之，最先对旅游予以学术关注的，以及至今还处于显著状态的学科，是各种介入性的学科，以及在此基础上经过"戴帽"而形成的分支学科，而不是旅游学科自身。这虽然是历史的自然甚至必然，是知识成长的通常路径，但反观中国目前特殊庞大的旅游高等教育规模，就不能不让人感觉终止这种现象并引导其做科学的转向的必要性和迫切性。

笔者认为，在目前阶段，已经到了自觉地用"旅游学"的视角来审视旅游的本质和内容并构建旅游学科体系的时候了。这不仅因为旅游相关研究的成果已经积累到了可以让我们思考构建独立的知识共同体的程度，而且，就旅游这一现象本身的性质而言，只有这样，才能协调相关知识，摆脱当前旅游知识依附于各个介入学科的尴尬局面。如果这个想法有一定道理，那么，图 2 所反映的旅游学科与相关介入学科在旅游研究这一点上所形成的关系就需要逆转（见图 3[①]）。这样，针对旅游现象的研究，最切近、最直接的学科，是旅游学，而不是传统上的介入学科（它们应处于最外围的层面）。而且，旅游学在研究复杂的旅游现象时，不会将这些现象断然分析为不同的方面。即使有时需要做必要的分析，也不会忘记这种分析的统一的基点以及它最终要实现的综合的目标。正是这"统一的基点"和"综合的目标"，才是指导所有旅游分支学科自身研究基点和理论体系的根本。由此所形成的各个分支学科，既能打破现有分支学科的壁垒和隔膜，共享旅游的某个统一的"内核"（或称"共核"），还能坚持各分支学科的独立的研究对象和研究策略，形成自身的研究特色和研究领域。如果能做到这一点，旅游学科的确立也许就指日可待了。不过，达到这一点绝

---

① 图2和图3包含着笔者对旅游学科各种关系的诸多理解，将二者加以对照，可以看出这种理解的特点。

非易事，我们不能抱有任何不切实际的希望，只能脚踏实地地做出不懈的努力，任何急功近利的学术投机都将使这一目标离我们渐行渐远。

然而，促使旅游现象发生的根源在哪里呢？维持旅游知识共同体的根本一致性的"共核"是什么呢？换言之，决定旅游现象诸多特征的本质规定性是什么呢？

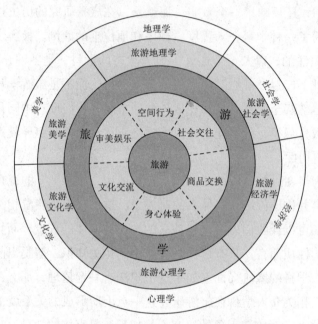

图 3　旅游学与相关学科的关系（逆转后）

当前，旅游学术界在认识旅游的本质这一问题上所采用的方法和路径是多种多样的，因此对旅游知识共同体的内容构成也就各执己见[①]，其结论自然也就五花八门。在这种情况下，旅游研究不仅难以积累一些可以向学生传授的"万变不离其宗"的道理，而且还因为各种相关、相近范畴（如所谓的商务旅游、会议旅游、宗教旅游以及探亲访友旅游等）的相互纠缠而始终无法找到相关知识的共同基础——因此也就难以形成一个知识共同体（学科）。

---

① 据中国旅游协会旅游教育分会提供的数据，全国高等院校所有专业的教材种类共计有15万种左右，而旅游专业的教材有 1.2 万种之多。这一信息恐怕未必意味着旅游专业的教材开发比其他专业更为繁荣，而是比其他专业混乱。一个有趣的现象是，在旅游专业当中流行的不同版本的教材当中的不同表述，可以被宽容地认定为"观点不同"，这与一些成熟学科的学术认知大相径庭。

　　针对如何认识旅游本质这一问题，笔者曾做过这样的实验：请 5 个刚入校的大学生描述他们的一次旅游活动。下面是被实验者的描述实录：

　　学生 A 的描述：初中时，与全班同学一起 离开 沈阳，坐火车到大连，在火车上一路很 开心，到大连后，看到很多很 美丽 的 景观。

　　学生 B 的描述：高考之后，我就和几个高中同学 去了 丽江。这是我第一次出远门。丽江的夜晚实在太 迷人 了。我们还去了玉龙雪山。在广州没有看过雪，在那里看到了，很 激动。

　　学生 C 的描述：来大连之后，去过 旅顺，看过一些很有文化的 景观、博物馆，印象 特别深刻的是木乃伊。

　　学生 D 的描述：小时候有一次跟着父母，从成都 去了 苏州、杭州、上海，一直在逛街、走路、看电视，觉得很 好玩。

　　学生 E 的描述：假期跟父母从大连 去了 呼伦贝尔。草原是我 第一次 见到，太 辽阔 了。还喝了酒，我第一次 喝白酒。

　　尽管从科学研究的角度来说，这个实验的样本似乎很小，而且，就我们所涉及的研究问题（旅游的本质）来说，样本的结构也很单纯（都是学生），但一个事实已经从这个实验中浮现出来：在所有的人的描述中，都直接或间接地涉及一些旅游所共有的事实。这些事实如果用关键词加以概括，足以凸显出旅游的共性的东西：体验（美好的印象和愉悦的感受）、异地（总是到离开常住地的地方）、余暇（不占用工作或学习的时间，是一种暂时的行为）。[①]

　　所以，通过这个实验，不难得出这样的结论：旅游是人们利用余暇在异地获得的一次休闲体验[②]。换言之，旅游的本质就是一种体验，而余暇和异地将这种体验与其他体验分离出来，赋予其独有的特征。旅游的本质规定性由此形成，旅游知识共同体（从旅游学到其下属的各个分支学科）的基点也应该建立在这

[①] 笔者相信，即使把样本的容量扩大，并且包含更多种类的人员，也会得出类似的结论——但一个要点必须明确：不要包含学过当前的旅游专业知识的学生或学者！——这是现象学的精髓。

[②] 这是笔者对以往自己所给出的旅游的定义的一个改进，同时也意味着笔者在认识相关问题方面的一些变化。

一本质的基础上。

上述探寻旅游本质的方法，属于现象学的方法。这种方法在探讨意识、心理、体验、行为以及行为相关项的本质时，被认为是最恰当的方法。这种方法的两个主要特征是：

首先，它主张"面向事实本身"，要"直观本质"，要从"经验事实的一般性向本质一般性还原"。在认识旅游的本质的过程中，只有旅游者的内在体验才能概括旅游现象的本质，而不是由旅游现象的外部影响或建立在任何预设前提基础上的逻辑推论（当前某些流行的观点还可能违背逻辑）来决定旅游的本质。

其次，它强调方法上的"悬搁"，试图"普遍地质疑"，将任何先在的即使是科学的观念加以暂时的搁置（胡塞尔称为"加括号"），只有这样，才能做到本质直观。

在我们的实验中，那些没有受过"旅游专业教育"的学生，都毫无困难地通过他们自己的描述向我们呈现了一个个符合通常意义的"旅游"的情景。但是，虽然笔者没有做这样一个实验，但凭自己多年接触的旅游学者的经验，就发现了一个有趣的现象：当这些旅游学者在界定旅游的含义以及进行旅游研究时，往往会将纯商务旅行、纯宗教旅行、纯探亲访友旅行等纳入到旅游的范畴。这种做法从研究一个地区的旅行接待设施（如酒店、餐馆）的供给量的角度（这通常是政府部门和产业部门的角度）看无可厚非，但若从旅游知识共同体的构建的角度看，就有明显的不适当的地方了。如果从方法论的角度寻找原因的话，显然，在对待旅游的本质这个问题上，他们没有做必要的知识悬搁——没有放弃权威人士对旅游的界定，因此也就不能完全回到旅游现象的事实本身。

上述讨论可以归结为这样一个结论：在研究旅游体验这个问题上，如果从旅游体验构成了旅游的本质规定性的话，那么，旅游体验研究，在哲学方法论层次上，就可能主要依赖于现象学的方法。尤其是在探讨旅游者在旅游世界所经历的体验的性质、意义以及价值等领域，现象学的方法可能更加适合。

然而，有一个不容置疑的事实会提醒我们，在利用现象学方法研究旅游体验时能够和应该走多远的问题。在旅游体验的语境当中，科学研究的对象最终总要走向两个问题域：作为旅游者的体验需求的问题和作为满足旅游者体验需求的体验品供给问题。也许在前一个问题上，鉴于心理问题的复杂性和人（非动物）性，现象学有其更大的适用空间。但是，在探讨旅游体验的供给问题时，不可避免地要走向分析哲学，走向将体验技术化、操作化甚至具形化的方向。也就是说，旅游者的体验诉求会落实到具体的物质层面，由各种有形的元素、情境或氛围予以体现。这一结论，既会促成实证科学在旅游体验需求（需要）研究领域的生根发芽，也会直接推动旅游体验产品供给的经验性研究。正是在这个意义上，旅游体验研究注定要从现象学哲学层面走向实证科学层面，简言之，可以作为科学研究的对象来加以讨论、研究。

从这一点来说，本书是《旅游体验研究——一种现象学的视角》的姊妹篇，是该书的一个理论延伸和应用进展。就研究的方法而言，本书大量采用的是实证研究的方法，其意图在于积累起有关旅游世界当中旅游体验的诸多细节范畴的经验性知识。尽管其中有些方法还显得稚嫩，尽管有些研究的材料还缺乏足够的支撑力度，尽管这些成果的结论有的还不够显著，但本书在研究方法上所做的探索，体现了一个突出的心愿，那就是向人们展示旅游体验研究在方法上的多元性和深刻性。

三、旅游体验研究的方向

把旅游体验看作是旅游现象的核心，把旅游现象看作是旅游体验所引发的人类生活世界当中生活方式变化以及由此带来的生存内容的充实与提高，这一命题使得旅游体验研究的内容被极大地丰富了，同时也使得对旅游体验进行研究的途径和方向有了众多的可能性。

现在，我们可以在思考顺序上很自然地从旅游体验本身走向多学科介入旅游体验研究的境界，而不是相反，抱定固有学科的视角来审视旅游体验及其衍生现象。这种顺序上的转向，可以培养学科自觉，同时也深化研究程度，并宽容地展开各个方向的旅游体验研究。

首先，旅游体验是一个心理现象、情感现象、精神现象。在这一方向或层面，旅游体验研究会走向旅游心理学范畴，并最终实现对旅游心理的深刻认识。依照笔者的信念，当旅游作为一种休闲现象，是出于愉悦的目的，而且是暂时地离开了常驻地而展开的对新奇的快乐的追求，这一根本点将决定旅游者的心理不同于其日常生活中的心理。这种变化是旅游的魅力，是旅游现象独立存在的理由。旅游心理学的研究如果不能抓住这一核心点，就无法构建自己的独立体系，甚至对普通心理学的贡献也谈不上。因此，一旦我们把旅游体验这一范畴提高到旅游世界中的最重要范畴之一的地位，那么，旅游心理学研究的重要性就会被提高到新的历史起点予以重视。目前，国内就旅游心理所展开的深入、严肃而系统的研究几乎是没有的，这使得大学教育中的旅游心理学教科书中的知识成了无本之木。

其次，旅游体验的一个最重要的内容、一个最显著的独特现象、一个最缺乏解释的领域，是旅游符号学的问题。旅游体验这种心理、情感和精神现象，其最终的反映维度是那个能称量快乐程度的天平，而其实现的过程以及其中的多数手段，都与旅游世界中存在的、被构建的和被解读的符号有关。这不仅是因为符号是文化系统的重要表征，不仅因为符号是社会成员沟通交流的重要工具，而且，还因为符号本身构成了旅游世界的魅力源泉，是旅游者本能的"凝视"所在。符号的这一质性特征，使它在旅游体验研究当中成为重要的研究对象，这显然不足为奇。但是，到目前为止，关于旅游符号学的研究，在国内近乎空白。我们在徜徉于传统的旅游学分支学科的构建的努力当中，似乎没有感受到，旅游学学科体系构建的可能性，不仅来自于对传统分支学科的努力探究，还将来自对新兴的旅游学分支学科的探索和构建上。我个人认为，旅游符号学的构建，将改变旅游学的学科面貌，将挤出一些本不属于旅游学范畴的分支学科在旅游学科体系当中的滞留状态。

再次，作为旅游体验的原因并结果的一个方面，旅游世界中的社会关系是日益重要的值得予以学术关注的社会关系。为此，从微观社会学的角度展开的旅游社会互动行为的研究，定将深化旅游学研究的水平。在这方面，旅游者的角色扮演、旅游者与目的地居民的社会互动、旅游者个体行为的社会影响等，都将因为研究视角的变化而获得新的更加系统的阐释。甚至旅游目的地社区的社会和文化演化过程，也将被纳入到旅游体验的视角下进行审视，从中发现这种演化的动力学原理。

还有，就旅游的经济问题而言，当忽略了对旅游体验的本质关注时，就将使旅游经济学丧失了独立身份，成为经济学蹩脚的傀儡。在笔者看来，普通经济学主要是以日常消费品交易的经济品性作为研究对象的。从旅游的角度来看，这种日常消费品的一个根本性的经济特征是其生产与消费的时空可分离性：此地生产，彼地消费；此时生产，彼时消费。解决这种消费品在生产与消费上的时空矛盾的手段是仓储和运输。恰恰与此相反，纯粹意义上的旅游消费品的生产与消费在时空上是不可分离的，而弥合生产者与消费者的时空矛盾的手段，是对消费者实施运输和"储存"。这种建立在"旅游体验"基点上并体现为"旅行费用"经济特征的经济问题，必须用新的视角、新的理论体系来加以诠释，而这一点才是旅游经济学的命脉。

就旅游体验研究方向问题来说，除了上面从分支学科内容的角度略备几个方面之外，还想就研究策略谈点看法。这里所说的研究策略，是一种研究视角、研究方法，尤其是研究选题的一种选择。目前的旅游学，就知识的积累而言，尚缺乏精致的、严谨的、系统的研究成果，缺乏对"小问题"的细致研究，缺乏对"大问题"的广泛而深入的跟进研究，缺乏对"司空见惯的命题"的反思性和反省性研究。这种缺乏是一种学科不自觉的表现，而是一种将科学研究仅仅当做工具而不是当做使命的表现，值得引起学界的关注。

最近几年，笔者一直在苦思一个很难理解的现象：为什么在旅游产业日益发展的今天，在旅游现象日益明显地成为富裕社会必然选择的一种生活方式的时候，英国的旅游高等教育却显示出某种衰落的迹象呢？——Surrey 和 Strathclyde 这两个拥有那样辉煌的旅游学院的大学最终把他们的旅游项目几乎灭掉般合并到管理学院或商学院，到底是历史的必然还是历史的玩笑？在笔者看来，如果我们在开展旅游高等教育的同时不抱有强烈的学科使命感和自觉性，那么，英国的选择就是一种未来的昭示；相反，如果我们真正意识到了旅游现象的特殊性、重大性和永续性，我们就会坚定那种对这种现象进行独立研究的必要性的信念，而当我们选择了适当的研究策略的时候，这个学科作为一个独立的知识共同体的存在就会得到社会的普遍认可。笔者个人对后者保有信心，因为，笔者不相信旅游研究会被一般休闲研究所取代，会被各个可以随意踏入一只脚的传统学科的零星研究所取代，会被一些自诩为直接面对问题的实操性、对策性研究所取代。

从这一点来说，目前国内学术界（实际上也可以说包含国外旅游学术界）一直蔓延着一些对旅游的本质的似是而非的理解。笔者认为，恰好是这些不适当的理解，导致了旅游学科知识共同体构建的艰难甚至无望。这些问题可以归结为：对旅游与其相关范畴的认识（界定）的混淆。对此，下面略作剖析，免得还要专文讨论。

四、旅游与相关范畴的区别与联系

学术界对旅游现象本质的认识所存在的漠然、混乱或错误情形，造成了我们对各个旅游相关范畴在理解上的偏颇或错谬。这句话也许可以反过来说，由于很多时候很多人受到与旅游相关或相类似的现象的蒙蔽，先入为主地用自己对相关现象的理解，进而来据以判断旅游的本质，从而陷入了本末倒置的逻辑陷阱。对后边这句话，笔者可以用这样的例子来说明：由于全社会甚至全世界（借助于一些类似于 WTO 或 WTTC 这样的权威组织的推行与传播）都流行着商务旅游、宗教旅游、探亲访友旅游、会议旅游等一些说法，于是，学界的人把这种流行说法当作预设前提，用它们来反向衡量旅游的性质，进而放弃了对旅游本质的质询。要知道，不管是 WTTC 还是 WTO，还是中国国家旅游局，他们都是站在政府的角度，站在旅游（含旅行）产业的角度，出于如何规划、管理大的旅游接待业的目的，来审视旅游（实际上包含着各种性质的旅行）现象的。这一出发点毋庸置疑。然而，对于学术界而言，对于旨在构建并以组织形式（比如大学）传播旅游的系统知识的旅游高等教育界而言，笔者认为，其使命以及完成这一使命的途径，是探索并构建以旅游为核心（因此不包含除了旅游这种旅行之外的其他性质的旅行）的知识共同体，而这一知识共同体的主体内容，自然是旅游以及旅游的旅行，但也会牵连其他的旅行。只有这样来理解、对待旅游和旅游相关现象，才能期待旅游知识共同体（学科）的确立并走向成熟；否则，旅游高等教育将没有方向感，甚至还会在传播知识方面出很多笑话[1]。

其实，人们无法识别旅游与各种相关范畴（现象）之间的本质差异，原因恰恰在于，旅游与这些范畴有千丝万缕的联系，有很多相似相像的地方。现实世界的复杂性和魅力也恰恰体现在这一点上。然而，科学研究的起点，是首先从纯粹的现象出发，或者说从现象的纯粹性出发，进而去探寻现象的复杂性。

---

[1]　在现行的旅游教科书当中，人们信誓旦旦地说些似是而非的命题的情况其实不少。比如，竟有学者称"旅游文化可以溯源于 800 万年之前"，这观点着实古怪，因为人类的历史才有 300 万年。另有"先秦时期结婚旅游已经蔚然成风"的说法，论据是女娲与她哥哥在昆仑山上结婚的神话。

也只有这样，才能认识现象的复杂性。因此，在思想上先入为主地被关系或联系所牵绊、挟制，是真理探究过程中的本末倒置。但是，在方法上，我们又需要在关系和联系中去识别一种事物的本质规定或基本属性。下面的方法，实际上就是在关系中识别旅游的本质的方法，而在思想前提上，我们是在努力探索一些相关的纯粹范畴，探索这些纯粹范畴之间的现实关系或联系。

在旅游学术研究的语境当中，目前人们最为混淆的几个范畴或概念是：旅游、商务旅游（旅行）、会议旅游（旅行）、探亲访友旅游（旅行）、宗教旅游（旅行）、修学旅游（旅行）、健康旅游（旅行），等等。也正是这些范畴的恣意作乱，培育了学术界在大造概念方面的胆量，也衍生出类似于"旅游医学""交通旅游学""旅游保险学""旅游英语""旅游房地产"这样的怪胎课程，并限制着旅游知识共同体的建立。

旅游与这些范畴在本质上之不同，可以用下面的模型来说明（见图4）。这一模型的基本思路，就是将困扰我们的两种现象放置在标示两个极端的连续谱上，从最纯粹的意义上叩问不同现象的本质。孔子曾说："吾有知乎哉？无知也。有鄙夫问于我，空空如也。我叩其两端而竭焉。"（《论语·子罕》）老夫子的这段话，或许可以作为我们在研究旅游本质这一问题时所采用的思考方法的最经典依据了。

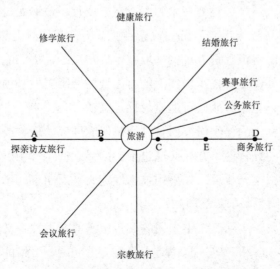

图4　旅游与各个相关范畴之间的区别与联系

从图4一下子就能看出，之所以人们经常会把旅游与其他相关范畴相混淆，是因为它们有共同之处，都具备一个类似的特性：跨越空间的旅行。但是，与这些范畴根本不同的是，如上面的定义所示，旅游，实际上是一种休闲行为，是一种个人体验。这种根本的区别，促成了对旅游进行独立研究的必要性，也是旅游具有独特意义的根本所在。图4中处于中心的"旅游"与处于各个渐变的线条端点的各个范畴，都是我们此时讨论的语境中完全纯粹的现象。从纯粹的角度理解这些现象，是科学研究的起点，这一点上面我们已经说过了。

人们之所以会混淆这些不同的现象，是因为，在现实生活中，很难找到纯粹的现象，而经常看到的却往往是混合的现象。恰好在这一点上，让我们迷失了方向，丧失了判断力。比如，我们经常会碰到位于A点或B点上的人（其余如C、D和E点的情况可以类推），前者是那种以探亲访友为主捎带安排一点旅游的人，后者是以旅游为主捎带拜访了亲友的人。这一目的上的主次差异，本来完全可以帮助我们判断这个人的身份（尤其根据存在主义哲学的原则或标准），但在技术或操作层面上却十分难以甄别。正是由于这种技术困难，使得人们放弃了对出行者旅行目的的关注，尤其是放弃了旅游者独特出行目的的关注，而代之以一些在技术上可以操作、容易操作的标准——比如出行时间或出行距离，并以此作为旅游和旅行的技术性定义。长期应用技术性定义的结果，使学术界的一些人不知不觉地变果为因，本末倒置，最终反过来用旅行或旅游的技术性定义来对抗旅行或旅游的概念性定义，造成了长久以来的理论混乱。殊不知，世界旅游组织等官方机构采取技术性定义的前提，除了上面提到的行业管理的目的之外，还有技术操作上的可能性的原因。但必须清楚，技术性定义本是无奈之举，是旅游或旅行的概念性定义的一种让步，一种权宜之计。对于旨在探索现象真相的科学研究而言，通过研究纯粹的现象或探索现象中符合研究目的的本质的纯粹性，并最终通过恰当的概念性定义予以界定，是构建科学研究的起点和根本。相反，如果用技术性定义来反向审读事物甚至代替应有的概念性定义，则犯了削足适履的错误。

由此可以看出，实际工作中采用的关于旅游的技术性定义，是为了判别图4中的A、B、C、D和E等人具体是否旅游者的问题。可惜的是，这种权宜之计的现实操作已经走得太远，它不仅用技术性定义主导旅游学术界在界定旅游的一些基本范畴方面的话语权，而且在选择技术操作的标准方面，竟然也舍弃了作为根本的目的性原则（即人们出行的目的），而是把空间或时间元素作为标尺（比如，欧洲用出行时间，北美用出行距离），并放松了对旅行目的的限制（只要"非赚钱"就行，而且这"非赚钱"还仅仅指通过"求职赚钱"）。正是这些综合的原因，导致了当今在构建旅游知识共同体方面的困难。

以上针对旅游、旅游研究、旅游研究策略的一些观点和想法，是笔者多年来从事旅游研究工作的根本点。这些年来，在指导研究生进行科学研究的过程中，这些根本点也力求加以贯彻和体现。在这本著作中，基本把握了这个根本点在研究旅游体验问题时的方向和策略。不过，这些研究仅仅是旅游体验研究的冰山一角，还不足以说明什么。笔者愿以此作为抛砖引玉之作，以期与学界同人共同攻克旅游体验研究的学术高地，向构建旅游学科的目标一步步前行。

第一章

旅游体验过程中的符号解读

第一节　旅游的符号学研究

尽管有关旅游的定义有各种表述，但在撰写本文时，笔者坚持的主要是这样的观点：旅游是个人前往异地以寻求愉悦为主要目的而度过的一种具有社会、休闲和消费属性的短暂经历。在旅游这个时空转换过程中，旅游者希望获得的是某种快感，寻求的是精神和肉体的满足。因此，可以说，旅游活动在根本上就是旅游体验（tourist experience），或者说，旅游体验构成了旅游的内核（谢彦君，1999，2004，2005a）。

从旅游体验的内容和手段来看，整个旅游体验过程包含着一个符号的解读过程。旅游是文明社会的个体与自然和社会相互"沟通"的互动过程，在这个体验过程中带有鲜明的文化特征和符号意义，旅游者需要解读这种文化乃至整个符号体系，同时也在重构这个体系，因此，对这个体系的关注就带有非常重要的社会建构意义。这也是本文立论的基点。

在这项研究当中，最为关注的是这样几个关键词：符号、文化、旅游和旅游体验。对于这些领域的独立研究，国内外都有所起步。但是，将符号的解读和建构问题纳入到旅游体验当中并在文化的视野之下进行考察，国内外的研究还甚为少见，尤其在国内旅游学术界，对于符号在旅游研究中的重要性，绝大多数人都尚未认识到，相关领域还处于空白的状态。

国外学术界对旅游体验的关注肇始于 20 世纪 70 年代，至今已经取得了一些初步成果（Cohen，1979；MacCannell，1976；Ryan，1997）；国内学术界将旅游体验纳入研究视野是在 20 世纪末（谢彦君，1999）。进入 21 世纪以后，旅游体验已经成为一个洋溢着时尚气息的词汇，旅游者、旅游业界对此都颇为关注，而在学术界，大部分研究者的视线还没有投向这个极为重要的领域。在笔者看来，旅游者的旅游体验其实是在充斥着符号的世界中进行并且获得其意义的。研究旅游体验中的符号问题，无疑会给国内外旅游体验研究和旅游学研究展示一个全新的视角。可以说，这也是本项研究的终极目的所在。根据谢彦君（2005）的观点，旅游体验就其本质而言，可以说就是一种符号互动现象。在旅游体验的各种情境当中，很多意义是通过各种符号传达出来的。人与人之间的互动过程是这样，人对物的象征意义的解读过程也是这样。所以，符号研究显然是旅游体验研究或者旅游学研究的重要领域。

一、国内外相关理论研究评述

（一）国外旅游符号学研究的进展

西方学术界把符号学思想引入旅游研究领域发轫于 20 世纪 70 年代。1976 年，MacCannell 率先提出旅游的符号意义，第一次把符号的研究引入了旅游研究领域。在《旅游者：休闲阶层新论》一书中，MacCannell 从全新的角度，系统地提出了旅游吸引物的结构差异、社会功能、舞台化的真实、文化标志，以及旅游吸引物系统中的象征符号等观点。在该书的思想内容和理论框架中，MacCannell 把"旅游者"描述成附属于无处不在、无时不有的旅游吸引物系统之下，对旅游吸引物系统的符号意义进行"解码"、并追求早已失去的真实意义的现代圣徒。他说："全世界的旅游者都在阅读着城市和风景文化，把它们看作符号系统。"MacCannell 花了大量的笔墨在旅游吸引物的符号意义研究上，然而最受瞩目的还是书中提到的舞台化的本真性的问题，在他之后很多学者对旅游中的本真性问题展开了热烈的讨论，当然他提出的旅游吸引物符号系统的观点也被后继者屡次引用。从他所发表的诸多观点看，MacCannell 非常关注旅游现象中"物"的文化内涵和"人"对意义的追求。

继 MacCannell 之后，Culler（1981）发表了《旅游符号学》一文，他沿用了 MacCannell 的观点，把旅游者比喻为"符号军队"，他说"旅游者追求的是异地的不寻常和本真性，追求的是异国文化的符号"，他认为旅游者在体验过程中既制造标志和景观之间的联系，也在找寻标志和景观之间的联系；旅游者寻找着真实的符号，可是他们找不到真实，却从大量的复制品中找到了快乐，如明信片、埃菲尔铁塔的缩微模型、自由女神像的储蓄罐等。Culler 和"严厉的"Boorstin 一样都批评大众旅游者，Culler 也认为大众旅游者的趣味庸俗，因此也鄙视大众旅游方式。显然，Culler 的文章主要是对 MacCannell《旅游者：休闲阶层新论》一书中有关旅游吸引物的符号系统观的阐发和认同。

第一章　旅游体验过程中的符号解读　　**23**

最早提出把符号学方法运用到旅游研究当中的人是人类学家 Graburn，他是旅游符号学研究范式的代表人物之一。Graburn（1983）的旅游人类学以象征符号与意义以及社会语义学的方法为中心，采取跨学科的角度，涉及诸多领域，如认知结构与动机（心理学）、消费模式（经济学）、社会分层与社会地位（社会学）、空间差异的语义内涵（人文地理）、口头及书面语言的表现（语言学）以及视觉符号的表现（艺术学）等。他认为旅游现象是社会语义的一部分，它塑造并影响着人类生活的其他方面；在对文化表征形式的分析方面，他倡导用符号学以及符号人类学的方法，对符号、标志、象征、民间传说、神话、规则、诗词文记、图示石像、广告宣传、私人摄影和明信片、商业化旅游纪念品、游记与历史记录等"文化文本"进行"解构分析"，以期揭示意义结构、文化结构及其变化的过程和规律（肖洪根，2001）。Graburn 把旅游看作一种文化事物，认为它与人类其他文化事物一样，是人们用来点缀和丰富自己生活的事物，同时也被人们赋予了一定的文化内涵。他重视游客那种离开原有环境、脱离原有一切束缚，施行新的行为模式的特点，他认为旅游反映了全人类普遍存在的游乐和消遣的需要。从这一点分析开去，他认为人们进行旅游的根源就在于人类有赋予自己的行为、活动以一定符号意义的倾向。因而，Graburn 认为，研究旅游就是要分析它的符号内涵与文化意义。落实到具体研究中，就是要分析人们为什么要旅游、为什么存在不同形式的旅游，旅游体验给游客造成什么样的影响等问题（宗晓莲，2001）。可见 Graburn 在旅游符号学的研究方面达到了一个较高的高度，他高屋建瓴地构建了旅游符号学的研究框架，对后人的影响也是比较深远的。不过笔者并不认同单纯地把旅游看成一种文化事物，另外在研究过程中除了他所提及的那些学科之外，显然还可以兼收并蓄美学、传播学等学科的思想。

随后，不少国外学者都投身于旅游符号学领域的探索当中，但主流往往是围绕旅游营销而展开的研究。纵观所有这些文献，不难看出，其中绝大部分有关旅游符号的研究都是在微观层面上展开的研究。

1990 年，Urry 出版的《旅游者的目光：现代社会的休闲和旅游》在学术界产生了很大的影响，该书再版了十次，而就其内容而言，则主要讲述了后旅游者（post-tourist）的特征。书中写道："旅游者看到的事物都由符号组成。它们都表征着其他某种事物。"可见，Urry 认为旅游者凝视的对象都可以被看成有意义的符号。1992 年，Brown 从营销的角度思考了旅游目的地体验的符号性和旅游消费的符号性，从而得出结论认为，旅游业促销的目标就是要用恰当的符号系统来展现各种能够象征身份和社会地位的体验。也就是说，旅游消费是具有象征意义的消费行为。2000 年，王宁（Ning Wang）在《旅游与现代性》一书中从社会学的角度，探讨了现代性过程中旅游消费文化的特点。作者结合结构主义与符号学、语言学以及消费文化的观点，就现代社会中形象、话语、消费和符号价值等因素对旅游的吸引作用进行了深入的分析与探讨。可以说，这是国内学者的研究当中最早比较系统地探讨符号问题的尝试。

从象征的意义来看，旅游地的表征（representation）也具有符号的意义。Palmer（1999）就比较系统地分析了遗产旅游地的表述问题，认为遗产旅游地象征着一个国家和民族，代表了民族身份，是一个国家的符号、仪式和风俗。在文中他还引用了他人的观点，如感恩节是最能代表美国人的符号（Jenkins，1993），爱丁堡城堡是苏格兰的象征（Mc Crone 等 1995），埃菲尔铁塔是巴黎的象征，而这些符号的关键要点在于它们能传达意义，能传送关于一个国家的信息。无独有偶，Herbert（2001）在 Johnson 提出的文化模型圈的基础上建构了遗产旅游地的"表征"和旅游者的"阅读"的循环模型，以圈形图来展现了景观表述者和阅读者之间的关系，说明了生产者建构的吸引物的含义是如何被旅游者译码的。Ateljevic（2002）研究了新西兰旅游业的形象与意识的表述，尤其是宣传中的表述问题，指出了政治对意识形态的重要影响，他举例说道：新西兰宣传册照片上的图画是覆盖着雪和薄雾的山脉、毛利人的雕刻品以及穿着传统服装的少女，这些一起构成了风景中的亮点元素。他还指出表征（representation）与重构（reconstruction）直到最近几年才开始出现在旅游研究的主流当中。

在研究旅游者对期望和体验的阐述时结合符号学方法来展开实证研究通常能找到令人满意的答案。Becker（1978）分析了旅游者对照片文本的描述，在访谈过程中记录旅游者所回答的"期望"，并将测试结果一一对应到每张照片当中（Johns 和 Clarke，2001）。Norton（1996）指出旅游为个人获取世界的意义提供了重要机会，营销文本的制作如旅游宣传册可能是解释旅游地的最直白的方式，它们从特定的形象定位来表述特定的文化含义。旅游营销文本的解读和旅游者对体验的描述之间存在相关性，为此，他引用了 Johnson 的文化圈模型，并依据这个模型把旅游体验描述的重构划分成了期望、体验和反馈 3 个阶段，采用开放式访谈调查法研究了旅游者对东非旅游体验的诠释。Johns 和 Clarke（2001）的研究思想和 Norton 完全一致，他们指出神话通常是由动机或意识引起的，因为动机的存在，神话通常具有情感的成分。他们研究了旅游者描述中的神话，并对旅游者的预期、旅游体验过程的描述和旅游者行程结束之后的感受进行了实证研究，揭示了神话的形式、内容和动机。在 Selwyn（1996）主编的《旅游者意象：旅游中的神话和神话制造》一书中，作者分析了旅游者、目的地居民和观察者这三类人，在研究旅游者时着重研究了旅游者对目的地的感知、理解和动机，并且沿用结构主义学家列维·施特劳斯的观点，认为神话是难以言传的东西。这本书是对旅游营销中"神话"研究的阶段性总结成果。

　　至于旅游中的"文本"研究方面，有很多学者乐此不疲，特别是旅游宣传册更成为"文本"研究的焦点。符号学方法就是要除去内容的表面指示层，解释深层的象征和隐含意义。比如，Uzzel（1984）采用符号学/结构主义方法分析了 6 家"阳光假期"公司制作的宣传册上的照片，挖掘了照片中的显性内容（姿势、摄影效果）和象征意义上的幻想和神话。他说，一瓶葡萄酒象征着对"美好生活"的幻想和受到压抑的缺憾，其他物和人则象征着真实、权力和唯美主义。他最后总结道："照片是一组创造和建构幻想、意义和身份的工具"，旅游广告中"充满着信息和神话"。Cohen（1989）、Selwyn（1993）、Dann（1993，1996）、Cooper（1994）等也采用符号学方法对旅游宣传册做了分析，其中，Cohen（1989）分析了泰国北部山区部落旅游的书面广告、地图、照片和小册子，他发现当中使用了特定的词汇和习惯用语来传达部落农村旅游体验的"真实"形象。Selwyn（1993）研究了大量的旅游宣传册，分析了其中的文字和图画，他着重分析了四类图画：遗址、海滩、食物和人。他发现了几个神话主题，包括神秘主义、野生的和异域的自然、社会化、好客和丰盛。在他看来，宣传册就是在出售"神话"。Cooper（1994）也以宣传册为样本，分析了当中的文字和图片，发现宣传册采用了一种特殊的语言来构筑神话般的旅游体验，表达了冒险、旷野、真实和异国情调。Dann（1993）认为为了保证有效性，旅游宣传册不能只强调一个地方的实际属性，还要选择和构建出能象征目的地体验的形象，随后，Dann（1996a）采用符号学方法分析了旅游宣传册，并根据人们的描绘对目的地的体验进行了分类。同年，他出版了《旅游语言》一书，他认为旅游促销要创立自己的语言，并提供了分析这种语言的详细的符号学方法（Echtner，1999）。Echtner（1999）认为这本书为今后旅游营销的符号学研究提供了一个平台。Harkin（1995）和 Bednar（1999）分别对旅游纪念品和旅游摄影的象征含义做了一番探讨。此外还有 Markwick（2001）对马耳他邮资明信片的研究。

在有关符号研究的文献中，也有一些学者的作品属于综述性的，是对符号学方法在旅游中的应用的总结性评述（Mehmetoglu 和 Mehmet，2003）。Echtner（1999）的《符号范式：旅游研究中的启示》一文，也是对符号学方法在旅游营销方面的应用所进行的梳理，并指出，符号范式在旅游学领域里具有相当大的研究空间。该文仿照美国符号学家皮尔斯的符号三角理论，提出了旅游营销的三角理论，并进而认为，在旅游营销的三角中存在着三种不同的关系：①旅游目的地和旅游广告的关系（旅游广告商如何表述旅游目的地）；②旅游广告和潜在旅游者的关系（潜在旅游者如何解释这些表述）；③旅游目的地和潜在旅游者的关系（旅游目的地提供给潜在旅游者的符号消费经历是什么）。应该说，他的研究为旅游营销的符号学研究提出了一些颇有启发性和前瞻性的见解。

从上文的简单评述可以看出，在西方旅游学术界，有关符号问题的研究已经取得了初步成果，早在 20 世纪 70 年代期间就已经有学者把符号学的理论、观点和方法引进了旅游学的研究当中，这些研究成果为本次研究奠定了理论基础。但是，总的来说，这种研究的深度和广度依然是比较有限的。

（二）国外有关旅游体验的研究

将符号问题纳入到旅游学术研究领域，其现实的根据是，符号构成了旅游体验的核心内容。旅游体验作为一种意识或心理现象，其过程当中充满了符号的面对、识别、解读和建构问题，其意义则关涉到旅游体验的效果。因此，旅游学研究中的符号问题，实际上不可能不置放到旅游体验的框架当中。换言之，研究符号在旅游现象中的表现，就不能不研究意识问题、体验问题、心理问题、行为问题，同时要关注行为相关项。

　　然而，这种作为前提而存在的旅游体验，人们对它的了解也并不充分。在旅游学术界，有关旅游体验的研究始于 20 世纪 60 年代中期的西方学术界。一般认为，有关旅游体验的研究最早可以追溯到 Boorstin 的著作。Boorstin（1964）将旅游体验（tourism experience）定义为一种流行的消费行为。他坚持把旅游者（tourist）和旅行者（traveler）区别对待。在他看来，大众旅游者（mass tourists）是很愚蠢的，是一群不懂得如何体验旅游真谛的乌合之众。1976 年，MacCannell 在其力作《旅游者：休闲阶层新论》中也论述了旅游体验（touristic experience）的现代性，并着重分析了文化体验。该书的影响甚大，乃至于构建了一种所谓"本真性"（authenticity）的旅游研究范式，尽管在 20 年后这种范式招致比较普遍的批评。在这些批评当中，观点最为深刻而系统的学者，应属以色列著名旅游人类学家 Cohen（1988），而他在 1979 年撰写的《旅游体验现象学》一文是最早从现象学角度考察旅游体验的文献，至今给人的启发还相当大。文中他使用了"旅游体验"（tourist experience）一词，并提出：不同的人需要不同的旅游体验，这对不同的旅游者而言具有不同的意义。[①]20 世纪 80 年代，Hamilton-Smith（1987）和 Pearce（1982）等人也纷纷投身于旅游体验的研究，其中 Pearce（1982）依据马斯洛的理论提出了旅游需要阶梯模型，他将旅游者的需要由低到高分为五个层次，动机的层次越高，旅游者得到满足后产生的满意度也将越高。这个模型给旅游体验研究注入了实证分析的色彩，因此，也开始了旅游体验研究的定量化测量的前奏。

　　进入 90 年代后，国外学者对旅游体验的研究兴趣日渐浓厚。1996 年，Prentice 和 Witt 综合多家观点归纳出了旅游体验研究的五种模式：①体验的等级模式。将体验分为享受自然、摆脱紧张、学习、价值共享和创造；②体验的标准模式——"畅爽（flow）"。它是由心理学家 Crikszentimihalyi（1975）提出的最佳体验标准"畅爽"，这种状态"具有适当的挑战性而能让一个人深深沉浸其中，以至于忘记了时间的流逝，意识不到自己的存在"；③有目的的行

---

　　①　从这里可以看出，关于旅游体验的英文表达方式有：Tourism Experience, Tourist Experience, Touristic Experience 三种，本文倾向于采纳 Cohen 的旅游体验（tourist experience）这种表述，这也是《旅游研究纪事》（*Annals of Tourism Research*）所推荐的（该刊物曾强烈建议不再使用 touristic 一词）。

为模式，即从行为理念、标准化理念和控制理念中预测目标导向的行为；④多类型模式，基于旅游者有多种类型，他们所寻求的旅游体验也因此不同，为此他们也提到了 Cohen 对体验模式的划分；⑤局内人和局外人模式，该模式认为，在早期，目的地居民是局内人，而旅游者作为局外人是无法理解或意识到代表当地文化的象征符号的；后来随着社会关系的淡化，旅游者和当地居民的距离缩短，旅游者可以事先了解旅游目的地的历史和其他信息（邹统钎，2004）。

1997 年 Ryan 编辑了《旅游体验》一书，其中收录了 90 年代旅游体验研究中一些比较有代表性的文章。Ryan（1997）在《从动机到评价》一文中指出，旅游体验、个人因素、个人交往、目的地的特点、行为模式等将影响到人们对旅途、地区和人的评价，因此他着重研究了旅游期望与旅游满意度之间的关系，而旅游满意度就反映了旅游体验质量的高低。Page（1997）在该书的另一篇文章中指出，评价旅游者的体验质量是一个复杂的过程，需要考虑旅游动机、旅游者行动模式和旅游者的期望与实际感受。总的来说，《旅游体验》一书比较关注旅游体验的质量／效果问题，同时也构建了旅游体验研究的某些基础性框架，提出了一些基本的范畴和命题，因此，该书可以作为旅游体验研究的一个阶段性的总结性作品。

总之，在最近十多年当中，国外的旅游学术文献里涌现了不少旅游体验研究方面的成果，这显然预示着旅游体验研究的广阔研究空间。

不过，到今天为止，国外文献所呈现的对旅游体验的研究，主要是从旅游心理学、旅游人类学和旅游社会学等方面切入的，大致集中在旅游体验的本真性问题、旅游者动机、旅游者体验质量这三类问题上。但是，如何理解符号系统在旅游体验中的意义，这似乎在国外旅游学术界也是一个比较新颖的话题，至少是一个没有得到深入发掘的话题，从上文关于旅游符号学研究的综述中可以明显看出这一点。

（三）国内的相关研究状况

国内关于旅游符号学的研究非常难得一见，直至 2001 年开始才见有少量零星的著述或文章涉及旅游中的符号问题，大多采取比较保守的态度，没有人郑重提出旅游符号学这个研究话题，这片领域是尚待开发的处女地。

1999 年，中国学者王宁（Ning Wang）在《旅游研究纪事》中发表了《对旅游体验本真性的再思考》一文，文中总结了国外对本真性体验研究的几种观点。王宁在 2000 年出版的英文代表作《旅游与现代性：社会学分析》中，从需求的角度出发，系统全面地分析了旅游活动、旅游体验、旅游影响与现代性之间的关系。此后，他在《旅游管理》和其他国外刊物上发表的相关主题的文献，涉猎和深化了相关领域的研究，他的作品同时也是中国学者在旅游体验研究领域与世界对话的一个重要标志。

2001 年，王宁在其著作《消费社会学》中进一步分析了消费的符号性和消费的文化意义，提到旅游纪念品的符号功能和古代帝王建筑的符号象征性，作者提出了不少关于消费行为符号意义的有创见的观点，它们为笔者的研究提供了非常有意义的参考。何兰萍（2002）基于法国社会学家让·波德里亚的消费符号性理论，注意到了旅游的符号性，并指出旅游作为一种文化消费，是对历史事物的符号再现。不过，文中的思想基本上都来源于波德里亚的《消费社会》一书，没有理论上的升华，而且作者将休闲的符号性与旅游的符号性视为无差异的东西，这也十分值得商榷。厦门大学的彭兆荣（2004）所著的《旅游人类学》一书，是国内学者最早比较系统地谈及旅游的符号问题的著作。书中辟有专门的一章探讨旅游的符号及其结构问题，其中涉及旅游景观的符号价值、旅游标识物符号系统、酒店的符号价值、艺术品符号、旅游景点的空间结构等问题。尽管书中很多观点都来自于西方学术界的研究成果，但作者是国内首位系统地阐述旅游中的符号问题的学者，只此一点，就应当获得肯定。随后，马晓京（2005）指出，旅游商品是一种符号，由此，她比较深入地分析了旅游纪念品的符号价值。除此之外，值得提及的是周常春（2005）的介绍性文章，她对国外将符号学方法与内容分析法应用于旅游手册分析的研究成果做了简要的描述，初步梳理了相关领域的一些外国文献。但无论如何，国内关于旅游符号问题的研究成果甚少，而且已有的成果中很多是采用了直接的拿来主义。到今天为止，旅游符号学研究在国内尚未受到重视。

国内旅游体验的研究起步也很晚，关于旅游体验的研究自谢彦君肇始。1999 年他在《基础旅游学》一书中首次比较系统地阐述了旅游体验的意义、内容和实现方式，他还强调"旅游体验的研究是旅游研究的核心内容"，这些理论和观点为今后的旅游体验研究构建了平台，也成为本文的写作平台。2003年，广西大学的硕士生窦清在其硕士论文《论旅游体验》中论述了旅游体验的内涵、特征、类型和体验在营销中的应用价值。作者把旅游体验分成了9类：情感体验、文化体验、生存体验、民族风情体验、学习体验、生活体验、自然体验、梦想实现体验和娱乐体验。依笔者看来，文中的旅游体验分类和旅游活动的分类并无本质的区别。

2004年，邹统钎的《旅游景区开发与管理》一书也在序言中涉及了旅游体验的内容，提出旅游消费在本质上追求一种经历或体验。旅游景区的产品设计与服务配置从根本上说都是为游客塑造独特的旅游体验。苏勤（2004）对周庄做了实证分析，研究发现不同类型的旅游者的体验质量存在明显差异，其中，主要受内推力驱使的旅游者的旅游体验质量较高。同年，广西大学的硕士生李怀兰撰写了《旅游体验效用因素分析》硕士论文，作者采用了问卷调查法分析了个性心理特点、个人知识能力、付出成本、企业服务人员、旅游地居民、旅游同伴、体验产品特性等因素对旅游体验效用的影响。东北财经大学的硕士生李淼（2004）在其硕士毕业论文中也采用了问卷调查的方法研究了群体规模对旅游者体验质量的影响，该文也是对旅游者体验质量的实证研究。

2005年，谢彦君出版了《旅游体验研究：一种现象学视角的探讨》一书，把旅游体验的研究推进到新的高度。在探讨旅游和旅游体验的本质时，他从现象学入手，结合了心理学、社会学等学科的知识，研究了旅游体验的动机与行为、旅游体验的意义、旅游体验的质量及旅游体验中的舞台化、本真性和商品化等问题，形成了比较系统的旅游体验理论，文中还反复提及了旅游中的符号问题，这些都为本文的研究奠定了基础。

总的来看，在旅游符号学研究方面，国内的研究成果少之又少，仍处于萌芽期，和国外相比差距很大，其重要性更是少有人察觉。就旅游体验研究而言，虽然国内学者的研究取得了一些初步成果（包括少许的理论研究成果和实证研究成果），但是很多中国学者都没有意识到旅游体验研究的重要性，就目前来看，旅游体验研究工作做得远远不够。至于把符号的解读纳入旅游体验的研究当中在国内来说仍是一片空白，在国外也很少见。总之，旅游体验和旅游符号学的研究现状十分薄弱，和这两个领域所具有的重要意义很不相称，迫切需要国内外更多学者的热诚参与。

二、本项研究的几个基本范畴

在进入正文之前，笔者需要首先厘清文中所涉及的几个基本范畴，以期使我们能够处在一个可以沟通的平台上理解本文的观点。这些基本范畴包括：符号、文化和旅游体验。当然，与这些基本范畴相关的一些衍生范畴，如有涉及，这里也会略作交代。

（一）符号

现代符号学诞生于 19 世纪，符号学是一门研究符号的科学。瑞士语言学家费迪南德·D. 索绪尔（Ferdinand de Saussure，1857~1913）和美国哲学家查尔斯·S. 皮尔斯（Charles Sanders Peirce，1839~1914）是现代符号学的奠基人。索绪尔（1996）指出：符号（sign）由所指（对象 / 内容）和能指（词汇）两部分组成。索绪尔所说的能指（signifier）就是符号形式，亦即符号的形体，是由物质、行为或表象载体所充当的对符号意义的指称或指向，较为确定，又称"明示"；所指（signified）即符号内容，也就是符号所传达的思想感情，或曰"意义"，意义是通过符号载体来提示、显示和表达，不太确定，又称"隐含"。符号是由能指和所指亦即形式和内容所构成的二元关系。

皮尔斯对符号的定义是：能够被用来在某方面代表其他的任何物象。可见符号涉及的范围是相当宽泛的，凡是人类所承认的一切有意义的事物均可构成符号。他说："尽管世界不完全由符号组成，但世界充满了符号"（Peirce，1934；转引自 Etchner，1999）。皮尔斯提出了著名的符号三角理论，他认为符号的意义来源于三组关系：所指（所指的对象 / 概念）、符号（用于代表事物的能指）和解释项（解释符号的东西），所指与能指之间构成表征的关系，能指和解释项之间构成意指的关系，而解释项主要受文化、社会规则的约定。皮尔斯把符号分成了 3 类：图像符号（icon）、指索符号（index）和象征符号（symbol）。图像符号的能指与所指的事物类似。例如秦始皇陵兵马俑复制品，这样一种微型旅游纪念品就是图像符号。图画、地图、照片和明信片等都是图像符号。指索符号的能指与所指之间存在着一种直接的因果或邻近性的联系，指索符号能够指示或索引符号对象的存在。例如，路标与道路之间可以构成指索关系，因此路标可以看成是道路的指索符号。象征符号的能指与所指之间没有类似性或因果相承的关系，它们的表征方式仅仅建立在任意的社会约定的基础之上。这三类符号并不是相互排斥的，一个符号通常具有多项功能。例如，明信片中的秦始皇陵兵马俑既是图像符号，也是代表着西安、象征着中国古老文明的象征符号。作为路标的曲线箭头是道路的指索符号，同时又是个图像符号，因为该箭头所描画的曲线形状与它所表征的道路具有相似性。所以在很多时候，一个符号可以身兼多职，刻意区分这三类符号并没有必要。

（二）文化

文化和符号有着紧密的联系，符号是从属于文化系统的。从西文的语源来看，"文化"一词源于拉丁文的"cultura"，原意为土地耕耘和作物培育。据英国文化史学者雷蒙·威廉姆斯的研究表明，英语中的"文化"（culture）一词从 18 世纪末开始发生了重大的变化。他说：在这个时期以前，文化一词主要指"自然成长的倾向"，以及人的培养过程；到 19 世纪末，文化作为培养某种东西的用法发生了变化，文化本身变成了某种东西。它首先是指"心灵的某种状态或习惯"，与人类思想完善具有密切的关系，其后用来指"一个社会整体中知识发展的一般状态"，再后是表示"各类艺术的总体"，最后到 19 世纪末，文化开始意指"一种物质上、知识上和精神上的整体生活方式"（傅铿，1990）。

"文化"是一个使用最为频繁但却又很难给出统一定义的词语。据法国学者摩尔的统计，世界文献中有 250 多种关于文化的定义，让人眼花缭乱、无所适从。其中克鲁伯（1951）给出的定义比较有代表性，他说"文化是概括各种外显或内隐行为模式的概念。文化通过符号学习和传授，文化的基本内核来自传统，其中以价值观念最为重要。文化既是人类的创作产物，但又是制约、限制人类活动的重要因素"（马波，1998）。克鲁伯的定义比较注重文化对人类行为的约束性，也就是说文化习惯能够决定我们怎样思考和行动。

在王宁（2001）看来，任何一种或一类文化都应当是文化载体、文化规则和文化意义的统一。本文采纳的正是这个广义的文化定义。换言之，文化是表层结构、深层结构和意义结构的统一。表层结构与文化载体对应，包括物质形态、行为方式和表征体系，也是我们通常认为的物质文化；深层结构与文化规则对应，是文化的核心，它是一个民族、地域或阶层的"主体性结构"，包括认知结构、人格结构、心理情感结构、感知方式、鉴赏品位等。意义结构与文化意义对应，包括主观意义、集体意识以及信息这三种意义类型。王宁对文化的界定实是把文化当成一个符号系统来论述的，诚如符号也具有表面形态、编码规则和内在意义这三个层面，事实上，在文化研究中强调符号的重要性是现代文化理论的一大趋势。

这里特别要强调的是文化规则和编码规则这两个术语，符号学家们一致认为任何一种符号的能指与所指之间的约定是由各个文化群体集体编码的，不同文化群体的人很可能持有不同的文化规则和编码规则，本文认为文化规则和编码规则决定了人们怎样去认识符号，怎样去解读旅游中的符号。

（三）旅游体验

旅游体验是旅游活动的核心内容，谢彦君是国内最早比较系统地探讨旅游体验并尝试给出旅游体验定义的学者。他指出，旅游体验是旅游个体与外部世界取得暂时性的联系从而改变其心理水平并调整其心理结构的过程，是旅游者的内在心理活动与旅游客体所呈现的表面形态和深刻含义之间相互交流或相互作用后的结果，是借助于观赏、交往、模仿和消费等活动方式实现的一个序时过程（谢彦君，1999，2004）。随后，谢彦君（2005）还补充了旅游中的游戏这种活动方式。从这个定义中我们可以看出以下几点：

第一，旅游体验是旅游个体与外部世界取得暂时性的联系，在这个过程中旅游者获得了心理感受。这个外部世界是不同于日常生活的旅游世界。在卷帙浩繁的旅游学术文献中，较早使用"旅游世界（tourist world）"一词的学者是 Cohen，1979 年他撰写了《旅游体验的现象学》一文，文中并没有解释这个词，只是在介绍旅游体验的五种模式时提到了"旅游世界"。国内学者谢彦君（2005）则从现象学角度郑重地提出"旅游世界"这一范畴，以和"日常生活世界"相区别，日常生活世界和旅游世界共同构成生活世界[①]，旅游世界就是一个相对封闭并具有自己特色的现象空间，这是一个具有时空维度的特殊世界，在这个世界当中发生的旅游活动不同于日常生活中的种种行为。因此旅游者从日

---

① "生活世界"是胡塞尔提出的术语。他把生活世界看作是"包含人所牵连的种种日常事务的总和"。"生活世界"一词在很多学术文献中广为援用。

常生活世界跨入到旅游世界之后能体验到差异，获得与往常不同的经历。

第二，旅游体验以追求愉悦为根本目的，但是实际上不一定每次旅游体验都是愉快的，有的时候旅游也会让人感到惶惑、不安、烦恼甚至痛苦。旅游体验的效果就表现为美好的体验或者不美好的体验。

第三，旅游体验的本质在于主体与客体的相互交流和相互作用。重点在于主体和客体之间的互动，包括人与物的互动和人与人之间的互动，人与物的互动指旅游者对对象物、工具等的利用；人与人之间的互动是指旅游者与目的地居民、旅游者与从业人员以及旅游者和其他旅游者之间的互动，在这些情境下人和物都是旅游者观察的对象。在主客体的互动过程中，旅游者既看到了客体的表面形态，并要把握表面形式下的深刻含义。那么客体的表面形态可看作符号的形式，即符号的能指；客体表面形态下的深刻含义就是符号的意义，即符号的所指，所以旅游体验就是旅游主体对符号化的旅游客体进行阅读与理解的过程，而且解读的结果影响着旅游者的心理状态。

第四，旅游体验中存在观赏、交往、模仿、消费、游戏这五种活动方式或曰实现途径，这些活动方式是相互交织的，既可能同时出现在旅途当中，也可能只出现其中的几种，而观赏、交往和消费则是必经途径。旅游体验的这五个方面都包含着旅游者解读旅游客体符号的行为，所以本文认为符号的解读必然包含在旅游体验当中，或者说旅游体验的根本内容和方式就是符号的解读。这五个方面的具体分析详见下文。

第二节　旅游世界中的符号

当旅游者离开常住地前往异地开始一段旅程时，他就开启了人生的一段新的体验，换言之，旅游者是怀着期望和憧憬踏入了一个不同于日常生活的世界——旅游世界。在这个世界当中，有作为主体的寻求快乐体验的旅游者，有作为客体的被旅游者所观看或参与利用的对象，有作为媒介的各种工具性因素，这个世界当中的所有的人和物的要素都相对于人而言有着某种意义结构和表征，人与物的结合所构筑的旅游情境，衍生出一个充满意义的、具有时间和空间维度的特殊世界。在这个旅游世界里，旅游者从他自身的视角去观察那些作为要素存在的人和物，并与之发生联系，旅游者在体验的过程中不仅能看到客体的外观形态，而且能尝试去把握客体的意义和内容。为此，旅游客体是形式和内容的统一体，旅游媒体也是如此，它们都是有意义的事物，它们本身都是某种符号，也就是说，旅游客体或媒体对旅游者来说都是在某一方面或以某种能力代表了某种另外的东西的事物。处在旅游世界中的个人，则无时不在使用符号，利用这种符号来达成目的、构建意义。这里，不仅一些具体的形质的东西具有符号特征和品质，如姿势符号、服饰符号等，而且某种抽象的概念也蕴藏着丰富的符号意义，比如旅游世界当中作为约束框架而存在的时间和空间的概念，它们都可以构筑旅游世界的符号，并传达着具体或抽象的意义。因此，旅游世界实际上是一种时空存在，其间由各种情境要素所构成的符号世界是传达和解读旅游体验意义的一个文化系统，因此，旅游世界实际上是一个充满了符号的世界（谢彦君，2005）。

在上述谢彦君对旅游世界的构成要素的分析中，曾把符号性元素当作一个基本构成要素。实际上，在构成旅游世界的所有维度和内容层次上，都存在着被符号化的可能性，因此也就产生了解读符号的必要性。比如，旅游时间与空间是构建旅游世界的两个基本维度，这两个客观的抽象概念因为旅游活动的存在而被罩上了主观色彩和丰富的人文内涵，故旅游世界的时间和空间本身就具有符号性质，是一种抽象符号，旅游者在体验的过程中会去诠释旅游时间和空间的符号意义并总是有着自己的一种理解（尽管这种诠释多半是不自觉的行为）。

一、旅游时间的符号意义：可购买的自由

（一）"可购买"的自由和幸福

时间虽然是标志着旅游世界边界的一个维度，但它本身也具有象征（符号）意义。理解它的第一层含义需要我们回窥它的本质。在现代社会中，从生活财富的构成形态来说，旅游世界当中的"时间"，是旅游者"可购买"的"自由"时间。在当今紧张的生活节奏下，自由时间本身也变得越来越需要被直接或间接地购买以被"消费"。从旅游的意义上说，人们在安排一段旅程之前会充分

利用每一刻工作时间，在高强度的工作下消耗体力和脑力来为能够"购买"一段集中的自由时间做储备；在对待生活必需时间的问题上，人们也会持有相同的态度：为了节省时间，人们宁愿为购买成品而多付价格，从而免去自己亲自加工原材料之苦。就这样，制成品的从业人员的自由时间被出售给了消费者，而消费者也通过货币的支付买到了"自由"。从生产和消费彼此间相互悖反的意义上说，"'自由'时间实际上是'赚到的'时间，需要将其买回来以资利用（波德里亚，2001）"。尤其对于潜在旅游者来说，"自由"时间是非常宝贵的，购买它就是在购买"幸福"。于是，"自由"和"幸福"就构成了旅游中的时间的第一层符号意义。

（二）时间构成了私有财产

"自由"和"可购买"是时间符号的第一层解释，而它们本身也是明示符号，明示符号是隐含符号的前提，从明示符号中可以引申出更多隐含意义，这就是神话式的阐述模式。符号学家认为，符号的阐释过程具有开放性和无限性。也就是说，阐释过程构成一个不断生成新的意义的过程。阐释过程对于符号的生命至关重要。符号只有通过阐释，才会富有意义。所以对于旅游时间而言，符号的意义挖掘也是个无限延伸的过程，或者夸张点说，当每个人的思想都截然不同时，对于时间符号的解释就肯定是无穷解了，事实上自然不会如此。个人属于群体，一个群体对事物的观念和态度的认识享有共识，这也是舒茨所说的主体间性的意义（谢彦君，2005）。

对于旅游时间的第二层解释就是因其"可购买"而引申来的。潜在旅游者把旅游时间购买来之后，就让这种本来和空气、水一样不可让与的存在重新在旅游活动中变成了自己的私有财产。旅游者为自己拥有了一段难得的假日而自鸣得意，这段被购买来的假日使他获得了某种名誉，至少有一部分人内心会产生这样的念头，旅游时间成了他可以炫耀自我、展示自我、体现地位和成功的象征符号，可能正是在这个意义上，旅游经济被一些经济学者认为是声望经济和炫耀经济。正因为旅游时间是被购买来的，旅途中任何一刻无意义的耽搁都是非理性的，于是，旅游者需要按时起床，为的是急急地赶赴新一天的行程，尤其是当旅游者如此自觉主动，换来的却是从业人员的怠慢，如导游人员的迟到，飞机的延误，或是团队旅游中个别旅游者的拖累，等等。这些现象由于耽搁了旅游者的宝贵时间，会引起旅游者的极度不满①。2005年9月香港迪士尼乐园新开业，当时一些旅游者就抱怨排队时间太长，玩的时间太短，对这次希冀已久的迪士尼乐园之旅不满意。毫无疑问，旅游者买到的旅游时间在他们眼里十分宝贵，被他们视为自己的"私有财产"，从这个意义上说，"时间就是金钱""时间宝贵"的理念在度假期间可能比平日更为强化。

（三）回归的可能性：在此时获得自我解放

尽管在此无须大赞自由的颂歌，但是"自由"的时间在很多人眼中确实是那么的可爱迷人。当然，对于拥有大把自由时间的有闲人而言，自由时间就同空气一样是很容易被忽略的，在这里我们看到了社会、文化因素对于人的影响，规定着符号使用的不同社会规则使得人们对于符号的理解出现差异。一年到头没有时间旅游的人对那些有钱有闲去旅游的人是很艳羡的，无法出游的人们就像被束缚在岩石上的普罗米修斯那样，被可怜地、紧紧地束缚在他的工作时间之上；一旦潜在旅游者从日常劳作的束缚中解放出来，从朝八晚五的刻板日程中解脱出来后，他就想奔向旅游世界，去贪婪地呼吸自由的空气。

正所谓"尘嚣羁锁，此人情所常厌也"，解除了生产时间枷锁的旅游者把自由时间视为珍宝，把自我解放奉为圣喻，充分地支配这份来之不易的自由时间。我们可以看到旅游者在旅游体验过程中，在分分秒秒的流逝里，尝试通过各种渠道来抚慰身体和灵魂，放松心灵，自由自在地体味种种快感，如同应了卢梭的呼唤那样，人已经"回到大自然中"去了，或者，归于"人本"的境界。这些"自由"与"幸福"的符号为他们构筑了自我解放的白日梦，不管是真正地实现了自我解放，还是没有达到这个目的，总之，很多旅游者在为自己预留这段自由时间之时就是抱着这样一个目的，他们在这段自由时间里快乐地旅游，寻找无拘无束的快感，实现灵魂和肉体的解放与救赎。在他们眼里，旅游中的自由时间与自我解放画上了等号。

（四）旅游时间中的张力：差异的普遍存在

旅游世界的自由时间之所以能够给予人一个自我解放的机会，一个体验新

---

① 笔者在2003年8月曾经陪同一批长沙的游客去甘肃、新疆等地旅游，那次旅途中大家感到不称心，最重要的因素是地陪的怠慢，例如在第5天早晨，地陪居然迟到了2小时，旅游者为她等了20分钟，后由笔者自己陪同旅游者到了旅游景点。旅游者为她的迟到愤慨无比，严重影响了旅游者的体验质量。

生活的机会，其原因在于旅游世界中所蕴藏的张力性的存在：新奇与陈旧、常规与变化、自由与约束，这些关系性的对比，由于差异的存在而呈现出了某种张力，从而也呈现出不同的符号形态和意义。对于旅游者来说，由于他们所从事的是异地性的旅游活动，就更能凸显这种差异。所以说旅游时间是制造日常生活和旅游生活之间的差异的"看不见的手"，旅游者在利用这段闲暇时间的过程中能体验到差异，并且不得不力求解读这种差异所蕴含的符号意义。

总之，分配给旅游活动的自由时间让每个人获得了私有时间财产和外出旅游的权利，旅游者借由这段时间以彰显人性，实现自我救赎，追逐幸福，体验全新的、与日常单调刻板的节奏相区别的生活方式。它所担负的重任就是给每个人一个外出旅游的时间期许或承诺。可是究竟去不去，还要看人们是否拥有经济上的余裕，由此我们看到，金钱成了造成社会中很多不平等现象的另一大原因。可自由支配的金钱被淋漓尽致地用于展现自我，寻求自我认同和社会认同，成为堆砌幸福的符号，让幸福变得可测量。至于旅游时间符号的其他释义，笔者打算且让它们在本文中还是处于隐身的情形，进一步的挖掘就留待以后了。

对于上述四个方面的符号意义之链，我们以图1-1来表示。

图1-1　旅游时间符号意义链

二、旅游空间的符号意义：剧场化的空间

任何社会活动在一定意义上都是空间化实践，旅游更是如此。旅游总是在一个实在的物理空间内发生的，旅游和空间有着内在的联系。旅游空间存在的必要性就在于旅游发生的充要条件——空间移动。旅游空间是一般意义上的非日常生活空间中具有特殊性质的子系统，有着不同于日常生活空间的特征和符

号内涵。旅游空间不仅具有客观性，而且还被人为地附着上了主观色彩；也就是说，旅游活动既需要在一定的物理空间中展开，也会在同一时刻建构着这个可感、可想、可触、可表演的旅游空间。按照上述这种逻辑来分层，一个被旅游者体验活动所建构的旅游空间就成了具有多层意义的符号，仿佛一个舞台或剧场，可以供其中的表演者和观众进行一番深入的解读。

（一）不同于日常生活空间的旅游空间：生活在别处

旅游者的每次出行都是一次从常住地到异地的空间跨越，此地和彼地之间存在的差异也是真正诱惑着旅游者不辞艰辛而出行的吸引力。无论是从物质表象还是内心感受来看，旅游空间和日常生活空间之间都存在着很多差异，于是旅游者从逃离日常空间进入旅游空间就好比是为了《恶之花》（波德莱尔，1986）中的一个美梦和神话。旅游就是一个逃脱日常生活空间而奔向那充满着异域色彩的异地空间的"历险"，是对于被剥夺的一种生活的补偿。所以，旅游空间的最根本的特征在于它是不同于日常生活空间的物理空间和心理空间。

当处于异地的旅游地不断地被塑造成旅游者所需的形象时，具体的旅游空间就被抽象成了一个象征性符号。当我们想到巴黎时，与之对等的形象就是"世界浪漫之都"，巴黎这个旅游城市空间通过多年的形象宣传而被赋予了"浪漫"的符号意义，以至于旅游者在巴黎旅游时一看到在街头热吻的情侣就会马上在头脑里蹦出这几个字"无时无刻不浪漫的巴黎"（Urry，1990）。巴黎这个旅游城市通过群体的编码，成功地成为浪漫的象征符号。

（二）主观构建的抽象旅游空间：瑰丽的梦幻

旅游空间不仅具有客观性，而且还被人为地附着上了主观色彩，旅游空间是获得旅游体验的前提条件，同时也是旅游体验建构的产物。旅游者对每次行程总是怀着期望的（除非他的旅游不是出于自愿，而在这种情况下，他几乎已经不属于我们所定义的旅游者了），在出发之前就在心中构想着即将到来的行程会是怎样的新奇、刺激、令人振奋，或是怎样通过旅游放松身心，步入心灵的佳境；不同的旅游者带着各种各样的期望出发，在自己的内心世界构建着一个抽象的旅游空间。旅游者总是从自己的心理需要角度去主观臆想那个异域和下一个驿站，同时旅游者的旅游需要正是他勾勒旅游目的地想象空间的出发点。

也正因为这一点，旅游企业巧妙地利用了旅游者的这种心理。他们通过媒体来充分地传达目的地的形象，图像和文字等符号在这里就起到了沟通旅游地和消费者的作用，符号在这里发挥了交际功能。在生产系统这一端，制造符号的旅游企业拼命地给潜在旅游者"灌输"一些美梦，让潜在旅游者期待和憧憬着美好的旅游体验，经过屡次讯息传递，旅游空间具备了和符号一样可感知、可理解的双重性质，这样处于消费系统一端的潜在旅游者意识到了彼地的存在，如果潜在旅游者有了兴趣，他就会去认真地阅读那些传递着差异和美梦的符号，在内心勾勒出一个虚幻的旅游空间。那些被表述的梦和神话往往在真实和虚幻两极之间摇摆，让人事先很难辨清真伪，于是旅游者在出发前总是怀有期望，但结果却并非总是令人很满意的。不少西方学者如 Brown（1992）、Cohen（1989）、Cooper（1994）、Dann（1996）、Selwyn（1996）等人就是运用了符号学方法、以旅游宣传册这个典型的营销媒介为载体，分析了旅游目的地表述中对于神话般、梦幻般的旅游体验的营造。在巴特（1999）看来，神话是虚幻的人、事、物。如果从旅游空间形象的预言式表述和潜在旅游者所怀有的玫瑰梦想来看，异地旅游空间的表述的确是以塑造虚幻、美丽的旅游体验神话为能事。正因为神话带有虚幻性，所以旅游者的实际体验与预期体验相异。

（三）剧场化的旅游空间：旅游剧场

社会互动研究中有个重要理论叫"拟剧论"，源于社会学家戈夫曼极富创造性的研究成果。按照戈夫曼（1988）的观点，社会如同一个剧场或舞台，我们每个人都是其中的一个表演者，而他人则成为我们的观众。由此联想到旅游世界的话，就会发现，旅游空间就是一个由舞台和观众席组成的旅游剧场，剧场的舞台被分割成前台、后台两个部分。旅游地居民、前台从业人员等演员在旅游剧场的台前按照剧本、借助符号化的设施和道具，演出一幕接一幕的舞台剧，他们很希望自己的表演能够得到作为观众的旅游者的认可和欣赏；旅游者们也是带着好奇的眼光观看着这些剧目，或积极地给予掌声，或觉得不合自己口味而无动于衷。同时，在旅游者"观看"客体（包括物和他人）的同时，他其实也处于"被他人看"的境地，时不时地登台演出，于是旅游者会在意自我呈现，尤其是那些热衷于显示自己身份和地位的旅游者，可能更在意自己在旅游世界中的表演，而观看旅游者表演的观众自然就是他者（包括东道主、从业人员和其他旅游者）。就这样，旅游空间被剧场化了，每个人同时既是一个观众又是一个表演者，大家在旅游剧场的舞台上"同台演出"，行动者以差异化符号来表现自己，有意无意地去凸显自我。

（四）展示符号的具体旅游空间：充满符号的世界

依照旅游空间"剧场"化这一象征意义，我们发现在旅游剧场里存在着很多具有符号特征的演员、服饰、念白、动作、道具、布景、观众等，或者说很多不仅仅是符号化的事物，它们从根本上来说就是富有意义的符号。就算不以剧场来比喻旅游空间，旅游世界中仍然客观存在着符号化的人和物，它们一起构成了具体的、可以触摸的、物理存在的旅游空间，而被触摸的要素则是人和物。对于上述关于旅游空间符号意义的解剖，我们可以用图1-2来表示。

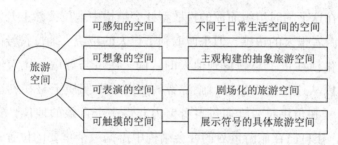

图1-2　旅游空间符号意义的阐释

三、旅游世界中的"人"所具有的差异化符号

旅游者是旅游世界中的主体，旅游者之外的他者包括其他旅游者、目的地居民和从业人员，他们是旅游者交往的对象，因此，旅游世界中存在着三类人：旅游者、目的地居民和旅游从业人员[1]。如果说"人是符号化动物（animal symbolicum）"（卡西尔，1985），是符号的创制者和使用者，那么旅游世界里的人也不例外，各类人都可以被看作运用符号表达自我存在价值和意义的行动者，所以无论是旅游者还是目的地居民抑或是从业人员，他们不仅使用符号，而且还拥有一些区别于他人的差异化符号，他们的符号特征至少可以体现在五个维度上：地位、身份、角色、外表和行为。这五个维度都是表征着人的社会

---

[1]　由于旅游企业和政府属于组织机构，故不纳入"人"的范畴，但它们都存在于旅游世界当中，而且旅游企业是制造符号的行家。如旅游企业对宣传册等广告符号的制作、旅游标识符号的设计等等。

属性的符号。

（一）地位符号

地位、身份和角色的概念在社会结构分析中具有重要的地位，三者具有紧密的联系，有时它们之间的界限很难明确地划分出来。地位指的是在某一群体或社会中某一确定的社会位置，身份是指这个位置的静态部分，角色是指该位置的动态部分。在旅游世界中为当地经济做出贡献的旅游者，其地位被人为地烘托到一个比较高的位置，尽管他在很多时候只是"剧场"里的"观众"和"业余演员"，而"专职演员"，但作为演员存在的居民和从业人员对这些"观众"却十分重视，他们的多数相关行为都是为了博取观众的喝彩和欢心，最终目的是为了成功地达成每一笔交易[1]。一个在日常生活世界里地位不高的旅游者在这个临时组织而成的松散型社会结构中地位突然上升，这种攀升自然带给旅游者很大的快感，似乎博取到了很大的声望。地位符号的深刻含义就在于：人生活在世上总想得到他人的认同、认可与尊敬，让人觉得自己比较重要。所以从这个层面来说，旅游者的旅游消费实质上是在创造和改变自己的地位符号和角色符号，通过自身努力获得一个自致的地位，实现地位上的"提高"，让自己在旅游世界的社会结构中占据一个重要的位置；但是旅游世界里的地位符号是自致的、临时的、短暂的，因为旅游者只拥有一段短暂的自由时间。尽管如此，这种短期的、高于往常的地位也能让旅游者足足过一把瘾。

（二）身份符号

身份是从本质上确认或识别某人的一系列特征的总和。"身份符号是一种典型的社会行为符号。在现实生活中，个人对社会的意义、个人对其他社会成员的意义，都是通过自己的身份表现出来的"；"身份是'人的一切社会关系总和'的体现和直接表征，身份是对人的本质最直接、最简洁的表现形式（苟志效，2003）"。所以在旅游世界中，人与人之间的关系会变成一种身份与身份之间的关系，也即符号与符号的关系。旅游者所具有的"旅游者身份"是他通向旅游世界的通行证，同时也因此而明确了旅游者在旅游世界中的行动准则；从业人

---

① 假使交易不成，尤其是导游带领游客购物时游客毫不领情，某些导游就会变脸，由唱白脸变成唱黑脸。

员和居民也通过自己的身份在旅游空间里找到自己相应的坐标，决定了他们怎样采取行动。

（三）角色符号

角色是群体或社会中具有某一特定身份的人的行为期待（波普诺，1999）。也就是说，"我"有着怎样的身份，他人就会对"我"有着怎样的角色期望。角色是对人的身份的表达，也是社会行为符号。在日常生活世界里，人与人之间的关系表现为"角色"与"角色"之间的关系，整个生活世界都如同一个剧场，每个人在扮演着自己的角色，上演着一幕幕悲欢离合。旅游世界是生活世界的一部分，自然也是一个大型"剧场"。旅游剧场里的三类人都选择并扮演着自己的角色。旅游者是"客人"，是在目的地访问的客人；目的地居民是"东道主"，是接待四方宾客的主人；从业人员是"中介人"，在主体与客体之间起着沟通作用。从业人员作为旅游企业的主体，可以依据他们在剧场中的职责分成两类：前台从业人员（一线员工）和后台从业人员（其他员工）。其中企业一线员工是企业的代表，是直接与旅游者发生接触的人，他们的专职就是在剧场的前台上进行表演，而其他员工则属于专门在剧场后台工作的人员，负责舞台场景、道具的布置和剧本的制作等。在前台表演的从业人员掌握着比较大的权限，比如导游既是"看门人"又是"带路人"，作为"带路人"他们会告诉旅游者哪些事情是值得做的，哪些是不值得做的。作为"看门人"，他们掌握着当地的信息，控制着旅游者进入当地、接触当地人的权限，于是在导游员这种"演员"身上可以看到一个角色丛。导游不仅仅是一个"看门人""带路人"，还是一位"游客之友""游客顾问"，更是一个"表演艺术家"、一个"导演"。在旅游剧场里，东道主和中介人是被观看的客体，他们出现在旅游剧场的前台上，演绎着旅游"剧本"中的"故事"，坐在观众席上的旅游者在观看这些"戏剧"的同时也成为他人所凝视的对象并同台演出，所以旅游者也是在进行着自我表演的演员。在旅游剧场的舞台上人人都是演员，每个人都有着自己的角色，都被期待着采取与自己角色相符合的行动，都必须学会扮演与自己身份符号相适应的角色。但在实际当中，角色期望与角色表现会存在差距，在旅游者看来，如果从业人员的表现没有达到自己的期望，旅游者就会感到失望甚至是愤怒，旅游体验质量也会大打折扣。如果旅游者误解了这些角色符号所传递的意义，那么尴尬的情形就在所难免了。

（四）外表符号

外表和行为都是身份、角色与地位符号的表现形式。从外表来看，相貌是天赋的，难以改变的；相比之下，服饰是外表中的不固定要素，它是能够表征每个人身份、地位、角色和行动意义的重要符号。服饰可以看成表达意义的符号系统，服饰符号系统从属于物质文化符号系统。旅游地居民的服饰是能够反映当地文化特色的符号。接待人员如导游和酒店员工会穿着很得体的服装，例如酒店里的员工总是穿着朴素的工作制服，不会有很花哨的打扮，以免在客人眼里有失身份（过分艳丽的服装会给客人带来压迫感），而客人也很习惯看到这些朴素的服装符号；如果从业人员在接待旅游者的过程中是在进行真正的表演如舞蹈、戏剧，比如泰国的人妖表演、巴厘的来贡舞、中国西安的大唐盛世歌舞、中国的京剧，这时候演员们都会穿上与自己扮演的角色相符的演出服装；若他们穿着现代日常生活的休闲服饰，旅游者就会对舞台表演者的漫不经心感到吃惊诧异甚至是愤怒。旅游者的穿着则比较随意，旅游者会通过服饰来表达自我个性、身份和地位，为了方便旅行，休闲装、太阳镜是众多旅游者很钟爱的服饰，体验夏季"三 S"旅游的旅游者总会穿上泳装和沙滩鞋；在团队旅游者身上最鲜明的标志就是旅游者所戴的鸭舌形旅游帽，这些旅游帽往往是导游人员和其他人用来辨认团队游客的重要标志，若某个队伍里的旅游者不戴鸭舌帽，改戴自己喜欢的宽边帽，穿上正装，那么她就不再具备旅游者身份的外表特征了。众多服饰都是一种仪式性服饰和符号，因此，服饰与身份、角色、地位能够形成一一对应的关系，服饰符号的改变总能引起相应的象征意义的改变。

（五）行为符号

人的行为总是与人的身份、角色、地位相联系的，从个人的言谈举止中可以解读出人的地位、身份等相关信息。人的行为不论有声的或是无声的，总能表达一定的意义，所以行为也是符号系统。行为符号在人与人的交往中起着重要作用。行为符号包括语言符号和非语言符号。其中，语言符号系统是一种最纯正的符号体系，一种在各个方面都符合符号本质规定性的"纯粹符号"。只有依靠语言人们才能沟通和交流。人际间的讯息传播，是通过发讯人的编码和收讯人的解码共同实现的。在旅游世界里，每类人都说着自己所属的群体的语言，导游人员需要致欢迎词；酒店的服务人员需要恭敬地说礼貌用语；居民会向旅游者讲述当地的风土人情；旅游者在和他人的交往中谈论自己旅途的感受和见闻，每个人都通过语言符号来表达自己的意义和意图。人类学家雷·伯德威斯特尔（1970）认为，通常情况下，在两个人交谈时，语言对情境的社会意义的表达平均不到35%，剩下的65%的意义都是由非语言的方式表达的（转引自波普诺，1999）。借助非语言符号所进行的沟通叫作非语言沟通。其中最重要的一种非语言沟通形式是体态语言。体态语言包括动态或静态的体语和面部表情。动态体语就是通过身体或四肢的运动以表达某个意图、某种情绪或态度。静态体语是人们身体或四肢保持其某种状态的姿势。在米德看来姿态可以是一种表意的（有意识的）符号，因为"姿态意味着它背后的这个想法并在另一个人那里也引起这个想法（米德，1992）"。米德说的"姿态"包括了动态体语和静态体语。表情符号能够展示每个人情绪的变化，为他人"读懂"自我提供了线索。旅游服务人员作为一个情感演员，一个迎合社会期待的"社会自我"，其面部表情是表演的符号和道具，服务人员关切的目光和微笑的表情这一切都给旅游者带来温暖的感觉，而服务人员也能从旅游者的面部表情"读"出是高兴、满意还是失望、不满意，每个人都会在理解他人意图、意义的基础上来采取新的行动。

在旅游世界里，旅游者总是和他人进行着交往，旅游者、服务人员、东道主都在使用身份和地位符号来识别他者，并用语言符号和非语言符号来表达自己的意图和意义，按照角色进行演出。每个人的身份、地位、角色和外表等符号因为旅游"剧场"的临时存在而具有短暂性和可变性，不过单指一次旅程而言，这些符号的形式和内容比较稳定。旅游者热衷于从日常生活世界里跨越到旅游世界里，为的是看到自身地位的提高和身份、角色的转变，并且感受着服务人员关切的目光和微笑，这些都是旅游消费的符号意义所在。关于旅游世界中的人所拥有的差异化符号分析就此告一段落，人作为符号化的动物其所具有的符号特征是非常之多的，在此不再一一探询。

四、符号化的旅游对象物与旅游媒介

在旅游世界中被旅游主体观赏或参与性利用的对象是旅游客体，这些客体包括人和物，其中物被称作旅游对象物。在主体和客体之间起着沟通作用的事物是旅游媒介。旅游对象物是旅游者的目的性活动指向的对象物，旅游媒介是便利人与人、人与物之间互动的工具性的存在要素。旅游对象物和旅游媒介这种工具性符号的含义都非常丰富。下面我们首先考察一下旅游世界里有哪些旅游对象物符号。

（一）旅游对象物符号系统

1. 自然类旅游对象物符号系统

自然类旅游对象物主要指自然景观。自然景观尽管先于人类实践活动而存在，但是自然景观也是因人类审美意识觉醒之后而被旅游者观赏利用或被旅游开发商开发成旅游产品的，这种利用过程实质是一种文化的实践，自然景观是在实践当中被人们所接受的。"自然风景可以被看成是一张'用过数次的羊皮纸'，后来的文化与先前的文化的痕迹一起叠加在风景之上，它存在于自然与人类活动的交接面上，风景与其说是自然所提供的一种形式代表，不如说它更主要是文明继承和社会价值的体现，所以，'我们把风景看成一系列符号'（纽拜，1982）。"池上嘉彦和罗兰·巴特也都将人性化了的自然看作意义的凝结和符号表达方式（苟志效，2003）。所以说，自然界中的美景虽说是天然形成的，但它们被人类赋予了某种意义，符合人们的认知结构和审美习惯，因此自然景观这种人性化了的自然，是浸润着人类情感特征、意识和意志的审美符号。

各类自然景观中都可以找到由一个个独立的符号构成的符号系统。在自然景观中最为常见的景物符号是图像符号，图像符号与所指对象或概念之间存在着类似的关系，如桂林象鼻山、巫山神女峰、太湖鼋头渚、张家界的金鞭岩、金石滩玫瑰园的"石猴观海"、冰峪沟的"中流砥柱"、黄山的"梦笔生花"等等均是图像符号，大自然的鬼斧神工把一块块岩石、一座座山峰、一个个溶洞打造成了惟妙惟肖的"植物""动物"和"人"，这些图像符号的模拟性征是人们在一次次审美实践中总结出来的，并且还可能附会很多民间传说与神话，从而为自然景物更添美丽的色泽，文化也与此同时积淀和凝冻在自然景物之中了。

还有一类很普遍的符号是象征符号，象征符号与所指对象/概念之间的关系是人为约定的，"在旅游审美活动中，有不少自然景物由于观赏者文化心理的原因具有了某种象征性，表现出具有人文内涵的象征美（王柯平，2000）"。孔子曰："仁者乐山，智者乐水。"滋养万物的山象征着宽厚无私的仁德，山成了仁德的象征符号；流动不息的水被比照活泼行远的智慧，成为睿智的象征符号。山水受到了中国文人士大夫的推崇，他们把山水当成了"超脱纷争""顺其自然"等文化理想的符号象征。文人士大夫登临山水，畅神抒情，留下了众多描写山水的优美词句和山水画，今日的旅游者在欣赏山水景观时就可以怀揣着古人留下的诗篇，浮想联翩，情致顿生，是有"登山则情满于山，观海则意溢于海"。不过在西方人眼中大海象征着遥远、挑战、安全、力量和英雄主义，这就显示了文化的差异所在。

又如中国人在观赏植物景观时喜欢赏荷，概因荷花"出淤泥而不染"的高洁品格，荷花由此获得了象征高洁的符号所指；国人爱兰，因为兰花生于幽谷、色洁、香醇、质朴，是君子的象征符号；竹修直虚心，是高风亮节的象征；"大雪压青松，青松挺且直"的松柏象征着坚忍不拔的品格；还有象征着爱情的杜鹃花等等，这些景物都因为其特殊的象征意义而增添了美感，同时也反映了人在观照景物时将自身情感投身到景物上的移情现象。就动物景观而言，Almagor（1985）指出：动物在旅游者眼里是重要的符号，代表着不被人类所触摸的事物，是深刻的、强烈的象征着"荒野"和"他者"的符号（转引自 Norton，1996），动物能够在很大程度上满足人类的好奇心。还有天象景观中的峨眉山"佛光"在旅游者眼中，尤其是宗教旅游者眼中具有非常神圣的意义。

总之，在自然旅游对象物系统中存在着许多符号，蕴含着诸多意义。同时，一个单独的自然景观系统往往又成为一个旅游地的象征符号，如黄山、桂林山水等都已经成为中国山水景观的标志性符号，在外国游客眼中它们几乎等于中国美丽山水风光的全部，而张家界的武陵源风光、杭州的西湖等景观则分别是各个旅游地的象征符号。

2. 人文类旅游对象物符号系统

人文类旅游对象物是物质文化和非物质文化的集合，被打上了很深的文化烙印，而文化正是一种反映意义与价值的约定俗成的符号系统。人文旅游对象物以静态或动态的美的形式体现着人类的意志、思想与情感，是对人类社会实践活动的深描，渗透着丰富的意义，因此，人文旅游对象物是一种典型的表现意义的符号系统。建筑景观、遗址景观、人文活动、旅游购物品等，无一不是具有内在意义的人工符号。

关于建筑设施，苏珊·朗格（1953）曾说过一个建筑所创造的空间是一个功能性存在的符号。大部分学者认为，应当把建筑当作符号体系来把握，所以在当代把建筑看作一种语言和符号几乎成了被普遍认可的观点。"建筑物首先是理解生命自身的符号，陵墓、纪念碑等无不渗透着对生与死的思考；其次，建筑作为民族精神的历史形象，是一本立体的民族精神史。长城、中山陵、空中花园、金字塔、帕提侬神庙、圣彼得大教堂、埃菲尔铁塔等，无一不是民族精神的标志（苟志效，2003）"；再次，建筑能传达一个时代和社会的思想观念、艺术风格与生活方式，如中国建筑中有反映了国家理念的明堂（如洛阳明堂）、渗透着等级理念的皇宫（如故宫）、传达着君神理念的祭祀场所（如天坛）、蕴含着革命理念的陵园（如中山陵），等等。从原始人类建筑到古近代建筑再到现代建筑和后现代建筑，这些建筑物都承载和传递着时代精神、民族身份和文化身份等众多讯息。建筑景观系统作为整体是一个象征符号系统，其内部也可以拆析出诸多符号元素如柱、梁、装修及附件等，例如天安门的华表蕴含的意义就有两方面：一是象征皇家等级和地位的建筑标志；二是象征人民对君主的谏言。天安门前的一对华表的石犼面向外，寓意要帝王经常走出皇宫，关心民众，不要沉湎于宫内生活，因而叫"望君出"；天安门后的一对华表的石犼面向内，意思是提醒帝王不要迷恋外面的世界，及早回宫处置政务，叫"望君归"。又如中山陵中有很多建筑部分具有象征意义："陵门设三拱门，象征三民主义；从碑亭到祭室，花岗石阶共三百一十二阶，分八段，上层由三段组成，下层由五段组成。三段象征着三民主义，五段象征着五权宪法（居阅时，2005）"。另外，中国传统建筑的装修与附件中有象征防火的脊饰、悬鱼、藻井、金属构件，象征驱邪的兽环、山墙、石敢当、门神、影壁，象征吉祥的脊饰、瓦当、铺地等。各种建筑符号的象征意义数不胜数。

遗址遗迹的意义则主要反映在它的文化性和历史性上。遗址遗迹代表逝去的文明和历史，有着极为深厚的历史文化内涵，具有"历史沉积岩"的性质，是人类历史发展轨迹上凝固的符号。遗址遗迹以不同的论述形式呈现出不同时代的历史，旅游者通过观光遗址遗迹景观的怀旧旅游来重拾传统的意义，是对过去的缅怀与朝圣，遗址遗迹能给现代人提供一种意义的世界，现代人通过这些历史符号建立了与历史的联系，因此每一个遗址遗迹都可以作为符号来理解。建筑景观和遗址遗迹景观都是象征着一个国家身份和民族性格的符号，如爱丁堡城堡是苏格兰的象征，金字塔是埃及的象征，当游客在"阅读"这些带着国家"故事"的景观符号时，读到的是这些文化景观中渗透出来的民族性格。

人文活动包括人事记录、艺术、节日民俗等，其中游记、历史记录、民间传说与神话等书面或口头语言系统自然是语言符号系统，它们诉说着旅游地的故事，传递着旅游景观的意义，并且总是依附在具体景观之上，它们就是纯粹意义上的由语言符号组成的文本，尽管其他景观也总是可以看成可供阅读的"文本"。关于艺术如戏剧、舞蹈、绘画、雕塑品、文学作品等，用朗格（1986）的话来说它们都可看成明确表达作者情感的符号。其实它们不仅传递着作者的思想，还传递着一个时代和民族的思想，中国的京剧、卢浮宫的《蒙娜丽莎》、米开朗基罗的雕塑品等都是呈现在旅游世界里的艺术符号。又如在宗教艺术作品中通常可以看到象征着玛丽亚童贞的百合花，象征着信徒的羊羔，以及象征着信徒们的娱乐、在池边饮水的鹿。再如文物这些由原始人类或古代人类创造的艺术品，不论是可供旅游者购买的文物还是博物馆里陈列的文物，它们都凝结着一个地区某个民族早期时代的天真印迹和纯真风韵，如马家窑文化马厂类型的彩陶上就绘着三角形、蛙等纹饰，这些都是原始社会的生殖崇拜艺术符号，对于旅游世界中艺术符号的欣赏要比其他旅游对象物符号更费一番思量和考究。节日民俗中的象征符号更是繁多，如各地的迎亲习俗、摩梭人的走婚制、图腾、服饰等，这些异乡风情符号吸引了成千上万的旅游者。下面是一段关于普米族迎亲的描述，从中可以看出这一习俗有着很多象征意义。

　　普米族迎亲，新娘必须在太阳刚刚升起，四周的山上开始沐浴着阳光的时候进婆家的门，这一时刻象征着新婚夫妇未来的生活像初升的太阳那样充满朝气。当新娘跨进婆家的门后，房子里吹起了响亮的海螺号，歌手拿着拴有花锦缎或花布的一根小木棍在新娘的头上挥舞，象征新娘未来的生活如花似锦。然后新郎、新娘一起坐在火塘边，各自点亮火塘正上方摆着的一对酥油灯中的一盏，象征他们将相亲相爱，共同建立美好的生活。接着举行祭祖仪式，主婚人把酥油抹在四壁及新娘的额上，这也是一种吉祥的象征，同时又表示新娘已是这个家庭的成员。

（苟志效，2003，170）

　　节日是民族历史和文明的产物与象征，是民族文化的重要表征，是人类文明进程中具有地方特色的文化符号。如傣族的泼水节、慕尼黑的啤酒节、欧美的圣诞节等民俗节日或现代旅游节庆都是表征当地文化的符号。

　　最后，旅游购物也是颇具有代表性的符号。旅游购物中最常见的就是旅游纪念品。由于其纪念意义，旅游纪念品作为一种象征符号，是人们曾经旅行过某地的标志，是游客对一段旅途怀念之情的唤起工具，旅游者从旅游世界返回到日常生活世界之后，每当他的目光落到那些旅游纪念品时，那些美好的旅途回忆就会重现脑海，让他／她心中再度充满了幸福之情。同时，旅游纪念品对旅游地的烘托作用是不可忽视的，它也是旅游吸引物系统的一个重要组成部分，很多旅游纪念品都已成为当地的标志性符号。如洛阳的唐三彩、杭州的丝绸、中国的景泰蓝。对于一些有购物癖的人来说，旅游购物更是必须存在的风景线。旅游购物能体现人的社会地位，表达旅游者的自我需要，彰显个性。可见，旅游购物的象征意义是很多的，它包含着符号价值，旅游购物的消费是波德里亚笔下名副其实的符号消费。

　　综上所述，旅游世界中的旅游对象物都包含和传递着一些共识，实质上是一个个结合了知性美与感性美的符号系统。旅游对象物符号具有自身的意义和内涵，就像克莱夫·贝尔（1984）所说的"美是有意味的形式"，旅游对象物正是通过外在的形式无声无息地传递着自身内在的意味，旅游者对旅游对象物符号的解读是旅游体验中最为重要的内容。

（二）旅游媒介符号系统

旅游世界中的媒介性元素是很多的，它们是旅游世界中的人从事实践活动的目的性中介，其中包括了各种媒介型产品和其他工具性存在。有很多学者指出，工具不仅具有实际使用价值而且具有符号意蕴（池上嘉彦，1985；胡文耕，1992；张晓凌，1992；苟志效，2003）。旅游媒介实质上就是旅游剧场中具有符号特征的演员们所使用的符号化道具，是体现人们意愿、意识和社会属性的符号。比如导游人员在讲解途中所使用的扩音器除了扬声以外，更是标志着导游人员的身份和角色的符号，其他演员是不会用到这类道具的。导游旗也是一个非常具有标志性的符号，是方便团队旅游者找到队伍的记号。

对于很多大众旅游者来说，照相机和摄像机都是必不可少的设备，以至于当地居民一看到胸前挂着相机到处拍照的人就认为他是来自外地的游客。旅游者对照相如此热衷，为的是抓紧一切不容错过的机会来扩张或凝固记忆，为此，摄影成了一件必须要做的事情，旅游几乎成为收集相片的过程。照片作为旅游者自制的旅游纪念品，其象征意义就在于当旅行结束后每一张照片都能勾起他对旅途的记忆，也是一种到访过某地游览的凭证；这些照片中的图像符号所传递的信息也是很多的，比如旅游者对于美的鉴赏能力、旅游者所感兴趣的事物、旅游者当时的心理状态等，研究人员可据照片文本这一凭借来研究旅游者的关注点和旅游体验效果。

对于酒店这种住宿工具的选择上也能反映出类似的符号含义，也可以被看成是一种个性化的表达或者是对地位、声望的追求，正像 Culler（1981）所描写的那样："乘飞机来此地游览、此刻坐在咖啡馆里的旅游者会认为自己比乘坐巴士游览的旅游者更优越。"不过值得一提的是，交通工具如黄包车、圣地亚哥的电缆车等，以及各个华丽的酒店本身也可以成为被观赏的旅游对象物符号，这是旅游媒介的功能多重化的体现。

至于旅游企业如旅游景区、旅行社在营销过程中制作的旅游宣传册则是被很多旅游研究者所津津乐道的文本，这些文本中的图像、文字符号都属于旅游营销语言系统。宣传册通过画面、文字的组合建构了旅游空间的神话和梦幻般的旅游体验，表述着神秘、旷野、冒险、优美、真实、异国情调、好客的居民等诸多神话。比如在宣传海滨度假旅游地的旅游宣传册中通常会有沙滩、皮肤晒成棕黑色的男人和穿着泳装的漂亮女士、海浪、椰树、冲浪运动等图像符号，以此来吸引旅游者的目光。以电视、电影、招贴画、宣传册等为载体的旅游广告无一不是广告符号，这些符号都建构和影响着旅游者的目光。

除了上述这些之外，旅游标识物也是很重要的符号系统，旅游标识物对景观起着提示和解说作用，在景区我们经常可以看到各种各样的旅游标识物，有牌示、解说手册、导游地图等。旅游标识物是典型的指索符号，符号形体（标识物）能够指示或索引符号对象（景物、设施、注意事项等）的存在。

可以看出，旅游世界是一个充满了符号的时空，不论是人或物都是表述着意义的具体符号或是具有符号意义的事项，甚至连时间和空间也是蕴含了丰富意义的抽象符号，一个个符号编织成了一幅宏大美丽的描绘旅游世界的织锦。旅游世界中的主体、客体和媒体都具有鲜明的符号特征。

总而言之，从本质上来看，在旅游世界中人所从事的实践活动，就是人对符号的创造和使用过程，包括符号的生产范畴和符号的消费范畴，或者可以比喻成旅游剧场中的演员利用道具符号进行表演的过程。旅游世界里的核心事件——旅游体验，自然也是旅游者对符号的利用和解读过程。

第三节　旅游体验活动方式中的符号解读

旅游者在踏上旅途之后立即就会遭遇到旅游世界中的各种符号，甚至在他旅游体验尚未开始之前他就已经在常住地里遭遇到了和本次旅途有关的媒介符号。旅游者的体验就在这个由各种符号构筑的时空中进行并且获得。由于在旅游世界里旅游者能遭遇到各个符号，当他看到符号时一般会去"阅读"符号的形式和内容，这是人在面对符号时的必然反应，所以说，旅游者在体验的过程中总是伴随着解读符号的活动，旅游者就在解读符号的过程中体验着这一时刻的况味，产生即时的心理感受和情感反应。正如第一节所给出的旅游体验的界定那样，即旅游体验是主体与符号化客体的表面形态和深刻含义之间相互交流或相互作用，因此，旅游者在体验的过程中总要被动或主动地去解读旅游世界中的符号，包括旅游对象物符号、旅游媒介符号以及人所具有的差异化符号等，旅游者的体验过程在本质上就是解读符号的过程。具体来看，旅游者对符号的解读可以发生在旅游体验的各种活动方式中，旅游消费、观赏、交往、模仿和游戏这五种活动都会发生旅游者解读符号的行为。

一、消费的重要性征：对旅游产品符号价值的诠释

旅游消费是实现旅游体验的前提，旅游消费者只有为产品进行预先支付之后才能开始旅游体验的历程。旅游消费是对旅游产品的消费，而旅游产品如前所述都能被看成符号或具有符号价值的产品，满足人的情感和意义需要。在旅游消费活动中，那些被消费的旅游产品不仅具有使用价值和交换价值，而且具有符号价值，它们能够折射出地位变化、角色变更、人性补偿、自我解放、自我表达、追求幸福等多种象征意义。

旅游者在消费旅游产品的过程中存在一个从旅游决策到实际体验（实际消费）乃至最后的体验评价的完整序列。决策阶段是潜在旅游者决定是否旅游和选择何种旅游产品的过程。

当潜在旅游者决定是否出游时，除了考虑经济因素，另外两个重要的因素就是心理需要和时间，当潜在旅游者思考旅游时间的符号意义时，倘若认为这段自由时间是解放自我的时机，或者把这段时间视为宝贵的私人财产需要充分加以利用，并且发现旅游正是填补这段自由时间的最佳活动时，那么他就可能选择旅游这种休闲活动而非其他的休闲活动来度过属于自己的一段闲暇时间。一旦他下定决心要出门旅行，他就进入了旅游决策的第二个阶段，旅游者会尽可能通过各种渠道获取各类信息，如阅读旅游企业制作的旅游广告符号（旅游企业喜欢在广告中制造体验的神话），这就是信息的收集阶段，也是对各种图像、声音、文字等符号的搜集和理解阶段。当搜索完成后，就进入了旅游目的地、旅游产品和媒介型产品的选择阶段，即旅游决策的第三个阶段，旅游者搜集各种符号化产品的信息并比较各类产品，也就是对旅游空间、旅游产品和旅游媒介等的符号价值和象征意义进行解读的过程，其评价标准是希望通过某类

旅游产品的消费来满足自己的情感需要、补偿自我。当他选定了某一组目标时，就基本标志着旅游决策活动的完成。

一旦出发，旅游者就进入了实际旅游体验阶段，也就是旅游世界中的现场消费阶段。其间所利用的种种媒介性元素，往往是旅游者事先就已经通过对其符号价值的诠释之后做出的选择性购买的结果。这个阶段也是旅游者对各种符号化的人（与旅游者交往的他人）和物（旅游对象物和工具）的现场解读阶段，符号解读的情境如影随形地跟随着旅游者的体验，渗透到旅游体验之中并对其产生影响，因此，旅游体验实质就是旅游主体对各种符号的解读。

旅游实际消费的最后阶段就是旅游者对自身体验效果的评价阶段，体验的评价会一直延续到旅游活动完全结束之后，即旅游者重新返回到原来的日常生活世界之后，在这个时期里旅游者会继续评价上次旅游体验并进行回想，旅游者所购买的旅游购物品及自拍的照片和录像等"纪念物"对于恢复了原来身份和角色的旅游者而言都是纪念上次旅游体验的实物，这些富有象征意义的符号以无声的语言提醒他曾经跨入了一个旅游世界并一度以一个新的角色表演自我的经历，在这个回味过程中所体会到的体验美好与否将影响到他下一次的旅游决策。

整个过程参见图 1–3。图 1–3 给出了从旅游决策到旅游期望，再到实际的旅游体验，最后到旅游体验评价的流程图。其中Ⅰ–1、Ⅰ–2 和Ⅰ–3 阶段都属于旅游决策阶段；Ⅱ阶段为旅游期望阶段，就是旅游者的主观想象阶段；Ⅲ阶段是实际体验阶段；最后是Ⅳ体验评价阶段，体验评价发生在实际消费和消费结束两个时期。

总之，物的符号化揭示了产品所携带的特殊意义，旅游者对旅游产品的消费就是对旅游产品符号意义的消费，或者称作情感消费，旅游者以旅游产品给人的直观感受、所具有的象征意义以及自己的主观偏好作为旅游产品选择的原则。在整个旅游消费的过程中，旅游者和各种符号频频接触，他需要不断地对符号进行读解。从旅游者心中萌发旅游计划开始直至旅游结束，不论是预备消费、实际消费还是消费结束，整个过程都存在着符号的解读活动，因为日常生活世界和旅游世界都是充满了符号的世界，一个个复杂的符号系统交织在生活世界之中。

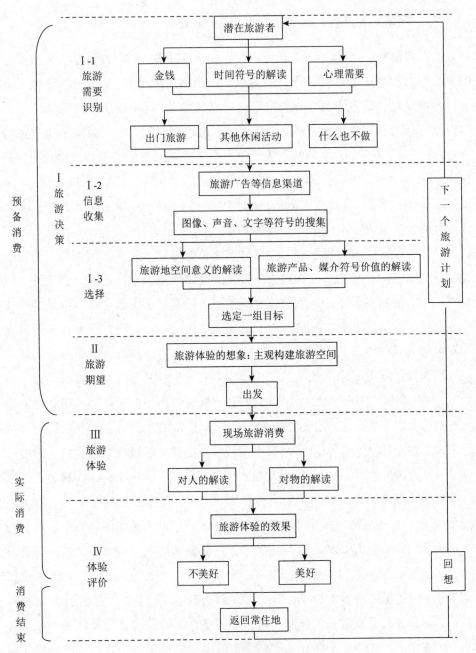

图 1-3　旅游者消费全过程

二、观赏：把握审美符号的形式与意义

旅游观赏是一种纯粹的审美活动，是主要通过视听感官对外部世界所展示的美的形态和意味进行欣赏体验的过程（谢彦君，2004）。从符号学的意义上看，旅游观赏又是主体对客体符号形体的感知和其内容的理解性"阅读"，是对审美符号的"有意义的形式"的理解，同时也只有经过观赏者对审美客体的"具体化"和"重建"，客体的审美价值属性才能得到充分实现和直接显示。正如格尔兹（1999）所说："看"（see）在引申意义上指"分辨"（discern）、"理解"（understand）、"认识"（apprehend）与"把握"（grasp）。为此，我们可以认为旅游观赏包括感知、情感、想象和理解等心理活动。

具体地说，感知主要是审美主体对客体符号形式（能指）的把握，是旅游者对景观等客体符号的感性认识，是对客体完整形象的整体把握，如旅游者初见西岳华山就能强烈感受到华山的悬崖绝壁，这是对华山这种景观符号的形式的直观感受。情感作为一种包含着个人好恶取向的心理过程，也是旅游者对客体符号的人化过程。正如韩拙所说，"山有四时之色，春山淡冶而如笑，夏山苍翠而如滴，秋山明净而如妆，冬山惨淡而如睡"，又或"喜气写兰，怒气写竹"，这些都是情感在观赏中发挥的作用。"联想是由当前所感知的事物而回忆起有关的另一事物，或由想起的一件事物而又连带地想起另一件事物的心理活动（谢彦君，2004）。"想象是挖掘审美符号所指意义的过程，是观赏活动中的重要因素。例如，"恐龙探海"景观是大连金石滩景区的一个标志性符号，当旅游者看到"恐龙探海"时，如果能够联想到电影《侏罗纪公园》中关于恐龙的宏大场面，"恐龙探海"的形象就从那块庞大、坚硬而无生命的岩石中显现出来了。这里，被联想到的电影内容就是"恐龙探海"景观符号的意义之一，其他关于"恐龙探海"的传说也是该景观符号的内涵。旅游者如果能够通过联想，成功地从中挖掘出符号的意义，那么联想就给旅游者对美的事物的体验顺利添上了双翼，提高了旅游者的体验质量。理解是对于符号内在意义把握的重要阶段。在观赏中，我们"不能只限于喜爱美的事物，还要善于理解美的事物（车尔尼雪夫斯基，1959）"。通常说来，理解是多层次的，有的学者把它分为三个层次（谢彦君，2004；王柯平，2000）或四个层次（李泽厚，2003）。本书也

把理解分为三个层次，最基本的层次是表层理解，是旅游者对观赏对象即符号外延的知觉理解。"外延是由客观构想的所指构成的（皮埃尔·吉罗，1988）。"这种理解存在于审美活动的第一个阶段——感知活动中，知觉并不仅仅是直觉。"贡布里奇强调视知觉总是包含人们的认识、理解因素，一开始就与触觉动觉连在一起，是'有意义'的综合体（转引自李泽厚，2003）。"这种理解是很浅薄的，而且是不费力气的理解活动，譬如旅游者看到旅游标识牌上的箭头能马上理解这个指索符号的内容（指向某一景物），它简单得如同动物在看到信号时所做出的生理反应一样，故感知活动在很大程度还是一种对符号形式的感性认识，它只包含了一小部分的理性认识。理解的第二个层次是对符号的象征意义或者说是内涵的理解，"内涵是与符号的形式和功能有关的主观价值（皮埃尔·吉罗，1988）"。比如一个古老的英国村庄表明它是英国人的住所（外延），同时可以从中阅读出它的象征意义（内涵）——英国从中世纪开始延续至今的古老传统。又如东北几个地区的萨满服饰由神帽、神裙、神衣、神铃和铜镜等佩饰组成，每一个佩饰都有着深刻的文化内涵。当旅游主体与客体属于同一文化模式时，对客体内涵的理解并不困难，但是如果主客体分别处于不同的文化框架之下，这种意义的理解就比较困难了，主客体之间的文化差异造成了主体对客体解读的困难。理解的第三个层次是对审美符号的意味的认识，是在深刻理解了符号具体意义的基础上对审美客体的意味的体悟。"意味是客体形象层、感知层的'意味'和'有意味的形式'中的'意味'，意味不脱离'感知'、'形象'或'形式'但又超越了它们，有一种长久的持续的可品味性（李泽厚，2003）。"众所周知，达·芬奇创作的名画《蒙娜丽莎》已成为卢浮宫的象征符号，这件艺术品的魅力就在于它的神秘意味。旅游主体可以借助符号的形式去体悟客体的意味，这需要审美主体有比较好的审美能力，这种审美能力就属于主体的文化资本范畴。当旅游者领会到了对象的意味时，就可获得一种妙不可言的高峰体验了。

综上所述，旅游观赏是主体通过感知、情感、想象和理解这四种心理活动来获得关于客体符号的形式（能指）和意义（所指）的感性认识和理性认识的综合活动（如图1-4所示），旅游者从对客体的观赏中所获得的体验是因人而异的。毫无疑问，旅游观赏就是旅游主体对审美客体符号的解读过程。

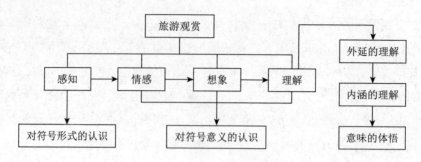

图1-4　旅游观赏过程解析

三、交往：人与人之间的符号互动

　　旅游交往是指旅游者和他人之间的交往，他人包括其他旅游者（同伴或偶然遇见的其他旅游者）、目的地居民和前台从业人员。在旅游世界里，交往主要表现为人与人之间的直接交往活动——互动。不论互动是以哪一种形式出现，人类社会生活中人与人之间的互动在本质上都是符号互动，既借助于符号来完成，也以符号为表征。身份、地位、外表、角色、行为等符号都为他人解读自我提供了线索，自我也是通过符号来认识他人，符号在人类社会中发挥着重要的交际功能和认知功能，每一个属于行动者的符号都蕴藏着个人主观意义或集体意识。我们已经知道行为符号包括语言符号和非语言符号，"人类互动是基于有意义的符号之上的一种行动过程（布鲁默，1962；转引自波普诺，1999）"。在旅游世界，为了表达自己的意图，"我"向他人发出符号，他人接收到这个符号之后就会对这个符号进行解读，于是他人知道了"我"所想要表达的意义，并向"我"发出符号对此做出回应。不可否认，旅游者在旅游过程中一定会与他人发生交往，而且一些想对旅游地有更深了解的旅游者会主动制造各种各样与服务人员、当地居民邂逅交往的机会，在这些交往情境下，每个人都是符号的发送方和接受方，彼此之间只有正确理解了对方传递的符号的意义才能顺利达成双向沟通，交往的效果影响着旅游者对旅游体验的评价。误解是很令人头痛的事，而且可能导致冲突和强制这两种负面互动。同时，人作为其所属文化群体的一分子，个人的行为中能透露出所属文化群体的集体意识，"人的行为不但是个体主观意义上的表达符号，而且也是社会、文化意义的显示符号（王宁，

2001)"。因此，在旅游交往中，旅游者从他人的行为中不仅可以解读出他人的主观意义，而且还可以读出另外一种文化的意义。

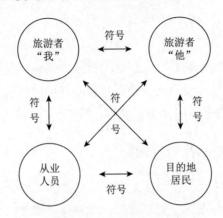

图 1-5　旅游交往的符号互动

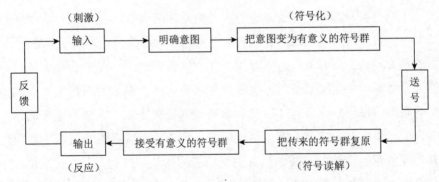

图 1-6　自我—他人关系的沟通图

资料来源：沙莲香 . 社会心理学 [M]. 北京：中国人民大学出版社，1987：162.

　　图 1-5 是对旅游交往中的符号传递方的描绘，在图中我们可以看到旅游者"我"和他人之间的交往是相互传递符号的过程。图 1-6 是自我与他人的沟通图，引自沙莲香所著的《社会心理学》，该图是对人际交往中的符号传递与解读的微观描述，展现了"我"把符号传递给"他人"的同时，"他人"就在读解来自"我"的符号并给出回应的循环过程。这两个图都直观反映了旅游交往在本质上是符号的互动。从上述分析中可以得知，旅游交往中编织出了一张张充满意义的符号之网，作为个体的人就是这些网上的节点。人在发送有意义的符

号的同时也接收到来自他人的符号，每个人都需要对符号的意义做出解释，因此旅游交往是旅游者与他人之间的符号互动。旅游者在交往的过程中会自觉地解读符号，他从看到他人的第一眼起就会对他人做出一个初步评价，即第一眼印象，而这个评价的给出正是基于他对他人的外表、身份、角色、地位、行为等符号意义的解读，然后他可能依据这个符号意义来决定自己是否要与此人发生直接的接触，当他与此人正式开始了直接的互动时，符号的相互传递就取代了单方面的传递，双向的符号沟通就这样出现了。

四、模仿：借鉴他者的行为符号

在模仿问题的研究上，法国社会学家塔尔德的"模仿定律"是影响较大的一种理论学说，他认为社会起源于模仿，而模仿遵循着一定的定律。模仿是对暗示或明示的反应，也就是由暗示或明示刺激而引发的类似的心理及行为的反应过程（马春庆，2004）。旅游模仿实质也是旅游者在解读他人行为符号意义的基础上所做出的对应式的回应。旅游者对他人行为的模仿多属于有意的仿效，其目的是为了满足好奇心，好玩，自我实现，或者出于虚荣心把旅游模仿视为一种"非做不可"的义务等等。至于究竟合理与否，旅游者可能不太介意，在感性的旅游消费中，合理与不合理对旅游者来说似乎不太重要，重要的是快乐或不快乐。谢彦君（2005）把旅游模仿定义为"旅游者在旅游过程中暂时地放弃其常规角色而主动扮演某些具有愉悦功能的角色的过程"。也就是说，旅游者在模仿的过程中实现了自我角色的暂时更换，即由"我"变成"他"的过程，在这种角色扮演过程中满足了自己的心理需要。当旅游者从日常生活世界走进旅游世界时，就是实现了从日常生活中的自我向旅游世界中的一个新的自我的角色转换。潜在旅游者在制定旅游决策的时候就可能存在着模仿他人的倾向，譬如看到他人去某地旅游后精神焕发，于是自己也想去那个地方旅游；又或是为了"当一天国王"或者是"当一天农民"，这些都是有意的模仿行为。旅游者在这种模仿过程中得到了更多的快感，获得更好的体验。就这样，旅游者在观察他人的行为和借鉴他人的行为过程中解读着他所期待和认可的符号的价值与象征意义。从这一点看，旅游模仿所具有的符号学意义表明，旅游模仿是旅游者在对他者行为符号的意义进行解读的过程中发现了值得借鉴的行为模式并仿效这种行为模式以满足内心需要的过程。旅游模仿是旅游者对于他人行为符号意义的理解，这种理解既可能是浮光掠影一般的表层理解，也可能是对他所仿效的客体的行为符号的深层次理解。

五、游戏：自我角色符号的转换

Cohen（1979）曾经提出过旅游体验的五个模式，其中第一个模式就是娱乐体验，追求娱乐体验的旅游者酷爱在类似于观赏一出戏剧、参加某种游戏等旅游活动中获得虚幻的体验，在这些娱乐活动中他们找到了很大的快适感。在后现代旅游者看来，旅游本身就是"游戏"（Urry，1990）。吉罗（1988）认为："游戏是对社会现实的模仿。"他还进一步说，"游戏的基本特征是发送者即做游戏的人自己构成自己的'符号'：玩，即成为另一个人。"如此说来，游戏中的人是符号的载体和实体，人在实体和意义上构成一种分裂，于是既是能指又是所指。游戏其实是给玩游戏的人提供了一个虚拟的情境，在这种情境下，主体可以成为他想要成为的那种人并且做他愿意做的事情，主体实现了自我角色的转换，他在游戏中获得了一种新的角色符号。在所有游戏中，做游戏的人给予游戏一种意义；当旅游者给游戏添加意义时就是把游戏本身当成了符号，也就是说，赋予意义的过程实质就是旅游者对游戏符号的解读，包括游戏中的规则、操作程序、游戏设施等符号，同时也是对处于游戏中的自我，即对自己新扮演的角色符号的解读，如果旅游者从上述符号的解读中找到了自己所认同的符号价值和意义，那么这次游戏活动就会给他带来愉悦的旅游体验。

说到底，旅游中的游戏其实等同于一场表演，是旅游者在模拟情景中的自我表演，在这场表演中，演员、布景、道具、演出的戏剧都是符号。我们可以看到，在世界各地的主题公园里，在这些仿真场所中，成人寻乐于儿童乐园，扮演着天真的儿童，放松了理性的约束，享受着游戏带给自己的感官愉悦。游戏是让旅游者获得世俗体验的重要途径。旅游者参与旅游中的游戏活动，为的是寻找他们所认可的幸福的符号和忘忧树上的"珍宝"。游戏的意义就在于让人陶醉在这种表演之中。

从上面的分析中我们可以得知，旅游体验的各种方式中都会发生旅游者解读符号的行为，这五种旅游体验的方式实质就是旅游者解读符号的活动，它们一起构筑成了旅游者体验的缤纷世界。解读符号是实现旅游体验的最根本的方式，同时也可以认为旅游体验的根本内容是旅游者对于符号的解读。

最后，引用巴特对旅游者游览埃菲尔铁塔的象征意义的细腻描述，从中我们可以看出这位法国的后结构主义大师对旅游者活动的符号意义的阐释，这些含义隽永的文字具有较大的启发性，也能为本文的基本观点提供佐证。

埃菲尔铁塔其实也出现于整个世界。首先，作为巴黎的一个普遍象征，它出现在世界各处，只要人们想用形象来表示巴黎时。从美国中西部到澳大利亚，任何到法国来的旅行计划都会提到铁塔的名字，任何有关法国的课本、招贴画或电影必定把它看作一个民族和一个国度的象征：它属于世界性的旅行语言。此外，它除了表示狭义的巴黎，也触及最一般的人类形象语言。它的简单质朴的外形赋予它一种含义无穷的密码的使命，结果随着我们想象的推移，它依次成为如下事物的象征：巴黎、现代、通信、科学或19世纪、火箭、树干、起重机、避雷针或萤火虫。随着我们梦想的遨游，它必然总是一个符号。……我们在人类中间，可以看到一种真正的圣经通天塔情结：通天塔应当用于与上帝交流。然而这是一处梦想，它所触及的深度远超过神学构想和深度，我们为什么要去参观埃菲尔铁塔呢？毫无疑问，是为了参与一个梦幻，在这个梦幻中埃菲尔铁塔与其说是一个真实的物体，不如说是一种凝聚器。铁塔并不是一种通常的景物，走进铁塔向上爬去，沿着一层层通道环行，等于是既单纯又深刻地临近一种景象，并探索一件物体（虽然是一种镂空雕塑品）的内部，把旅游的仪式转换为对景物和智慧的历险。……参观铁塔就是让自己登临塔楼的看台，以便察觉、理解和品味巴黎的某种品质。同时铁塔也是一座有独特风格的纪念碑。……铁塔不是一处遗迹、一件纪念物或一种文化现象，而是一种对人性的直接消费，这种人性由于把它转换成一种空间的目光而成为自然的了。……每一位铁塔的参观者都可于瞬息之间将一幅鸟瞰图景尽收眼底，这幅图景，向我们呈现的是被读解的世界，而不只是被觉察的世界，因此，它相应于一种新的图像观感。……正如若尔丹先生面对散文的情况一样，每一位铁塔的参观者都在不知不觉中实践着结构主义（这并不妨碍散文和结构照旧存在）。巴黎在他身下铺开，他自动地区分开各个地点（因为已知道这些地点）但并未停止把各个地点再联结起来，在一个大功能空间来知觉它们。总之，他在进行区分和组合，巴黎对他呈现为一个潜在地为理智准备好的，向理智敞开的对象，但他必须运用最后的心智活动亲自将其构造出来：铁塔提供给巴黎的全景绝非消极被动的东西。由旅游者微弱的目光所传达的这种心智活动有一个名称：译解。……在外国人或外省人游览过的一切名胜中，铁塔是必须登临的第一个纪念物。它是一座大门，标志着向一种知识的过渡：人们必须通过一种"入族礼"来临祭铁塔，而只有巴黎人才能找到免除致祭的托词。……从技术性的奇迹到高级烹调以及俯瞰都市全景，铁塔最终同一切重要人类场所具有的基本功能重新统一起来了：它拥有了绝对的主权。铁塔可独立自存。你可以在那儿梦想、吃喝、观赏、理解、惊叹、购物；正像在一艘大邮轮（这是令孩子们梦想的另一个神话对象）上一样，你会感到完全与世隔绝，但仍然是世界的主人。

（巴特，1988：37~48）

从上面这段文字中，我们可以读出如下几点启示：

第一，埃菲尔铁塔已经成为巴黎、法国以及法兰西民族的象征符号，是精神纪念碑，是世界性的旅游符号。类似地，中国的长城也是如此，它是中国龙的象征。世界各地的标志性旅游景观都可以成为各地的符号，而旅游者也很容易受这些标志性符号的影响，对旅游目的地抱一种已经成型的看法与态度，他们通过这些标志性景观符号来辨别各个旅游目的地。如 Culler（1981）在《旅游符号学》一文中写道："旅游者坚持把美国的高速公路、可仿效的东方场景、法兰西式、意大利式、传统的英国酒吧看作文化符号。"同时，旅游者看到的景观就是由符号构成的系统，就像 Urry（1990）所说的，旅游者的目光是由符号来构建的，旅游就是符号的收集。

第二，参观埃菲尔铁塔的旅游者是为了一个梦想，巴特把这个归结为人类的通天情结。旅游者实践着对景物和智慧的探索，并获取一种新的知识，临祭铁塔就好比是参加一场"入族礼"仪式。因此，很多旅游者都是为了心目中的一些梦想或者是所谓的"情结"而去异地旅行，情结来自于主观和客观两方面的因素。比如没去过莫高窟的人总是想去看看那凝结着古人智慧的壁画，没去过埃及的人对神秘的金字塔总是充满了无限的憧憬，平日里总不放过搜集和金字塔有关的信息。如果我们把旅游看得很神圣的话，那么在旅途上寻觅的梦想就好比是到圣地去寻找"圣杯"①，而一次成功的旅游体验，就相当于成功地实现了这一梦想，找到了梦寐以求的"圣杯"。

第三，旅游者在面对景观这个客体时会去解读它，就像巴特所说的每一位铁塔的参观者都在不知不觉中实践着结构主义，这样的行为和阅读散文的活动类似，当然亦有区别。旅游的图景向我们呈现的是被读解的世界，而不只是被觉察的世界。可以说，符号的解读一定是旅游体验中的必要组成部分，除非旅游主体是不具备任何思考能力的人。旅游者解读符号的行为总是遵循着"主体目光→符号形式→符号内容"的序列而展开的，这是对解读过程的简单勾勒。旅游者对图景中各个符号的解读可能是无意识的行为或是有意识的行为，有意与无意之间可能导致解读的效果不同。

第四，景物的读解是多义的，正像人们心中勾勒的铁塔形象有无穷多个，如科技、巴黎、起重机等。因为一方面客体符号的阐释是开放的、可扩充的，可以无限延伸的，客体本身就留给了主体无限的想象空间，最典型的多义客体是旅游世界中呈现在游客面前的艺术品，如亨利·莫尔的雕塑作品《斜躺着的女人》②。另一方面，客体符号解读的多义性要考虑到解读符号的主体本身的差异性这一重要因素。

第四节　旅游符号的解读效果

一、旅游符号解读中的忽略、放弃和误读

毫无疑问，在符号的解读过程中，所有解读主体的目的都只有一个：正确地理解符号的固有内涵。然而，像在其他场合一样，在旅游体验过程中的各种

---

① 圣杯在西方社会中世纪克尔特人的传说中指象征着伟大母亲的盛满令人复活的精神的杯子，另一说是圣杯是装过耶稣的圣血的杯。至今在布鲁日都还有"圣血传递节"，延续着人们对圣血、圣杯的崇拜，和对人的存在意义的永恒追问。

② 亨利·莫尔的雕塑作品《斜躺着的女人》是最典型的多义作品，纽曼指出，这件作品至少有五种以上的含义。

符号解读活动，同样包含着方向的变异和效果的差异，值得进行深入的研究。

完整的符号解读活动可以依据符号的二元结构（能指＋所指）而划分出两个步骤：第一步，感知符号的能指（符号的形象/形式），包括感觉和知觉活动，是对符号能指的视知觉。第二步，理解符号的所指（符号的内容/意义），是对符号意义的领悟。这两个步骤构成了一个很完整的解读符号的活动。倘若在这两个步骤中出现了符号解读程度的差异，比如只感知了符号的能指，那么这种解读就属于程度较弱，层次较低的活动。如果不仅感知了符号的能指，而且还领会了符号的所指，则这样的解读活动就属于深层次的符号解读活动，旅游体验也由此而获得深化。参见下图 1-7。

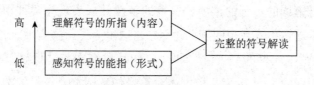

图 1-7　解读符号的两个步骤

毋庸置疑，旅游中被观赏和参与利用的客体是在主体的"阅读"和"理解"当中达成其意义的，对旅游客体意义的理解主要取决于旅游主体——旅游者。理解活动如前文所述可分为三个层次。这里着重要指出的是第二层次的理解，即对符号的象征意义/内涵的理解，人们对符号意义的理解一般都会达到这个层次。前文分析指出，景物的读解是多义的，是谢林（1976）所说的"在有限的形式中表现出无限"的美，也就是说人类丰富的想象力和符号意义阐释的开放性使得主体对于符号象征意义的理解可以做层层递进、无限开放式的理解，从这个意义上来说，理解的层次是无限多的，但是多重的理解并不意味着每一种理解都契合符号的本真意义。

在旅游者解读符号的过程中会出现三种情况：

第一种情况是旅游者在面对符号时出现了视觉盲点，忽略了符号形式的存在；或者是仅仅看到符号的形式但忽略了符号的意义。这种情形时有发生。忽略符号的意义是指旅游者只解读了符号的能指，但却忽略了对符号所指的进一步解读，很多旅游者会很满足于第一层次的解读并获得快感，而忘记了对符号内容的求解。

　　第二种情况是指旅游者意识到符号的存在但放弃了对符号的解读，这发生在旅游者无法领会符号的形式和内涵，特别是无法理解符号的内涵之时，无论是消极的旅游者或是积极的旅游者都会遭遇到这种情况。当旅游者面对一个客体符号时，如果他不欣赏该符号的形式，让他反感，那么他就会主动放弃对符号的继续解读，或者是消极的旅游者在领悟了符号的形式美后就停止对符号内涵的挖掘；另外，旅游者在解读符号的开始阶段或者中间阶段，也可能因遭遇困难而被迫放弃了对符号的形式和意义的求解。

　　第三种情况是指旅游者对符号进行了深层次的解读。旅游者不仅接受他所看到的符号的形式，阅读着符号的能指，而且尽力挖掘符号的所指。随着旅游者对符号进行解读的进程的推展，最终的解读效果表现为两种相反的情形：正确理解和错误理解（或者也叫歪曲理解），这里为了行文方便，把"正确理解"简称为"正读"（这里的"正读"和文艺作品研究中与"反读"相对应的"正读"一词是不同的），"正读"指主体对符号的解读符合符号的本真意义或者说符合其通常的理解；把"错误理解"（歪曲理解）简称为"误读"，指主体对符号的解读背离符号原本规定的含意。尽管误读在有的时候可以产生美，但是大多数人还是希望能够正读客体，获悉其本真意义。

　　由上面分析的三种情况可知，旅游者解读符号的最终结果可以有四类：忽略、放弃、误读和正读。图1-8就是对旅游体验过程中可能出现的四种符号解读结果的简单勾勒。图中Z轴的正值区间表示抱有积极解读符号态度的旅游者，Z轴的负值区间表示持消极态度的旅游者；Y轴的负值区间表示旅游者忽略了符号的解读，正值区间表示旅游者放弃了对符号的解读；X轴代表着深层次符号解读活动的两类效果，正值区间表示正读了符号的能指和所指，负值区间表示误读。由X、Y、Z构成的立体空间被X和Y构成的水平面切割成上下两部分，上半部分表示积极的旅游者解读符号的情形，存在忽略、放弃、误读和正读四种情形，分别以OPA_1H_1、OPB_1F_1、OPC_1W、OPD_1R四个实线的正方立面来表示；下半部分表示消极的旅游者在解读符号的过程中也可能交叉出现忽略、放弃、误读和正读这四种情形，以四个虚线的正方立面来表示，分别是ONA_2H_2、ONB_2F_2、ONC_2W、OND_2R，其中ONA_2H_2、ONB_2F_2的面积比OPA_1H_1、OPB_1F_1的面积大，以此来表明在解读符号的过程中，持消极态度的旅游者比积极的旅游者更容易放弃对符号的解读，也更容易忽略符号的存在或忽略其意义。至于正读和误读的情形，笔者认为难以一时判断出究竟是积极的旅游者正读符号的可能性大，还是消极的旅游者的概率更高，这个需要做进一步的实证研究才可明确，故图 1–8 中暂且以四个等面积的正方形 OPC_1W、OPD_1R、ONC_2W、OND_2R 来表示。

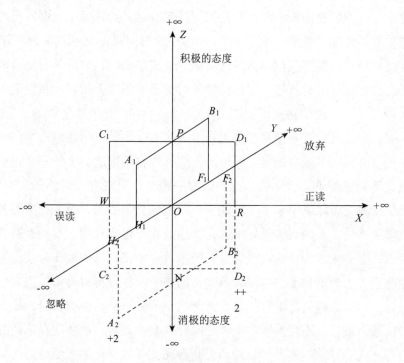

图 1–8　旅游体验中的符号解读效果

二、导致不同解读结果的根本原因：文化差异

不论旅游者求解符号的态度是积极还是消极的，旅游者在面临符号时都可能出现四种结果，即忽略、放弃、误读与正读，忽略和放弃指旅游者从一开始或者最终没有解读符号，正读和误读指旅游者最终解读符号的不同效果。

（一）造成四种解读结果的原因剖析

忽略符号的存在是游客的一种无意识行为。旅游毕竟是在一段短暂的时间里发生的，每个旅游者的时间和精力都是有限的，我们不可能也不应该苛求每位旅游者都能够尽善尽美地发现旅途中的每一个符号，要知道旅游不等同于考古，所以适当的忽略是合乎情理的，旅游者的体验质量不会因此受到很大影响。具体说来，导致旅游者忽略符号的原因有：第一，旅游者的态度影响旅游者对符号的感知度。可以肯定地说，消极的旅游者比积极的旅游者更容易忽略不应该被忽略的符号，或者即使看到了符号也没有自觉地意识到需要去进一步解读符号的意义，而积极的旅游者不愿意错过任何有意义的符号，他拥有更为热切的搜集符号的目光，如图 1-8 所示，ONA_2H_2 的面积明显大于 OPA_1H_1，消极的旅游者忽略符号的概率应该更大一些。第二，旅游者的鉴赏能力有高有低。并不是所有的忽略都是有益的，假如旅游者对于美景熟视无睹，他在旅途中很难找到美的符号，这说明他的审美能力比较欠缺（审美能力和主体的文化因素、心理因素、审美经验等是息息相关的），这种不应该发生的忽略自然会给旅游者体验质量造成或多或少的负面影响，在旅行即将结束之时，旅游者很可能因此产生"不知道哪里好看"或"这次旅游一点意思也没有"的感慨。实质上，并不是沿途缺乏美丽的风景，只是缺少一双发现美的眼睛。第三，旅游者的旅游动机存在差异。人的兴趣爱好不同，关注的焦点也不相同，有的旅游者偏爱文化景观，有的旅游者喜欢自然风景，旅游者通常将自己的大部分注意力都投放在他所感兴趣的事物上，这样旅游者在面临一个符号群时会将注意力集中在某些符号上，忽略掉其他符号，但旅游者找到了自己所需要的符号，故旅游体验效果良好。最后，不同群体和个体之间存在文化差异。这体现在不同的旅游者之间有文化差异，旅游者与目的地之间存在文化差异。如果旅游者的文化背景和他所拜访的东道主国家和地区的文化背景存在比较明显的差异时，旅游者在面临客体符号时根本无法意识到那就是可供欣赏的客体，于是种种具有魅力的符号被旅游者视而不见，这样的忽略其实与旅游者的意愿相违。但文化差异的存在也会让异国的旅游者把一些在目的地居民看来很平常的事物视为必须读解的符号，他们对这些普通的事物非常好奇，于是文化差异让旅游者在忽略某些符号的同时也会有新的发现。

放弃与忽略不同，放弃是有意识的行为，而忽略是无意识的行为。促使旅游者放弃解读符号的诱因和忽略的情形一致，态度、旅游动机、鉴赏能力和文化差异这些因素都会导致旅游者因解读过程不愉悦或不畅而放弃对符号的能指或所指的读解。第一，在解读符号的态度上，消极的旅游者比积极的旅游者更容易放弃，因为意义对于消极的旅游者来说不是很重要，平面化的、毫无深度的图景对他们而言更为适合，如果旅游符号的解读并非必须做的事情，他们就会在解读符号的过程中因为无法理解而放弃了对符号意义的继续探寻，如图3-2中，ONB_2F_2的面积明显大于OPB_1F_1，以表明积极的旅游者比消极的旅游者放弃符号解读的可能性要小。第二，旅游动机的影响表现在旅游者在解读符号的过程中对某些符号轻言放弃，因为旅游者对于这些符号的兴趣不高。第三，鉴赏能力较差的旅游者无法领略到符号形式上的美感，鉴赏能力较高的旅游者会对一些庸俗的符号形式不屑一顾。第四，文化差异是阻碍旅游者解读符号的无形壁垒，如景区旅游解说牌上的符号提示了一些重要的信息，但因为语言障碍的存在旅游者根本无法获得其中的信息，这会给旅游者的旅行带来诸多不便和不适。

最后，关于正读和误读这两种情形，正读和误读是针对符号的所指（意义/内容）而言的，旅游者的态度和旅游动机对于符号意义的解读没有本质上的影响，动机和态度都属于导向型因素，而此时，符号内容的解读行为已经实实在在发生了，与动机、态度无关。鉴赏能力和文化差异则是导致意义解读效果不同的重要原因。至此我们发现，不论是何种解读情况以及解读效果，文化的差异和鉴赏能力是各个原因的交集，但如果结合文化和符号的本质规定性来看，文化差异则是影响旅游者能否去解读符号，能否正确理解符号形式和意义的最根本的因素，这是因为一方面，符号的编码和解码决定了文化因素的重要意义大于其他诸如个人鉴赏能力等因素；另一方面，鉴赏能力说到底也属于文化深层结构中的认知理解。所以，当某一旅游者和旅游世界中的他者之间存在文化差异时，文化差异就首当其冲地成了引致不同解读结果的根本原因，进一步的分析请见下文。

（二）文化差异：导致解读结果不同的根本因素

首先，如果从被利用的客体——符号这一方来看，不论哪一类符号，符号的能指和所指之间的约定都是人为规定的。有些符号学家们认为，符号结构的意义（如所指、能指、解释项之间的关系）不是固定的或通用的，而是任意的，并由某种社会规则所建立（Echtner，1999）。因此，符号系统需要学习并且受文化和语境的约束。意大利符号学家艾柯（1990）指出："类似不是存在于符号形体与符号对象的物理属性之间，而是基于一种文化惯习。"也就是说符号的编码是由特定的文化群体完成的。例如，在不同的文化中，动态体语符号所表达的意义是非常不同的。在很多国家如中国、美国等，上下点头意味着"是"，而左右摇头意味着"不"。但是，马来半岛的萨芒人把头向前伸表示"是"，而马来西亚的黑人则通过往下看表示"不"。再如，中国人对山水、松、竹、兰等景物的喜爱由来已久，这种喜爱在部分程度上是基于它们所具有的象征意义，而这些符号的意义是由中国古代文人所赋予并被中国古今社会所接受，那么一个对中国文化知之甚少的外国游客在观赏这些景物时就不会产生同样的情感，也很难联想到这些符号的象征意义。以上几个事例都表明不同文化群体在约定符号所指和能指之间的关系上存在差异，不同文化模式下的人有不同的文化惯习，掌握着不同的符号使用约定，因此不同文化背景下的个人对于同一个符号的理解存在着较大的文化差异。

其次，从制造和使用符号的旅游地居民、政府、旅游企业和从业人员来说，我们可以把他们视作符号意义的"生产者""表述者"或者说是符号的"编码方"（当然在旅游交往过程中，他们也需要解读由旅游者"制造"的符号）。旅游企业生产旅游产品和利用旅游媒介，也就是制造和使用客体符号（景观、设施、节庆活动等）与工具符号（促销广告、交通工具、住宿设施、旅游标识物等）的过程。一般说来，旅游企业会有意识地挖掘符号的意义，让旅游客体和工具更具有立体感，更为生动。不过这种符号意义的"生产"实际收效如何，还得视旅游者的反应而定。从业人员是旅游企业的代表，符号意义的表述就是由从业人员完成的。旅游地居民与前台从业人员都是与旅游者发生互动的群体，他们同属于东道主社会的一分子，携带着旅游地的文化身份，有着相似的文化背景，这两个群体属于同一个文化群体，他们在符号意义的约定上能达成统一。例如我们经常可以看到许多导游人员所讲述的某个景点的传说其实就是当地居民口传和记录的传说，这些语言符号充实了景物符号系统的内容，导游员和居民在景物传说的能指和所指的规定上达成了共识。总的来说符号的编码主要是由当地的文化群体完成的，生产方从当地文化的视野出发来制造和使用符号，也就是说，这些符号蕴含着旅游地的文化意义，同样的文化视角使得目的地群体对旅游符号的诠释有着一套共享的约定。

　　旅游者作为符号"消费者"或者符号的"解码方"（不过在旅游交往过程中，旅游者也同时在"生产"符号，但旅游者扮演得更多的角色是符号的"解码方"），其自身的种种先在的条件（主要集中表现为自身的文化模式）决定了符号解读的最终效果。必须承认的是，旅游者是具有文化属性的人，旅游者常住地的文化模式对旅游者的影响是潜移默化的。具有特定文化身份的旅游者从制定旅游决策到实际旅游体验的整个过程中都受到自身文化因素的影响，文化的深层结构影响着旅游者的行为方式和行为的有效性，而且旅游者的行为会无心之中"泄露"出自身的文化意义，构成了一个个可以被解读的"文本"。当旅游者在制定旅行计划时，他会选择符合他期望与价值观的旅游产品。例如，高度回避不确定性的文化模式下的潜在旅游者如日本人倾向于选择团队旅游方式，而低度回避不确定性的潜在旅游者如美国人多选择独自出游的方式。"Pizam 和 Calantone（1987）研究发现，旅游行为在很大程度上是与一个人的一般价值观及其独特的假期价值观相联系的，他们得出了一个结论，价值观预示了旅游行为"（Reisinger，2004）。当旅游者进入了实际体验阶段后，旅游者总是戴着一副有色的文化眼镜并透过这副有色眼镜去观察旅游世界，他的文化因素影响着他对符号形式的知觉和符号内容的理解。旅游者对于符号能指的知觉与其价值取向高度相关，"根据 Schiffman 和 Kanuk（1987）以及 Cohen（1972）的观点，知觉依赖于由文化所决定的个人价值取向、期望、经验以及兴趣，文化价值取向越强烈，对刺激物（符号）的意识就越是高度地与价值观相关联"（Reisinger，2004），例如，如果旅游者对当地文化尤为感兴趣，每当他看到代表当地文化的建筑景物时就甚为敏感，他会尽可能去一些建筑景观集中的景区游览，但若旅游者的文化价值取向与此不同，他就不会把建筑景物列为需要特别注意的符号。如果旅游者对于他所看到的符号形式产生厌恶之情，那也是价值取向在发生作用。因此，不同文化背景下的旅游者对于符号能指的知觉存在着差异，旅游者与另一种文化背景下的东道主之间也存在差异。

　　文化不仅对旅游者感知符号的能指有影响，而且深刻地影响着旅游者对符号意义的理解，在这种情境下文化差异的影响力更为显著。符号的意义是由特定文化群体所共享和习得的，同一个符号在不同文化模式下的人看来很可能有着不同的含义，所以具有某一文化背景的旅游者和处于另一种文化背景下的旅游地群体对同一个符号能指与所指之间的规定是存在差异的，某些被目的地文化群体赋予了吉祥美好意义的符号在旅游者看来可能是象征着恐怖和丑陋的符号。旅游者在解读符号时是用自己的文化框架去给他所看到的异己文化符号套上一个经他主观重构之后的意义，旅游者竭力从自己的文化意义库中搜寻相近的意义去解释符号，如果被搜索出来的意义解释和符号的本来意义不一致时，就产生了误读。心理学家荣格曾经举过一个事例来说明符号的象征意义很难理解。荣格（1988）说："一个从英国归来的印度人回家后对朋友们说，英国人崇拜动物，因为他在英国的一些古老教堂中发现有鹰、狮子和公牛的图像。他不知道（许多基督徒都不知道），这些动物是四福音的象征，源于《圣经》中的《以希书》，而这又与埃及太阳神贺拉斯和他四个儿子的神话类似。"从这个事例可以看出，文化因素对于人理解符号的意义起着十分重要的作用，例中这位自英国归来的印度人之所以会误解那些符号的含义，就在于他对于异己文化非常陌生，不清楚这些符号所指的意义。在一个熟悉的文化环境下，我们能很轻松地辨别出客体的名称和含义，但是当我们的目光落在不熟悉的文化环境下的客体时，就会立刻感到与客体匹配的名称和含义缺失了。

依据上述三方面的分析，可以归纳出如下几点：

第一，对于符号的认识，也就是说对于符号的能指和所指之间关系的约定需要符号使用者达成共识。符号使用者都是具有特定文化身份的主体，不同的文化群体具有不同的文化模式和观念，甚至同一文化群体中的人也存在文化差异，人们对于同一个符号的理解持有不同观点。

第二，归根结底，是文化的差异导致符号解读的结果不同。不同文化背景下的旅游者对于符号的知觉存在差异，在解读同一个符号时会有不同的观感，并主观构建出不同的解释意义。其根源就在于不同的旅游者之间有文化差异，旅游者和旅游目的地群体之间也有文化差异。符号编码方和符号解码方有着不同的文化视角，一方属于目的地文化模式，另一方属于客源地文化模式，双方在符号能指和所指的约定上因文化规则不同而不同，这种差异就容易导致作为符号消费方的旅游者忽略、放弃或误读符号的形式和意义。

第三，对旅游者而言，忽略、放弃、正读与误读的情形既可能在旅途中交错出现，也可能只出现其中的一种或几种情形。就误读和正读而言，如果旅游者的文化和旅游地的文化是同一种文化，那么旅游者误读符号的概率很小；如果旅游者的文化和旅游地的文化属于同一个亚文化，双方在符号的约定上存在很多共识，彼此之间的文化差异不多，那么误读的可能性不会太大；如果旅游者的文化和旅游地的文化截然不同，两者之间存在很大的文化差异，那么旅游者误读符号的概率就很大了。也就是说，旅游者误读符号的概率与两种文化之间的差异程度成正比。文化差异的大小这种抽象的概念很难以数字的形式来测量，不过一般都认为，地处同一个地区、属于同一个民族的群体共享的文化特质很多，群体与群体之间以及群体成员之间的文化差异很小；既处于不同的地区又属于不同民族的群体共享的文化特质很少，群体之间的文化差异很大。

三、符号解读对旅游体验效果的影响

可见，旅游体验就是一个搜集和解读符号的过程。旅游世界是一个交织着各种符号、与日常生活相异的世界。旅游体验是旅游者解读各种旅游符号的过程，符号本身的特点、旅游者搜集的符号数量和他对符号解读的结果都可以影响到旅游者的体验效果（也叫体验质量）。

首先，存在于旅游世界中的各个符号的自身特点对旅游者体验质量有影响。如果符号本身的能指和所指能满足一般旅游者的需要，或人文内涵深厚，或赏心悦目，或能激发人的猎奇心理等等，这样的符号以及符号系统就能给旅游者带来美妙的感受，这样一个充满着大量美丽符号的旅游世界是非常美好的，否则反之。

其次，旅游者搜集到的符号数量对旅游体验效果有影响。当旅游者在旅途中接触到大量美的符号和令人愉快的符号，他的旅游体验就比较充实和完满，若旅游者在途中仅仅发现和搜集了数量很少的美好的符号，他的旅游体验效果必然不佳。当然，旅游者所遇见的能带来美好体验的符号并不是越多越好，必须结合考虑到旅游者可资利用的度假时间来设计符号出现的恰当频率。

最后，旅游者解读符号的四类结果直接影响着旅游者的体验效果。

第一种情形是忽略符号对旅游体验质量的影响。在旅游者忽略符号之初，无任何心理感受可言，但如果旅游者在事后知道自己所忽略掉的符号是不容错过的旅游吸引物时，他会感到比较遗憾。同样，被忽略了的符号意义在其被忽略的瞬间对于旅游者的影响不大，但是如果能够不忽略符号的意义，那些美好的内容往往能增添旅游者旅途中的情致。在图 1-9 中，在忽略的开始阶段旅游者无心理感受，但是随后的感受还是会有变化，这里为求让图形简单只用"无"来表示。

第二种情形是指旅游者放弃符号的解读时所获得的体验效果。主动放弃意味着旅游者是自愿放弃，消极的旅游者或许不会有什么不愉快的心理感受，图 1-9 中以"不确定"来界定其心理感受；但积极的旅游者会觉得心有不甘。当旅游者被动放弃对符号的解读时，不论是消极的旅游者还是积极的旅游者都会感到缺少一种成就感，因此放弃对于积极的旅游者的体验效果带来更大的负面影响，旅游者难以获得快乐的体验。

第三种情形是指旅游者正读符号时所获得的体验效果。当旅游者正确把握了符号的形式以及符号的内在意义时，旅游者会因此获得两种感受，第一种感受是最普遍的现象，即旅游者因为领略到了符号的形式美而且正确理解了符号的内涵而激动、欣喜，甚至获得不能自抑的快感。第二种感受是与愉悦相反的感受，如失望、焦虑、苦恼，问题出在符号的生产方和符号的消费方对于事物的认识和理解不同，一些在目的地群体看来非常合适、美好的符号却在符号的消费方——旅游者那里引发了相反的心理反应，这时候尽管旅游者正读了符号的形式和意义，但却无法认同，于是旅游者就会有不良的心理反应，不能获得愉快之情。在旅游企业经营实践中，旅游经营商、从业人员的目的是要取悦旅游者，在开发产品和提供服务的过程中，符号的生产方会想方设法把消费者的文化心理研究透彻，让客体符号具有美观的形式和美好的意义，而不是让旅游者觉得难以接受。不过还是会存在一些让旅游者觉得难以接受的本真意义。

第四种情形是旅游者误读符号对体验质量的影响。这时旅游者无法正确理解符号的形式和意义，旅游者的心理感受也有两种可能，第一种情况是旅游者自知没有理解到符号设计者的本意，这时候旅游者觉得不满意，感到困惑、苦恼、不安或者尴尬，而且把原因归给外部因素，如旅游者在欣赏某个人文景物时既无法领会其形式上的美感，也无法了解其中的深意，他就很难产生愉悦之情，接下来他或许会继续努力解读，以期正确理解符号的形式与意义，当然很消极的旅游者可能在明知已经发生了误读之后仍然选择放弃；第二种情况是旅游者并不知道自己错误理解了符号设计者的本意，他按照自己的一套解释，并认为自己已经正确地把握到了符号的形式美和实际内涵，他很陶醉于这个由诸多利好因素构筑的虚幻场景之中，旅游者会对自己的表现感到比较满意，内心产生快适感。但是这种情况潜伏的危险就在于这种"正读"的神话是不长久的，虚假的面具可能在事后被知情人摘下和拆穿，如果旅游者在事后了解了真相，他可能会有尴尬、忧虑等不快的心理感受，他为自己曾经曲解了其本来意义而惴惴不安或者是因不喜欢这个符号的真实"面目"而感到不舒服；当然旅游者也可能会感到快乐，因为历经了一曲三折之后，最终还是领悟到了符号的形式美与内在美。究竟事后知晓的符号的真实能指和所指对于旅游者而言是带来快乐还是苦恼，还要看本真性对他来说是否美好。

图 1–9 描绘了旅游者解读符号的四种结果及其心理感受，着重分析了旅游者解读符号的活动切实展开后的两种解读效果，即正读与误读，以及这两种情形下旅游者的不同心理感受。图中为了方便起见，把美好的、快乐的体验简单表示为愉悦，把不快乐、不畅、尴尬等体验用愉悦的对立面——不愉悦来表示。为了使图形不至于太复杂，图 1–9 没有着力体现积极的旅游者和消极的旅游者的差别，不过前面的图 1–8 已经初步描绘了两者的区别。

从图 1–9 中可以发现的一个现象就是：一方面，正确理解了符号的形式和意义不一定意味着能产生美好的旅游体验，错误理解了符号的形式和意义带来的也并非总是痛苦的体验，误读与正读的结果都可以产生两类相反的心理感受：愉悦和不愉悦。另一方面，总能带来美好体验的情境就是在旅游者正确理解了符号之后，他从自我的角度出发认可这个符号的形象和内涵，也即接受符号本真的能指和所指时，旅游者感到愉悦；相反，即使旅游者正确理解了符号，但是他如果不认可和接受本真的形式与意义，认为真实是丑陋的、不悦的、不可理解的、无法接受的等，也就是他从自己的角度出发排斥这样一个符号，那么他会产生不愉快的感受。总而言之，旅游者总是从个人的角度出发去接受自己所认同的符号能指与所指，拒绝接受他不赞同的。然则，旅游者解读符号的最初目的是为了正确理解，但有时候正确理解却不一定会让他有快适感，于是有的旅游者宁愿接受一种虚假的但却能让他感到愉悦的符号形式和内涵，这又回归到开篇所说的旅游的主要目的是为了获得愉悦这一基本命题上了。

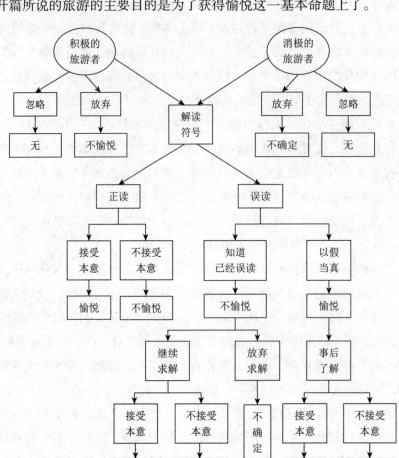

图 1-9　符号解读的结果：忽略、放弃、正读和误读

　　旅游者在符号的解读中表现出来的个人倾向和主观色彩实质是旅游者的价值观念、思维方式、审美趣味的反映，归根结底是具有社会性和文化性的旅游者其文化心理结构在起作用。当旅游者解读另外一个文化环境下的符号时，他是从自我的文化角度出发来解读，他对于符号的形式和内容是接受、欣赏还是排斥、反感都是用自己的文化标准来给出评判的。持有不同文化标准的旅游者对符号的解读自然是不同的，而且在知觉和理解符号的过程中会有不同的心理感受，也就是说有不同的旅游体验效果。换言之，具有不同文化心理结构的旅游者在符号解读过程中将获得不同的旅游体验效果。有些旅游者的整个旅游体验连续体都是很美好的，每一个片段在他看来都令人沉醉，尽管他自身的文化背景和旅游地之间存在差异，和其他旅游者之间也存在文化差异，可这些文化差异没有给他带来丝毫不快，反而是给他带来惊喜和快感的源泉，那么此次旅行所感受到的文化差异就是很美丽的文化差异，在这种情况下，旅游体验达到了最理想的境界；相反，在有些旅游者的旅游过程中，文化差异给他带来的是一次又一次的尴尬、难堪、迷茫、不解，在每一次符号解读中他都不能找到一种让他觉得可以接受的答案，整个旅程都是由灰色的、低调的片段构成的，这就是一次质量很低、效果很差的旅游体验，旅途中所感知的文化差异对旅游者来说就是糟糕的、令人不悦的文化差异，这样一来，对于旅游的心理期许与事实上的旅游实践存在着某种背离，导致了类似莎士比亚《哈姆雷特》中的经典性忧郁情结："去旅游还是不去旅游"。如果旅游者的旅游体验过程中并不只存在一种"声音"而是多种"声音"并存，既有让人愉快的体验，又有一些不称心意的体验——这种折中的情形是最常见的，那么在符号的解读中由文化差异而引起的各种或高兴或苦恼的心理感受就组成了复杂的旅游体验连续体，文化差异就在天使与魔鬼之间进行着角色的转换。

　　总之，当旅游者从符号的解读中感受到欢欣、沉醉和生命的充溢之感时，这种快乐之情就是他当时获得的美好的旅游体验；当旅游者在符号的解读中产生了不畅、困顿、苦恼、尴尬等情绪时，这些诸多不快乐的感觉就是他当时获得的不愉快的旅游体验。也就是说符号解读的结果带给旅游者的即时心理感受就是旅游者当时的体验效果，每一次解读符号的瞬间构成了每一次体验的瞬间，一次旅途中完整的旅游体验就是由无数个瞬间构成的连续体。如果旅游者对于旅游世界里的符号的解读中交织着正读、误读、忽略和放弃多种情形，那么旅游体验的连续体也成了一幅涂抹着愉快、烦恼、淡漠、尴尬等各种情感元素的印象画，每个片段都是今后可资回忆的经历。

第二章

旅游体验质量的测量方法

第一节　旅游体验质量测量的理论模型

一、旅游体验质量的定义

作为一个心理学的课题，有关旅游体验质量的研究，目前学术界还未能取得实质性的突破。由于问题本身的复杂性，使得人们至今对旅游体验质量本身的理解以及所使用的研究方法难以达成共识。纵观研究人员在这一问题上历来所持的观点，大致可以将他们对旅游体验质量的定义以及测量方法归纳为以下几种类型：

（1）侧重于旅游体验客体的测量方法沿袭了经济学、管理学、营销学关于满意度的测量方法，由此倾向于将旅游体验质量定义为旅游者的满意度水平，即感受与期望的差异。

（2）侧重于旅游体验主体认知的方法则更为注重旅游体验对旅游者内心心理利益和需要的满足，因此这些学者倾向于将旅游体验质量水平定义为旅游者心理利益的满足程度。

（3）侧重于旅游体验情感表现的方法则重视描述旅游者的情感表现，如旅游者的畅爽程度和快乐水平等，因此倾向于将旅游体验定义为旅游体验的情感表现契合于情感的巅峰状态的程度，契合程度越高，则意味着旅游体验质量的水平越高。

（4）兼顾旅游体验认知和情感表现的测量方法则力求更全面地挖掘旅游体验的心理学意义、社会学意义、人类学意义等，因此对体验质量的定义也更多元化，既囊括前三种定义内涵，也容纳了旅游体验对旅游者的意义大小，倾向在更综合、更整体的水平上定义旅游体验质量的定义。

由此可见，人们对旅游体验质量的理解和界定各不相同，究其原因，主要是由于体验质量本身的复杂性引起的。显而易见，旅游体验质量的好坏，取决于很多内在和外在的因素，并且受到很多过程性变量的干涉，因此，对它的解释必然是一项复杂的工作，从而造就了透视旅游体验质量的不同视角。

二、旅游体验质量的影响因素

根据 Chris Ryan（1991）的描述，旅游体验的影响因素可分为先在因子、干涉变量、行为和结果几个方面，各因素间交互影响。在旅游行为中，期望与感受之间的差距、旅游者与目的地居民及结伴同游的旅游者之间的互动的性质受到旅游者本身诸多方面因素和能力的影响，同时，这些因素和能力也与旅行类型、活动类型、喜爱的地方的位置和喜爱的活动的位置相互作用、相互影响（见图2-1）。这一模型显示了旅游体验质量的影响因素十分复杂。

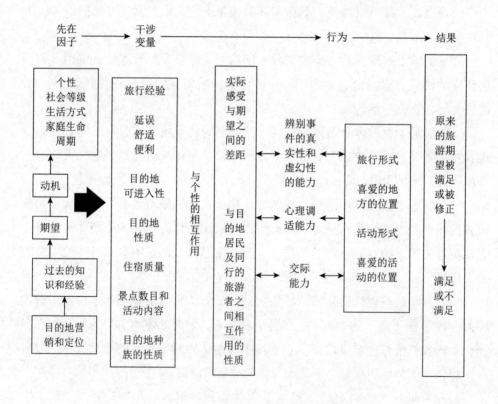

图2-1　旅游期望与旅游体验满足之间的关系

对这一问题，还有一些学者也提出了一些见解。比如，Page（1997）指出，评价旅游者的体验质量是一个复杂的过程，需要考虑旅游动机、旅游者行动模式和旅游者的期望与实际感受。Chhetri，Arrowsmith 和 Jackson（2004）曾经对在自然旅游目的地的徒步旅行体验的决定因素进行实证研究，将旅游者的体验变量归纳为四个主要因子，即期望体验、迫使性体验、忧惧的体验和社交的体验。此外，立足于本真性（MacCannell，1976）理论所进行的探讨，以及从符号学角度和互动理论对旅游体验的研究、都逐渐发展出各自有关旅游体验质量的定义和研究方法。这些努力为旅游体验质量研究的方法论问题提供了大量新颖的思路和策略，值得进行系统的梳理。而这也构成了本研究的基本目的。

在所有涉及旅游体验质量测量的文献中，从研究的视角来看，不外乎两种可能性：一是，从旅游体验的外显行为的角度，以测量旅游体验的客观凭借为核心，来间接判断旅游者对其体验行为的价值判断。二是，从旅游体验的内隐心理的角度，以测量旅游体验的主体认知和感受为核心，来直接判断旅游者对其体验行为的评价。除此之外，还有一些研究所采用的方法，是这两种方法的某种综合。

三、旅游体验质量测量的理论模型

在针对旅游体验质量测量的研究中，人们根据不同的理论思想，已经陆续发展出了不同的解释模型。这些模型各有自己的特色，为人们开发旅游体验质量的测量技术提供了启发。

（一）游憩体验偏好量表（REPs）：认知测量

Driver 和 Tocher（1970）认为，游憩是一种身体与心理的体验（Psycho-physiological experience）。在心理体验方面，两位作者指出，游憩体验是指游憩者在游憩参与过程中的潜在需求，即实质获得某种特殊的奖励，例如刺激、荒野感、友谊等。换言之，人们进行游憩体验的实质在于追求特定心理利益的满足，寻求特殊情境中的特殊活动以满足自己特殊的心理诉求。从这一意义上说，游憩体验质量就被定义为期望获得的体验心理收益与实际获得之间的差值，这使该观点仍是建立在期望偏好基础上的（William T. Borrie，Robert M. Birzell，2001），侧重于旅游者的认知判断。在上述观点的基础上，Driver 等人于 1976 年发展了休闲游憩体验偏好量表（Recreation Experience Preference scale，REPs），采用李克特五点评价尺度让游憩者进行评分，其具体包含的需评分项目根据参与者期望身心状态获得改善的项目建立（Driver，Brown& Peterson，1991），一共包括 19 项：享受自然（Enjoy nature）、体能（Physical fitness）、消除紧张（Reduce tension）、逃避身体压力（Escape physical stressors）、户外学习（Outdoor learning）、共享相似的价值（Share similar values）、独立性（Independence）、增进家庭关系（Family relations）、自我反省（Introspection）、和体贴的人相处（Be with considerate people）、成就感 / 刺激感（Achievement / stimulation）、身体休息（Physical rest）、教导 / 领导他人（Teach / lead others）、尝试冒险（Risk taking）、减少冒险（Risk reduction）、结交新朋友（Meet new people）、创造力（Creativity）、怀旧（Nostalgia）、宜人的气氛（Agreeable temperatures）。

如前所述，REPs 假设旅游者寻求特殊情境中的特殊活动，以满足自己特殊的心理收益，这就建立起了游憩体验与游憩环境和游憩活动之间的关系。基于这种关系，美国林业局和土地管理局的研究者形成了重要的规划和管理工具——游憩机会谱（Recreation Opportunity Spectrum，ROS）。目前，ROS 管理工具已被美国农业部林业局和内政部土地管理局广泛使用（王冰，蔡君，杜颖，2007），是 REPs 的主要用武之地。

以心理收益为目标的体验质量测量方法扩大了测量的内涵，因为这一目标包含了身体、社会、心理等多个方面，为测量旅游者体验质量研究提供了一个比较全面的概念框架，易于对旅游者体验进行描述、识别、分类和评价，并体现了对旅游者体验的多样性适当关注。但这种研究方法还有许多问题有待进一步研究和解决：①由于在 REPs 中旅游体验质量被定义为期望获得的体验心理收益与实际获得之间的差值，这使该观点仍是建立在期望偏好基础上的（William T. Borrie，Robert M. Birzell，2001），过于注重旅游者的认知层面，而对旅游者的情感体验过程仍缺乏重视和了解；②旅游体验应该作为一个整体而非不同心理结果的集合。

（二）侧重旅游者情感体验的测量模型

无论旅游者出于什么样的动机、为了满足何种心理需要而出行，其最终的体验结果都可能以情感的"波动状"或"稳态点"而展现出来，因此，一些学者将旅游者的情感体验作为测定旅游体验的重点，侧重于借此对体验质量的状态加以描述。对于这类方法而言，巅峰状态就是旅游体验质量的最高层次，旅游者的心理状态越符合巅峰体验状态的特征，其获得的体验质量越高。

1. 旅游体验质量的巅峰状态及量表

从尼采的"酒神"状态开始，很多学者对体验质量的巅峰状态做出了精彩论述（谢彦君，2005）。马斯洛（Maslow，1968）认为高峰体验（peak experience）是一种类似"短暂的离开真实的世界"，可以导致人们短暂的最高快乐或是满足的感受，也就是人类在进入自我实现状态的时候，会感受到的一种极度兴奋的愉悦心情。普里维特（Privette，1983）所说的"高峰体验"，也是指一种强烈而高度受尊重的时刻；特勒根和艾金森（Tellegen & Atkinson，1974）在针对"沉溺（absorption）"的休闲体验描述中，认为这种感受可能类似于被催眠的感受，或者说，接近于中国古人所说的"天人合一"的境界。

在这一理论体系当中，应属契克森米哈里（Csikzentmihalyi，1975）的畅爽理论（Flow theory）影响最大。契克森米哈里早期以艺术家、运动员、音乐家、棋坛高手及外科医生为研究对象，根据他们对最优经验（optimal experience）的陈述，建立了他的畅爽理论。契克森米哈里认为，当人们在进行活动时，如果完全投入情境当中，集中注意力，并且过滤掉所有不相关的知觉，就会进入一种畅爽的状态。"畅爽"是一种暂时性的、主观的经验，也是人们为什么愿意继续再从事某种活动的原因（Csikzentmihalyi，1990）。他还进一步给出了畅爽状态的维度构成。

表 2-1　畅爽特质（状态维度构成）

畅爽特质（状态维度构成）	
清晰的目标和立即的回馈	很清楚自己要做什么且马上得到回馈让人感觉一切都按计划发生
技能与挑战平衡	在畅爽状态中，对环境挑战的感知和对自身技能的感知是平衡的
知行合一	对体验的涉入程度如此深以至于行为完全情不自禁地发生
全神贯注	真正全身心地投入

续表

畅爽特质（状态维度构成）	
掌控自如	畅爽状态的一个独特特征就是无须刻意努力就能达到的状态，一切尽在掌握
浑然忘我	与参与的项目融为一体自己仿佛消失了
时间感扭曲	在畅爽状态可能感觉时间过得很快，也可能感觉时间过得很慢，或对时间的流逝根本没有感觉，毫无知觉
自成的目标（autotelic）	畅爽的最终结果，感觉只是出于喜欢而进行某种体验，是非功利性的，不会期望对自己的未来有什么回报或好处

（转引自 Tenenbaum, G., Fogarty, G., & Jackson, S, 1999, The flow experience: A Rasch Analysis of Jackson's Flow State Scale. Journal of Outcome Measurement, Vol. 3（3）: 278–294.）

不仅停留在对畅爽状态的描述，契克森米哈里等人还进一步试图解释人们是否能达到畅爽状态的原因。他们认为在追求休闲的人们当中，所获得的满意度取决于他们面临的挑战的性质和应付挑战的技能。如果前者超过了后者，就会出现不满，参与的积极性可能也由此降低；如果后者超过前者，则产生枯燥厌倦之感。这个模型已经被人们扩展为旅游体验的"挑战—技能"模型。

谢彦君（2006）认为，契克森米哈里的这一模型不仅对那些出自特殊癖好而度假的活动适用，也可以用来描述某些体验过程，因此这一模型确实为旅游体验的研究开阔了视野。不过，他对模型进行了技术上的修改，并将期望与感受这两个更具一般性和综合性、与旅游体验的关系更直接、对旅游体验质量的影响也更大的衡量维度加入模型之中，发展了旅游体验挑战—技能改进模型。

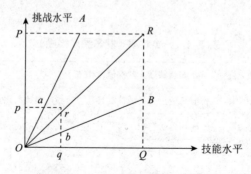

图 2-2　旅游体验的"挑战—技能模型"（谢彦君的改进）

为检验畅爽理论的适用性并使其更好地应用于实践，Jackson（1999）通过对运动员描述的定性研究证实了畅爽维度划分的合理性，并与 Marsh（1999）一起建议，只有结合定性定量方法才能更好地理解畅爽状态的本质。他们为此根据畅爽理论以李克特量表的形式发展了畅爽状态量表（Flow State Scale，FSS），并应用统计学方法检验了量表的信度和效度。对于生活质量的测量，畅爽理论和量表也得到了一定程度的应用，是测量体验质量较为常用的方法。

尽管人们认识到了畅爽理论的重要性，但如何将该理论发展为实用的量表并指导旅游体验质量的测量实践，这仍是个需要进一步研究的课题。事实上，尽管畅爽理论及 FSS 可以说是一个通用于体验质量测量的量表，但简单地应用现存量表肯定难以测量旅游体验质量的特性。Jackson（1999）在对运动员高峰体验的实证研究中就发现，自称目标这一维度相对其他维度显得不那么重要，可以想象，在不同的情境当中，不同类型体验质量的表现状态还是有区别的，如何发展专门针对旅游体验质量的量表将是未来旅游学者需要为之努力的方向。

另外，针对该理论提出的畅爽由挑战—技能的比率来衡量（Csikszentmihalyi 1975）的观点，一些学者也指出了这一方法存在的严重缺陷。例如只有不到 5% 的畅爽变量（例如情感、激励、内在动机、自由感受）可以在挑战—技能比率模型中找到解释（Voelkl 1990）。并且，根据挑战—技能模型中"厌烦"的体验（挑战很小，但是也需要技能），在旅游者看来却更多地被认为是一种非常积极的、愉快的体验（Ellis，Voelkl and Morris 1994）。以上这些学者认为，挑战—技能比率只能解释很小的一部分差异，而并不是一个好的方法，需要发展新的方法使模型更具解释力。

2. 采用主观变量测量的理论及模型

尽管"高峰体验"描述了人获得精神的沉醉状态时那种极度幸福、极度快乐的境界，而且这些境界的巨大魅力也确实构成了旅游者出行的目的，使高峰体验成为旅游的梦想，但并不是每一个旅游者，也不是每次旅游体验都能达到这样的理想的状态。在某一具体状态下或某一具体的情景当中，旅游者的体验质量都会呈现出极不相同的特性。有学者指出，这种特性主要表现在情感层面，呈现不同的强弱程度，让人获得不同程度的快乐体验（谢彦君，2006）。因此，旅游体验质量的测量直接涉及旅游者的主观判断、受旅游者主观价值认识及情感影响，一些学者认为只有采用主观变量才能对旅游体验质量予以真实的判断。

（1）旅游体验转换模型。

为了采用主观变量进行测量，李（Yiping Li，2000）和 Jackson（1996）进行了方法论方面的基础性讨论，他们都使用正感体验和负感体验来描述旅游者的体验感受。李的旅游体验转换模型概括了旅游者通过在场体验最终形成了可能影响旅游者个人与目的地关系以及旅游产业发展前景的逻辑过程。正感体验形成满足的心态，或者说会有比较高的满意度，旅游者获得的这种感受可名之为满足感；负感体验会有很低的满意度，甚至走向反面，形成失望的心态。因此，这一模型在一般层面上给出了旅游体验质量的表现状态和形成过程（见图 2-3）。

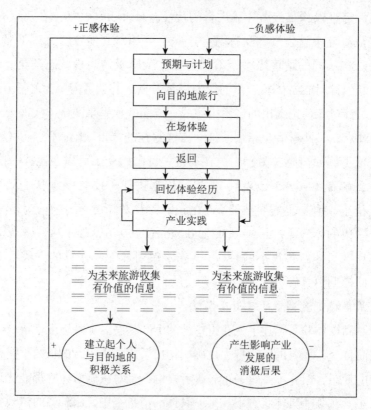

图 2-3   旅游体验的转换模型

（转引自 Yiping Li，2000，Geographical Consciousness and Tourism Experience，Annals of Tourism Research，Vol. 27（4）：863-883）

（2）旅游体验的两极情感模型：快乐—痛苦。

谢彦君（2006）认为旅游体验的目的是获得愉悦，旅游体验遵循的原则就是快乐原则，因此，快乐或旅游者的情感体验是测量旅游体验质量的最重要方面。尽管各学者对于情感维度的划分五花八门，但谢彦君在回顾相关文献的基础上根据情感两极说，提出了一个"一元两极多因素影响"模型——由"快乐—痛苦"构成的"旅游体验的两极情感模型"（图2-4）。

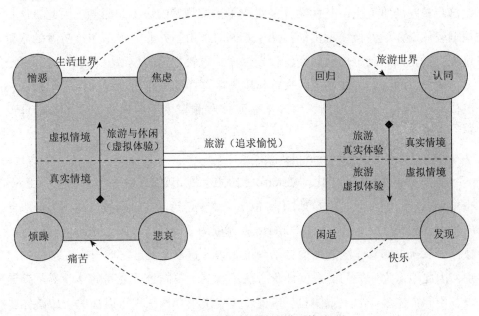

图2-4　旅游体验的情感模型体验

（谢彦君. 旅游体验研究——种现象学的视角 [M]. 天津：南开大学出版社，2005）

根据这个模型，在生活世界和旅游世界当中，都存在两种情感体验的情境状态：真实情境和虚拟情境；也存在两种情感：快乐和痛苦；因此也同样存在着引发两种情感的因素："焦虑、烦躁、憎恶、悲哀"和"闲适、回归、认同、发现"。这两两相对的情感诸范畴，并不是孤立存在的，而是在两个世界之间、在一个世界内部的不同情境之间相互转化，互相依存。该模型的特点可概括为"一元两极多因素影响"模型。

所谓"一元两极"即指在这个模型中，情感只有一个维度，即愉悦度，其表现的两个极点分别是快乐和痛苦。所谓"多因素影响"是指：情感在"痛苦—快乐"这个连续的谱状结构上的最终定位受许多因素的影响。在理解这些影响因素的时候，重要的一点是要分清因果关系，不能因果倒置。

前文提及的正感体验使旅游者形成满足的心态，其情感表现为本模型中的快乐，与之相反，负感体验形成的情感表现为模型中的另一个情感极：痛苦。由此，不管是正感体验或满足感，还是负感体验或挫折感，都可以统一在愉悦度这个单一的维度上，其两端分别对应于情感状态的快乐和痛苦。因此，这一模型较旅游体验转换模型更简洁明了。同时，由于并非简单依照旅游者的旅游过程，而是深入旅游体验的情感表现层面，也较之前的模型更具解释力和说服力。对此，谢彦君（2006）后来曾指出，用这样的思路便可以构筑一个衡量旅游体验质量的一般性模型，为未来旅游体验测量模型的构建提供了基础理论平台。

（3）畅爽单体（flow-simplex）模型。

与前面两种模型相比，Vitterso（2000）提出的畅爽—单体模型（flow-simplex），不仅有理论方面的讨论，也在实践中进行了实证研究。采用类似服务质量模型的满意度测量方法，Vitterso在挪威的6个景区收集了旅游体验过程的数据，从获得的总体满意度得分的角度来说，这6个景区之间只存在细微的差别，因此他认为一般的满意度评价方法不能测度不同景区之间的体验实际差异以及不同个体多样的主观体验。因此，他提出了一种区别于以往关于旅游体验知识的方法——畅爽—单体模型。作为一种一般满意度测度方法的替代方法，畅爽—单体模型假定可以测度各种由不同景区产生的多样的情感反应。在整个主观体验领域中，"情感"和评价、偏好、心境、情绪一样，是作为通用术语而被广泛使用的（Fiske and Taylor 1991）。即使在总体满意度得分相近的情况下，通过比较旅游者不同的情感反应也能找出旅游者对不同景区体验质量的差别。Vitterso同时指出，畅爽—单体模型不仅适用于不同景区之间的比较，对于不同类型的旅游者之间的比较也同样适用。

在理论上，畅爽—单体模型使用的主观体验测度模型大量参考了Eckblad的图式理论。该理论认为所有的心理组织在本质上都是图式化的，认知图式探索了世界和知觉、行动、记忆机理之间的相互联系，并建立起它们与智力、语言、文化之间的联系。情感体验是外部世界同化于人的"认知图或图式"过程的结果，由于认知到的现实未必与原有图式完全一致，甚至差异很大，在同化的过程中就经常会受到一定程度上的抵制并带来对原有图式的修改。同化抵制（AR）随着实际情境与认知图式差异性的增加而增加，情感体验的质量在一定程度上取决于实际情况下同化抵制的程度。如果同化抵制的程度非常低，那么在体验过程中显示出的就是一种厌烦的情绪；随着抵制程度的上升，体验将从厌烦逐渐转变为舒适和放松；同化抵制继续上升，舒适和放松被愉快和满意所取代；当同化抵制的程度高到一定水平时，旅游者的反应可以称为有趣，甚至更高些时会有挑战的感觉；当同化抵制的程度非常高时，旅游者的体验则主要变为刺激和沮丧。

按照同化抵制理论，AR 的高低和情感的关系是厌烦 < 轻松 < 愉快 < 有趣 < 挑战 < 沮丧。这个方法的一个明显的优势在于将认知和情感过程统一在一个综合概化的模型当中。显然，想要把握情感体验的过程就必须考虑认知和情感这两个概念。例如 Gray 说，"从当今在动物行为和大脑功能的理论和研究角度来看，在任何时候都无法对情感和认知做出明确的区分。"图式理论及其关于同化抵制的陈述，系统地将现在的工作定位在一个广泛而全面的心理架构上。借鉴这些观点，可以使研究者更好地区分理解旅游者游览时的情感反应。

在以上论述的基础上，按照厌烦、轻松、愉快、有趣、挑战、沮丧六种情感表现设计量表收集数据，运用主成分分析对其进行分析，可以得到一个变量间关系的二维空间分布图。在图中（Vitterso 使用的是 SPSS 软件），以主成分分析得到的因子载荷作为坐标，可将不同景点或个体的情感体验状态置于图表中。如图 2-5，情感变量沿一个 C 形半圆的边缘依次排列，与其基本组成要素——同化抵制的最大敏感度相一致。

Vitterso 指出，在图 2-5 中，阴影部分表示畅爽区域。但在现在的认识程度上还不能准确地区分畅爽与不畅爽。也许在收集到更有经验的数据、找出畅爽体验的大致区域之前二者之间的分界线只能是模糊的。然而，因为向量的长度表示强度，畅爽体验一般会处在离原点较远的地方，并且，畅爽体验大致在愉快和挑战之间。旅游者的心理状态越接近畅爽区域，则体验质量越高。

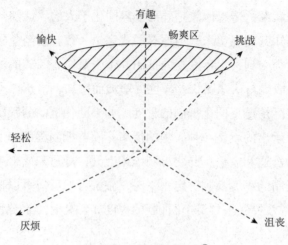

图 2-5 畅爽体验模型 [①]

（转引自 Joar Vitters, Marit Vorkinn, Odd Inge Vistad, Jorid Vaagland, 2000, Tourist experiences and attractions, Annals of Tourism Research, Vol. 27（2）: 432-450.）

Vitterso 同时采用类似服务质量满意度测量的方法以及畅爽—单体模型，在挪威的 6 个景区收集了旅游体验过程中的数据，进行了对比性的实证研究。对比结果显示，尽管几个景区的总体满意度数值很接近，但旅游者表现出的情感特征却有很大区别，和对满意度的单项测度相比，畅爽—单形理论提出了更为多样化的自述测度标准。畅爽—单形理论在收集信息时考虑旅游者在游览过程中关注了多少信息，而不是仅仅测度一个旅游者在游览结束后有多满意。畅爽—单体理论从旅游者对这些景区的情感反应中展示出了一个有意义的、区别于以往的模型。

传统上畅爽由挑战—技能的比率来衡量（Csikszentmihalyi，1975），但是一些学者指出这一方法存在严重的缺陷。例如只有不到 5% 的畅爽变量（例如情感、激励、内在动机、自由感受）可以在挑战—技能比率模型中找到解释（Voelkl 1990）。并且，根据挑战—技能模型"厌烦"的体验（挑战很小，但是也需要技能），在旅游者看来却更多地被认为是一种非常积极的、愉快的体验（Ellis，Voelkl and Morris，1994）。以上这些学者认为，挑战—技能比率只能解

---

① 阴影部分表示畅爽体验

释很小的一部分差异，而并不是一个好的方法，因此需要理论上的进一步发展，如发展图式理论和畅爽—单体理论这样的方法。和仅有的测度方法——挑战—技能模型相比，畅爽—单形理论可以替代它指出畅爽体验的区域位于愉快和挑战之间远离原点的位置。其假定的情感体验的质量在一定程度上取决于实际情况下同化抵制的程度也更符合心理学对认知与情感关系的一般假定。

尽管畅爽—单体理论提供了关于旅游过程中体验的有用的信息，但 Vitterso（2000）仍指出该方法不是独一无二的、能充分测度旅游者满意度的方法。旅游前和旅游后的体验也都需要极大的关注。关于畅爽—单体理论，未来研究的主要目标是研究原有知识（先验知识）、亲身参与和对景区的兴趣及其对某一景区情感反应的影响。的确，应用这种方法进行的实证研究仍很少见，该方法确定的情感维度是否合理，模型是否需要完善连作者本身都表示需要未来的进一步证实。

（三）侧重旅游者的体验认知和情感综合测量模型

从侧重旅游体验的认知到侧重旅游体验的情感，旅游体验质量的测量方法日趋接近旅游体验的实质。毕竟，旅游体验的根本目的在于追求愉悦，快乐正是旅游者的情感表现，旅游体验既是认知的也是情感的，但情感可能起着更大的作用，或者说，认知构成情感的基础，而情感则是认知等各种综合体验的集中反映，因此可能也是体验的核心。随着研究的深入，人们进一步发现，体验的认知成分和情感成分是难以分开的，正如 Gray 所说，"从当今在动物行为和大脑功能的理论和研究角度来看，在任何时候都无法对情感和认知做出明确的区分。"在测量旅游体验质量时，体验固然既有认知成分也有情感因素，但仅仅因此就断然将其肢解为认知和情感两个维度显然是不合理的。反观以上列举的方法，不仅将旅游体验分为认知和情感两个泾渭分明的维度，对于认知和情感的分别测量也采用了划分维度的方法，彻底打碎了旅游体验的整体性。谢彦君（2006）曾多次指出了旅游体验质量的不可分性，强调了旅游体验质量测量方法向现象学思想回归的必要性。因此，在整体上把握旅游体验才能最大限度地把握旅游体验的丰富内涵，真正还旅游体验质量一个本来面目。

为了实现这一目的，一些学者做出了积极努力寻找适当的测量方法，其中记忆调查、Q 方法、隐喻抽取技术、旅游体验的突现方法就是典型的代表，并与前文提到的方法有了较大的区别：前文介绍的方法大多采用拆分要素的方法，落入定量研究方法的范畴，而后面的四种方法则主要采用了定性研究的方法，下一节将有详细介绍。

第二节　旅游体验质量测量中的定量方法

从旅游体验的可观察的行为来看，这个过程无不以某种实物和劳务的形式提供体验的对象物。在商品经济的今天，这种对象物很自然地被纳入到经济学的范畴，成为旅游企业经营和管理的对象。因提出体验经济理论而名噪一时的约瑟夫·派恩和詹姆斯·吉尔摩（2002），就将消费者体验当成是经济商品，体验被看成是企业为顾客创造出的一个难忘的活动，于是，体验质量的高低就可以通过对产品和服务的消费评价来判断。这种定义显然从供给方出发，将体验看作是经济提供物的一种。这种观点给旅游学者一个积极的启发，使他们也倾向于从管理学和营销学的视角来看待这一问题，由此旅游体验就是旅游者对产品消费的满意度。满意度水平越高，旅游体验质量水平也就越高（余向洋，2006）。因此，这些方法从总体上看，都是基于满意度这一核心概念的基础上所开发的定量研究方法。

一、与体验质量测量相关的几个基本理论范畴

在满意度这一核心概念所支撑的理论框架中，涉及诸多范畴需要在此略加讨论，以便明确这一测量方法的丰富内涵。

（一）实证主义范式与定量测量

实证主义范式是定量研究的基本理论指导。这种理论范式自孔德之后，已经成为社会科学研究的一种显范式，其浓厚的自然科学色彩和严谨的逻辑过程，使得这一范式成为很多社会科学家笃信的科学研究思想。当把这一范式应用到旅游研究时，其核心点包括以下一些方面：

①旅游体验质量可被量化，是完全能被观察和测量的社会现象，其基本结构也是可以被科学的分解；

②研究者能置身事外用客观的工具对旅游者的体验质量水平进行衡量；

③这些客观的工具就是研究者们发展的各种模型和量表。体验质量水平的具体数值可以通过特定的通用程序（如填写问卷）采用客观的测量工具获得，这些工具追求的是同一化、普适化的最终效果，以保证其他研究者应该能够复制相同的研究片段并获得同样的研究结果。很显然，这样的方法和工具往往是定量化的。

因此，尽管关注的视角不同（旅游体验客体、旅游体验体验的认知成分、旅游体验的情感成分），受实证主义影响的方法却有着很多相似的烙印：

①各方法量表的基本原理极为类似，都是采用拆分要素的方式将方法定义的旅游体验质量进行分解，试图分解出通用于所有类型、所有情况的旅游体验质量结构。

②研究者与旅游者是绝对没有任何关联的，各种通用量表仿佛是研究者手中的尺子，帮助研究者客观中立的测量旅游者体验质量的水平高低。

③方法的操作程序也极为类似，量表都是由旅游者以主观赋分的形式完成，最终的体验质量水平得分由研究者以相应统计方式计算获得，保证了方法程序操作的可重复性。

④在评价标准方面，为了保证测量结果的重复获得，评价研究的结果是否准确再现了我们认为可以被认识的真实，这些定量的方法引入了信度和效度两个概念。信度这一概念用以衡量研究结果的可靠性，效度用以评价测量的客观性和准确性，具体包括内容效度、效标效度、理论效度，信度和效度的具体数据可以通过相关统计计算获得。除此之外，该测量方法设计是如何设计的，是否具备普遍性，在收集数据、处理数据时是否严格遵循了一定的研究程序和过程，测量方法选取的样本采用了何种抽样方式，样本的规模和精度如何，是否具有代表性，使用的问卷和量表有哪些，都是应该评价一个方法是否适用时应考虑的问题。

（二）服务质量

专门针对服务质量的研究始于 20 世纪 70 年代末期，并在 90 年代得到了较快的发展。然而关于服务质量的界定，除了一些探索性的积累，学术界仍没有达成共识。这主要是由服务区别于有形产品的特征所决定的。赵汝芹（2007）

总结了 4 种比较主要的服务质量定义：

第一种定义认为，服务质量是顾客在接受服务之前的服务预期与服务传递系统实际运作之间的比较。顾客的预期可能建立在广告宣传、前期的个人体验、服务使用者传递的信息等基础上。服务传递系统的实际运作水平既取决于许多可以控制的因素，也受一些不可控制因素的影响。

第二种定义认为，服务质量表现为提供卓越的顾客服务和质量水平。定义中"卓越的顾客服务和质量水平"是指既要满足顾客预期，包括外部服务标准和成本，又要符合服务传递系统的运作要求，满足内部服务标准、成本和收入指标。

第三种定义来自 parasuraman、Zeithaml 和 Berry 于 1985 年建立的服务质量模型。他们根据服务组织可能存在的缺陷以及由此可能导致顾客产生的期望服务和感知服务之间的差距，提出了感知服务质量的概念，构建了服务质量差距模型，并通过对产生差距的分析和缩短差距措施的研究，形成了比较全面的服务质量概念模型。

第四种定义认为，服务质量包括功能质量与技术质量、感情质量、关系质量、环境质量和沟通质量。这一观点的代表人物是长期从事服务质量研究的汪纯孝，他将技术质量定义为服务结果的质量；感情质量指为顾客着想，关心顾客，以热情友好的服务态度、殷勤礼貌的服务行为为顾客提供充满爱心的服务；关系质量指顾客对服务企业和服务员工的信任感和顾客对买卖双方的满意程度；沟通质量指服务人员是否了解顾客的需要和要求。

（三）满意度

根据规范性的标准定义，满意度是指期望与体验在实践方面的比较：当体验与期望发生负差距时，便会产生不满意。在旅游现象中，满意度主要指旅行前的期望与旅行后的体验之间的一种函数。人们把旅游满意度定义为旅游者对于目的地的期望与旅游者在该访问地的体验进行比较而产生的结果（Yvette Reisinger，Lindsay W.Turner，2005）。与此相似，Hughes（1991）曾经指出，期望通过其体验而被实现了的旅游者承认自己感受到了的满意，而这些期望未被实现的旅游者就认为自己不满意。期望与体验之间的差距越大，不满意的可能性就越大。只有当期望获得实现或者被超出时，满意度的产生才是可能的，使顾客满意的最佳途径就是超出他们的期望。

（四）服务质量与满意度的关系

由上述定义的回顾可以看出，服务质量和满意度，尤其是感知质量和满意度几乎是以同一种方式定义的，即期望与实际体验的差异，旅游满意度也可以从对于旅游服务的满意度方面来进行解释。正如 Urry（1991）所指出的，提供给旅游者的服务是高接触性的服务，其特点是直接的面对面的互动，对服务的满意度依赖于提供给旅游者的服务的质量。在这个意义上，满意度与服务质量之间的内在联系使满意度作为测量服务质量的指标有了逻辑依据。

而对使用满意度作为服务质量的测量指标表示怀疑的情况也不乏其例，其主要原因可能是各自所依据的学术传统不同。感知的服务质量属于营销概念，源自一系列简单的心理学假设，其最终与满意度的基本原则相符，满意度则来自一个更专业的与心理相关的学科——消费者行为学（Szilvia Gyimóthy，2000）。或许这就是理论分歧的渊源。

为了进一步区分服务质量和满意度，一些学者从认知的先在因子及持续性的角度出发做出了积极努力，但很多学者和管理者认为从实用的角度区分二者的差别意义不大（Szilvia Gyimóthy，2000），甚至将满意和服务质量互相替换（赵汝芹，2007）。因此本文将满意度与服务质量看作是等同的概念，不作区分。

其实，这两组概念共同的理论基础可以追溯至差异理论（Porter 1961，Kerlinger 1964）和缺口理论 gap theory（Grönroos，1984），二者分享一个共同的前提假设：消费者是理性的，可以清醒判断出期望与实际体验的差异。从这个意义上来说，感知的服务质量，服务价值或满意是相似的，他们都试图根据一定的标准，对产品进行判断。早期对满意度理论做出贡献的还包括类化—对比理论（Anderson，1973），该理论假设消费者在一定程度上吸收期望和产品评估间的差异，但如果差异过大，就开始排斥他们。

总而言之，通过上述回顾不难发现大多数满意和服务质量概念采用了期望偏差理论，即认为客户是理性的决策者，把满意度看作期望与实际收益之间的偏差。达到或超过期望的收益带来高水平的满意度，反之则带来低水平的满意度，甚至是不满意。

二、拆分要素的测量方法

基于因素的测量方法假定，质量由一系列从属的质量维度或方面组成。为预测并抓住消费者对复杂提供物的要求，这类方法旨在分解消费者的感知，使其变为一系列多层次维度的组合。而其中最关键的是，特别需要提取一些对消费者来说能形成对提供物整体满意的维度，来作为测量的基本维度。

（一）SERVQUAL 量表

北美学者Parasuraman、Zeithaml和Berr（1985）提出了广为人知的SERVQUAL服务质量测量方法。通过与管理人员的深度访谈，与服务顾客的焦点组调查，Parasuraman等（1988）确定了 10 个通用的服务质量维度。经过因子分析后压缩为5个维度，每个维度下又分别包含不同的条款，总条款数为 22 个（见图2-6）。

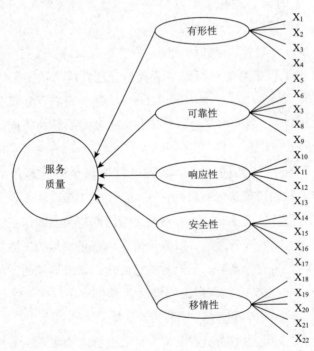

图 2-6　服务质量测量模型

（转引自 J. Joseph Cronin, Jr. , Steven A. Taylor, SERVPERF Versus SERVQUAL：Reconciling Performance–Based and Perceptions–Measurement of Service Quality, Journal of Marketing, 1994（1））

在这一模型中，各个指标有着明确的解释和规定。其中可靠性指服务要及时、准确，并在指定的时间内完成；响应性是指能主动帮助顾客并迅速提供服务的愿望，该维度强调在处理顾客要求、询问、投诉问题时的专注和快捷，让顾客等待，特别是无原由的等待会对顾客感知带来不必要的消极影响；安全性用于激发顾客的信任感，这就意味着员工要有诚意以及解决顾客问题所必须具备的知识和技能，它包括可信的名称、良好的声誉、训练有素的员工；服务的有形性是指服务机构有策略地提供服务的有形线索，帮助顾客识别和了解服务，是服务过程中能被顾客直接感知和提示服务信息的有形物；移情性的本质是通过个性化的或顾客化的服务使每一个顾客感到自己是唯一的和特殊的，有下列特点：接近顾客的能力、敏感性和有效地理解顾客需求。值得指出的是移情性也是 5 个维度中最为关注顾客情感的维度。

每一个服务维度所包含的具体条款都是用来测量该服务维度的。每一个条款都按期望和实际质量感知两项并采用李克特 7 级量表测量，量表的两端注有"十分不同意"和"十分同意"字样，中间的 5 级没有文字。问卷采访者首先给出某一企业在期望项上的评分。然后，问卷受访者根据其接受服务全过程中的实际感受给出企业在相应实际质量感知条款上的得分。用某个条款的感知项得分减去期望项得分就得到了该条款的服务质量得分。以此类推，通过计算获得了所有服务质量条款的感知期望差得分，然后就可以应用有关的统计分析方法进行后面的操作，获得消费者最终的满意度得分。

总的来看，量表 SERVQUAL 是一个"缺口模型"，将感知的质量看作是产品提供周期中的 4 个运营的缺口（顾客期望与管理者认知的缺口；管理者认知与服务品质规格的缺口；服务品质规格与服务递送的缺口；服务递送与外部沟通的缺口），这四个缺口导致了第五个缺口：顾客对服务的事前期望与事后认知缺口，这代表了消费者对服务质量的判断。其核心在于根据服务质量的五个维度对企业表现的购前期望与购后感知进行间接的或客观比较。服务质量被定义为消费者感知与期望之间的算术上的差值，其得分是间接得到的，是由研究者而非消费者在感知与期望之间进行比较运算获得的（王文君、高林，2008）。

SERVQUAL 量表引发了研究者的较大兴趣，很多服务行业都曾经使用过该量表对服务质量进行测量并证明了该量表的信度和效度。Bigné，J.，C. Martínez，M. Miquel，和 A. Belloch（1995），Bigne 等（1997）在旅行社背景中分别以 400 个旅游者和 69 个旅游者为样本，采用因子分析的方式验证了 SERVQUAL 量表的信度和效度；J.E. Bigné，C. Martínez，M.J. Miquel，L. Andreu（2004）也分析了服务质量模型在旅行社中的信度和效度及各项目之间的相关性，并得到如下结论：①量表的信度及效度是显著的，各维度间具有较好的一致性；②服务质量中五个维度的存在得到证实；③可靠性维度最为重要，并与整体质量之间存在显著的正相关关系。总的看来，服务质量模型是测量旅行社服务的有效工具。

尽管 SERVQUAL 量表得到了很多学者的认可，但是有些研究者也指出了该模型存在的严重缺陷。概括起来，主要有这样 5 项缺陷：

（1）对指导模型建立方法论的质疑。SERVQUAL 是基于要素测量方法的典型代表，它强调了服务质量的构成要素，正是对构成要素的过分重视导致了其对消费者体验整体性的认识不足。这也是从服务供给或体验客体角度出发的测量方法的通病。将体验作为经济提供物的一种，SERVQUAL 仍较多地沿袭了工业经济中产品质量的观点，注重服务的功能性因素，通过收集各种构成要素信息形成一个碎片化的而非整体的体验。而旅游者丰富的情景叙述声音很难用统一的问卷语言和通用模型的方式捕获（Terwee，1990）。方法论的缺陷成为 SERVQUAL 模型最主要的缺陷之一。

（2）对模型差异理论假设的质疑。期望在 SERVQUAL 模型中占有至关重要的地位，它是衡量旅游者满意的标准。服务质量模型假定消费者有稳定的期望，而实际上这样的期望是模糊的，且时时变化，对陌生、新奇的体验情形来说又是如此。消费者在体验过程中逐渐调整自己的预期、体验以及二者的认知差异。由此人们开始质疑缺口理论的有效性，有学者倾向于只采用感知的服务质量进行测量。Cronin 和 Taylor（1992）认为基于服务表现的服务质量测量模型（SERVPERF）对服务质量测量的贡献更大，这个结果得到了饭店业中的实证研究证明，其他一些应用研究也都证明了基于服务表现量表的有效性：Dorfman（1979）证明，基于服务表现的测量模型其测量效果优于基于缺口理论的模型。节庆活动中的服务质量测量研究（Crompton & Love，1995）也显示，基于服务表现的模型效果很好，而基于缺口理论的模型则表现欠佳。

另外，差异理论假设强调消费者能理性地比较期望和实际感知之间的差异，突出了旅游者的认知基础。实际上，体验不仅有认知因素，也包含了大量的情感因素，人们能否清楚地描述期望和感知之间的差异是值得质疑的，对于日常消费品购买，理性假设有较强的合理性，在以寻求愉悦为导向的旅游体验过程中，这种假设就不一定那么适用了。

一些学者认识到了这一缺陷，提出了要将情感因素考虑在内。在历史遗迹旅游背景中，J. Enrique Bigne a，Luisa Andreua，Juergen Gnoth（2005）认为旅游体验由认知成分和情感成分共同构成，并采用拆分要素的方式将旅游体验的认知成分和情感成分划分为不同维度，最终利用结构方程软件分析了旅游期望、旅游满意度、旅游认知成分、旅游情感成分间的相关关系，证明了情感要素对旅游体验的重要性。尽管这是对 SERVQUAL 的有力补充，但其基本指导思想仍是拆分维度的思想，旅游体验的情感维度和认知维度是水乳交融的，是否能截然清晰的分开值得思考。

（3）对模型普适性的质疑。Parasuraman 等人研究 SERVQUAL 的初衷在于发展一个通用于所有服务行业的测量模型，但实际操作中，研究者们发现该模型并不能通用于所有不同的服务情境，Isabelle、Howard（2000）应用服务质量模型在航空、酒店、餐馆、滑雪业进行研究，得出结论：服务质量模型只适用于同一个行业间各企业的比较，而不适用各行业间的比较。应该说，SERVQUAL 对于满意度测量的最大贡献不在于其提出的包含五个维度的所谓普适模型，而在于其将服务质量拆分为不同维度的方法论指导思想。

在这一方法论指导下，学者们在新的服务领域发现了新的维度，这引发了一系列相关模型的发展：侧重测量饭店体验的 LODGSERV 模型（Knutson 等，1991），用以测量度假体验的 HOLSAT 模型（Tribe & Snaith，1998），用以测量历史遗迹中的旅游体验的 HISTOQUAL（Frochot & Hughes，2000），以及测量生态旅游的 ECOSERV 模型（Khan，2003）。而实际上，影响旅游体验的因素多种多样，Swarbrooke 和 Horner（2001）认为没有足够的实证研究表明究竟是何种因素决定了消费者的满意度水平。这种划分因素的方法是否能涵盖所有元素，其划分方法是否科学合理都是值得考虑的。

（4）缺乏过程性的时段研究。SERVQUAL 过于强调功能性质量（什么是服务质量）而忽略了服务技术质量（服务如何被递送）。正如 Ryan（1997）指出的那样，SERVQUAL 不去测量整体体验而是去测量对某一具体功能在较短时间上的满意，而消费者的体验是个长期的过程。旅游者的满意度水平在整个服务流程中也是随时变化的。有学者针对 SERVQUAL 这一缺陷提出了累积接触满意的概念，并利用 SERVQUAL 对整个服务流程中的旅游者满意度进行了测量（Peter J. Danaher，Jan Mattsson，1994）。

（5）提高服务质量设计的限制。服务质量模型将服务质量定义为固定的维度，根据这个模型提高服务质量水平，就如同为我们提出了这样一个问题：我们是否正确地做事了（Fache，2000），唯一可以做的就是在指定好的框架中提升相应维度的服务水平，但实际上，固定维度与服务质量之间是否存在显著的相关关系是不确定的，消费者是否如模型假设一样将服务质量看作是多种维度的集合也是值得质疑的。

（二）SERVPERF 量表

如前所述，人们开始质疑缺口理论的有效性，有学者倾向于只采用感知的服务质量进行测量。Cronin 和 Taylor（1992）认为消费者期望不易衡量，所以提出了基于服务表现的服务质量测量模型（SERVPERF），该模型是对 SERVQUAL 的修正。

SERVPERF 将服务质量作为一种态度来测量，只利用一个变量，即服务表现来测量顾客感知的服务质量，而采用的方法论基础也是对服务质量要素的拆分，其问项也与 SERVQUAL 基本相同。同时两位作者通过实证研究证明该量表的表现优于 SERVQUAL。Armstrong 和 Mok（1997）研究了文化背景对期望的影响及期望在服务质量测量中的作用，认为测量服务质量时不必测量期望；既然感知到的服务质量也受期望影响，Farsad 和 LeBruto（1994）认为测量感知到的服务表现的同时测量表现与期望之间的差异意义不大。其他学者也对 SERVPERF 和 SERVQUAL 进行了对比的应用研究（Ekinci，Riley，1998；Nadiri，Hussain，2005；Suh 等，1997；Fick 和 Ritchie，1991，Johns 和 Tyas，1996；Crompton 和 Love，1995），基本的结论是 SERVPERF 具有较好的统计属性，其信度、效度一般优于 SERVQUAL（王文君，高林，2008）。

的确，只需测量旅游者对服务表现的感知而无须计算感知与期望的差异，SERVPERF 在实际操作中的简易性和实用性都优于 SERVQUAL。但该量表仍从体验客体即供应者角度出发，对服务质量进行了元素拆分，甚至拆分处的要素也与 SERVQUAL 保持了相当高的一致性，从历史继承性的角度看，该评价方法的创新性并不是很高。对 SERVQUAL 模型的质疑对 SERVPERF 同样适用。

（三）Non-difference 测量方法

Brown 和 Churehill & Peter（1993）也对 SERVQUAL 的差异理论基础提出了质疑，认为消费者期望与感知就是两个不断变动的数值，他们相减后产生了第三个变数，在处理上将与前两个变数产生极高的重叠性，这样的做法使本来就难以测量的服务质量变得更加难以捉摸。因此，SERVQUAL 衡量服务质量的有效性值得怀疑。在以上怀疑的基础上，他们提出了另外一套衡量服务质量的方法，其指导思想是直接衡量消费者期望与知觉之间的差异，并将该方法命名为 Non-difference 测量方法。

Non-Difference 在运用上与 SERVQUAL 颇为相近，同样是运用 SERVQUAL 类似的 22 个项目。只是 SERVQUAL 是处理消费者期望、知觉以及二者之间的差距，共 66 个数据。而 Non-Difference 只有处理消费者心中期望与感知契合程度的 22 个数据。因此两种方法在运用上是非常相似的，同时 Non-Difference 认为其划分维度及包含的项目数名、内容都应该根据具体的环境进行调整。Webser，Hung（1994）根据 Parasuraman 等人最初确定的十个维度设计了十个问题，采用 Non-difference 直接测量顾客感知与期望之间的差异，同李克特量表 1~5 点评分系统不同的是他们采用了 –2~2 的 5 点评分尺度。其研究结果显示，通过统计分析及数据证明，该量表是一个实用、有效、可信的量表。其他学者也对采用 Non-difference 进行了实证研究（Antony，2004）。

与 SERVPERF 类似，Non-difference 也是对 SERVQUAL 的改进，从数据收集角度来看 SERVQUAL 要收集期望、实际感知、两者之差的 66 个数据，而 Non-difference 只需收集期望与感知之间差异的 22 个数据，较 SERVQUAL 简洁了不少，但在指导思想上，Non-difference 仍是基于要素的测量方法，其出发点仍是供应方角度，没有对测量基本理论的进展做出更大的贡献。

（四）IPA 分析方法

为了更好地服务实践，指导公司营销战略的制定，Martilla 和 James（1977）首次将 IPA（Importance Performance Analysis）作为发展公司战略的工具提出，在 SERVPERF 测量服务要素表现的基础上加入了对要素重要性程度的测量，如图 2-7 所示。在这一模型中，目标产品仍被看作是各种要素的组合，IPA 将服务要素对顾客的重要性与顾客对服务要素表现的感知结合在一起形成一个包含四个象限的二维图标，横轴表示客人对服务属性或维度表现的满意程度，纵轴表示客人对服务属性或维度的重视程度。形成的 4 个象限分别代表：集中关注区，继续保持区，低优先区，过度关注区。在该量表中，客人对服务属性或维度表现的满意程度数据来源于其他服务质量模型（如 SERVQUAL 或 SERVPERF），要素重要性程度的数据可以直接通过自陈量表（如等级量表、持续累计量表等）获得，也可间接获得（如多元回归的权重，结构方程的权重，偏相关权重）。根据这两方面数据的获得就可将服务各维度绘制在各象限中。据此，可以确定特定服务各组成要素的优先顺序，便于公司集中于优先要素的提高以促进消费者的满意程度，这就为公司制定发展战略提供了实用的依据。

图 2-7 重要性—表现性模式

（转引自 William T. Borrie Robert M. Birzell，Approaches to Measuring Quality of the Wilderness Experience，USDA Forest Service Proceedings RMRS-P-20. 2001）

第一象限"继续保持区"中分布的服务要素是消费者认为重要且消费者已经感知到公司已经在该要素上表现得很好了。这便形成了公司吸引消费者的优势所在。第二象限"过度关注区"表示，落在这个象限的要素相对不重要，但公司给予了过多的重视和投入，尽管表现得很好，但日后应该减少投入，因为该维度的增强对消费者满意度的提高意义不大。第三象限，"低优先区"，这一象限的要素在重要性程度和表现两个方面的分数都不高，企业发展战略中不应占据优先地位。第四象限"集中关注区"，公司应集中重视提高这一区域要素的表现，尽管顾客很看重这一区域维度，但公司的表现仍然欠佳。

很多学者（Chu and Choi，2000；Enright and Newton，2004；Hawes and Rao，1985；Huana，Beamanb，and Shelbyc，2002；O'Neill and Palmer，2004；Tikkanen，Alajoutsijarvi，and Tahtinen，2000；Yavas and Shemwell，1997；Zhang and Chow，2004）也利用 IPA 进行了实证研究。Chu 和 Choi（2000）认为可以用 IPA 代替传统的 SERVQUAL 方法来测量服务质量，这是因为：首先，该技术容易理解且成本不高，使用简单的象限分析来显示要素的优劣。其次，管理者使用 IPA 分析结果可以比较容易地制定营销策略。但也有很多学者对该方法提出了质疑，Haemoon Oh（2000）回顾了各学者对 IPA 方法的研究，总结了该方法存在的 5 个问题：

（1）对重要性这一概念缺乏清晰的定义。IPA 自提出伊始并没有提出一个关于重要性的清晰定义。大多数 IPA 研究倾向于将重要性简单定义为能促成立即消费的突出要素。但这样的理解在研究消费者购后决策的时候无法适用（Oliver，1997）。这样在确定一个要素重要性水平时，IPA 虽然作为一个整体框架，但缺乏一个清晰的标准变量。因此 Oliver（1997）认为应该把满意度作为测量消费者满意程度和表现的标准变量。即对促进消费者满意有正面作用的因素就是重要的要素，没有作用或作用小的要素则是不重要的。根据 SERVPERF，对服务表现的感知与满意度存在着相关关系，如果将满意度作为重要性判断的标准，就意味着重要性和服务表现两个维度存在相关关系，这样有可能在根本上消灭了 IPA 的二维结构。

（2）重要性和期望的混用。很多学者在测量重要性程度的时候经常将二者交替使用（Chon，Weaver 和 Kim，1991；Evans 和 Chon，1989；Hollenhorst 等，1992；Tzung-Cheng 等，in press）。这种混用情况的出现很可能是因为 IPA 模型与其他流行的消费者研究模型比较类似，比如 SERVQUAL，毕竟二者同属于对消费者满意度测量的模型。Ryan（1999）曾经对期望与重要性进行了区分：前者是一个理想的期望水平，而后者则是在消费者感知服务质量的过程中逐渐有理想转为现实后产生的期待。

（3）缺乏对绝对重要性和相对重要性的研究。测定一个公司服务产品的绝对重要性程度意义有多大，值得质疑。因为绝对的重要性程度并没有反映激烈的市场竞争。如果 IPA 的优点之一就是更贴近营销策略制定的需要，那么如何确定各企业间同种服务要素的相对重要性水平更有实际意义。

（4）未曾考虑重要性与表现之间的相关关系。很多 IPA 研究没有考虑到表现与重要性之间的相关关系。Cronin 和 Taylor（1992）的研究显示重要性可以作为衡量服务表现的权重变量。这表明，重要性水平与感知的服务表现之间存在着相关关系，消费者对服务表现的感知受他认为的该要素的重要性程度影响。Oh 和 Parks（1997）的研究显示重要性与服务表现之间存在着正相关关系，即消费者认为一个服务要素表现水平越高，他很可能会相应地认为该要素越重要，反之亦然。这样在绘制 IPA 表格时很可能出现的情况是所有的点落在二、三象限，这就从根本上将 IPA 转变为一维的模型，丧失了对服务战略制定的指导意义。Mihalik（1989）的实证研究也证明了这一现象的存在：74% 的要素落在第二象限，22% 的要素落在第三象限，只有 4% 的要素落在一、四象限。

（5）没有考虑发展一个专用的要素集合。IPA 模型中关于重要性和表现的数据需要借助相关服务质量模型获得（如 SERVPERF），模型本身并没有给出专属的要素集合，因此其他测量模型的缺点也都被 IPA 模型继承。其实，最初的 IPA 模型仅向管理者提出了管理方向，未能提出管理改进的具体量化指标。Hollenhorst（1994）据此提出了改进模型——表现估计指数 IPE（indicator performance estimate）。其主体公式为 $IPE_i = (p_i - a_i) Psp_i$，对于每一指标 i，IPE 为表现估计指数，代表标准表现水平；p 为平均偏好；a 为实际条件；sp 为偏好标准差。由此求出每一个指数的 IPE 值，放入 IP 二维坐标轴中。IPE 模型不仅帮助管理者了解每一个指数的重要性，而且认识到每一个指数的偏离程度，使其采取对应的管理行动。目前该指数已在可接受的变化极限（LAC）的管理工具中作为重要的监控指标。

此外，针对 IPA 中重要水平的确定问题，一些学者对 IPA 进行了有益的修正，由此发明了一个新的服务质量测量模型——Kano 二维测量方法。

（五）Kano 二维测量方法

Matzler、Bailom 等（2004）认为 IPA 分析方法有两个基本假设：①要素表现和要素的重要性是独立的变量；②要素表现和整体满意度之间的关系是线性和对称的。这些假设在实际中往往是错误的，如前文所述，要素表现和要素重要性之间存在相关关系。为克服传统 IPA 的两个错误前提假设，Haemoon Oh（2000）提出了修正的 IPA 模型——Kano 二维测量方法。

其实不仅是传统的 IPA 方法，大部分服务质量研究都认为服务要素表现与消费者整体满意度间存在着简单的线性关系，即认为产品或服务的质量属性表现若具备的话，消费者就会满意，反之就不会满意，具备的程度越高消费者就会越满意。然而实际上，这种简单的线性关系在现实中是不存在的。

Matzler 和 Bailom 等（2004）阐述了构成服务表现的三个因素：基本因素、兴奋因素和表现因素。基本因素（不满意的产生者）是消费者的最低要求，当其没有满足时，消费者会不满意，但满足时，也不会产生消费者满意。也就是说，在这一层次上，消极的表现比积极的表现更能影响整体的满意度。兴奋因素（满意的产生者）是满足时可以产生消费者满意的要素，但没有提供时，也不会产生不满意。换而言之，积极的表现比消极的表现更能影响消费者的满意度。当表现因素被实现时，消费者会满意，但不满足时，消费者会不满意。对于基本和兴奋因素来说，消费者要素表现和整体消费者满意是非线性的和非对称的。而对表现因素来说，消费者要素表现和整体满意度之间是线性的和对称的关系。由此确定了 Kano 二维测量方法制定的两个前提：①要素表现和要素的重要性是相关的变量；②要素表现和整体消费者满意间的关系是非线性和不对称的。

在操作程序上，Kano 首先通过问卷收集顾客对要素表现的感知以及对服务的整体满意度。随后在确定重要性水平上与 IPA 方法有了分歧。Kano 方法认为既然表现要素与重要性要素存在相关关系，用消费者自陈的方式获得每个要素的重要性程度显然失当。从表现与整体满意度之间的相关关系中间接提取相关系数作为重要性水平要科学一些。由于各服务要素的重要性维度和表现维度相关，即各变量间存在多重共线性，Anderson，Tatham 和 Black（1995）认为偏相关分析比多元回归分析更加适合分析各变量之间的关系。因此 Kano 使用偏相关分析、自然对数变换方法确定了各要素的重要程度（见图 2-8）。随后的步骤与 IPA 方法类似。

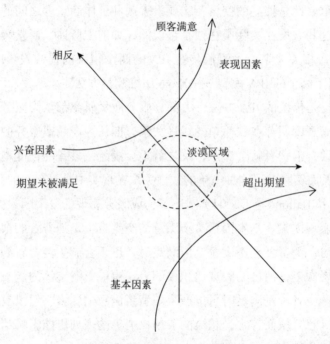

图 2-8　三因素理论（Three-factor　theory）

（转引自 Weijaw Deng, Using a revised importance-performance analysis approach：The case of Taiwanese hot springs tourism, Tourism Management, Volume 28, Issue 5, October 2007, Pages 1274–1284）

综上所述，拆分的关系这类方法的基本思想就是将服务质量或满意度拆分为具有一定通用性的维度，用主观打分的形式获得旅游者对服务质量各维度的满意度分值，而旅游者最终的满意度水平就是各维度满意度分值的加总。这类方法最为典型的代表可追溯至 SERVQUAL 模型，其他方法基本上都是在这个基本模型的基础上演化而来的。现将他们之间的关系展示如图 2-9 所示：

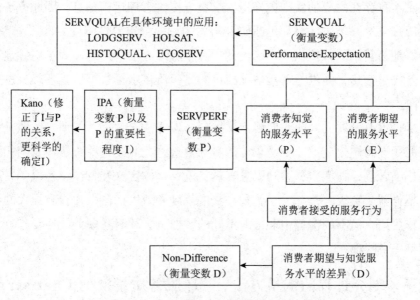

图 2-9 拆分要素方法各模型之间的关系

可以说，拆分要素方法背后的指导思想（缺口理论、理性假设）一脉相承，由图中各方法间的演进关系可以归纳出拆分要素方法的发展趋势：

（1）力求方法的细化，针对具体情境设计更为贴切的量表：Parasuraman 等人在设计 SERVQUAL 之初就希望该量表能成为适用各种服务行业的通用量表，但后来学者们的实践证明不同服务行业具有不同的特点，即使同属于旅游业，生态旅游和历史旅游产品对体验产品的侧重点也不尽相同：生态旅游产品更注重自然无污染，而历史旅游产品则更注重产品的文化意蕴。随着时代的发展，各种不同类型的旅游形式和旅游产品层出不穷，仅用 SERVQUAL 就显得捉襟见肘了。多种不同类型旅游产品情境中的旅游者体验是千差万别的，正是为了适应这种变化，旅游学者们开始针对不同旅游情境设计测量量表，LODGSERV、HOLSAT、HISTOQUAL、ECOSERV 就是在这种情况下应运而生的。尽管这些量表也是高度概括的，比如 LODGSERV 试图概括所有饭店服务情境中的服务质量维度等等，但仍在一定程度上反映出了拆分要素方法需要进一步细化，以适应不同的服务情境。

（2）力求方法的实用性以及与现实情况的一致性。立足于供给方，拆分量表方法本身存在的目的就是更好地为供应方提供管理运营信息，因此方法的实用性历来是这一类方法强调的重点和努力的方向。重要性维度 I 的引入就是为了更好地为营销决策提供依据，由此导致了 IPA 方法的产生；为了更好地为管理运营提供信息，提供与现实情况相符的体验质量水平数据也是各种方法努力的方向。

尽管以上发展方向向我们展示了拆分要素方法日益完善的前景，但其背后共同的指导思想[①]制约了方法创新的重大突破，尤其是这些方法涉及的相关概念仍相当含混，如期望，感知服务表现，重要性的定义和特征，各位学者不是语焉不详就是莫衷一是。关于各种方法的信度和效度问题，尽管有强大的统计数据作后盾，但不同情境中取得的不同的数据也会使对各模型的信度与效度的判断有一定困难。

三、划分过程的测量方法——净服务质量模型（net service quality model）

SERVQUAL、SERVPERF、Non-difference、IPA 模型旨在寻求消费者满意度的最终定量化结果，其关注的是体验结束的特定时点。但 Brown 和 Swartz（1989）强调了服务的及时性特征，认为服务过程将比结果对顾客体验有着更为重要的作用。特别对于旅游业来说，旅游者与企业之间进行多次的服务接触。每一次的服务接触都对旅游者满意度产生影响。这种思想则在净服务质量模型（Danaher 和 Mattsson，1994）中有所体现。

该模型的研究始于服务旅程的定义，即将服务体验看作是一个经历不同事件和接触的旅程。因此，旅游者的旅程可用流程表刻画出来，用以显示和旅游者自身与一些主要服务对象的接触。旅游者的满意度既受本次服务接触的影响，也受前几次服务接触的影响，因此测量的旅游者满意度是累积的顾客满意度。

---

① 尽管 SERVPERF 只测量服务表现似乎不再秉承缺口理论的传统，但感知的服务表现也受期望影响，测量感知的服务表现也考虑了期望因素，因此 SERVPERF 也遵守缺口理论的大前提。

Danaher and Mattsson（1994）描述了在饭店的服务旅程路径，使用了 4 个关键的服务接触（登记、用餐、住宿和付账后离开），在这几个服务接触中都使用量表测量了累积的顾客满意度。

测量累积顾客满意度的量表也与前面提及的 SERVQUAL 等量表有所区别。净服务质量模型将测量焦点由服务质量转移到了旅游者身上，其量表制定的理论基础是 Hartman（1967）的价值论模型。根据这个模型对一个提供物整体的评估包括三个旅游者内在的价值维度：格式塔式的总体感觉和印象 E（Emotion），对功能的评估 P（Practice）和理性判断 L（Logical），这 3 个价值维度以情感为最高水平的层级（E>P>L）。根据以上三者，再加上一个总体满意度 S，累积顾客满意度的量表将旅游者对服务接触的感知拆分为 4 个总体维度（E、P、L、S），每个维度下分设具体项目，采用李克特量表让旅游者对每一个具体项目的感受赋分。

净服务质量模型研究了旅游者体验的过程性变化，并在编制量表时更多地考虑了旅游者的内在价值，但也有学者指出尽管体验具有过程性特征，但旅游者对体验的过程性描述不同于服务流程，旅游者不会简单按照服务流程的顺序复述自己的体验过程，甚至对于关键服务接触事件的划分也与学者们对服务流程各阶段的划分有很大区别。旅游者对体验流程的描述更像是一个任意编排的叙事脚本（Szilvia Gyimóthy，2000）。研究者们重视的关键流程往往不是旅游者看重的。因此，尽管服务质量模型已经开始注重体验的主体，但其根本指导思想——服务流程仍没有脱离供给角度的窠臼。

四、描述事件的测量方法——关键事件法（Critical Incident Technique）

关键事件技术（CIT）是通过搜集故事或关键事件，并利用内容分析法进行分类的一种工具。旅游研究者使用这种方法的典型做法就是让旅游者用自己的语言对经历的服务体验（无论是积极的体验还是消极的）进行描述，并回答一系列关于服务体验的开放式问题，研究者进而根据获得的描述资料使用内容分析的方式将资料中描述的关键事件分组。所谓内容分析法是一种常用的处理自由阐发的关键事件数据的描述性方法。这种方法根据定性数据中词语或词组等出现的频率或被提及的先后顺序处理定性数据，使其定量化。研究者通过编码的方式将旅游者的描述进行系统的分类，所谓关键事件往往是被旅游者多次提及或优先提到的事件。

CIT 允许旅游者自由地以自己的语言深度描述、讲述"引人入胜的案例故事"或关键事件，并对他们的描述提供一个连贯合理的解释而非引导旅游者进行回答，这种方法有助于研究者在旅游者自己的生活环境背景之中了解消费者的体验，因此是研究体验更可取的办法。Bejou，Edvardsson 和 Rakowski（1996）使用个人访谈的方式研究服务投诉，让参与者描述他们经历的服务失败中的关键事件。这项研究提供了关于机场服务一系列服务失败的丰富描述。不仅仅关注消极的事件，Jackson 等（1996）使用类似的技术同时收集了关于积极事件的描述。Jackson 等（1996）将积极和消极的事件归类为内部（个人）或外部（环境／社会）因素。

当然也有一些学者指出了 CIT 技术的缺点，如：定性资料难以处理；由于顾客的感知随时间变化导致关键事件具有暂时性特征；依靠研究者对资料进行解释，容易导致对旅游者的误解（余向洋，朱国兴，邱慧，2006）。

五、小结

以上三大类方法从共同的测量视角——供给方出发，将旅游体验质量看作是旅游者对服务质量的满意程度。因此，以上方法测量的旅游者体验质量或满意度都是以存在服务或体验产品为前提的；拆分要素的方法与划分流程的方法尽管一个注重服务最终的截面，一个注重整个服务的过程，但在具体获得满意度得分时操作比较类似，都是将各维度满意度得分进行加总以便获得最终的满意度分值，所不同的是划分流程的方法更侧重体验主体，按照消费者内在价值进行维度划分，而拆分要素的方法其拆分的维度都是以产品作用为出发点的。同时，这两种方法的另一个共同点在于二者都从供应方出发推测旅游者的想法：如拆分要素方法对产品维度的划分，划分流程方法对服务流程的划分都是典型的供应方思维；与前两者相比，描述事件的方法更多的放权给旅游者，由体验主体自由的编织自己的体验，但旅游者描述的仍是服务或体验产品背景中的体验，现将以上三类方法的基本介绍以图形的方式展示如图 2-10 所示：

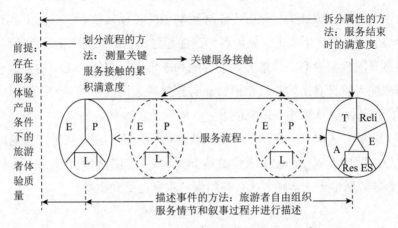

图 2-10 侧重客体测量各方法之间的对比 [①]

近年来，旅游者体验的满意度一直是旅游研究的重要领域，并且旅游者体验满意度一直是室外游憩质量的主要测度方法。但这种方法在很多方面受到众多学者的质疑：

（1）视角的局限性。从供给的视角出发，其目的都是为管理绩效提供真实有效信息。但从简单的截面测量到服务流程的积累再到旅游者自由组织语言，这种着眼于客观产品和服务的视角，很难得到真实的旅游者体验质量的信息：旅游者未必按照供给方判断的方式划分服务质量维度和服务流程阶段。从供给角度出发的方法往往是基于旅游者群体或者统计学上"平均旅游者"的体验评价，为管理者提供了统计学信息，而忽略了旅游者的多样性和体验的多样性，而且很难对单个旅游者的体验质量和满意度水平进行测量（William T. Borrie，Robert M. Birzell，2001）。

（2）整体不等于部分的加总。从供给角度出发的方法的测量过程是将服务质量或者旅游产品分解为相互分离的多种属性，事实上，"整体大于部分之和"，旅游者体验的是旅游的整体环境，而不是不相关联的环境属性。因此，在很多情况下。旅游者对于环境属性的满意度并不是旅游者体验的满意度。

（3）只关注旅游者的理性认知，忽略了体验的情感及其他因素。大多数从

---

① T、Reli、Res、A、E分别代表有形设施（Tangible）、可靠性（Reliability）、响应性（Responsiveness）、保障性（Assurance）、情感投入（Empathy）

供给角度出发的方法认为，旅游者是环境刺激的被动接收者，有能力客观的评估感知与期望之差，事实上，旅游者们往往通过建构的意义来主动地解释环境，加之情感等因素的参与，很难客观准确地判断出期望与感受之间的差值。缺口理论的理性人假设对于购买日常消费品有较强的适用性，但对于以情感体验为主的旅游体验来说显然并不完全合适。

（4）测量方法的可靠性问题。根据认知失调理论，在花费了大量的时间和金钱之后，即使不满意，旅游者也很难真实地表达自身投入的失败。另外，旅游者是否能以数值形式清晰表达自身的满意水平也受到质疑。

第三节　旅游体验质量测量中的质性方法

各种定量方法在测量旅游体验质量方面所展示的优点和缺陷，在前文已经做了探讨。针对旅游体验这种心理学和行为科学探讨的对象，单纯的定量方法不足以认识这种现象的本质性的规律。因此，人们也努力开发一些质性分析方法，来解决定量研究无法解决的问题。尽管在这方面还仅仅是一些初步探索，但人们对几种质性研究方法的使用，还是抱有一定的信心，因此，这里也对相关的成果做一些介绍。

一、Q方法

自 19 世纪 30 年代以来，许多英、美学者开始从事个人特质的相关研究。英国心理学家 William Stephenson 就认为，人的主观性是可以被测量的，并在 1935 年于《自然》杂志发表的《因素分析的技术》一文里创新性地提出了 Q 方法论。Q 方法常被用来研究人类的主观性活动，其核心是运用等级顺序对 Q 类属材料进行分类，以获取被研究者的心理和行为资料，探讨被研究者心理和行为类别的一种方法。从研究过程看，这种方法还兼有定量研究的特点，这也是我们在质性分析方法的探讨中首先介绍 Q 方法的理由。

运用 Q 方法的第一步要求确定分类材料。在收集资料之前，研究者往往已经根据已有理论提出自己的假设，资料的收集就是根据这些假设进行的，而随后对收集资料的分析过程往往是对原有假设的证实或证伪。

　　Q 分类资料的收集方式有两种：一是通过报纸、期刊等各种媒介或实地调查收集与研究题材相关的意见或图像资料；二是采用访谈法，收集各种不同的意见和图像资料。这种方法对确定多少人进行访谈没有特别的限制。但访谈应包含不同背景的研究对象，以便保证研究能收集各种不同的意见，同时应准备问卷了解研究对象的背景资料。研究者利用访谈技术收集文字材料时，应就所要研究的主题加以分析，形成若干陈述句，并将此等陈述句分别撰写在卡片上，以供研究对象分类之用，此登记在卡片上的陈述句就是 Q 分类资料。收集图像资料时也要按照研究主题进行，形成 Q 资料。

　　一般的 Q 材料是 60~140 张图片或如写有陈述句的卡片，Q 分类资料是许多项目的组合，提供给研究对象作 Q 分类之用。关于 Q 资料的分类有很多种，比较常用的分类是将资料分为结构性资料和非结构性资料，二者的关系如表 2-2 所示：

表 2-2　Q 分类资料类型

		结构性	非结构性
Q 分类资料	不同	1. 将某种理论或假设设计在 Q 分类资料中，以测验这种理论或假设的正确性。 2. 供分析多项特征（如理论价值、审美价值、经济价值等）而编制的选项 3. 依结构不同，分成单层结构性与双层结构性 Q 分类资料。 4. 能促进理论测试	1. 选择过程是依据随机方式，从母体中抽出若干陈述，作为 Q 分类材料 2. 提供分析一个宽泛的特质（如价值）而编制的同类选项 3. 研究主题的某些要素可能未被收集到，或被过度收集，因而使得最后的 Q 分类资料涉及了某种偏见
	相同	所选择的资料，必须遵循正反意见平衡的原则，即正面意见和反面意见的数目必须相等，各组资料数量符合正态分布。大多数学者建议，除了应包括数目相同的正反陈述外，中性的陈述也应该包括在内。	

　　（转引自：廖智倩，阙月清 . 小学体育教师体育目标认同倾向之研究 [J]. 体育学报，2000（30）：9-19）

　　其次，该方法要求被调查者按自己的喜好或标准对材料进行分类。Q 分类要求研究对象将一组陈述句或图像资料，予以排列等级并进行分类，特征最符合研究对象自身喜欢或标准的项目，给予高分，反之，给予低分。换言之，即研究对象按对陈述句的描述和图像资料的喜好程度做等级排列或判断，同时要求研究对象用自己的语言尽可能丰富地解释这种排序和分类的原因。最后研究者可对分类结果进行相关质性分析或将研究对象的排列顺序转化为从大到小的数列进行因子分析，得出旅游者的体验状况。

作为一种测量人们主观态度的工具，Q方法有其独到的优点。廖智倩、阙月清（2000）对此做了总结：

（1）对人们的主观有较深入的认识，是一种探索人类心灵活动的新途径；

（2）可作短期调查也可做长期调查；

（3）Q方法适用于单一研究对象的研究情境，为了客观起见，可使同一研究对象作多次的Q分类，以分析其发展与行为改变的特征；

（4）该方法收集资料的方法可以应用相关分析、因素分析、变异数分析等方法整理资料；

（5）实地访谈也是Q方法的优点之一。研究者可经由对研究对象反映的观察判定资料的有效性，不仅可避免邮寄问卷时，无法判断资料有效性与研究对象真实反映的缺点，也可以借访谈，直接接触研究对象，以提升研究的真实性。与问卷调查法相比，Q方法提供了一个很好的测验情境，让研究对象可以藉自己指出的陈述，轻易表达自己的看法，因此大大提高了研究的可靠性和效率；

（6）绝大部分研究对象是在对研究主题仍感困惑的情形下就对问卷进行作答，因而造成测验上的误差，而Q方法以众多的项目让研究对象分类，可以使他们对研究主题较有认识，对回答有帮助。

但该方法仍存在一些缺点：

（1）该方法不适用于横断面研究，或大样本的研究情境，研究结果难以做概括性推理；

（2）操作过程太烦琐，会降低完成访问的效率；

（3）强迫选择式的排序方式限制了研究对象的自由；

（4）研究者从理论中找陈述句或收集图像资料，并据此把人的特质加以分类，佐证原来理论，陷入一种因果循环中，呈现目的与过程部分的混淆现象；

（5）排序的方式使研究对象过于关注多个资料项目之间的关系而忽略了每一个资料项目的独立性。

在利用这种方法进行旅游者的旅游体验质量分析方面，不少研究取得了值得关注的成果。比如，John R. Fairweather，Simon R. Swaffield（2000）使用 Q 方法分析了新西兰 Kaikoura 的旅游体验。在 Zube，Sell 和 Taylor（1982）的研究中，将旅游者对景观的感知研究划分为 4 个类型：广阔的景观环境（山、平原、半岛、沙滩、河流、岩石海岸线），主要的土地使用情况（自然状态、农业、城市使用、居民社区、旅游休闲用地），自然特征（交通路线、酒店设施、历史遗产），再加上研究者自己假设的不同情境中的旅游活动。该研究共收集 Q 资料照片 30 张，并以此为依据对 Kaikoura 旅游者的体验状态进行了分析。研究的结果归纳出生态旅游、海洋休闲旅游、海岸社区旅游、观光游、家庭海滨度假游 5 个不同的旅游体验类型，逐一分析了体验状态的质量水平和特征。Pitt 和 Anderson（1974，1975）使用 Q 方法对照片进行分析，并借以研究景点的价值。而 Zube 和 Pitt（1981）使用该方法对观光旅游和历史旅游的区别进行了比较。Fairweather 和 Swafield（1999）则研究了对观光旅游的感知和体验状态。

如前文所述，Q 方法在收集资料时往往遵循以往的研究成果或自己的假设，分析的过程通常就是印证的过程，这一方法的操作特点符合实证主义范式的特征，但其收集的资料既可以包括定性的访谈和图片资料，也包括量化有关研究对象的偏好序列，分析的方法既可以选择定性的研究方法也可以选择因子分析等量化方法。Pitt 和 Zube（1979）认为，如果样本容量适当，那么，Q 方法作为一种心理测量方法就会具有较高的可靠性。

二、记忆调查

作为一种专门用以测量女性体验质量的方法，记忆调查（Memory work）方法具有如下特征：将女性对体验质量记忆的描述作为原始资料（也是该方法得名的原因），研究者与被研究者通力合作，共同完成数据的收集、数据的分析理解以及理论的建构过程；这种集体参与的研究方式确保了参与研究的女性能得到感情的释放和倾诉的自由。这些特征带有明显的建构主义和女性主义范式（女性主义属于批评范式）的烙印。

这种方法的理论基础是：在主观上被认为是重要的事件会被人们记住，这些事件以及它们建构的方式在个体建构自身的过程中起了重要的作用。而自身的建构又无时无刻不在影响人们以后对事件的建构和记忆（Crawford，1992）。正是通过记忆，过去的特定范畴才与现在的范畴相关联——由此产生了意图，并为精神活动指明了方向（Shotter，1984）。从这个意义上说，个体通过对回忆的沉思来建构自身。Haug（1987）正是在这种理论认识的基础上将记忆作为研究对象，并由此赋予了该方法以"记忆调查"（Memory work）的名称。由这些人的早期努力，带动了人们对这一方法在旅游体验研究中的应用，取得了一定的研究成果。比如，Koutroulis（1993），Farrar（1994）和 Hohnen（1996）等人 都曾采用该方法对旅游体验进行了研究，并取得了一定的发现，如女性的体验质量很少受天气、环境影响，更主要受旅游过程中人与人之间相互关系的影响；在旅游过程中，即使没有现实的危险，40 岁以上的女性还是往往会为孩子的安全担心，因此很少做到真正的放松，等等。

从方法论的渊源上看，该方法属于社会建构主义方法，认为现实是无形的精神建构，存在着多元事实，可以通过重点研究个体如何建构自身并融入现存社会关系的过程来揭示其内在规律。同时，这种方法认为在特定的社会中，男性是知者，男性的知识和现实被看作是真理。女性和女性的声音被忽略了，因此，该方法专门研究女性的体验，目的在于"寻求女性自由，以女性自治对抗他治，以女性对幸福的追求对抗不幸"（Jennie Small，1999），这就使女性主义范式成为该方法的又一指导。总而言之，受建构主义和女性主义范式的共同指导，记忆调查的焦点就是获知女性是如何建构自身旅游体验的。此外，这种靠写作来表述记忆的方法，也典型地吸收了现象学的研究方法，因此反映了这一方法对认识旅游体验这一属于人类心理活动、意识活动的现象的本质的高度关注。

在操作上，该方法遵循下面三个步骤：

（1）按年龄段将研究对象划分为几个焦点组，每一组中的每一个研究单位都被要求在沉思后书写一段关于旅游体验的记忆。Crawford et al.（1992）将沉思看作是对自身记忆活动的参与，个体与自身的记忆进行对话并产生反应。因此记忆调查的第一步骤就是通过研究对象的沉思来重现不同年龄段的不同建构的过程。

（2）对所获得的记忆资料进行集体分析。在这一步骤中，每一位女性在所有焦点小组成员面前念出自己的书写的记忆，然后小组成员集体讨论记忆的内容并从中总结出相关主题用以建构理论。需要注意的是，很多情况下，研究者也是女性，也需要参与每一个步骤。作为女性建构主义方法，记忆调查打破了研究主客体之间的樊篱。研究者将自己作为被研究群体的一员，因此削平了研究者与被研究者间的等级结构；另外，该方法的操作倾向于让研究对象自由倾诉，很少对其进行询问，由此反映了该方法对女性心声的重视。

（3）对集体分析结果的进一步研究和理论建构。

记忆调查以书面形式收集了女性沉思后的体验记忆，避免了口头叙述容易忽略的细节，保持了体验资料的主观性和丰富翔实，而集体讨论的方法更充分地显示了对体验主体的心声的尊重。

记忆调查将旅游体验看作是无形的精神建构，存在着多个层面的意义建构，因此以访谈的方式收集研究对象用文字叙述的记忆作为丰富翔实的原始资料。这一特点在一定程度上修正了一些侧重认知测量的方法的缺陷，不再认为消费者以理性、直线的方式思考。消费者不会有意识地关注体验某一维度的特殊价值，而是在感性与理性紧密交织下思考和行事。这无疑是一次有意义的修正。当然，该方法也存在一定缺陷。比如，采用文字作为载体收集消费者体验记忆的方式却受到了一些学者的质疑。而且人们认为，采用这种方法进行研究的结果，肯定带有研究者的主观色彩，是否能完全代表研究对象的意愿值得商榷。此外，这种研究所使用的定性资料往往难以处理，将这些资料公之于众也会带来相关的研究伦理问题。

三、隐喻抽取技术

受建构主义范式的影响，Zaltman（1997）认为，人们的心智、身体、大脑和社会四层是相互关联而且交互影响的。消费者暴露于外部信息时，他们不仅是被动地吸收讯息。相反地，他们把得来的讯息和自己既有记忆、认知、情感、社会情境与刺激全部混杂在一起，重新创造出自己的意义。因此，体验的产生过程是消费者建构的过程，这正是建构主义范式的指导思想。

虽然Zaltman也同意旅游体验是旅游者无形的精神建构，但他却认为：① 消费者事实上意识不到或是无法清楚地去指涉影响行动的动机与想法，因为人的思想有95%是发生在无意识之中，而这些记忆、经验、想法等，是人们根本没有注意或无法清楚表达的，而一般研究方法研究往往仅能探索到人们表面意识所能探知的 5%；②消费者的记忆也无法精确地代表过去的经验，记忆不是一部精准的照相机，却比研究者的预期更有可塑性与创造力，记忆也往往受到人们过往经验以及社会脉络的影响；③尽管研究者相信消费者用语言思考，因此会认为可以借由解读旅游者在访谈时对话里的内容，以及问卷调查里的文字，去了解消费者在想什么。但事实上，人们通常以图像方式思考，而不是语言。为了克服上述缺陷，Zaltman 提出了所谓隐喻抽取技术（Zaltman Metaphor Elicitation Technique，ZMET）。他进而指出（Zaltman，2002），要了解消费者潜意识的想法和感觉，可以借助两个工具来完成：隐喻与想象。他认为，人们的潜意识思考是可以由其所选择的图像中展现出来，而每个隐喻都涉及许多潜藏的智慧（Zaltman & Useem，2003）。Gwendolyn（2002）也认为，人类有超过 80% 的沟通是透过非文字语言所进行，经由这些非文字语言的管道，人们彼此交换信息与意义，这也就是所谓的"尽在不言中"。Gwendolyn（2000）也赞同这个观点，并进一步指称，消费者的意见可以透过计算机图像技巧的发掘与表达。也就是说，如果能够利用图像技术，并结合相应的文字沟通，除了可以了解消费者 5% 的意识层面的想法之外，也能够探索人们深藏在意识层面以下的想法与感觉。而这正是隐喻抽取技术的努力方向。

该技术是一种以图像为媒介、结合深度访谈而进行的崭新的消费者研究方法（Coulter & Zaltman，1994）。这种方法的特点是能够深入探究消费者的内心想法与需要，是一种质性研究方法。它吸取了心理学、认知神经科学、心理语言学、神经生物学、社会学、视觉人类学、艺术评论、文学评论等多种学科的精粹，因此有着深厚而牢固的理论基础（Gwendolyn，2002），而且符合各种学科在方法论层面所提出的信度与效度标准，打破理论与应用以及各学科之间壁垒和鸿沟（Zaltman，Useem，2003）。

具体而言，隐喻抽取技术包含以下步骤：

（1）前置作业。要求受访者根据研究主题去寻求他认为能够代表特定主题的图片。隐喻抽取技术的研究取向是定锚于受访者的想象之中，也就是受访者潜意识中信念与想象的释放（Yin，2001）。因此，这一步是个相当重要的步骤，因为研究者视这些图片为探索心灵的线索，也就是所谓的"视觉隐喻"（visual metaphor），

（2）访谈引导过程。在上一步的基础上结合深度访谈以及多重感官的探索技巧，试图开启受访者的多重管道的沟通窗口，使受访者分享其选择的视觉隐喻背后所隐藏的构念，以便联结出构念与构念之间的关系，进而呈现出受访者的心智地图（mental map），发掘受访者对特定事物的深层想法与感觉。访谈步骤操作方式概要如表2-3所示：

表2-3　隐喻抽取技术的访谈步骤表

步骤1	说故事：受访者对自己搜集而来的8~10张图片讲述想法
步骤2	遗失的影像：请受访者描述无法找到的图像，与其所代表的意义
步骤3	分类整理：请受访者依自己的想法将图片进行分类
步骤4	构念抽取：诱导受访者说明构念与构念之间的关系
步骤5	最具代表性的图像：请受访者选出最符合主题，且最具代表性的一张图片
步骤6	相反的影像：请受访者描述与主题相反的图像
步骤7	感官影像：请受访者以五感描述主题
步骤8	心智地图：请受访者创造一个地图用以描述与主题相关的构念
步骤9	总结影像：请受访者凭借挑选出的图片，创造一个总结的影像来传达重要的构念
步骤10	小短文：请受访者以一段话帮助沟通重要构念

（转引自吴惠萍，约翰走路威士忌品牌原型研究：业者与消费者的观点比较[D].世新大学公共关系暨广告研究所硕士论文）

（3）确认关键的构念与论述。当所有访谈过程结束后，研究者必须由访谈时所记录下来的所有构念中，找出关键的构念，进行确认与分析。

（4）建立共识地图。共识地图（consensus maps）是建立在隐喻抽取的基础上，作为一种可以进入消费者潜意识心智的价值工具（Zaltman，2003）。研究者结合所有受访者心智地图中的构念，最终创造一张共识地图。共识地图可以展现出在大多数的时间下大多数人的想法，其中包括构念以及构念与构念之间的关系，这二者会串联出数个终极构念。共识地图包含了驱动人们思考和行动的主要构念，构念之间的联结代表其互动的关系。

总而言之，隐喻抽取技术所探索的就是较难探测到的旅游者潜意识层。它以视觉隐喻与视觉想象为基础，导引出消费者在不同思维层面的理性与感性意义，不仅在表面知识上产生共鸣，更能与潜意识的意义产生联结。很多学者认为，这一技术为未来的旅游体验研究提供了新的思路。

四、体验凸现方法

除了旅游体验质量的最终表现之外，旅游体验的过程性特征也受到了学者们的重视。Clawson 和 Knetsch 就曾基于时间序列的概念提出游憩体验包括 5 个阶段，分别为预期阶段、去程、现场活动、回程及回忆阶段，并由此再开始影响以后的游憩体验历程。在他们看来，体验会随着不同的阶段而发生有顺序的改变，并且旅游者体验主要集中于现场活动阶段。这一思路与余向洋等人（2006）所介绍的旅游者体验的突现方法有某种共通之处：该方法认为体验作为旅游者与环境相互作用而显现的精神状态，它是转瞬即逝的，因此它也呈现出动态性特征。但与 Clawson 和 Knetsch 的阶段性方法不同的是，旅游者体验凸现方法将旅游者体验作为一种意识流（Bongkoo Lee，2002）来看待。通过捕捉旅游者的精神状态，来探讨不同旅游情境中影响旅游者体验质量的变量。这一方法强调了旅游者对自身体验的描述和构建。在不同情境中，旅游者的体验是不一样的，因为体验的质量依赖于具体的情境，是被具体地构建出来的。

如前所述，建构主义范式具体操作中倾向在研究客体真实的社会或自然界环境里收集数据，而不是与之相反的在"实验"的条件下收集。为此，使用体验凸现方法的研究者往往在旅游体验过程中的不同时间、地点搜集旅游者在旅游体验的自然状态下对自身体验状态的描述，将这些描述作为未来研究的原始资料，采用文本分析、编码等方式对这些原始资料进行加工、整理和分析，获得旅游者对旅游体验的综合评述，进而确定旅游者的体验质量水平。随着科技的发展，体验凸现方法在数据收集方面取得了新的进展，目前该方法大多采用体验取样技术（experience sampling method），让研究对象携带录音机或纸笔或其他通信工具，在特定的时间和空间记录或描述自己的精神状态，借此获得分析的原始数据，尽可能地保证在真实的环境中获得原始资料。

这种方法在国外已经得到了一些应用，并取得了令人关注的成果。比如，在对意大利大学生为期 7 天的休闲体验的研究中，Hull（1996）要求研究对象在参加休闲活动时报告自己的体验状态（每隔 20 分钟），研究发现无论何种休闲活动，研究对象的体验状态都随时间不断发生变化，体验是不停地被建构的，由此证明了体验的动态性；此前，Hull（1992）还研究了步行旅游者的体验质量，调查对象要求在旅程中提前预设好的 12 个地点处描述自己的情感状态和满意度，结果发现，不论是情感还是满意度水平都是不断变动的，且主要受自然风光的性质的影响。类似地，一些学者还运用体验取样技术研究了荒野体验（Borrie 和 Roggenbuck，1995；Roggenbuck 和 Driver，2000）。

　　总而言之，这种方法将体验看作是多元存在的现实，不仅体验随时间变动，而且这些变动可以在不同的维度上得以测量。体验凸现方法在抽样阶段运用体验抽取技术，在一定程度上保证了原始数据的真实性。而且，随着科技的发展，一些影像设备的引进也进一步保证数据的真实性。不过也有学者指出，采用这种方法的研究者要求研究对象不停地报告个人体验状况，这是否破坏了体验的真实状态很值得怀疑，这种方法取得的定性资料难以处理也是该方法存在的问题之一。

第四节　旅游体验质量测量方法的特点及其发展趋势

一、旅游体验质量测量方法的特点

　　在本章的第二节和第三节，我们分别从不同角度对旅游体验质量的测量方法进行了讨论。如果从理论范式出发，将不同的分类视角结合起来，就会得到图 2-11 中的四个象限，而前文介绍的所有方法将分别落在四个象限之中。

　　无一例外地，这些测量方法都是由国外学者发展而来并主要由国外学者加以应用。总体上看，这些方法目前呈现出以下一些特点：

　　（1）多元范式并存。无论是实证主义范式，还是其他范式，都为旅游体验质量测量方法提供了丰厚的理论源泉和基础。尽管多元范式的争鸣让我们为纷繁复杂的旅游体验质量测量方法的研究现状有些无奈，但考虑到旅游体验的复杂性，如此多范式在这一领域都找到用武之地也就不足为奇了。事实上，正是多元范式的并存才给了我们从不角度理解旅游体验质量这一复杂现象的机会。旅游体验质量测量方法的这一特点不仅是目前存在的客观现象，在未来的研究发展中也将成为测量方法研究的主要特征之一。

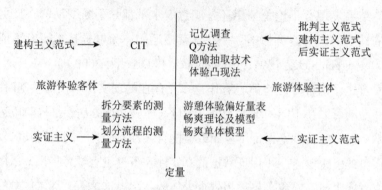

图 2-11　旅游体验质量测量方法水平分布

（2）拿来主义倾向明显。从各种旅游体验质量测量方法的渊源来看，这些方法大多是由其他学科移植到旅游学研究当中的。关于满意度的测量最先见于经济、管理、营销学，发展较为成熟后移植为旅游体验质量（满意度）测量的一种常用方法；畅爽（Flow）理论始于心理学上对运动员畅爽状态的研究，在生活质量的测量方面也有应用；Q 方法广泛应用于社会学、心理学、政治学、传播学，是对人类主观性进行测量的一种有效方法；隐喻抽取技术是Zaltman（1997）针对现行营销方法的缺陷提出的旨在了解广大消费者购买商品体验状态的一种研究方法。尽管旅游的跨学科性质决定了旅游研究方法要博采众学科之长，但由此带来方法的适用性问题值得注意，活学活用的拿来主义可以促进旅游研究的发展，而生吞活剥的拿来主义则将会把旅游研究引入歧途。Jennie Small（1999）通过对旅游文献的回顾表明，目前旅游学者并没有根据研究的目的合理地选择适当的方法。Dann 等（1988）也指出：旅游研究结合了多种行为学科研究的方法，但这种研究的一个不幸趋势是人们忽略了这些移植方法的理论渊源和具体操作上的固有局限。它们对旅游研究的适用性，在各学科间的联系，一些旅游学者也欠考虑，各方法之间缺乏整合。因此，现实中的大量研究成果往往属于以下三种类型：①缺乏实证支持的理论阐述；②缺乏理论内容支持的数据分析；③收集了大量逸事、印象般的散文叙事。Dann 等（1988）同时暗示了第四种类型文章的匮乏：理论与方法间彼此协调的文章。

　　尽管对于以上论述针对的是国外的旅游学研究，但用在国内旅游体验质量测量方法的研究上同样适合，事实上谢彦君（2002）指出，无论从水平和数量上来看，国内旅游研究都滞后于国外旅游研究，仍须向国外旅游研究跟进（follow-up）。在笔者搜集到的国内旅游体验质量测量方法方面的文献很大一部分都难免陷入了以上三种不幸境地。

二、旅游体验质量测量方法的发展趋势

　　体验作为人的主观感受，其研究方法自然很大程度上要仰赖于心理学的研究进展。自从冯特创立了实验心理学之后，心理学领域便开始了各流派蓬勃发展的历程：构造心理学将心理学的任务定位于对意识元素的分析，将科学的客观性和精准性引入了心理学研究。由于人类主观性和意识难于测量，行为主义心理学否认了意识、心理、内省及相关概念，竭力主张运用客观方法研究动物和人的客观行为，由此推断人的主观意识。格式塔心理学的兴起对以构造心理学为代表的元素主义心理学进行了批评，更加强调整体论，主张心理学研究应以整体的组织来代替元素的分析，既主张研究现象本质，也研究人的主体行为，将心理学的研究重点由外显行为重又转移为心理意识本身。虽然由于对别的理论批评太多，格式塔心理学并没有建立起完整的理论体系，但其对人类认知的积极探索催生了认知心理学的发展，其整体论的观点对人本主义心理学的发展做出了贡献，而认知心理学和人本主义成为西方心理学的两个主要发展方向。认知心理学将研究重点放在人类的认知活动上来，初步形成了认知研究中的整体观，强调了心理活动的动态性。尽管认知心理学重新研究人的认知活动，打破了行为主义心理学设置的禁区，但其研究范围仅限于人的认知活动，面临着人机类比的简化处理危机，忽视了人的情感、意向活动等诸多方法，因此从另一个角度限制了心理学研究的范围，因此也未能实现心理学理论体系的统一。人本主义心理学继承了格式塔心理学的整体论，主张心理学研究应以整体的组织来代替元素的分析，向心理学真正的完整理论体系的统一又迈进了一步，但

其过分强调个人潜能决定论，忽略了社会发展对人心理的重大意义。

通过上述勾勒，我们可以总结出心理学从元素论到整体论，从心理意识研究到外显行为，在回归到心理意识研究现象本身的发展规律。实际上，尽管历史还刚刚开始，但可以看出，旅游体验质量测量方法的发展也大致遵循了这样的规律：从间接测量到直接测量，从要素论到整体分析。

以 SERVQUAL 模型为代表的满意度测量方法测量的是旅游者对体验产品或服务质量的认知，而非旅游体验认知本身，游憩体验偏好量表方法划分了旅游体验认知的维度，将旅游体验质量研究的重点移至旅游者的心理状态本身。尽管关注的仅是旅游体验的情感状态，以畅爽（Flow）理论为代表的模型，特别是畅爽单体模型，在解释情感产生的过程时将认知和情感统一在了一起，由此开启了在整体上理解旅游体验质量的研究方法，而方法的具体操作也由拆分维度的测量量表转而倾向于使用定性的研究方法。另外，为了能更好地研究旅游体验质量的本质和水平，各种定性方法也进行了一定的改进：

（1）数据收集上日益注意原始资料的真实性和丰富性。为了尽可能反映出旅游体验质量的全貌，Video，GPS，PP 机，日记、问卷、访谈、观察等数据方法在研究中被综合运用，旅游者的文字资料、照片资料、影像记录都成为丰富翔实原始分析资料的一部分，而且还注重在体验过程中及时获得旅游者的体验感受而非通过事后访谈获得，这也保证了原始资料的真实性。

（2）日益注重旅游者心声的吐露和自我建构过程。无论是记忆调查、Q 分类法、隐喻抽取技术还是体验凸现方法，都注重的是旅游者自我的倾诉和建构过程。为了更好地理解旅游者的这种建构过程，研究者往往亲身参与其中，削平了以往研究者与被研究者之间的等级关系，研究注重的是旅游者的倾诉，而非研究者的询问。

（3）愈发注重对旅游者潜意识的挖掘。如前文所述，人的思想有 95% 是发生在无意识之中，而这些记忆、经验、想法等，是人们根本没有注意或无法清楚表达的，但也许正是这人们意识不到的 95% 才真正决定了旅游体验质量的主观感受。为了更好地探究旅游者的体验质量状态，Q 方法和隐喻抽取技术都使用了照片作为原始的分析材料，由图像隐喻的充分挖掘来认识旅游者体验的质量状态。

上述特点可以用图 2-12 集中加以描绘：

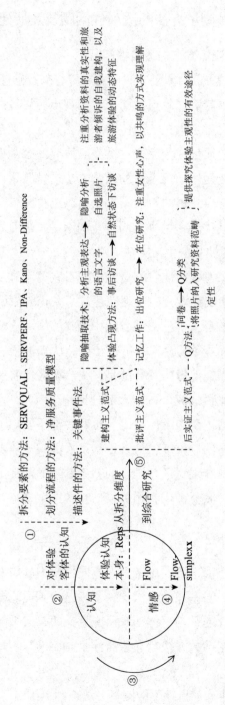

图 2-12　旅游体验质量测量方法发展趋势

三、旅游体验质量测量方法的适当性问题及发展建议

（一）旅游体验质量测量方法的适当性问题

总的来看，旅游体验质量的测量方法从发展历程来看呈现出从间接到直接，从要素论到整体观的发展趋势，就横截面来看呈现出多元范式并存的局面。到目前为止，在众多范式之中占据主流地位的依然是实证主义范式。在实证主义范式的指导下，旅游体验质量成为完全可被分解研究的客观事实，无论是何种类型的体验质量水平都能运用抽象统一的量化方法进行测量，这些量化方法整齐规范，便于操作，其最后获得的数值结果又可以进行比较，使旅游体验的提供者可以直观地意识到其体验提供物在同行业的水平，进而做出相应改进，因而成为目前旅游体验质量测量的主流方法。

然而，尽管量化的旅游体验质量测量方法源自顾客满意度的研究（供给角度），但众多学者已经就旅游体验的主观性达成了共识，旅游体验质量测量方法的选取还应在侧重旅游者主观感受的方法中寻找答案。旅游的目的在于寻找愉悦（谢彦君，2002），尽管旅游者的出行动机、认知过程、认知结构，情感维度、心理意义千差万别，但毋庸置疑的是，当旅游者体验质量水平达到较高水平时，其情感表现中愉悦的成分占据大部分比例，因此，谢彦君（2002）指出：在任何一个场合，当论及旅游体验的质量时，都不要忘了最具统合力量的一个衡量维度：旅游体验的愉悦度。这是最高层次的一个测量，任何对旅游体验进行拆解的企图，在放弃了对这个维度的基本尊重的前提下，都可能是伪科学的。就这个观点来看，畅爽理论和相关模型在实证主义范式指导的量化方法中显示出了一定的优势。

尽管实证主义范式具有整齐划一、操作规范、便于比较等优点，但旅游体验毕竟是旅游者的主观感受，不同旅游者、不同情境中的旅游体验是千差万别的，而实证主义往往过分强调操作方法的科学性，为了适应既定的方法，旅游者往往被看作是没有个性的平均个体，有研究意义的个案被排除在测量范围之外，因此实证主义范式指导的方法容易忽略测量对象的真实特征，存在削足适履的错误倾向。

与此相反，一些其他范式指导下的测量方法，则更倾向于使用定性的方法，

这些方法更注重旅游者的心声，尊重旅游体验的个体差异，尽可能地保持旅游体验质量的完整性，善于在冗长繁杂的定性资料中挖掘测量体验质量水平的有用信息；与众不同的个案不仅不被忽略，相反大受研究者欢迎。这类范式指导下的测量方法往往能提出前所未有、发人深省的问题，对日后旅游体验质量研究具有积极的启发作用，取得的研究结果往往比一个简单的定量得分更具启示意义，从而实现对旅游体验质量的全方位、多层次理解。关于判断这类范式指导的各测量方法孰优孰劣的问题，不妨借用巴比（2002）的一句话：范式没有对错之分，作为观察的方式，它们只有用处上的大小之分。对于旅游体验研究来说，各类范式无所谓对错与否，这些范式之间平等的对话才是促进旅游体验质量测量方法研究的重点所在。

（二）旅游体验质量测量方法的发展建议

（1）继续保持多元范式并存的研究局面，并促进各范式、方法间的对话沟通。旅游体验质量的主观性，复杂性使各个范式在旅游体验质量的研究中都有用武之地。在后现代的今天，科学的元语言已经丧失了统治地位（陈向明，2002），旅游体验质量研究必定是多元的、开放的，每个范式都从不同角度揭示了旅游体验质量的一部分本质，其忽略的部分又被其他范式所补足，无论一个范式对现实的构造多么精巧，没有任何一幅图画是完整的、准确的。必须从不同的角度观看自己的研究对象，倾听来自不同文化的声音，才可能相对深入地理解社会现象。尽管各范式的指导思想不尽相同，但他们之间的关系也不是完全泾渭分明的，本文介绍的记忆调查法就同时接受了两个不同范式的指导。就具体操作方法而言，实证主义范式倾向于使用的定量方法，其他一些范式则倾向于使用定性的方法，而有关二者的结合问题，社会科学研究界早在四十年前就曾经有过一些呼吁（陈向明，2002）。定量研究适合在宏观层面大面积地对社会现象进行统计调查，方法成熟，操作程序规范，诸如结构方程、因子分析、模糊神经系统、多元统计的数据分析技术，都能获得很高的统计信度和效度。但其提供的结果往往只是比较层面可以量化的部分，无法获得具体的细节内容，缺乏对旅游体验质量过程的追踪，无论是证实还是证伪都只是体现了研究者的观点，难以了解旅游者的真实想法，且测量结果只代表抽样调查的平均情况，不能兼顾特殊情况；而定性的研究则恰恰相反，适合对微观层面进行深入细致的调查，兼顾了特殊情况，但其获得的结论难以推广到总体，研究程序没有统一程序较难控制和处理，研究资料庞杂难以处理。

从这些论述中可以看出，定量方法的长处恰恰是定性方法的短处，反之亦然，因此，二者的结合一定有很多单独使用其一所没有的好处。事实上，定性和定量的方法本来就密不可分：如 Q 方法中对 Q 资料的描述可以转换为定量的顺序分值进行相关定量化的统计分析，畅爽模型中的情感表现维度是通过访谈资料划分的。旅游体验质量的丰富内涵需要各范式及其指导的定量定性方法以平等对话的方式相互激发彼此的兴趣和思维，取长补短实现研究成果的进展。

（2）重视对其他范式的研究，引入新范式用以带动旅游体验质量测量方法方法论上的革新。多元视角为旅游体验质量研究提供了新思路，不仅应注重现有范式的研究作用，对于其他一些合适的范式的研究也应纳入旅游体验质量研究的视野，无论是符号互动主义、常人方法论还是后现代主义范式都应引起研究者的注意。应该承认的是每一种范式都有其局限性所在，承认范式的局限性不仅意味着警惕其理论的不足，也给予了范式本身发展和变化的空间。只有持这种开放的态度，才能不断吸纳新范式的加入，取长补短共同推动旅游体验质量研究。

（3）避免照搬照套的拿来主义，注意范式与方法间的协调性。旅游学的跨学科性质使其他学科方法的移植和渗透成为旅游研究方法的主要来源。如前所述，本文介绍的各种方法大多都取自其他学科，并非专门的旅游研究方法。对其他学科的借鉴丰富了旅游研究方法，这已毋庸置疑，但毫无分辨地照搬照套就会带来问题。

（4）注意对其他学科新研究成果的借鉴。尽管旅游体验质量与其他类型的体验质量不是一个概念，但二者也有共同之处，因此，其他学科对体验质量的研究有可能为旅游体验质量研究提供可借鉴的视角。致力于行为经济学研究的卡尼曼发展了日重复法和体验抽取法测量人的幸福感，这位"以有限生命追逐无限幸福"的研究者设计的两种现象学方法回到了研究现象本身，对旅游体验质量的研究有着积极的启示意义；而脑科学的发展又为体验的研究指出了新的研究道路，其对神经元研究之于体验研究的意义不亚于 DNA 研究对生物学的意义。而进化心理学、后现代心理学的兴起使一直仰赖于心理学研究方法的旅游体验质量研究有了新的发展方向。

第三章

群体规模对旅游体验质量的影响

第一节　问题与假设

旅游体验过程中的互动发生于旅游者之间、旅游者与当地居民之间以及旅游者与旅游从业人员之间，由此构成了旅游交往的一个完整的情境模型（谢彦君，2004）。本章所讨论的话题将集中在旅游者之间的互动，并分别从以下两个角度予以展开：遭遇群体（或称邂逅群体）和同游者群体。就是说，一方面，旅游过程中不可避免地会遭遇到其他的旅游者或旅游者群体，来自四面八方的旅游者在某一特定时空下共享着同一旅游产品，而遭遇到的旅游者的群体数量与旅游者感知容量之间势必存在着直接的关联，并对旅游体验质量产生间接影响（Stewart，Cole，2001）。另一方面，旅游者个体与所在群体的其他成员之间存在着更为密切的联系，同一群体旅游者之间的互动贯穿于旅游过程中的每个环节，因此在诸多方面影响着旅游体验的质量。

一、遭遇群体与群间影响

旅游作为一种休闲行为，其体验质量与遭遇群体人数之间的关系是户外休闲研究中最常见的话题之一。可是尽管这一话题已议论了60多年，人们对这一关系的特征还是存在着不同的看法。从现有文献的研究成果来看，能够证明遭遇群体对体验质量起着很大影响作用的证据尚且不足。

Lucas（1974）曾探讨过旅游者在旅游过程中遭遇团队数对于满意度的影响。他认为不同游憩活动类型的游客对每天遭遇到的其他团队游客的密度有着不同的感知水平。有些类型允许遭遇较多的团队，如背包旅游者、划桨游船乘客；而有些类型的活动，对其他团队的容忍程度就较低，如骑马旅行者、机动船游艇乘客。从图3-1中我们可以看到，随着遭遇团队数目（使用密度）的增加，各类型的游客满意度都呈下降趋势。对于旅游景点而言，使旅游者获得高质量的体验是其经营管理的重要内容，但是为了提高体验质量而对人数加以限制的做法必然会影响到经营收入。究竟应该如何把握游客人数和收入之间的尺度？很多学者就此进行了大量的研究，并希望能够给景点设定使用限制的决策提供科学的参考依据。尽管大多数的学者认为这方面的研究增强了人们对于娱乐体验质量与使用密度之间关系的理解，但是有些学者对这一研究在多大程度上能够改进与使用限制相关的决策存在着歧义。例如，Shelb 和 Heberlein 就特别坚信科学对容量决策提供实证基础的能力。相反地，Burch 和 Becker，Jubenville 和 Burnett 则认为，有些关于容量研究的阐述是不负责任甚至是不诚实的（Stewart，Cole，2001）。

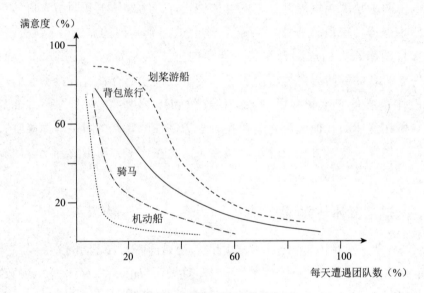

图 3-1　游客途中遭遇团队的类型

据 Lucas（1974）转引自吴必虎《区域旅游规划原理》第 189 页

　　Stewart 和 Cole（2001）以 185 名到美国大峡谷国家公园的游客为样本，探索了遭遇人数、拥挤程度、孤独 / 独处及总体体验质量的关系。他们的研究结果表明遭遇人数与体验质量之间存在着持续的负相关，且相关性不大。换句话说，大多数的背包旅游者遭遇更多的群体时，都会产生负面影响，但是影响的程度不大。Stewart 和 Cole 认为，有两个原因可以解释为何遭遇人数或感知拥挤度与体验质量之间存在着较弱的关联。一个原因是个体对于使用密度及遭遇人数的反应差异很大。他们的动机、期待、偏好以及应对不同遭遇人数的能力都不尽相同。这种主观的变化可能掩盖了遭遇人数和体验质量间的本质关系。另外一个原因与研究方法有关。他们在研究时运用了比已往更为有效的研究设计来揭示这一关系，并通过分离那些对遭遇者产生显著反应的样本，把证实存在强烈关系的可能性最大化。在这种情况下，他们仍然未能找到充分的证据，那么就意味着二者关系的确较弱，而不是方法上的问题使二者显示出较弱关系。

由此可见，遭遇到的团队数虽然会对旅游者的满意度产生影响，但是影响的幅度并不是很大。然而，从现有文献来看，有关遭遇群体与旅游体验关系的研究，似乎并没有进入到实质性的层次。也就是说，仅限于对遭遇群体的规模、遭遇密度（频度）等量化指标进行简单的相关性研究，可能会导致对这一问题的理解肤浅化。我们相信，遭遇群体必然会影响旅游体验，但可能发生在更复杂、更深刻的层面，必须在质的研究上予以补充，才可能发现其中的奥秘。尽管本项研究不可能在这一方向上展开，但还是需要予以指出的。

二、群体规模与群内影响

作为群体的一种，旅游者群体即旅游团队似乎并不具有稳定的结构、严格的规范和强烈的群体意识。这一群体形成于旅游活动开始之际，而终止于旅游结束之时。群体中的成员或早已熟识或素不相识，他们为了旅游目的而暂时性地聚集在一起，形成旅游团队。在旅途中，同一群体中不同个体的性格、情绪、行为、观点、态度等都彼此影响，从而也影响着旅游体验的质量。Laura M. Fredrickson 和 Dorothy H. Anderson（1999）在他们所进行的研究中发现，"尽管旅游者彼此并不相识，但却以惊人的速度团结在一起，并且彼此之间不断地提供体力及情感上的支持"。被调查的旅游者自己也认为：这次旅游使他们重新获得在其他地方感受不到的"紧密感"和"意义"。他们中的大多数感到从家庭成员和身边其他人中也从未获得这样深层次的情感支持。可是，尽管旅游者群体内部的互动是研究旅游者行为的一个重要方面，令人遗憾的是，有关旅游者群体内部互动及其与旅游体验之间关系的研究尚少有学者问津。

（一）旅游群体形成及保持的影响因素

有三方面因素影响着群体的形成和保持：相互作用的机会、目标完成的可能性以及成员的个性。相互作用机会越多，形成群体的可能性也越大。而影响相互作用的一个关键因素是物理距离的远近。在其他条件相同的情况下，在一定时期内身体位置临近的人，更有可能相互吸引并形成群体。但是即使当个人之间相互作用的机会很充分，如果缺少有利于目标完成的可能性，群体关系也不会发展或持久。除了相互作用和目标实现的机会外，个人特性的相似有助于群体的形成。但是，现实中也存在着"异性"相吸的情况。因此，成员个性特征和群体形成以及成员间关系的保持要考虑到具体特征和发生相互作用的环境，因此也更具复杂性。

从群体的角度审视，我们在观察旅游者行为时不难发现这样的现象：在旅游过程中，一个人数较多的旅游者群体会不知不觉地拆分为不同的小群体。而小群体成员间沟通交流的机会相对更多、联系紧密程度也相对更高。那么，究竟是什么因素在旅游小群体的形成中起到关键性的作用？是因为旅途中彼此物理距离较近、性格上相互吸引还是为实现特定目标而走到了一起？本研究将尝试着对这些问题进行初步的探究。

（二）群体规模及其影响

群体规模之所以重要，是因为它影响着互动的性质（Michael Hughes，Carolyn J. Kroehler，James W. Vander Zanden，1999）。群体规模对群体行为的影响曾引起过许多古典社会学家的兴趣，尤其是乔治·齐美尔。他认为群体越大，就可能越复杂、越正式。每增加一个新的成员，群体中可能的社会关系数就将呈几何级数增长。群体越小，人们彼此了解和建立密切关系的机会就越多（波普诺，1999）。社会学家约翰·詹姆斯（John James）和他的学生对7405位行人、操场使用者、游泳者和购物者以及在不同环境中工作的1458人的非正式互动进行了观察（Michael Hughes，Carolyn J. Kroehler，James W. Vander Zanden，1999）。他们发现，在非正式互动及工作互动中有71%为两个人，21%为三个人，6%为四个人，而仅有2%是五人或五人以上。在二人群体中，情感因素发挥着更为重要的作用。但情感因素也是导致二人群体关系脆弱的原因。如果增加一人变为三人群体，就有可能使两个人联合起来对抗第三者。在这种情况下，被孤立的那个人就会成为"入侵者"或"局外人"。但"局外人"也可能扮演的是"调解者"的角色。而随着群体成员的增加，成员之间面对面交流的机会便减少了。心理学研究表明：面对面直接交往的时间与人际关系融洽度呈正比例关系（于显洋，2001）。那么，面对面交往时间缩短便会使人际关系趋于疏远和表面化。对于群体规模的研究成果，郭毅等（2000）曾做出概括：

（1）小群体（一般在七人以下）比起大群体，往往凝聚力更强，更倾向于寻求一致性。原因在于小群体中人们互相联系多，关系更加密切。

（2）随着群体规模的增大，成员工作满意感会降低。这可能是因为在大群体中个人得不到多少关注，参与的机会也少。而在小群体中，参与的机会较多，并且存在其他的激励因素。

（3）大群体比小群体决策速度慢。这是因为大群体人多，意见分散，要做出选择比较困难。但也有研究认为，大群体更善于吸收多种不同的观点。

既然群体的规模会对群体行为产生诸多影响，那么是否存在着一个最佳的群体规模呢？Goodall（1990）综合了前人的研究并对此做出归纳：一个小群体最理想的规模是由5~7人组成，他们可以在特定情境下有规律地进行互动，依据日程或程序进行沟通。Nixon（1979）在他的《小群体》中阐明一个小群体的最合适的规模是五个人。如果群体规模很小的话，成员可以有经常的面对面的互动，但又缺少平等，这样就会显得太紧张；但如果群体超过五个人就太大；只有五人群体似乎具有了三个人们乐于接受的特征：奇数的成员数目使犄角平衡成为可能；这样的群体倾向于分裂成一个三人的多数派和一个两人的少数派，因此没人感到被抛弃；这样的群体大小足以使其成员轻易地从一个角色转到另一个角色，而不会使某个人总处在一种位置。还有一些学者认为群体的最佳规模由群体的目标决定。二人群体在情感上的紧密程度是无可超越的。而由几十人组成的大群体更为稳定，能够完成更复杂的任务，也更易于吸收新的成员和观点。人们通常会在小群体中获得更多的个人愉悦，而在大群体中获得更多的工作成就感。

旅游者群体作为群体的一种存在形式是否也有一个最佳规模的问题呢？对于不同类型的景点，旅游者对于群体规模是否有着不同的要求、他们会考虑到哪些因素？群体规模与旅游体验质量的关系如何？马爱萍等（2004）在针对北京地区居民所做的调查中得出这样的结论：游客年龄与喜欢的团队规模大小相关。各年龄群体在整体上倾向于选择 10~16 人规模的团队，最多不超过 30 人；其中 90% 的老年游客喜欢 16 人以下的小规模团队。尽管此调查已初步获得旅游者对于群体规模的倾向，但并未对群体规模这一问题进行深入的探讨。本研究希望对此进一步有所探讨。

（三）问题与假设

以上我们对有关旅游体验及旅游者群体方面的研究文献进行了回顾。我们发现，在以往的研究中，尽管人们对于旅游体验的一般性和概念性模型的构建一直比较关注，并对旅游体验质量的衡量提出了一些有价值的方法，但依然有大量问题尚待解决，这些问题也就构成了本研究的目标。概而言之，此项研究有待于解决的问题有：

（1）哪些因素会对旅游体验质量起到关键性作用？

（2）游客到不同景点的游玩目的是什么？

（3）应获得哪些体验才能使游客感到满意？预期体验是否因景点类型的不同而有所变化？

（4）同游者群体成员之间主要存在哪些方面的影响？

（5）旅游小群体成员是怎样组合到一起的？

（6）旅游小群体的规模是否会影响到旅游体验的质量？

（7）是否存在着最佳的旅游群体规模？游客是否对不同类型景点的最佳群体规模有着不同的要求？

（8）旅游者在确定最佳群体规模时会受到哪些因素的影响？

第二节　资料收集

本研究采用问卷调查方法选取大连市不同类型景点的游客进行旅游体验调查，并借助 SPSS 统计软件进行数据分析。调查在大连市的旅游旺季期间进行。具体的调查地点如下：

（1）博物馆类型的调查地点：现代博物馆、贝壳博物馆、自然博物馆、旅顺博物馆、蛇博物馆；

（2）海洋主题馆类型的调查地点：圣亚海洋世界、圣亚极地世界、老虎滩极地海洋动物馆；

（3）自然风景区类型的调查地点：冰峪沟风景度假区；

（4）海滨浴场类型的调查地点：星海湾浴场、金石滩浴场。

这些不同类型的旅游景点，都有自身的一些基本特点和明确定位，面向不同的旅游市场，吸引不同的游客群体。现代博物馆的陈列展现了大连的百年沧桑、人文历史、城市风情以及改革开放以来的城市发展变化。贝壳博物馆是一座展示世界各地海洋珍奇贝壳的小型博物馆。自然博物馆是一座自然科学类博物馆，展示了地质、古生物、动物、植物标本。旅顺博物馆是一座历史艺术类博物馆，以历代艺术品、大连文物、新疆文物、外国文物为其藏品特色。蛇博物馆以"回归自然"为主题，将博物馆、动物园、水族馆、植物园的展示形式融为一体，营造出蛇类的自然生存环境。在海洋主题馆类型的景点中，圣亚海洋世界是中国第一座海底通道式海族馆，而圣亚极地世界的主题侧重于极地探险。老虎滩极地海洋动物馆也是一座现代海洋主题类景点。冰峪沟风景度假区属于自然风景区类型，被人们称为"北方小桂林"，以山形、水势、石貌为主要特色。星海湾浴场和金石滩浴场都是免费的大众浴场，使大连最具代表性的海滨浴场。

在调查过程中，游客根据问卷中的提问自行填答问卷。

一、问卷设计的内容和特点

针对本研究设计的调查问卷共包含29个大问题，主要涉及四部分内容：被调查者的人口统计特征、初始群体及同游者小群体状况、体验相关因素及评价以及消费特征。在问卷正式发放前，笔者针对大连圣亚海洋世界的游客进行了预调查，并在此基础上对问卷进一步加以修改。

总体上，此次问卷调查有以下几个特点：

（1）采用现场问卷调查的方式要求被调查者在旅游过程中对问卷中的问题做出回答。这种在真实情境下填写的问卷有效地避免了被调查者因遗忘而造成数据不准确的情况，使他们能够及时准确地填写出旅游相关信息。

（2）克服单纯评价总体旅游体验的笼统性，分别测量出不同景点的旅游体验质量及其相关因素，较为具体地显示出旅游者对于不同类型景点更为差异化的判断描述。

（3）开放式与封闭式问题相结合，既保证了调查过程中测量的统一性，又避免被调查者在个别问题上受到答案所列选项的影响或限制。

二、问卷的回收情况

本研究针对大连市四类旅游景点——博物馆、海洋主题馆、海滨浴场和风景度假区——分别进行调查。第一次调查的时间为 2004 年 4 月底 5 月初，以博物馆类型（现代博物馆、贝壳博物馆、自然博物馆、旅顺博物馆和旅顺蛇博物馆）的游客为调查对象，发放并收回有效问卷 181 份。第二次调查时间为 6 月 1 日及 16 日，以海洋主题馆类型（老虎滩极地馆、圣亚极地世界、圣亚海洋世界）的游客为调查对象，发放问卷 127 份，回收有效问卷 126 份。第三次调查时间为 8 月中下旬，以海滨浴场类型（星海湾浴场、金石滩浴场）的游客为调查对象，发放问卷 151 份，回收有效问卷 150 份。第四次调查时间为 8 月末，以冰峪沟风景度假区的游客为调查对象，发放并收回有效问卷 147 份。该调查共发放问卷 606 份，回收有效问卷 604 份，回收率为99.67%。

三、被调查者人口统计特征

表 3-1 中列出了本研究中所抽取样本的人口统计特征。其中 18~24 岁及31~45 岁的游客所占比重较大（合计占 59.8%）。18~24 岁的游客中未婚、无收入、学生、本科学历、家庭有三口人的比重较大。31~45 岁的游客中月收入在800~2000 元的居多，他们中的绝大多数都已结婚，家庭中有三口人，其中有收入的家庭人口多为 2 人；教育水平及职业的分布则较为分散。被调查的游客中家庭由三人组成的、有收入人口为两人的占绝大多数。受教育程度主要集中在高中或中专、大专及本科，研究生及以上所占的比例甚少。从职业来看，被调查者是学生、企业一般员工的比重最大，其次为政府机关、事业单位和企业经

营管理人员和个体职业者。

表 3-1　被调查者的总体特征

性别（N=595）	男：319 人　53.6%	女：276 人　46.4%
年龄 （N=603）	17 岁以下：42 人　7% 25-30 岁：113 人　18.7% 46-59 岁：58 人　9.6%	18-24 岁：162 人　27% 31-45 岁：198 人　32.8% 60 岁以上：29 人　4.8%
月收入（N=589）	无收入：119 人　20.2% 801-1200 元：152 人　25.8% 2001-3500 元：53 人　9.0% 5000 元以上：27 人　4.6%	800 元以下：90 人　15.3% 1201-2000 元：126 人　21.4% 3501-5000 元：22 人　3.7%
婚姻状况（N=598）	已婚：334 人　55.9% 其他：9 人　1.5%	未婚：254 人　42.5%
家庭人口（N=594）	单身：55 人　9.3% 3 人：348 人　58.6%	2 人：65 人　10.9% 4 人以上：126 人　21.2%
家庭有收入人口 （N=576）	1 人：92 人　16.0% 2 人：358 人　62.2% 3 人以上：126 人　21.9%	
教育水平（N=592）	小学或初中：95 人 16.0% 大专：138 人 23.3% 研究生及以上：26 人 4.4%	高中或中专：161 人 27.2% 本科：172 人 29.1%
职业（N=584）	离退休人员：33 人　5.7% 企业一般员工：119 人　20.4% 企业经营管理人员：66 人 11.3% 政府机关、事业单位：73 人 12.5% 个体职业者：45 人　7.7% 待业、下岗：5 人　0.9% 学生：122 人　20.9% 教师：24 人 4.1% 工人：32 人 5.5% 军人：12 人 2.1% 农民：4 人　0.7% 其他：49 人 8.4%	

第三节　资料分析

一、旅游体验相关属性分析

（一）旅游体验的目的以观赏、放松和娱乐为主

　　从全部数据来看，人们的出游目的主要集中在观赏、放松和娱乐这三个选项上，它们被选的次数分别占所有被选选项总次数的 26.5%、25.4% 和 23.5%。在 590 位回答此题的被调查者中选择出游目的为观赏、放松和娱乐的分别占 49.2%、47.1% 和 43.6%。而出自"交往目的"和"情感目的"的比重都较低。从图 3-2 中我们可以看到旅游者出游的动机并不局限于单一的某个选项，而是多个动机相互交织。可是，尽管被调查旅游者的出游目的是多样的但总体上却主要集中在观赏、放松和娱乐这三个选项上，这既反映了旅游者想借助旅游使自身得以愉悦的愿望，同时也体现了旅游的核心功能。

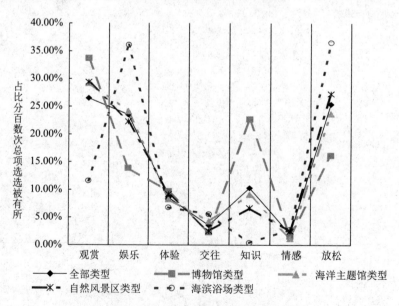

图 3-2　游客到不同类型景点的目的

　　从不同类型景点的数据来看，游客到不同类型景点的动机存在差异。海洋主题馆和自然风景区类型较为接近，多数游客到这两类景点的主要目的都是观赏、娱乐和放松。而人们到博物馆及海滨浴场游玩的目的却呈现出其独有的特征。

　　具体地说，人们到海洋主题馆的主要目的是"观赏""娱乐"和"放松"。这三个选项被选的次数分别占所有被选选项总次数的 29.5%、24.0% 和 23.6%。在回答此题的被调查者中分别有 60.0% 和 48.8% 和 48.0% 认为"观赏""娱乐"和"放松"是他们来海洋主题馆的主要目的（见表 3-3）。与此相似，在自然风景区类型中，旅游的主要目的也集中在这三项上。但它与海洋主题馆有所差别的是，游客到自然风景区希望得到"放松"的目的要比"娱乐"目的强烈一些。显然，对于满足游客需要而言，这两种类型的景观在功能上相似，差异不明显。

　　差异较为明显的类型是博物馆类和海滨浴场类，它们各自的特征较为突出。从图 3-2 中可以看到，游客到博物馆的主要目的是"观赏"和"知识"，简而言之就是"看"和"学"是首要的，而"放松"和"娱乐"则退居其次。"观赏目的"这一项被选次数占所有被选选项总次数的 33.7%。其次为"知识目的"，其被选次数占所有被选选项总次数的 22.7%。在 174 位回答此题的被调查者中，分别有 59.8% 和 40.2% 认为"观赏"和"知识"是他们来博物馆的主要目的。这一结果与博物馆自身的功能是相符的，同时也符合旅游者旅游的初衷。在博物馆内，各种展品以不同的方式展现给游客，而游客也期待着在博物馆能够亲眼看见一番并从中获取相关的知识，所以"观赏"和"知识"便顺理成章地成为主要目的。而传统的博物馆主要是以游客被动的知识吸收为主，所以游客想到这里获得体验、进行交往和达到情感目的的比例甚少也就不足为怪了。

　　与其他类型差别最大的是海滨浴场类，大多数来海滨浴场游玩的人不是为了"观赏"而来，而是为了"放松"和"娱乐"的目的。在海滨浴场类回答此题的 146 位被调查者中，分别有 62.3% 和 61.6% 的游客这样认为，而且这两项在此类景点所占比重明显高于在其他类型中的比重。另外，尽管在各类型景点中"交往"目的所占比重都甚少，但相比较而言，海滨浴场类中"交往"目的所占的比重是最高的，看来人们想借助海滨浴场进行交往的动机比其他类型景点要强一些（见表 3-2）。

表 3-2　游客到各类景点游玩目的

		景点类型							
		博物馆		海洋主题馆		自然风景区		海滨浴场	
		列百分比（基于总选择次数）	列百分比（基于人数）	列百分比（基于总选择次数）	列百分比（基于人数）	列百分比（基于总选择次数）	列百分比（基于人数）	列百分比（基于总选择次数）	列百分比（基于人数）
旅游目的	观赏	33.5%	59.4%	29.5%	60.0%	29.4%	56.8%	11.6%	19.9%
	娱乐	13.9%	24.6%	24.0%	48.8%	22.3%	43.2%	36.1%	61.6%
	体验	9.7%	17.1%	8.3%	16.8%	9.2%	17.8%	6.8%	11.6%
	交往	2.3%	4.0%	4.3%	8.8%	2.5%	4.8%	5.6%	9.6%
	知识	22.6%	40.0%	9.1%	18.4%	6.7%	13.0%	.4%	.7%
	情感	1.6%	2.9%	1.2%	2.4%	2.5%	4.8%	2.8%	4.8%
	放松	16.5%	29.1%	23.6%	48.0%	27.3%	52.7%	36.5%	62.3%
	合计	100.0%	177.1%	100.0%	203.2%	100.0%	193.2%	100.0%	170.5%

总体上说，人们到不同类型景点的基本目的都是围绕"观赏""放松"和"娱乐"这几个选项，但结合各景点具体功能而显现出不同的目的。而就在这一点上，可以说，我们的发现从实证的意义上给出了一个比较科学的结论。那么，人们对不同类型景点应获得的体验是否有着不同的要求呢？下一部分我们将就此问题进行数据分析。

（二）景点间的体验差异

本研究针对各景点中游客感到满意所应该获得的体验进行了调查。在分析"本景点预期体验"这一属性时，将各类景点被选频率最高的 10 种"预期体验"从 28 个体验变量中提取出来，并与其他类型合并，最终绘制成包含有 17 个体验变量的图 3-3。各类型景点被选频率最高的 10 个选项分别为：

博物馆类：放松、知识、有趣、新奇、自由、想象、神秘、宁静、领悟、健康。
海洋主题馆类：放松、有趣、新奇、知识、自由、健康、惊奇、兴奋、友善、神秘。
自然风景区类：放松、有趣、自由、新奇、健康、兴奋、知识、宁静、刺激、原始和神秘。
海滨浴场类：放松、自由、健康、有趣、热闹、兴奋、刺激、友善、温暖、新奇。

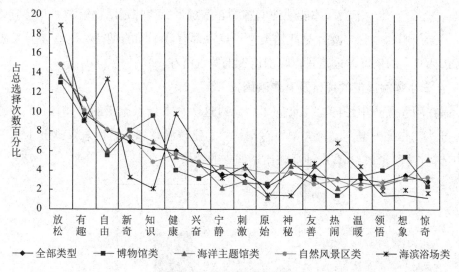

图 3-3 各类景点预期体验

从图 3-3 中我们可以清晰地看到，"放松"这一选项的被选频率位居各类景点的首位，它是到各类景点游玩的游客所共同期待获得的体验。具体地说，在博物馆类、海洋主题馆类、自然风景区类和海滨浴场类景点的调查中，分别有72.4%、66.1%、72.9% 和 85.7% 回答此题的被调查者选择了"放松"这一选项。此外，"有趣"和"自由"在各类景点中的排名也较为靠前。这一点反映出各类旅游景点在满足游客期待获得的体验方面所具有的共性。

与此同时，游客对于各类景点也存在着"个性化"的需要。在这四类景点的横向比较中，对于"自由""健康"和"热闹"体验要求最高的是海滨浴场类；对于"知识""领悟""想象"和"宁静"要求最高的是博物馆类；对于"有趣""惊奇"要求最高的是海洋主题馆；对于"原始"和"宁静（被选次数占被选选项总次数百分比与博物馆相同）"要求最高的是自然风景区类。

上述结果反映出游客所期待获得的体验与景点自身的功能是相互匹配的。

从普遍意义上讲，游客期望感受到"放松""有趣"和"自由"，这一点并不因景点类型的不同而发生变化。但同时，游客还期待在不同类型的景点获得与其类型相对应的独特的体验。比如说，博物馆作为历史的浓缩、知识的宝库，游客来到这里要不断地观察、吸收、品味，因此游客认为体验到"知识""领悟""想象"和"宁静"才能使他们感到心满意足，这些是博物馆能够并且应该提供给他们的体验。游客对其他类型景点也都有着不同的期待。这些差异是游客选择景点的依据，也是景点吸引游客的关键所在。

（三）体验质量的评价及其影响因素

在问卷调查中还向游客询问了"您对这次在本景点旅游的总体评价"，游客可从"非常失望、比较失望、感觉一般、比较满意和非常满意"这五个选项中选择作答，图3-4直观地反映出了调查的结果。

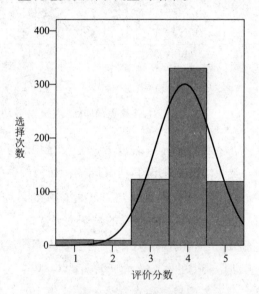

图3-4   游客对在本景点旅游的总体评价

（注：1= 非常失望；2= 比较失望；3= 感觉一般；4= 比较满意；5= 非常满意）

总体上看，游客对体验质量的评价是比较高的，平均值达到了3.91；而且无论何种类型的景点，选择"比较满意"的游客均占多数，选择"感觉一般"和"非常满意"的游客也几乎相当。从各类型景点分别来看（见表3-3），海洋主题馆的游客满意程度最高，而博物馆和海滨浴场则相对较低，但也高出了一般水平。

表 3-3　不同景点游客对旅游体验质量的评价

景点类型	样本数	最小值	最大值	众 数	平均值	标准差
全部景点	591	1	5	4	3.91	0.785
博物馆	171	1	5	4	3.87	0.691
海洋主题馆	126	1	5	4	4.02	0.669
自然风景区	146	1	5	4	3.92	0.972
海滨浴场	148	1	5	4	3.86	0.771

注：1= 非常失望；2= 比较失望；3= 感觉一般；4= 比较满意；5= 非常满意

游客对体验质量的评价总体上虽然比较好，但深入地探究下去却发现，影响体验质量的因素是多方面的，要想让众多因素都对体验质量的评价产生积极影响是不现实的。客观上存在着一些因素，它们尽管对体验质量的评价产生副作用，但却因不被游客看中而在整体评价中彰显不出任何威力。也就是说，存在着一些游客认为比较关键的因素，而这些因素对体验质量起着最终的决定作用。例如，低质量的服务可能使某些游客感到不满，但积极的群体互动却大大抵消了服务的负面效应，这样，总体上游客还是会获得较高的旅游体验质量。

为了辨识出这些重要因素，我们在问卷中罗列出影响体验质量的多种可能，被调查者可对此进行多项选择。同时，我们在选项中设置了"其他"项，被调查者可补充填写未列出的因素。在 19 位选择并填写"其他"选项的游客中，其回答涉及环境质量和景点设施的分别为 5 人，涉及价格、服务、交通的分别为 2 人，涉及天气、气氛和同游者的分别为 1 人。如果不考虑"其他"选项，而仅就问卷中所列出的因素来看（如表 3-4 所示），"景点的服务"及"景观价值高低"这两项属于景点自身的因素仍是左右旅游体验质量的关键点，各类型景点皆是如此。但它们的细微差别在于，博物馆类型选择"景观价值高低"的比重要大于"景点的服务"，而其他类型中认为"景点的服务"是体验质量主要影响因素的游客则更多一些，显然，这也是非常合乎常理和逻辑的一种选择结果。

此外，除了海滨浴场类型，其他三种类型的景点位居第三、第四位的影响因素均为"导游员的讲解"和"原来期望水平的高低"，看来对于这三类景点而言，从导游那里接受的信息以及头脑中对景点的原有信息也会对体验质量产生重要影响。而海滨浴场类型"景点游客数量的多少"及"与同行者的默契程度"的被选比重分列第三、第四位，且二者比较接近。在本文前面涉及游玩目的的部分，我们发现海滨浴场类中"交往"目的所占比重在各类景点中是最高的，看来交往目的能否顺利得以实现，对于那些到海边游玩的人来说是十分重要的。

表 3-4　影响各类型景点体验质量的因素所占比重分布

		景点类型							
		博物馆		海洋主题馆		自然风景区		海滨浴场	
		列百分比（基于总选择次数）	列百分比（基于人数）	列百分比（基于总选择次数）	列百分比（基于人数）	列百分比（基于总选择次数）	列百分比（基于人数）	列百分比（基于总选择次数）	列百分比（基于人数）
影响本景点体验质量的因素	原来的期望水平的高低	13.9%	36.6%	11.3%	23.0%	14.0%	28.3%	9.9%	20.3%
	景点的服务	17.6%	46.3%	28.1%	57.5%	24.4%	49.3%	24.9%	51.1%
	景观的价值的高低	20.9%	54.9%	19.5%	39.8%	18.3%	37.0%	19.8%	40.6%
	景点中游客数量多少	10.0%	26.2%	9.5%	19.5%	7.9%	15.9%	13.6%	27.8%
	同行的人数多少	5.3%	14.0%	5.6%	11.5%	6.1%	12.3%	9.5%	19.5%
	与同行者的默契程度	7.0%	18.3%	10.0%	20.4%	7.9%	15.9%	13.2%	27.1%
	导游员的讲解	15.3%	40.2%	11.7%	23.9%	16.1%	32.6%	4.0%	8.3%
	自己已有的知识	10.0%	26.2%	4.3%	8.8%	5.4%	10.9%	5.1%	10.5%
	合计	100.0%	262.8%	100.0%	204.4%	100.0%	202.2%	100.0%	205.3%

二、同游者小群体特征及相关因素分析

（一）被调查者所在群体特征描述

从调查数据看，被调查者中绝大多数（97.3%，n=596）都是在他人的陪同下外出旅游的，独自一人出游者所占比例甚少。而且"与家人或恋人同行"的居多（见图3-5），其次为"与朋友同事同行"。从本样本的情况看，通常是相识的人聚合在一起以结伴形式去旅游。

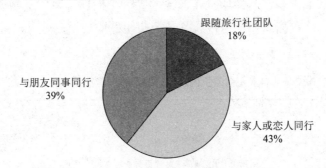

跟随旅行社团队
18%

与朋友同事同行
39%

与家人或恋人同行
43%

图3-5　旅游中与哪些人同行

调查数据还表明在游览之初被调查者所在的初始群体规模以4~5人及三人群体居多，二者共占37.5%，随后为二人群体，占13.9%，6~8人群体占11.8%。这几部分综合起来，可以看到规模为8人以下的初始群体占到了63.2%。而随着人数的增加，群体数量在逐步缩小，直到人数增加到21人之后这种状态才发生改变，21人以上的群体数量增多，而发生这种改变的主要原因是受到旅行社组织的大型团队的影响。

尽管游客在游览之初可能归属于某一初始群体，但在游览的过程中，他有可能一直身处群体之中，与其他同行者保持着行动上的一致；也有可能游离出群体，去独自体验旅游过程；或是与他人结成新的小群体，彼此相伴相随。这样，初始群体或是保持原有的规模或是拆分为多个小群体。这一点从我们的调查结果也充分反映出来——有28.6%的游客（n=597）只与初始群体中的一部分人共同游览。尽管选择"与所有人共同游览"的游客不占少数（384人），但是这其中有63.6%是在8人以下的群体，而这个规模的群体本身就属于小群体。这也说明游览过程中同游者群体的规模一般都较小，而且当初始群体规模较小

时拆分为更小群体的可能性很低。数据表明游客在游览过程中所形成的小群体以 6 人以下居多，占到 67.4%（n=564）。

为了更为明显地显示出初始群体转变为小群体后的变化，我们按照不同类型景点将二者进行了对比，如表 3-5 所示。从纵向上看，在各类景点的小群体中，三人以下小群体的比重均高出其初始群体。这说明初始群体经过拆分后才使得小群体的数量增多。横向上看，海洋主题馆类型的景点由二人组成的小群体明显高于其他类型。自然风景区内 3 人以下小群体明显少于其他类型，而 9 人以上群体则比重甚高，这与自然风景区初始群体规模在 9 人以上的比重较高是密切相关的。

表 3-5　各类型景点不同规模的初始群体与小群体所占比重

| | | 景点类型 | | | |
| | | 博物馆 | | 海洋主题馆 | |
		列百分比	列百分比	列百分比	列百分比
以小群体方式一起游览的人数	2 人	14.2%	26.2%	4.9%	20.8%
	3 人	25.4%	18.0%	3.5%	28.5%
	4 人	21.9%	14.8%	12.6%	16.2%
	5~6 人	19.5%	12.3%	11.9%	18.5%
	7~9 人	2.4%	8.2%	4.2%	7.7%
	9 人以上	16.6%	20.5%	62.9%	8.5%
	Total	100.0%	100.0%	100.0%	100.0%
一起来此游玩的旅游团或同行者另外有几人	2 人	9.7%	22.8%	3.5%	21.8%
	3 人	24.6%	17.1%	1.4%	24.6%
	4~5 人	30.3%	20.3%	7.6%	20.4%
	6~8 人	11.4%	9.8%	7.6%	18.3%
	9~11 人	3.4%	4.9%	7.6%	11.3%
	12~16 人	2.9%	5.7%	10.4%	1.4%
	17~21 人	6.9%	1.6%	6.9%	1.4%

续表

		景点类型			
		博物馆		海洋主题馆	
		列百分比	列百分比	列百分比	列百分比
一起来此游玩的旅游团或同行者另外有几人	22~31 人	6.3%	7.3%	25.0%	.0%
	31 人以上	4.6%	10.6%	29.9%	.7%
	Total	100.0%	100.0%	100.0%	100.0%

　　此外，问卷调查中还涉及小群体的形成。如图 3-6 所示，研究发现，有84% 的游客是与熟人聚合到一起形成的小群体，这可能与初始群体大多是由熟人构成有关。其中有的组合是因性格志趣相投，而有的组合则较为随意；在与陌生人结成小群体的游客中，物理距离则起到了关键的作用，性格志趣发挥的作用则较小。这就说明性格志趣这一因素尽管在由相识的人形成群体的情况下会发挥较大作用，但对于彼此陌生的人而言，偶然因素以及非内在因素如物理距离、年龄等就会对人们产生影响力。

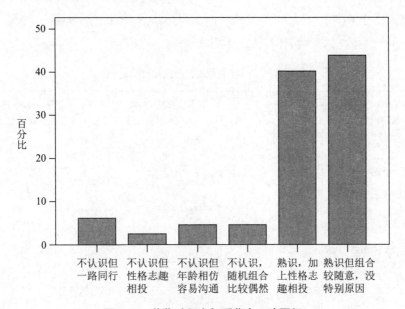

图 3-6　游览过程中与哪些人一路同行

（二）同游者小群体成员之间影响因素分析

关于旅游过程中小群体成员间相互影响这一问题，被调查者的答案集中在"情感上的沟通"这一选项上。在回答此题的 546 位被调查者中有 55.13% 选择了此项，此项被选次数占所有被选选项总次数的 23.96%。这一点体现了"情感的沟通"作为群体的重要功能之一在旅游过程中所发挥的作用。位居其后的是"情绪上的影响""知识上的交流""安全上的保护"和"精神上的支持"，这几个选项的比重较为接近。而"体力上的帮助"和"技能上的指导"这两项的比重较前几项而言则低一些。总体看来，旅游者认为同游者群体内的相互影响主要在于情感和情绪方面。这一结果与 Laura M. Fredrickson 和 Dorothy H. Anderson（1999）的研究发现大致相同，而且在一定程度上验证了 Cohen 对旅游体验所下的定义。在 Laura M. Fredrickson 和 Dorothy H. Anderson（1999）的研究中，被调查者"以惊人的速度团结在一起并且彼此之间不断地提供体力及情感上的支持"，他们中大多数人都感到自己在旅游中所获得的深层次的情感支持是从家庭成员和身边其他人中未曾得到的。而本研究也发现，小群体成员间的影响以"情感上的沟通"为主。此外，Cohen（1979）认为，旅游体验是个体与其多个精神中心之间的关联。而从群体内互动这一层面来看，旅游者个体看重的恰是内在的、精神方面的因素。

表 3-6　同游者之间影响因素的比重分布

同游者之间 影响因素	选择此项人数	选择此项人数占总人 数百分比	此项被选次数占总被 选次数百分比
知识上的交流	207	37.91%	16.48%
技能上的指导	45	8.24%	3.58%
精神上的支持	177	32.42%	14.09%
情绪上的影响	211	38.64%	16.80%
情感上的沟通	301	55.13%	23.96%
体力上的帮助	110	20.15%	8.76%
安全上的保护	188	34.43%	14.97%
其他	17	3.11%	1.35%

如表 3-6 所示，在不同类型的景点中，到博物馆参观的被调查者认为，小群体之间存在"情感上沟通"和"知识上交流"作用的比重最高。随后依次为安全上的保护、情绪上的影响、精神上的支持、体力上的帮助和技能上的指导。在海洋馆类型中人们对小群体影响的回答也集中在"情感上的沟通"和"知识上的交流"。二者并重，被选次数均占所有被选选项总次数的 24.6%，多于半数的被调查者选择这两项。由此看来，在海洋馆中同游者之间交流知识的机会比较多。到自然风景区旅游的被调查者所选择的小群体影响比重较大的选项依次为"情感上的沟通""情绪上的影响""安全上的保护""精神上的支持""体力上的帮助"。到海滨浴场游玩的被调查者选择的小群体影响所占比重较大的选项依次为"情感上的沟通""情绪上的影响""精神上的支持"和"安全上的保护"。由此可见，小群体成员间"情感上的沟通"是最为重要的，这一点并不受到景点类型的影响。

（三）同游者群体的规模与体验质量的相关性

理论上说，群体的规模会影响到互动的性质。如果规模恰当的话，个体间的互动也可以充分融洽地进行，个体所获得的满意感也会较高。但现实中，就游客而言，他们是否认为旅游体验质量与旅伴的人数存在关联呢？或者说游客感知到的满意或失望是否与旅伴人数相关呢？我们在问卷中设计了相关题目对此进行调查。调查结果显示在回答此题的 572 名游客中，选择"完全无关""关系不大"和"非常有关"的分别占 50.3%、37.6% 和 12.1%（见图 3-7）。也就是说，认为群体规模与体验质量相关的游客占到 49.7%，认为二者无关的游客占到 50.3%，双方势均力敌、不相上下。

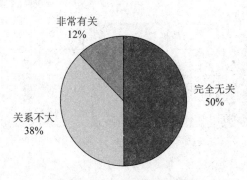

图 3-7　同游者群体规模与体验质量是否相关

但值得注意的是，在 288 位选择"完全无关"的游客中，仅有 49 位在确定最佳人数的具体数值时选择了"不确定"，而剩下的 239 位均选出了最佳人数。这就存在着一个矛盾。因为要是认定体验的质量与群体规模不存在任何关系的话，那么群体规模就不应该对体验质量产生任何影响。那也就意味着规模或大或小是无关游客痛痒的，也就无所谓"最佳"。但却有 239 位游客在认定群体规模与体验质量不存在任何关系的前提下选择出群体的最佳规模。这可能说明两个事实：一种情况是他们在回答是否相关的问题时并没有深思熟虑；另一种情况是问卷填答者草率随意地填写问卷。从整个问卷的效度和信度情况来看，我们倾向于第一种情况。事实表明，这些游客并非对群体规模毫不介意，在他们的心目中还是存有对群体规模的大致要求的。

现在的关键是，为了达到高质量的体验效果，群体的最佳规模究竟应该是几个人，游客计算最佳规模时又应该考虑到哪些因素。为了弄清这些关键性的问题，笔者在调查涉及中也做了相应的安排。从结果上看，对这些问题，游客通过调查表所做出的反应还是很有规律可循的。

（四）同游者群体最佳规模

在对最佳同游人数与其他属性进行相关分析时，我们发现，它与不同类型景点、教育水平及同游者小群体规模存在着明显的相关关系。

1. 各类型景点的最佳同游人数

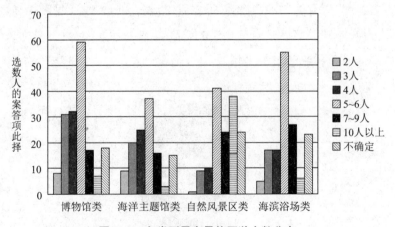

图 3-8　各类型景点最佳同游人数分布

图 3-8 显示出四类景点中游客对于最佳同游人数的不同要求。总体看来，这四类景点中选 5~6 人为最佳群体规模的游客比重最大，明显高于其他选项，尤其是博物馆和海滨浴场类景点。在博物馆类型中，选择 5~6 人的游客占到了 34.3%，其次以 4 人为最佳规模的游客占 18.6%，二者相差 15.7%。而海滨浴场类景点更为明显，选择 5~6 人规模的游客比位居第二位的 7~9 人规模高出了 18.7%。相对而言，海洋主题馆及自然风景区最佳规模选项中比重最大选项以及与次选项的差距就没有以上两类那么显著。

虽然各类型景点都是选择 5~6 人规模的游客最多，但各景点仍存在着差别，呈现出各自的特征，而这些差别正体现出人们对不同类型的景点的同游者群体规模有着不同的要求。

对于博物馆类型的景点，尽管选择 5~6 人规模的游客占到了 34.3%，但是 4 人规模占 18.6%、3 人规模占 18.0%，2 人规模占 4.7%，三者共计达到 41.3%。如果剔除 10.5% 选择最佳人数"不确定"的游客，那么其他选项的比重就很少了。这就意味着博物馆类型的景点总体上趋于 6 人及其以下的群体规模，尤其是 3~4 人及 5~6 人的规模受大多数人的偏爱。这种选择倾向暗示出，在博物馆这种需要沉思、揣摩、感悟、消化知识的场所，嘈杂和拥挤的环境以及高品率、高强度、高密度的人际互动关系，是与这种景点的性质不相吻合的。

海洋主题馆类的最佳规模也集中在 3~6 人，其中值得一提的是 2 人规模在此类型中所占比重（7.2%）比其他类型中 2 人所占比重要高，而 10 人以上规模在此类所占比重（2.4%）显著低于其他类中 10 人以上规模所占的比重。看来人们更倾向于 2~6 人一起观赏海洋类人造景点，尤其是 3~4 人在一起，而只有 15.2% 的游客愿意在规模为 7 人以上（含 7 人）的群体中游览。这种趋势和特征，在一定程度上反映了大连的海洋主题馆类的景点，在一定程度上具有博物馆的性质，因此游客也具有和博物馆相似的群体规模期待。

在对自然风景区类数据进行观察时会发现这样的现象：愿意两人一起在风景区内游玩的游客微乎其微（0.7%），而愿意在 10 人以上的群体中游玩的游客在此类中所占比重（25.9%）显著高于其他类型中所占的比重。在博物馆、海洋主题馆及海滨浴场类景点中，选择 10 人以上的游客在各类中所占比重依次为 4.1%、2.4% 和 4.0%，与其相差甚远。看来人们在这种类型的景点中，更倾向于与众人在一起。在自然风景区类景点中,群体规模为 3~4 人占 12.9%,5~6 人占 27.9%,7~9 人占 16.3%,10 以上占 25.9%,大多数的游客选择了群体规模为 5 人以上(含 5 人),受欢迎的群体规模比前两种类型明显要大一些。

对于海滨浴场类景点也呈现出最佳群体规模扩大的趋势,但与风景区类景点不同的是当群体规模扩大到 10 人时选择"10 人以上"这一项的游客数猛然减少。在这一类型中,选择 7~9 人的游客比重(18%)是四种类型中最高的,但"10 人以上"这一选项却未能顺承这一趋势,而是备受冷落陡降至 4%,成为四种类型中所占比重最低的。这最高最低两相对比让我们看到,海滨浴场类的最佳规模以 10 人为基准存在着一个明显的界限。大多数人选取的最佳规模都在 3~9 人范围内,而很少有人愿意与 10 人以上的群体一起去海边游泳。

2. 不同受教育水平的游客所倾向的最佳同游人数

在被调查者中,大部分游客受到高中或中专以及本科层次教育,他们分别占到总人数的 27.2% 和 29.1%。教育水平为大专学历的游客也占多数,达到了 23.3%。教育水平很低或很高的游客均占少数,尤其是研究生及以上学历的游客更是少之甚少,只占到 4.4% 的比例(表 3-7)。从不同类型的景点来看,博物馆类教育水平为本科的游客占绝大多数,海洋主题馆类及海滨浴场类高中或中专学历的游客居多,风景区类大专学历游客最多(见表 3-7)。

表 3-7   各类景点被调查者教育水平分布

	小学或初中	高中或中专	大专	本科	研究生及以上
博物馆类	14.5%	12.7%	22.5%	42.8%	7.5%
海洋主题馆类	9.6%	39.2%	24.0%	21.6%	5.6%
自然风景区类	23.3%	20.5%	31.5%	23.3%	1.4%
海滨浴场类	16.2%	40.5%	15.5%	25.0%	2.7%
总体	16%	27.2%	23.3%	29.1%	4.4%

总体上,在各教育层次的人群中,选择最佳人数为 5~6 人的比重最大且较

为突出（见图 3-9）。本科及研究生选择的群体规模为 6 人以下的比重总体上高于其他学历游客，或者说，一个明显的总体特征是，随着学历的升高，最佳群体规模有减小的趋势 ①。

具体来看，如图 3-9 所示，在博物馆类型中，无论游客的受教育水平如何，选择 3~4 人为最佳规模的游客所占比重都明显高于选择其他规模的游客。在五种类型的教育水平中，选择 3~4 人的游客分别占到各类型的 29.2%、36.4%、30.7%、43.6% 和 37.4%。其次是选择 5~6 人的游客比重也较大。

在海洋主题馆类型中，教育层次不同的游客所偏好的最佳群体规模有着明显的差异。本科以上学历的游客更倾向于选择 4 人或更小规模的群体。本科游客中选择 4 人的占 38.5%，选择 2~3 人的共占 30.8%，即 2~4 人规模占到了69.2%，如果考虑到有 3.8 的本科游客选择了最佳人数不确定的话，那么这一比重就显得更高了。对于本科以下学历的游客，他们偏好的规模相对范围要扩大一些，主要集中在 3~6 人。

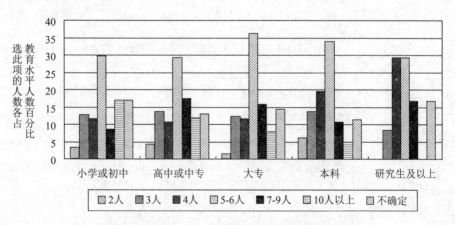

图 3-9　各教育水平游客倾向的最佳群体规模分布

在风景区类型中，除了高中或中专学历的游客中有 3.3% 选择最佳群体规模为 2 人，其余各教育层次的游客无人选择此项。看来无论受教育程度如何，此

---

① 这里得出的有关教育背景与群体规模、景点类型之间的关系的结论，在细节上（比如研究生与初、高中生的差异）总觉得解释力不强（在总体上还比较符合常识）。我怀疑是样本的代表性问题。——谢彦君注

景区都不适合两个人一起游玩①。从图中可以明显观察到，各教育水平游客中选择 5 人以上的游客占了绝对多数。只是学历偏低的游客比教育水平较高的游客更倾向于在 10 人及以上的群体中游览，而学历较高的游客所选的最佳规模则向 5 人靠拢。

在海滨浴场类景点中，本科以下各学历的游客选择 3~4 人与 5~6 人的比重基本持平。但本科学历游客选择 5~6 人规模的比重（48.6%）比选择 3~4 人的比重（16.2%）要高出很多，偏好也较为明显。在此类景点中，5 人以上（含 5 人）的群体规模更受欢迎，但是选择 10 人以上为最佳规模的游客甚少，只有极少数的高中或中专（8.3%）及大专学历（4.3%）的游客选择了 10 人以上的最佳群体规模，其余教育水平的游客均未选择此人数（见表 3–8）。

表 3–8　各类型景点不同教育水平的游客所选择的最佳同游人数

			在此类景点中游玩的最佳人数							
			2人	3人	4人	5~6人	7~9人	10人以上	不确定	合计
			行百分比	行百分比	行百分比	行百分比	行百分比	行百分比	行百分比	行百分比
景点类型	博物馆	教育水平	小学或初中	8.3%	13%	17%	29%	8.3%	12.5%	12.5%	100.0%
			高中或中专	.0%	27%	9.1%	32%	9.1%	4.5%	18.2%	100.0%
			大专	.0%	13%	18%	44%	13%	5.1%	7.7%	100.0%
			本科	8.5%	20%	24%	31%	7.0%	1.4%	8.5%	100.0%
			研究生及以上	.0%	18%	18%	27%	18%	.0%	18.2%	100.0%
	海洋主题馆	教育水平	小学或初中	.0%	17%	17%	33%	8.3%	.0%	25.0%	100.0%
			高中或中专	10%	16%	14%	33%	8.2%	6.1%	12.2%	100.0%
			大专	.0%	20%	6.7%	40%	20%	.0%	13.3%	100.0%
			本科	15%	15%	38%	15%	12%	.0%	3.8%	100.0%
			研究生及以上	.0%	.0%	57%	14%	14%	.0%	14.3%	100.0%

① 这使我想到，冰峪沟实际上是一个大众型旅游目的地。如果是一个以吸引冒险型的游客为特色的未开发或刚开发的旅游目的地，结论自然就可能不同。——还是样本的问题。——谢彦君注

续表

			在此类景点中游玩的最佳人数							
			2人	3人	4人	5-6人	7-9人	10人以上	不确定	合计
			行百分比	行百分比	行百分比	行百分比	行百分比	行百分比	行百分比	行百分比
景点类型	自然风景区	教育水平 小学或初中	.0%	8.8%	5.9%	29%	5.9%	38.2%	11.8%	100.0%
		高中或中专	3.3%	3.3%	3.3%	10%	30%	33.3%	16.7%	100.0%
		大专	.0%	4.3%	11%	30%	13%	17.4%	23.9%	100.0%
		本科	.0%	8.8%	5.9%	38%	15%	20.6%	11.8%	100.0%
		研究生及以上	.0%	.0%	.0%	50%	50%	.0%	.0%	100.0%
	海滨浴场	教育水平 小学或初中	4.2%	17%	13%	29%	13%	.0%	25.0%	100.0%
		高中或中专	1.7%			35%	22%	8.3%	10%	100.0%
		大专	8.7%	17%	8.7%	30%	22%	4.3%	8.7%	100.0%
		本科	.0%	5.4%	11%	49%	14%	.0%	21.6%	100.0%
		研究生及以上	.0%	.0%	25%	50%	.0%	.0%	25.0%	100.0%

3. 同游者小群体规模与游客所倾向的最佳规模存在明显的相关性

相关分析结果表明，同游者小群体规模与游客所倾向的最佳规模二者之间相关系数为 0.372，P=.000，具有非常显著的统计学意义（见表3-9）。这意味着很大一部分游客认可了游览过程中所形成的小群体的规模，他们所选择的最佳的规模与小群体规模的偏差并不大。那么，小群体的规模是以最佳规模为框架还是最佳规模以小群体规模为参照呢？也许我们可以假设，对于那些旅游经验较为丰富的游客而言，他们事先对于最佳的同游人数有一个大体上的把握；而对于那些经验欠缺的游客而言，他们则依照此次游玩经历来确定日后的最佳同游者规模。但这仅是假设而已，有待于今后的研究对此加以验证。

表 3-9　同游者小群体规模与游客所倾向的最佳规模的相关性

		在此类景点中游玩的最佳人数	以小群体方式一起游览的人数（不包括您自己）	一起来此游玩的旅游团或同行者另外有几人
在此类景点中游玩的最佳人数	Pearson Correlation	1	.372**	.320**
	Sig. (2-tailed)	.	.000	.000
	N	594	557	578
以小群体方式一起游览的人数（不包括您自己）	Pearson Correlation	.372**	1	.762**
	Sig. (2-tailed)	.000	.	.000
	N	557	564	558
一起来此游玩的旅游团或同行者另外有几人	Pearson Correlation	.320**	.762**	1
	Sig. (2-tailed)	.000	.000	.
	N	578	558	584

**. Correlation is significant at the 0.01 level (2-tailed).

（五）确定同游者群体最佳规模时所考虑的因素

在针对博物馆类型景点进行调查时，为了解游客确定同游者群体最佳规模时会考虑到哪些因素，我们采用了李克特五级量表法列出了 12 项可能考虑的因素。被调查者需要对问卷中所列因素进行重要程度上的判别，分值从 1~5，数值越大代表重要程度越高。再分析时，采用了因子分析法进行数据分析。之所以选择因子分析法，是因为这种方法可以将原始变量分解，从中归纳出潜在的"类别"，这样，相关性较强的指标就被归为一类，而不同类间变量的相关性则较低。每一类变量代表一个"共同因子"，从而描述出一种内在结构（张文彤，2002）。

表 3-10 是对博物馆类型的数据进行因子分析后得到的结果，以主成分负荷矩阵的形式给出。该矩阵显示出每个主成分（因子）主要由哪些变量提供信息。矩阵中的数值是各原始变量对应于不同因子的相关系数，它反映了因子和各个变量间的密切程度。而位于同一列中的加粗斜体数值表示它们所对应的原始变量可用来解释同一因子。这样，原始的 12 个变量可以分别解释四个因子，也就是说它们可以分为四类。

表 3-10　因子分析结果

因子 变量	第一因子	第二因子	第三因子	第四因子
同游者间感情的交流	.791	.026	.180	.050
组织参与活动	.787	.103	−.077	.078
旅游过程中的气氛	.667	.168	.350	.041
有归属感	.534	.285	.158	.052
与旅游设施要求相符	.148	.833	.086	.028
旅游费用	−.055	.685	.415	.198
更好地得到解说员的 服务	.338	.639	−.028	−.125
出游时的心情	.211	.128	.819	−.061
安全问题	.108	.091	.773	.099
确保个人空间	.131	.144	.158	−.801
彼此相互照应	.405	.140	.289	.609
便于意见统一	.352	.336	.232	.541

　　第一个因子包含的变量是"同游者间感情的交流""组织参与活动""旅游过程中的气氛"和"有归属感"。解释这一因子的变量所具有的共同点是它们都属于群体给个人带来的益处。也就是说游客在确定同游人数时会考虑什么样的规模能够使个体从群体中获得更大的益处。我们可以将这一因子称为"群体的益处"。

　　第二个因子包含的变量是"与旅游设施要求相符""旅游费用"及"更好地得到解说员的服务"。解释这一因子的变量所具有的共同点是它们都涉及资源利用的问题。旅游设施、旅游费用和解说员都是旅游者可享用的资源，但这部分资源毕竟是有限的，而人数的多少将会影响到资源的耗用。因此，游客会考虑到如何在现有的条件下让自己更好地使用资源。这一因子可以命名为"资源的限制"。

　　第三个因子包含的变量是"出游时的心情"和"安全问题"。解释这一因子的两个变量似乎找不到二者之间的共同点，但二者更倾向于从旅游者自身的角度出发，它们皆与自身因素相关。因此可称其为"自身的状态"。

第四个因子包含的变量是"确保个人空间""彼此相互照应"及"便于意见统一"。解释这一因子的变量都涉及群体与个体之间的协调。所涉及的主要是个人的想法、行为与群体是同调还是异调、群体是否对个人空间造成威胁等问题。协调个人的想法、空间、行为与群体中其他成员想法、空间、行为的相对状态也就成为游客确定最佳人数时会考虑到的因素。我们可将这一因子概括为"个体与群体的协调"。

总之，游客在确定最佳人数时主要从以下四个角度入手——"群体的益处""资源的限制""自身的状态"和"个体与群体的协调"。借助这些角度，游客进行对比分析，最终确定出自己认为比较合理的最佳同游人数。

针对海洋主题馆类型、自然风景区类型及海滨浴场类型景点所做的调查中，为更好地了解游客在确定最佳同游人数时会考虑到哪些因素，我们对调查问卷做了适当的调整。原来的李克特五级量表被替换为开放式回答。目的就是为使游客不受具体因素的影响而直接将自己确定最佳人数的理由填写在问卷上。从收集到的数据来看，游客的理由主要涉及以下方面：相互照应、观点意见统一、安全、气氛、沟通交流、组织参与活动、心情、客观人数所限（恋人、家庭或单位人数）、费用问题、设施条件、获得导游服务、人际关系、行动方便自由、游览时空及效果、有归属感、获得帮助、协调管理、无理由或其他。其中所占比重最高的是"气氛"，有 24.1% 的游客认为"气氛"是他们确定最佳同游人数的理由。其次有 18.8% 的游客回答的理由是"协调管理"。

在上文中，我们通过对博物馆类型数据进行分析从而得到了四个因子，如果将以上众多的理由都划归到这些因子中，那么分析的结果将会更为简明。气氛、沟通交流、组织参与活动、有归属感、获得帮助属于"群体的益处"因子；客观人数所限（恋人、家庭或单位人数）、费用问题、设施条件、获得导游服务、游览时空及效果属于"资源的限制"因子；安全和心情属于"自身的状态"因子；相互照应、观点意见统一、人际关系、行动方便自由、协调管理属于"个体与群体的协调"因子。对于"无理由或其他"这样的答案因具体内容不明而忽略不计。归类后各类因子所占比重如表 3-11 所示。从表中我们可以看到所占比重最大的两个因子是"个体与群体的协调"因子和"群体的益处"因子，且二者较为接近。这就说明群体给个体带来益处以及个体与群体间协调是确定最佳同游人数时大部分游客所考虑的因素。尽管人力、物力、时间等资源的限制也会在确定人数时起到一定作用，但它却远不及上两个因子的影响力大。而"自身的状态"因子的比重更是微不足道，看来很少有人会从这个角度去计算同游者的最佳规模。

表 3–11　确定最佳同游人数的理由

因子	理由	占总选择次数百分比	百分比（基于人数）	因子百分比（基于总选择次数）
"群体的益处"因子	气氛	21.6	27.7	39.4
	沟通交流	12.6	16.1	
	组织参与活动	4.0	5.2	
	有归属感	.2	.3	
	获得帮助	1.0	1.2	
"资源的限制"因子	客观人数所限	7.1	9.1	16.4
	费用问题	1.0	1.2	
	设施条件	1.2	1.5	
	获得导游服务	.2	.3	
	游览时空及效果	6.9	8.8	
"自身的状态"因子	安全	1.4	1.8	2.8
	心情	1.4	1.8	
"个体与群体的协调"因子	相互照应	5.2	6.7	41.4
	观点意见统一	3.6	4.6	
	人际关系	5.7	7.3	
	行动方便自由	10.0	12.8	
	协调管理	16.9	21.6	
合计		100	128	100

那么，人们在确定最佳人数时是否会受到景点类型的影响？也就是说在不同类型景点游览的游客确定最佳人数的理由是否存在着差异？表 3-12 详细列出了各类景点确定最佳同游人数的理由。

通过横向对比我们发现，三类景点中的游客确定最佳同游人数的理由中涉及"个体与群体的协调"因子和"群体的益处"因子的比重较大，而涉及"自身状态"因子的比重甚小。这与总体的趋势相一致。但各类景点因子所占比重还是存在一定差异。对海洋主题馆类景点而言，"个体与群体的协调"因子与"群体的益处"因子相比要高出 13.2 个百分点。自然风景区尽管也是如此，但相比之下高出的幅度不大。而海滨浴场类却恰恰相反，"个体与群体的协调"因子低于"群体的益处"因子 5.1 个百分点。可见，不同类型景点的游客考虑最佳同游人数时的侧重点有所不同。海洋主题馆类游客偏重从个体与群体协调的角度考虑，海滨浴场类游客则偏重于多大的规模能够使个人从群体获得更大的益处，而自然风景区类游客则兼顾了这两个因子。

表 3-12   不同类型景点确定最佳同游人数的理由

因子	理由	海洋主题馆类		自然风景区类		海滨浴场类	
		占总选择次数百分比	因子百分比	占总选择次数百分比	因子百分比	占总选择次数百分比	因子百分比
群体的益处	气氛	15.9		24.5		22.9	
	沟通交流	16.8		9.4		12.6	
	组织参与活动	0.9	34.5	2.2	37.5	7.4	44.0
	有归属感	0.0		0.7		0.0	
	获得帮助	0.9		0.7		1.1	
资源的限制	客观人数所限	5.6		7.2		8.0	
	费用问题	0.9		0.0		1.7	
	设施条件	1.9	15.9	1.4	20.8	0.6	13.2
	获得导游服务	0.0		0.7		0.0	
	游览时空效果	7.5		11.5		2.9	

续表

因子	理由	海洋主题馆类		自然风景区类		海滨浴场类	
		占总选择次数百分比	因子百分比	占总选择次数百分比	因子百分比	占总选择次数百分比	因子百分比
自身的状态	安全	0.9	1.8	1.4	2.1	1.7	4.0
	心情	0.9		0.7		2.3	
个体与群体的协调	相互照应	2.8	47.7	5.0	39.5	6.9	38.9
	观点意见统一	1.9		2.9		5.1	
	人际关系	2.8		7.9		5.7	
	行动方便自由	15.9		12.2		4.6	
	协调管理	24.3		11.5		16.6	
合计		100	100	100	100	100	100

　　此外，在这三类景点中，"资源的限制"因子所占比重最高的是自然风景区类景点，而"自身的状态"因子所占比重最高的是海滨浴场类景点。具体地看，海洋主题馆类游客以"行动方便自由"和"协调管理"为理由的比重明显高于其他两类景点。这说明在此类景点中同游群体规模对上述两个因素的影响力相对较大。而海滨浴场类游客以"组织参与活动"为理由的比重比其他两类景点高出很大幅度。参与活动所需人数对这类景点最佳同游规模的参考价值较高。这一点可以与游客到海滨浴场的目的结合起来分析。上文我们已经分析过游客到海滨浴场的主要目的是"放松"和"娱乐"。既然如此，那么海滨浴场类"组织参与活动"的比重相对较高也就不足为怪了。在调查中我们观察到人们在海滨浴场组织的活动主要是打牌。同时，海滨浴场类游客以"游览时空效果"为理由的比重显著低于其他类景点。而对于海洋主题馆和自然风景区这类"观赏型"景点而言游览的时空效果则更为重要，从这个角度考虑最佳群体规模的游客比例也相对较高。

第四节　研究结论

旅游体验是旅游者研究的核心问题，而旅游者群体又是影响旅游体验的重要方面，这一点，通过本项研究我们在很大程度上得到了证明。概括起来，本文通过对不同类型景点游客的旅游体验及同游者群体进行调查得出以下结论。

1. "景点的服务"及"景观价值高低"是影响旅游体验质量的关键因素

调查结果表明"景点的服务"及"景观价值高低"这两项景点自身因素仍是左右旅游体验质量的关键点。调查中所涉及的四类景点均是如此。博物馆类型中"景观价值的高低"更为重要，而海洋主题馆类、自然风景区类和海滨浴场类中"景点的服务"更为重要。除此之外，"导游员的讲解"和"原来期望水平的高低"对于博物馆类、海洋主题馆类、自然风景区类游客的旅游体验质量影响也较大；"景点游客数量的多少"及"与同行者的默契程度"则对海滨浴场类游客的影响较大。

2. 游客到不同类型景点游玩的目的存在差异但较为集中

游客出游的动机并不局限于单一的某个选项，而是多个动机相互交融，主要集中于观赏、放松和娱乐。不同类型景点的游玩目的存在差异。游客到海洋主题馆和自然风景区类景点的目的较为接近，主要都是观赏、娱乐和放松；到博物馆类景点主要是出于"观赏"和"知识"的目的，而到海滨浴场类景点的则主要是为了"放松"和"娱乐"。

3. 游客在各类景点应该获得的体验既有共性又有个性

游客普遍认为"放松"是使他们感到满意所应该获得的体验，这并不因景点类型的不同而有所改变。同时，"有趣"和"自由"也是各景点所共有的被选比例较高的体验。除了这些共性之外，不同类型景点的预期体验还体现出个型化特征。对"自由""健康"和"热闹"体验要求最高的是海滨浴场类；对于"知识""领悟""想象"和"宁静"要求最高的是博物馆类；对于"有趣""惊奇"要求最高的是海洋主题馆；对于"原始"和"宁静"（被选次数占被选选项总次数百分比与博物馆相同）要求最高的是自然风景区类。

4. "情感上的沟通"是同游者群体成员之间最重要的影响因素

无论景点的类型如何，"情感上的沟通"都是同游者群体成员之间最重要的影响因素。对于不同类型的景点，博物馆类游客认为小群体之间存在"情感上沟通"和"知识上交流"的比例最高。海洋馆类景点中人们对小群体影响的回答也集中在"情感上的沟通"和"知识上的交流"。自然风景区的游客选择比重较大的选项依次为"情感上的沟通""情绪上的影响""安全上的保护""精神上的支持""体力上的帮助"。而到海滨浴场游玩的游客选择比重较大的选项依次为"情感上的沟通""情绪上的影响""精神上的支持"和"安全上的保护"。由此可见，小群体成员间"情感上的沟通"是最为重要的，这一点并不受到景点类型的影响，但其他的影响因素则随着景点类型的不同而显示出差异。

5. 规模较大的初始群体有拆分为小群体的趋势，小群体规模以 6 人以下居多

调查表明游客规模在 8 人以下的初始群体居多。而游览过程中，规模较大的初始群体有进一步拆分为小群体的趋势。游览中的同游者小群体以 6 人以下居多。在小群体成员的构成上，由熟人之间组成的小群体居多。形成小群体时随机因素及性格因素所起的作用相当。而素不相识的人组成小群体时，偶然因素以及物理距离和年龄这样的非内在因素对人们产生影响的比重均大于性格因素。

6. 游客对于同游者群体规模与旅游体验质量关系的认识存在差异

调查中认为同游者群体规模与旅游体验质量之间相关与无关的游客各占一半。但是在认为无关的游客中高达 83% 在确定最佳人数时都选出了最佳规模的数值，而仅有 17% 选择的是"不确定"。这一前后矛盾的做法意味着游客对这个问题本身缺乏深入的思考或是这个问题本身就让人难以回答。

7. 游客对不同类型景点的最佳群体规模有着不同的要求

就游客选定的最佳群体规模来看，5~6 人群体的比重最大。而对于不同类型的景点而言，最佳群体规模存在着差异。博物馆类景点总体上趋于 6 人及其以下的群体规模，尤其是 3~4 人及 5~6 人的规模受大多数人的偏爱。海洋主题馆类景点更倾向于 2~6 人的小群体，尤其是 3~4 人小群体更受欢迎。自然风景区类景点大多数游客选择了规模为 5 人以上的群体，受欢迎的群体规模明显要大于前两类景点。海滨浴场类景点的最佳规模在 3~9 人范围内游动，呈现出大规模群体比重增加的趋势，但这类景点以 10 人为基准存在着一个明显的界限，10 人以上群体所占比重大幅度低于 10 人以下各群体。

研究中我们还发现在各教育层次的人群中，选择最佳人数为 5~6 人的比重最大且较为突出（图 3-9）。本科及研究生选择的群体规模为 6 人以下的比重总体上高于其他学历游客，随着学历的提高最佳群体规模有减小的趋势。

8. "个体与群体的协调"及"群体的益处"是确定最佳群体规模的重要因素

通过因子分析，我们还发现，确定最佳群体规模的理由主要可分为四大类："群体的益处""资源的限制""自身的状态"和"个体与群体的协调"。其中"个体与群体的协调"及"群体的益处"是确定最佳群体规模的重要因素，而从"自身的状态"考虑最佳人数的比重甚小。不同类型景点游客确定最佳人数时所考虑因素的侧重点是不同的。海洋主题馆类游客偏重从个体与群体协调的角度考虑，海滨浴场类游客则偏重从群体给个体带来益处的角度，而自然风景区类游客则兼顾了这两个因素。

第四章

导游员话语模式对旅游体验质量的影响

第一节　问题与假设

一、导游员和旅游者互动的特殊性

影响旅游体验质量的因素是十分复杂的，其中"行为"或"过程"（Ryan，2002）性因素就是一个重要变量。在旅游者的游览过程中，由导游所扮演的角色的特殊性所决定，导游和旅游者的互动就可能成为旅游体验过程中各个影响因素的重中之重。尽管导游行为也存在多个维度，有着丰富的内涵，但本研究的分析重点将集中在导游的话语模式方面。

在一个具体的旅游情境中考察导游员与游客之间的互动行为，就会发现，一方面，导游员和旅游者的互动是双向的、同时的和同步的，他们之间可以产生立即的、直接的正反馈；另一方面，导游员和旅游者之间也存在着位势差，体现着某种不平等。换言之，尽管表面上看旅游者和导游员都处在"旅游世界"（谢彦君，2005）中，但从各自的角色认知的角度看，导游员作为从事导游工作的职业人员，更倾向于扮演一种日常工作中的常规角色（诸如向导、讲解员以及指挥员的角色），具有职业优势，因此在与旅游者的互动中会占据主导地位。相对于导游员而言，离开了日常生活世界而处于"旅游世界"中的游客，则是知识或信息的接收者，活动的参与者，他们是被服务的对象，处于从属和被动地位。具体说来，导游员与旅游者互动的特殊性主要体现于互动核心目的、互动主体角色、互动机制以及互动方式等方面。

第一，导游员和旅游者互动的核心目的是提高旅游体验质量。旅游者旅游的目的是追求"愉悦"（谢彦君，2004）的体验，旅游者雇用导游员为其服务，客观上构成了二者之间互动的可能性和必然性，因此，这种互动的核心目的是提高旅游者的旅游体验质量。然而，这种目的性的规定，在导游员和旅游者的不同行为动力框架中却可能分裂为两种不同的力量，换言之，在旅游者的行为框架中以目的存在的旅游体验的高质量，在导游员的行为框架中却可能转而变成工具性的存在。旅游者与导游员之间的临时性雇佣关系，具有契约的性质。通常情况下，导游员会在良好的互动中得到自我实现，并且得到相应的报酬。但这却可能并不一定会使这一雇佣关系转变成提高游客旅游体验质量的直接动力源泉。现实中诸如导游员强拉旅游者购物等老生常谈的问题，归根结底在于导游员包括旅行社没有认清导游员与旅游者互动的核心目的，而争取其自身经济利益的目的却成为互动的核心目的，这种做法显示了"旅游世界"当中的目的性存在与工具性存在在导游员和旅游者两种互动主体之间出现紧张和冲突的逻辑根据。

第二，导游员和旅游者互动主体的角色先期固定。导游员与旅游者的互动角色及其互动关系在进行互动之前就已经决定了，固定的角色定位决定了导游员与旅游者在互动中的特定的互动关系、互动地位及其必然会形成的一系列特征。一般社会交往的主体可以是具有任何社会身份的群体，而导游员与旅游者是两种具有特定社会角色的群体，这就决定了两者自身属性的特殊性，一方面，导游员应该具有与导游职业相应的服务知识及能力；另一方面，旅游者则在互动和体验的过程中寻找各种愉悦，这需要导游员的引导和帮助。

第三，导游员和旅游者的互动机制呈现一种严格的取向。一般的非正式的社会互动往往是随机的和松散的，少有人为控制的因素，也无须对诸多相关因素作特殊规定。而导游员与旅游者的互动则完全不同，它是在一个完整的体系支撑下进行操作的，其结构和形式清晰、明确，交往时间、地点、程序、内容等都有具体规定。

第四，导游员和旅游者的互动方式具有自为、自律和理性化特征。在社会生活当中所发生的一般的人际日常交往活动，其具体互动方式具有自在、自发和随机的特点。导游员与旅游者的互动则通常被定义为非日常交往活动，它具有自为、自律和理性化的特征。导游员和旅游者的互动具有主动性特征，这种主动性特征可以从两方面进行分析。一方面，对导游员来说，导游工作是其本职工作，为旅游者服务是导游员的天职。从这个角度看，这种互动的主动性对导游员来说虽然具有一定的强制性，但是导游员必须以极大的热忱参与互动，并且应该有能力保证互动高质量、高效率地进行。另一方面，对旅游者来说，参与特定的旅游活动是旅游者自身的主观能动行为。换句话说，在一般情况下，旅游者的旅游活动一旦实现，它就是一种自觉的主动行为，因此，贯穿整个旅游活动的互动行为也就必然具有了主动性特征。

二、异质有序的导游员语域

人们通过频繁的社会交往而形成的、在运用语言方面自成体系的、具备与其他群体有明显区别的语言标记的群体称为"语言社群"（戴庆厦，2004）。像导游员这样的群体，一方面是实际的社会集团；另一方面又具有某种语言标记特征，因此是一种典型的"语言社群"。

"语言社群"的语言还可以进一步区别为内部成员的交际用语以及对外言语两种。前者是特定语言社群的行话，而后者通常被认为是属于不同的"语域"。语域指随场景而变化的语言变体，即人所共有的根据场景选择恰当的语音、词汇、语法等言语特征的交际能力。语域是语言社群在一定的言语交际场景（比如职业领域）使用的具有群体特征和场景特色的对外交际语言。

国外语言学术界对语域持狭义和广义两种观点。持"狭义语域论"的语言学家多认为语域是跟职业、行话、话题等有关的语言变体。显然，他们把语域的外延仅局限于话语领域的范围。

与持"狭义语域论"的语言学家不同，持"广义语域论"的语言学家都主张语域的外延应十分宽泛，既应该涵盖职业、行话、话题等，也应涵盖话语参与者之间的关系、话语的正式程度及交际的渠道等因素。Geoffrey Leech（1966：68-70）就把语域定义为以语言使用为界定标准的，与社会语境相关的语言变体。根据系统功能语言学的创始人 Halliday（1976）的观点，认为语域是根据实际运用而区分的语言变体，一个语域就是一组适合于某种具体语言功能的意义以及用来表达此意义的词汇语法结构。他将语域定义为以下三个维度：话语范围（field of discourse），即语言发生的具体环境，其中包括话题以及参与者参与的整个活动；话语基调（tenor of discourse），即参与者之间的角色关系；话语方式（mode of discourse），即语言本身所发挥的作用以及语言交际所采用的渠道或媒介。由此可见 Halliday 也持"广义的语域观"。

但是这种"广义的语域观"包含了社会语言学的另一个重要理论——"语境"理论。根据 Halliday（1985）的观点，"对话语的理解不仅需要话语本身，也需要话语的语境以及语境与话语之间的系统关系"这就说明他所说的"语域"理论所反映的就是"语境"（高登亮，2005）。本研究深入研究导游员职业话语模式，所以必须把这种由于职业产生的语言变体与影响这种变体的语境区分开来。因此，本研究倾向于用狭义的语域观理解语域，而把 Halliday 的广义语域观理论看成一种对语境理论的经典阐释。坚持认为语域就是随场景而变化的语言变体，即人根据场景选择恰当的语音、词汇、语法等言语特征的交际能力。

语言在实际使用中总要表现出这样或那样的差异来，不同人群会说出不同的话语，这是因人而异；同一人在不同场合说话的方式，态度也会有所不同，这是因时因地而异。所以，我们实际观察到的、使用着的语言并不是按同一语言规则"生产"出的同质的语言产品。但是，语言的使用却是有序的，语言的这种差异不是任意的、混乱的，而是有章可循、有规则变化的。

按照语言学家们将"语言"分为"语言"和"言语"两个范畴的基本传统，不难看出，在导游员的导游过程中所发生的语言现象，同样具有模式化的语言和情境化的言语的区别。因此，本研究在研究导游员话语这一问题上，也同样将包括这两种含义：一方面，它是指在导游职业基础上而产生的语言样式；另一方面，它是指导游员与旅游者互动过程中的语言使用，是一种社会互动中的言语行为。根据社会语言学的核心观点，导游员话语事实上是一种由于社会行业原因而引起的一种社会语言变异。因此，导游员话语研究是一种社会语言变异研究。社会语言学的变异理论对导游话语研究具有指导作用。因为，首先，导游员话语是一种社会行业语，是集团变异的结果，因此只有对这种语言变体的方方面面进行系统而深入的研究，才有可能解释导游员话语的种种运用规律，才能为导游员掌握并驾驭导游员话语提供坚实的基础。其次，借鉴社会语言学的变异理论，可以将导游员话语研究重点放在导游人员在什么时候、什么地方、什么场合对什么样的旅游者用什么方式讲什么内容这个语言情境框架之上，使导游员话语研究具有明确的方向。

归根结底，导游员话语模式研究就是这种异质有序的导游员语域研究。导游员话语并非一种独立的语言体系，而是人类语言在导游职业中形成的一种特殊的语域，是有章可循的模式。本研究就是要研究导游员话语这种语言变体在和旅游者互动中所表现出的有章可循的模式，这种模式包括语言构成方面的语音节奏模式，也包括导游员话语表达模式以及导游员讲解技巧上的模式等。因此，通过本研究，一方面将探索导游员话语的典型模式，同时为导游员这一语言社群培育更为典型的语域，使导游员可以采用科学有效的话语与旅游者互动，最终提高旅游体验质量。

三、导游员和旅游者的旅游互动语境

根据符号互动理论，导游员与旅游者互动过程中所使用的话语是一个"编码—发码—受码—解码"的过程，这一过程是话语进行的具体互动行为。这种互动行为能否达到预期目的，制约因素很多。其中，导游员正确把握语境，有的放矢的"编码"直至"发码"至关重要。

早在 1923 年，Malinowski 就讨论了语境这个问题，提出了"情境语境"（context of situation）这个概念，把它应用于不同语言之间的翻译和理解之中，并于 1935 年提出"文化语境"（context of culture）概念。他把语境分为两类：文化语境和情境语境。前者指讲话者生活在其中的社会文化，即整个文化背景；后者指当时正在实际发生的事情，即语言发生的实际环境。在此基础上，系统功能语言学的创始人 Halliday（1978）把这两个概念同语言系统联系起来。文化语境决定着整个语言系统，即决定着讲话者在这一文化语境中能够说的话。而情境语境则决定着讲话者在某一具体语境中实际说的话。

情境语境是本研究研究的主要参照语境，影响话语使用的语境变量有很多，美国人类学家海姆斯（Hymes，1986）对语境变量做出了系统而深入的研究。他把语境变量归纳为 SPEAKING。S——环境和场合，指的是场合，即实际环境和场景；P——参与者，即说话者和受话者；E——目标与效果，即说话者的意图以及说话产生的后果；A——信息内容与形式，即信息的内容及其组织形式；K——传递信息的方式，即说话者的语调和态度；I——交际工具指的是工具，即交际的渠道，如语言渠道和非语言渠道；N——交际中的行为规范，即说话的具体特征以及对文化体系内部规范所作的解释；G——言语体裁指的是语类，即语篇所属的类型或体裁。这一研究基本上囊括了跟言语活动有关的各方面因素。社会语言学中的"语境"理论在本研究中具有操作性的意义。我们可以根据这些语境变量对导游员话语的语境进行分类，进一步探索出导游员在具体互动中如何根据这些情境因素选择有效的话语，以提高旅游体验质量。

我们虽然明确了社会语言学的"语境"理论为导游员话语研究提供了操作性的指导，但是我们必须在"旅游世界"中研究不同语境下的导游员话语模式及其对旅游体验质量的影响，否则我们还会重犯前面提到过的已有导游员话语研究中常犯的"想当然"和"一刀切"的错误。因此，本研究需要把社会语言学的相关理论与"旅游世界"中的相关理论结合起来，只有这样才能更科学、更全面的对导游员话语进行研究。在这里，我们采用谢彦君所提出的旅游氛围情境和旅游行为情境的二分法，对导游员的话语情境进行分析。

根据谢彦君（2005）的观点，他把旅游行为情境定义为某种具体的操作性情景，串联在旅游过程中的各级、各类节点，以及对具体行为的规定和指导作用。旅游行为情境是能够直接影响旅游者旅游体验质量的情境因素，这与社会语言学中的情境语境相呼应。旅游研究中的旅游行为情境的着眼点是影响旅游者旅游体验质量的各种情境因素，社会语言学中的情境语境的着眼点是影响语言选择的各种情境因素。本研究将这两种理论糅合起来，衍生出导游员和旅游者的旅游互动语境，这种旅游互动语境既可以借鉴社会语言学中语境理论的可操作性成果，又考虑了"旅游世界"中导游员和旅游者互动的特殊性，由此我们将这种语境作为本研究对导游员话语模式及其对旅游体验质量的影响进行研究的直接理论依据。

导游员和旅游者的互动语境是指在旅游者旅游过程中导游员和旅游者进行互动时所使用的各种话语所依赖的各种因素及其相互作用。与其他语境不同，导游员在和旅游者进行话语互动的时候，最重要的语境因素是互动主体之一的旅游者。导游员话语要以旅游者为轴心，以提高旅游者旅游体验质量为最终目的。也就是说，导游员需要在参照社会语言学语境理论中的各种语境因素的基础上，选择最能提高旅游体验质量的话语与旅游者进行互动。本研究选取Hymes 的"SPEAKING"中最重要的"S、E"两个语境变量，即导游员和游客的互动场景以及导游员话语的意图。根据这两个语境变量，我们把导游员和旅游者的旅游互动语境划分为六类，分别为：欢迎互动语境、景点游览互动语境、事先提示互动语境、障碍处理互动语境、计划外景点以及购物点推销互动语境和欢送互动语境。在下一节中，我们将根据导游员和旅游者这些不同的旅游互动语境，分别对导游员的话语模式及其对旅游体验质量的影响进行研究。

四、有待解决的问题

以上我们对旅游体验质量及导游员话语相关文献和研究成果进行了回顾。从以往的研究我们发现，尽管在旅游体验的界定以及旅游体验质量的影响因素方面都具有较为丰富的研究成果，但是在导游员话语模式及其对旅游体验质量的影响方面依然有大量问题尚未解决。而本研究将就这些问题进行深入探究并尝试着给出答案。此项研究有待解决的问题有：描述旅游者的旅游体验质量评价，并探索旅游体验质量的影响因素；探索导游员话语是否存在着一定的模式，如果存在，将试图描述这些不同的话语模式；探索导游员话语模式与旅游体验质量的关系，明确其是否构成了影响旅游体验质量的关键性因素；描述不同互动情境下，何种导游员话语模式能为旅游者带来较佳的旅游体验。本研究希望通过对这些问题的回答或解答，能够在旅游体验研究的科学化、实证化的努力中做出一些探索。

第二节　资料收集

本研究同时采用"问卷调查"和"实地观察"的方法进行资料收集，运用"定量分析"方法对回收的问卷资料进行分析，采用"质性分析"方法对收集到的导游员话语资料进行分析。

一、分析单位的界定

分析单位一般可以分为四类，分别是个体、群体、组织及社会人为事实（艾尔·巴比，2004）。社会研究中，分析单位通常与观察单位重叠，但是，本研究中的分析单位与观察单位有所不同。本研究研究目的在于探索、描述导游员话语模式及其对旅游体验质量的影响，具有特定的分析单位和观察单位。本研究研究汉语导游员话语模式，因此，以国内参团旅游者为观察单位。导游员指依照我国《导游人员管理条例》的规定取得导游证，接受旅行社委派，为旅游者提供向导、讲解及相关旅游服务的人员。按照业务范围可将导游员划分为海外领队、全程陪同导游人员（以下简称为全陪）、地方陪同导游人员（以下简称为地陪）以及景点、景区导游人员（讲解员）四类。其中海外领队不在观察范围之内，另外，由于地陪与全陪和讲解员相比，其工作更加深入、全面，话语资源比较丰富，因此，本研究确定地方陪同导游员为观察单位。

广义的导游员语言是指导游员运用的所有与旅游活动有关并能引起旅游互动的信号，它包括四种类型：以语音为信号的口语，以文字为信号的书面语，态势语（包括眼神、手势、身姿等）和其他辅助语（包括实物、图片、音像资料等）。导游员语言的几种类型之间常常会出现交叉或综合运用的情况。通常，在导游员与旅游者的互动过程中，使用最多、最便捷有效的当数口语。深入研究、探讨和把握口语在导游员与旅游者互动过程中的地位、影响及其规律，应该是提高导游员业务水平和旅游者体验质量的一条正确而又重要的途径。

狭义的导游员语言则专指导游辞（韩荔华，2005），导游辞就是导游员引导旅游者游览参观时运用的相对定型的语言。导游辞主要包含口语和书面语，它是导游语言的一个次分类，包含于导游语言这一大类之中。虽然导游辞必然会成为本研究的一个重要研究领域，但是，在导游员与旅游者所进行的其他互动环节中使用的话语，也是本研究不可或缺的研究对象。总的来说，本研究将分析单位界定为导游员在与旅游者互动中所使用的口头语言。虽然体态语言等也是导游员与旅游者之间的重要互动符号，但是，为了集中笔墨做好导游员有声语言研究，只能对其割爱，相信今后会有更多的有识之士加入进来，对导游员体态语言模式进行更加系统的研究。

二、抽样的方法

根据实际情况，本研究只能采取就近抽样方法，尽可能科学地选择样本。虽然在确定被调查者的过程中存在某种程度的不随机性，由此也会在一定程度上影响结果的代表性，但是，本项研究进行了相当数量的问卷调查，由于样本容量较大，这在很大程度上可以抵消这种因没有随机抽样所带来的问题。另外，就质性分析部分而言，目前的样本容量已经相当充分了。

三、资料收集的方法——"问卷调查"与"实地观察"相结合

本研究的观察单位为导游员和旅游者，而将导游员话语作为为分析单位，因此，本研究分别采取问卷调查法和实地观察法两种方法进行资料收集。

（一）应用"问卷调查法"收集旅游者旅游体验质量的相关资料

本研究设计的调查问卷共包含 23 个大问题，主要涉及四部分内容：被调查者的人口统计特征，旅游者旅游体验评价及其相关因素调查，影响旅游者旅游体验的导游因素调查，导游员最佳话语模式调查。

问卷调查法的最终信度和效度取决于问卷的设计水平以及问卷的填写完整性和真实性。本研究采取了一定的措施，对其所存在的缺点进行弥补。问卷设计方面，首先，笔者在问卷设计之前阅读了大量的文献，并与其他研究者进行了较多的讨论，尽可能使问卷做到科学、全面。其次，笔者在设计问卷时，在其中的 7、8 题的回答中设置了"其他"选项，被调查者可以自由填写。同时，将问卷的 23 题设置成了多项选择题，将答案的范围扩大。最后，本研究在正式资料收集之前，设置了"预调查"程序，对问卷内容进行反复核查、修正和补充。

问卷填答方面主要存在着两方面的缺陷。一方面，游客特别是团队游客受到时间限制而不能安心答卷。另一方面，被调查者的素质甚至是当时答卷的心情都会影响问卷的填答。针对这些缺陷，本研究在问卷调查过程中，尽量选择适当的填写问卷的时机、取得被调查者的信任、答卷后进一步交流，以提高问卷收集资料的信度及效度。

（二）应用"实地观察法"收集导游员话语资料

本研究通过实地观察，在导游员与旅游者互动的全程中，对导游员话语进行录音。实地观察在收集资料方面具有明显的优势，尤其适合在自然情景下研究态度和行为，能给研究者提供系统的观点。而且，在资料收集和分析上所具有的交互作用，使其他研究方法在弹性上显然不能与之相比，因为实地观察者可以根据观察、理论观点的发展或研究对象的变化持续地修正其研究设计。实地观察与其他观察方法的不同之处在于它不仅仅是资料收集，也是典型的理论生成活动。这也是本项研究主要选择实地观察法的重要原因。一方面，有关导

游员的话语模式的研究成果目前还基本属于空白，很难对其做出明确的理论假设，因此，本研究试图从导游员与旅游者的互动这种事先无法预测的进程中发现有意义的东西。另一方面，导游员话语这种质性资料，也只有应用实地观察法才更容易获取到。

本项研究抽取了八个导游团队，以收集导游员的话语资料。由于运用"实地观察法"所收集到的导游员话语资料属于一种质性资料，因此很难对大量导游员话语做出精确的、定量的统计性描述。所以，本研究在对导游员话语资料进行分析的过程中采取了"质性分析"的方法，以弥补实地观察法的固有缺陷。与问卷调查相比，实地观察一般具有较高的效度，但信度较低。这也是无可避免的一个权衡问题，因此，本项研究也针对一些特殊问题进行了问卷调查，从而构建了本项研究将质性研究与定量研究相结合的可能性。

四、资料分析的方法——"定量分析"与"质性分析"相结合

对于通过问卷调查收集来的有关旅游者旅游体验质量方面的定量资料，笔者应用 SPSS 等统计软件对其进行资料分析。而对于通过实地观察收集来的有关导游员话语的质性资料，主要应用质性分析方法进行资料分析。

本研究应用质性研究的方法对收集到的导游员话语进行分析，可以去除冗余信息，测试分类空缺，并最终归纳出最精练的一组相对规范。这些规范尽管不能完整地将导游员话语细节全部反映出来，但是却能够将有意义的导游员话语模式最大限度地反映出来。

尽管有关导游员话语的信息来源于导游员和旅游者的言语互动，但是在现场记录的原始材料也必须经过筛选和概括才能够成为本项研究的最终成果。因此本项研究首先将个别的导游员话语内容从具体的导游员和旅游者的具体的互动环境中抽取出来，然后根据不同的情境标准对话语资料进行分类，最后寻找这些资料中的相似性和相异性。本研究仅仅应用了最简单的质性分析方法，即寻找资料中的所有相似性和相异性，其目标是，一方面要寻找普遍的、一般的规范，即寻找导游员话语模式；另一方面，要关注差异性，寻找在不同情境下导游员的一般话语模式中的变异或偏差。

五、资料收集情况

本调查主要集中在大连市的旅游旺季时期进行。调查时间从 2006 年 6 月末持续到 2006 年 10 月初。本项研究共发放了 502 份调查问卷，回收有效问卷 433 份，回收率为 86.3%。经过实地观察，采集六位导游员共八个旅游团队的话语资料（其中两个导游员分别带两个团队），因此共 8 份导游员话语资料，形成文字材料近 10 万字。分别对 8 个导游团队进行编号，回收的有效调查问卷数量如下：导游团队一：16 份；导游团队二：42 份；导游团队三：31 份；导游团队四：26 份；导游团队五：24 份；导游团队六：16 份；导游团队七：23 份；导游团队八：36 份。

第三节　资料分析

本研究将调查收集的资料分为三部分进行分析，首先是被调查游客的人口统计特征分析，然后是旅游体验相关属性及评价分析，最后是导游员话语模式及作用分析。

一、被调查游客的人口统计特征

表 4–1 中列出了本研究中所抽取游客样本的人口统计特征。六项调查的人口统计特征包括：被调查游客的性别、年龄、月收入状况、婚姻状况、受教育程度以及职业。其中，性别比例比较均衡，男性和女性比例都接近于 50%。从年龄段分布来看，31~45 岁游客所占比重最大，接近被调查者总数的一半，其他年龄段分布比较均衡，差距最大的也仅为 10%。被调查游客的月收入大体上呈现出正态分布，其中月收入在 801~1200 元和 2001~3500 元的游客比重较高，均超过总人数的 20.0%，而月收入较高或较低的游客所占比重相对较小。从婚姻状况来看，已婚游客比重较大，超过半数。被调查游客的教育水平分布比较分散，高中 / 中专学历的游客最多，达到 28.1%，其次分别为本科、初中、大专、研究生及以上和小学。职业分布主要集中于企业一般员工，其次依次为离

退休人员、教师和企业经营管理人员，其他职业的游客所占比重小于10%。

表 4-1　被调查游客的人口统计特征

性别（N=430）	男性：229人，53.2%；	女性：201人，46.7%
年龄 （N=429）	17岁以下：32人，7.5% 25-30岁：75人，17.5% 46-59岁：46人，10.7%	18-24岁：36人，8.4% 31-45岁：206人，48.0% 60岁以上：34人，7.9%
月收入 （N=421）	无收入：47人，11.2% 801-1200元：93人，22.1% 2001-3500元：84人，20.0% 5000元以上：46人，10.9%	800元以下：50人，11.9% 1201-2000元：69人，16.4% 3501-5000元：32人，7.6%
婚姻状况（N=428）	已婚：329人，76.9%	未婚：99人，23.1%
受教育程度 （N=427）	小学：17人，4.0% 高中及中专120人，28.1% 本科：103人，24.1%	初中：79人，18.5% 大专：60人，14.1% 硕士生及以上：48人，11.2%
职业 （N=426）	离退休人员：57人，13.4% 企业一般员工：139人，32.6% 企业经营管理人员：49人，11.5% 政府机关/事业单位：15人，3.5% 个体职业者：12人，2.8% 待业.下岗：5人，1.2%	学生：39人，9.2% 教师：56人，13.1% 工人：24人，5.6% 军人：2人，0.5% 农民：2人，0.5% 其他：26人，6.1%

由于本研究重在考察导游员话语模式及其对旅游体验质量的影响，因此以导游团队为单位，分别对不同导游团队的游客的人口统计特征进行观察和统计具有一定的意义。运用卡方检验观察分类变量之间的关系，结果表明，"导游团队"与"性别""年龄""月收入""婚姻状况"和"受教育程度"存在显著相关性，如表 4-2（1）-（5）所示。

导游团队二、七和八的游客中男性偏多，导游团队三的男女游客人数相同，其他导游团队中则是女性游客偏多；不同导游团队的游客的年龄分布虽然多以31~45岁的中年游客为主，但是，也有像导游团队三的以中老年游客为主的，以及导游团队六和导游团队七的以青少年游客居多的导游团队；从月收入水平分布上观察，导游团队一到导游团队六都是月收入为中低层的游客偏多，尤其是导游团队六中，无收入的游客所占比重最大，而导游团队七和导游团队八中则以月收入在 5000 元以上的高收入者比重最大。导游团队一中，已婚和未婚人数相等，剩下的导游团队中，除了团队七中未婚游客多于已婚游客外，其他导游团队都是已婚游客比重大；不同导游团队的游客在受教育程度上分布得比较分散。导游团队四和导游团队六中，初中和小学这样的较低学历游客偏多，而导游团队七和八中，学历水平较高，本科学历游客占绝大多数，其他导游团队游客的教育水平相对居中。

综上所述，从不同人口统计特征角度分析，把每个导游团队中这一人口统计特征中人数最多的特征抽取出来，共同构成了本导游团队的最主要的人口统计特征情况，如表 4-2（6）所示，这种分析有助于我们对被调查的各个导游团队游客的主要人口统计特征情况的了解，也构成了下文资料分析的基础。

表 4-2　不同导游团队被调查游客人口统计特征

（1）不同导游团队被调查游客性别分布。

	导游团队一	导游团队二	导游团队三	导游团队四	导游团队五	导游团队六	导游团队七	导游团队八
男	7	21	15	12	10	3	15	28
女	9	20	15	14	13	13	8	8

（2）不同导游团队被调查游客年龄分布。

	17岁以下	18~24岁	25~30岁	31~45岁	46~59岁	60岁及以上
导游团队一	3	1	4	5	2	0
导游团队二	0	4	13	20	3	1
导游团队三	0	2	1	11	12	4
导游团队四	0	3	3	11	1	8
导游团队五	4	2	3	13	1	1
导游团队六	7	0	2	5	1	0
导游团队七	0	3	10	9	1	0
导游团队八	2	2	5	25	2	0

（3）不同导游团队被调查游客月收入分布。

	无收入	800元以下	801—1200元	1201—2000元	2001—3500元	3501—5000元	5000元以上
导游团队一	2	0	1	4	2	2	3
导游团队二	0	15	17	6	0	0	2
导游团队三	2	2	17	8	0	0	1
导游团队四	4	4	9	4	4	0	0
导游团队五	7	0	4	8	2	3	0
导游团队六	7	1	2	2	3	1	0
导游团队七	0	0	0	1	6	3	12
导游团队八	2	0	1	1	10	6	14

（4）不同导游团队被调查游客婚姻状况分布。

	导游团队一	导游团队二	导游团队三	导游团队四	导游团队五	导游团队六	导游团队七	导游团队八
已婚	8	37	29	21	18	8	7	29
未婚	8	5	1	5	6	7	16	6

（5）不同导游团队被调查游客教育水平分布。

	小学	初中	高中或中专	大专	本科	研究生及以上
导游团队一	1	2	2	6	5	0
导游团队二	0	10	27	3	1	0
导游团队三	1	7	18	4	1	0
导游团队四	1	9	6	2	7	0
导游团队五	2	3	5	9	4	1
导游团队六	5	3	4	2	0	2
导游团队七	0	0	0	2	16	5
导游团队八	1	1	0	5	19	10

（6）各导游团队被调查游客的主要人口统计特征。

	导游团队一	导游团队二	导游团队三	导游团队四	导游团队五	导游团队六	导游团队七	导游团队八
性别	女性	男性	男性/女性	女性	女性	女性	男性	男性
年龄	31~45岁	31~45岁	46~59岁	31~45岁	31~45岁	17岁以下	25~30岁	31~45岁
月收入	1201~2000元	801~1200元	801~1200元	801~1200元	1201~2000元	无收入	5000元以上	5000元以上
婚姻状况	已婚	已婚	已婚	已婚	已婚	未婚	未婚	已婚
受教育程度	大专	高中或中专	高中或中专	初中	大专	小学	本科	本科

二、旅游体验相关属性及评价

（一）被调查游客"旅游目的"分析

1. "城市购物娱乐"是被调查游客来连旅游的主要目的

旅游目的对旅游者的旅游行为起着直接的制约作用，人们在旅游过程中的行为围绕着旅游目的的实现而展开。本研究依据世界旅游组织的分类，把旅游目的分为六大类，分别为观赏风景名胜、城市购物和娱乐、商务和专业访问、放松和医疗健康、探亲访友和宗教朝拜。从图4-1我们可以直观地了解到被调查者的出游目的总体上主要集中在几个选项上，其中旅游目的为城市购物娱乐的游客人数最多，观赏风景名胜和商务、专业访问的比重次之，比重最小的是宗教朝拜。为了尽可能地寻找出我们没有涵盖的游客"旅游目的"，我们在调查问卷的选项中设置了"其他"项，被调查游客可以自由的补充填写未列出的旅游目的和原因。在选择"其他"选项的游客中，经过归纳，主要有两种答案，分别为"会议主办方组织旅游"和"公司安排"。

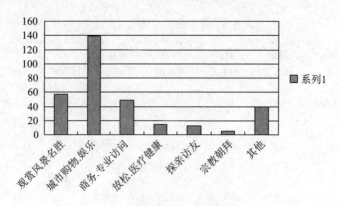

图 4-1　被调查游客的"旅游目的"

2. 被调查游客"旅游目的"与其"教育水平"的相关性分析

虽然，从总体上说被调查游客在旅游目的上比较集中于"城市购物娱乐"的选项，但是不同游客的旅游目的还是存在着差异的。通过对被调查游客的"旅游目的"和其"人口统计特征"进行相关性分析，我们发现游客的"旅游目的"与其"教育水平"之间存在着显著的相关性，如表 4-3 所示，二者的卡方检验值为 0.000。这种相关性的存在也证明了本研究在实证意义上的科学性。如表 4-4 所示，选择观赏风景名胜的游客中，低学历游客所占比重较大，而高学历游客所占比重较小。在商务、专业访问上以本科学历的游客所占的比重最大，其次是研究生及以上学历。总的来说，受教育程度较高的游客的旅游目的相对分散和复杂，相比之下，教育水平较低的游客的旅游目的则相对集中和简单。

表 4-3　被调查游客"旅游目的"与其"教育水平"的卡方检验

Chi-Square Tests			
	Value	df	Asymp. Sig.（2-sided）
Pearson Chi-Square	92.026（a）	30	.000
Likelihood Ratio	76.329	30	.000
Linear-by-Linear Association	5.739	1	.017
N of Valid Cases	364		
a 32 cells（76.2%）have expected count less than 5. The minimum expected count is .06.			

表 4-4　不同教育水平游客的"旅游目的"

		受教育程度						合计
		小学	初中	高中/中专	大专	本科	研究生及以上	
旅游目的	观赏风景名胜	12	66	103	42	57	9	289
	城市购物、娱乐	3	4	4	1	1	1	14
	商务，专业访问	1	0	1	4	10	7	23
	放松，医疗健康	2	1	1	1	2	1	8
	探亲访友	0	1	3	1	0	0	5
	宗教朝拜	1	0	0	0	0	0	1
	其他	2	5	1	5	8	3	24
Total		21	77	113	54	78	21	364

（二）被调查游客"参团旅游"原因分析

在这里，我们把旅游者选择"参团"这种方式进行旅游的原因分为七种，包括节省费用，节省时间，安全，行动方便、减少麻烦，导游讲解、游览效果好，与团友出游、广交朋友以及其他。其中，选择行动方便、减少麻烦和导游员讲解、游览效果好两项的游客所占比重最大，超过半数，选择诸如节省费用、节省时间、安全、广交朋友等原因参团旅游的游客所占比重则相对较小，并且分布比较均匀（见图 4-2）。本题也设置了"其他"选项，通过归纳，"其他"选项中主要为两种参团原因，分别为"会议主办方安排"和"公司安排"。

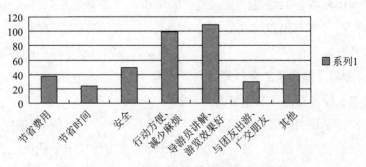

图 4-2　被调查游客"参团旅游"原因

　　我们把被调查游客"参团旅游原因"和 Ryan（2002）的"先在因子"（包括"旅游目的""原来的期望水平""以往经验和知识"和"目的地形象定位"）进行相关性分析，结果发现游客"参团原因"与各个"先在因子"之间的卡方检验值较大，也就是说，二者之间的相关性并不明显。但是，通过对被调查游客的人口统计特征与其"参团旅游原因"进行相关分析，我们发现游客"参团旅游原因"与其各项人口统计特征之间存在着较为明显的相关性，其中，以游客"参团旅游原因"与其"教育水平"之间的相关性表现得最为显著，二者卡方检验值为 0.000。

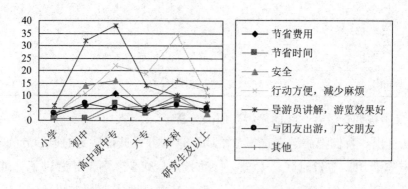

图 4-3　不同教育水平游客"参团旅游"原因

　　前文的资料分析已经得出这样的结论，即游客在选择"参团"旅游的原因时，主要集中在"行动方便、减少麻烦"和"导游员讲解、游览效果好"两个选项上，因此，在这里主要分析不同受教育程度的游客在这两个选项上的选择是否存在着差异。从图 4-3 中，我们可以得出这样的结论，高中或中专以下学历选择"参团旅游"的最主要原因是导游员讲解、游览效果好，同时大专及以上学历的游客选择参团旅游的最主要原因是行动方便、减少麻烦。另外，教育水平较低的游客中选择"安全"原因的比重要大于教育水平较高的游客。

（三）旅游体验质量的评价及其影响因素

1. 被调查游客旅游体验质量总体评价

　　问卷调查中我们向游客询问了"您对本次旅游的总体评价"，游客可从"非常满意、比较满意、感觉一般、比较失望和非常失望"这五个选项中选择作答，图 4-4 直观地反映出了调查结果。总体上看，游客对旅游体验质量的评价是比较高的，比较满意所占比例最高，达到47%，感觉一般和非常满意次之，分别为27%和21%，而比较失望和非常失望所占比例较少，一共仅占6%。

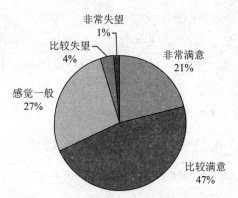

图4-4　被调查游客旅游体验质量总体评价

2. 旅游体验质量的影响因素分析

为了确定影响游客旅游体验质量的关键性因素，我们采用了李克特量表法列出了十项可能影响旅游体验质量的因素。这十项因素是从 Ryan（2002）所提出的先在因子、干涉变量和行为三个旅游体验质量的影响因素中抽离出来的。首先，我们抽取了"先在因子"中的"旅游目的""期望""以往经验和知识"以及"目的地营销和形象定位"四项旅游体验质量的影响因素，然后，抽取"干涉变量"中的"延误、舒适、便利"和"目的地的可进入性""目的地性质""住宿质量""景点及活动的数目"等五项因素，最后在旅游行为过程中，选择"与他人互动"这一影响因素。被调查游客需要对问卷中所列因素进行重要程度上的判断，分值为1~5，数值越小代表重要程度越高。将十项可能考虑的因素分别与游客"本次旅游总体评价"进行相关性分析，计算所得的卡方检验值如表4-5所示。

表4-5　旅游体验质量与其影响因素之间的卡方检验值比较

	旅游的目的	原来的期望水平	以往经验和知识	目的地形象定位	景观价值高低	目的地可进入性	延误舒适和便利性	景点及活动数目	住宿和交通质量	与他人的互动
旅游体验质量	0.143	0.009	0.045	0.003	0.000	0.010	0.039	0.067	0.000	0.005

由表4-5可知，"景观价值高低"和"住宿和交通质量"与旅游体验质量之间的相关性最大，卡方检验值为0.000，也可以这么说，这两种"干涉变量"是影响游客旅游体验质量的关键性因素。另外，"与他人互动"与"旅游体验质量"之间的卡方检验值为0.005，相关性排在第四位，由此可见，游客与他人互动这种"行为"因素也是能够影响其旅游体验质量的相对重要的因素，这里也再一次印证了本研究的意义。

3. 不同导游团队游客对旅游体验质量的评价

表4-6　不同导游团队游客对旅游体验质量的评价

	最小值	最大值	众数	平均值	标准差	样本数
全部导游团队	1	5	2	2.23	0.957	354
导游团队一	2	3	2	2.07	0.267	14
导游团队二	1	4	2	2.41	0.686	37
导游团队三	1	4	1	1.64	0.81	25
导游团队四	1	3	2	1.74	0.689	23
导游团队五	1	3	2	1.96	0.56	23
导游团队六	1	3	2	2.2	0.775	15
导游团队七	1	4	3	2.55	0.671	22
导游团队八	1	4	3	2.56	0.695	36

（注：1="非常满意"；2="比较满意"；3="感觉一般"；4="比较失望"；5="非常失望"）

表4-6比较直观地反映出了调查结果。从全部被调查游客来看，游客对于旅游体验质量的评价是比较高的，平均值为2.23，介于比较满意和感觉一般之间。另外，所有被调查游客中，选择比较满意的游客人数最多。不同导游团队的游客本次旅游的体验质量之间存在着差异。导游团队三的众数为1，也就是说这一导游团队中，对本次旅游总体评价非常满意的游客人数最多，并且平均值为1.64，也是八个导游团队中平均值最小的，由此可见导游团队三是所有导游团队游客中本次旅游总体体验质量最高的团队。同时导游团队七和导游团队八

八也是所有导游团队中，游客本次旅游体验质量相对最差的两个团队，但也超过了一般水平。综上所述，来大连旅游的游客总体旅游体验质量是较高的，但是不同导游团队游客的旅游体验质量是存在差别的。

三、导游员话语模式及作用分析

（一）影响游客旅游体验质量的互动群体分析

由上面的分析可以得到这样的结论，游客在旅游过程中与他人的互动是影响旅游体验质量的一个重要"行为"因素，我们把与游客互动的主要群体分为三种类型，包括：导游，旅游团内的同行者和旅游目的地居民。那么哪种互动群体是游客认为最重要的，也就是说，与哪种群体的互动质量最能够影响游客旅游体验质量？我们可以从表4-7直观地看出，在所有被调查游客中，有44.9%的游客认为"导游员"是最能够影响其旅游体验质量的互动对象。其次依次为旅游团内的同行者和旅游目的地居民，相比之下，二者比重较小。也可以这么说，三类互动中，游客和导游员的互动是影响旅游体验质量的关键性互动因素。

表 4-7　影响旅游体验质量的重要互动对象

		频率	百分比
有效	导游	195	44.9
	旅游团内的同行者	93	21.4
	旅游目的地居民	47	10.8
	其他	43	9.9
	总和	378	87.1
无效	系统	56	12.9
总和		434	100.0

把游客对本次旅游的总体评价与其重要互动对象选择进行相关性分析，如表4-8所示，互动对象种类与游客的旅游体验质量之间存在着显著的正相关性，卡方检验值为0.000。其中，对本次旅游总体上比较满意或非常满意的游客当

中，选择导游员作为最重要互动对象的比重远远大于旅游团内同行者和旅游目的地居民。相反，对本次旅游体验的总体评价比较一般或很差的游客中，选择导游员的比重与选择旅游目的地居民的比重基本持平，甚至较小。这也从另一个角度说明，导游员群体是能够影响旅游者旅游体验质量的关键性互动群体。

表 4-8   互动对象类型与旅游体验质量之间的相关性

		哪种互动关系最影响旅游体验				Total
		导游	旅游团内的同行者	旅游目的地居民	其他	
本次旅游的总体评价	非常满意	52	12	3	6	73
	比较满意	74	41	16	15	146
	感觉一般	25	24	6	16	71
	比较不满意	6	4	10	2	22
	非常不满意	3	1	2	1	7
合计		160	82	37	40	319

（二）被调查游客对导游员的评价及其影响因素

1. 被调查游客对本地陪导游员的总体评价

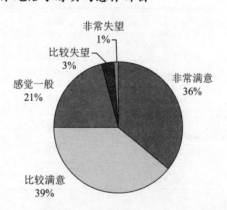

图 4-5   被调查游客对本地陪导游员的总体评价

问卷调查中我们向游客询问了"您对本地陪导游的总体评价"，游客可从"非常满意、比较满意、感觉一般、比较失望和非常失望"这五个选项中选择作答。通过图 4-5，总体上看，游客对为他们服务的地陪导游的评价是较高的，其中比较满意所占比重最大，达到39%。非常满意和感觉一般次之，而比较失望和非常失望的比重较小，一共不足5%。这也从另一个角度说明，大连地陪导游的服务质量是比较高的。

由表4-9可见，被调查游客本次旅游的总体评价与其对本地陪导游员的评价之间存在着显著的相关性，卡方验值为0.000。将表4-10与前文中的表4-6进行对比，本次旅游体验质量最高的导游团队三和导游团队四，对其地陪导游的评价也是各个团队中最高的。而对本地陪导游评价最差的三个团队，相应地，他们对本次旅游体验的总体评价也是最低的。这种相关性也再次印证了地陪导游员在游客旅游体验过程中所占据的重要位置。

表4-9　本次旅游总体评价和对本地陪导游总体评价的卡方检验

Chi-Square Tests			
	Value	df	Asymp. Sig.（2-sided）
Pearson Chi-Square	272.257（a）	16	.000
Likelihood Ratio	245.450	16	.000
Linear-by-Linear Association	76.702	1	.000
N of Valid Cases	342		

a 14 cells（56.0%）have expected count less than 5. The minimum expected count is .05.

表4-10　被调查游客对其地陪导游员的总体评价表

	最小值	最大值	众数	平均数	标准差	样本容量
全部团队	1	5	2	2.26	1	356
导游团队一	1	2	2	1.81	0.403	16
导游团队二	1	4	2	2.27	0.769	37
导游团队三	1	4	1	1.46	0.81	28
导游团队四	1	3	1	1.35	0.629	26
导游团队五	1	3	2	1.75	0.608	24
导游团队六	1	3	2	1.87	0.743	15

续表

	最小值	最大值	众数	平均数	标准差	样本容量
导游团队七	1	3	2	2.23	0.612	22
导游团队八	1	4	2	2.46	0.78	35

（注：1="非常满意"；2="比较满意"；3="感觉一般"；4="比较失望"；5="非常失望"）

2. 影响游客对导游员评价的关键因素分析

导游服务是导游员代表被委派的旅行社，接待或陪同游客旅行、游览，按照组团合同或约定的内容和标准向其提供的旅游接待服务，其中绝大多数导游服务是在导游员与游客进行面对面的互动过程中完成相关服务的。导游员在为游客服务的过程中，在与游客面对面互动过程中，不可避免地会出现这种或那种不足和过失，但是前面分析得到的结果表明游客对其团队的地陪导游总体评价比较高，所以，在导游员为游客进行服务过程中，一定有一些服务类别是游客认为最重要的，最能够影响其旅游体验质量的服务类别，这些服务类别就是关键服务。

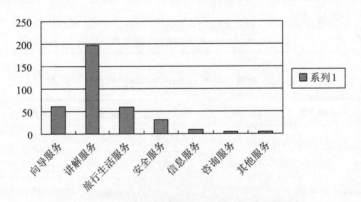

图 4-6 影响游客对导游员评价的关键服务类别

导游服务类别与游客对导游评价之间的卡方检验值为 0.000，也就是说，二者之间存在着极大的相关性。在调查问卷中我们设置了"您认为本地陪导游的哪种服务对您最重要"，根据游客的填答，如图 4-6 所示，其中选择导游员的讲解服务的游客所占的比例最高，向导服务所占比重次之，而其他服务类型选择人数较少。所以说，导游员的讲解服务质量，即导游员与游客进行面对面讲解和倾听的互动质量是影响游客对导游员的评价，即其自身体验质量评价的关键性因素。

导游员为游客进行服务的时候使用多种语言，分别为口语、态势语、书面语和辅助语言。经过相关性分析，导游员语言类型与游客对其评价之间的卡方检验值为 0.218，虽然二者之间也具有一定的相关性，但相比之下，不如导游服务类别与游客对导游评价之间的相关性强。表 4–11 说明，选择口语和书面语的游客占绝对多数，其中仅口语选择的人数就超过半数，达到 59.7%。书面语和辅助语言所占比重则非常少。由此可见，在导游员和旅游者互动过程中，导游员口语名副其实地担当着最重要的互动符号功能。

表 4–11　影响游客对导游员评价的关键语言类型

		频率	百分比
有效	口语	259	59.7
	态势语	107	24.7
	书面语	8	1.8
	辅助语言	11	2.5
	总和	385	88.7
无效	系统	49	11.3
总和		434	100.0

（三）景点游览互动语境下的导游员话语模式分析

第一节已经把旅游者和导游员的旅游互动语境划分为欢迎互动语境、景点游览互动语境、事先提示互动语境、障碍处理互动语境、计划外景点以及购物点推销互动语境和欢送互动语境六大类。其中游客对景点游览互动语境中的导游员话语的评价与其对导游员的总体评价和其自身旅游体验质量的评价之间存在着明显的相关性，卡方检验值都达到了 0.000。这证明了景点游览互动语境下的导游员话语是影响游客旅游体验质量的关键性因素，这种互动语境下的导游员话语模式及其对旅游体验质量的影响也是本研究问卷调查的重点内容，因此，仍然采用定量分析方法对其进行分析。对于除了这种互动语境之外的其他五种互动语境的导游员话语资料，本研究将主要采用质性分析的方法对其进行研究。

1. 景点游览互动语境下的导游员最佳话语模式

表 4-12 表明导游员话语不同维度的最佳模式。导游员口语表达方式主要分为独白式和对话式两种，独白式是导游员讲，游客听的语言传递方式。当导游员需要向游客传递大量的有关景点的信息时，往往采用独白的口语形式。对话式的讲解方式则能够引起游客的兴趣，调动游客参与的积极性，体现了导游员与游客之间的互动性。如果导游员能够在景点讲解过程中将二者结合起来，这种口语表达方式为众多游客所喜爱。

表 4-12   景点游览互动语境下的导游员最佳话语模式

	最佳口语表达方式	最佳话语节奏	最佳话语表达方式	最佳话语表达手法	最佳话语表达风格	最佳讲解技巧
	独白式与对话式相结合	弱板式	描绘	明快型	诙谐幽默型	趣味型
选择此项人数	182	237	141	281	107	169
选择此项人数占总人数百分比	47.2%	61.4%	39.7%	73.2%	53.9%	44.0%

导游员话语节奏主要表现在声音形式的变化，如语速的快慢、语音的轻重、语调的抑扬、音节的长短等。有人按戏曲板式将话语节奏划分为五类：强板式：声调高亢铿锵，语速稳中有快，风格浓烈刚正；弱板式：声调轻细平和，语速迟中略缓，风格柔和雅致；急板式：语速快，停顿短，层次结构紧凑；缓板式：语速慢，停顿长，变换交缓较少；平板式：语音不高不低，声调不抑不扬，语速不快不慢，停顿不长不短。据调查，选择弱板式的游客所占比重最大，达到 61.4%。其他分布比较均匀，最少的是缓板式。

导游员话语表达方式可分为：叙述、描绘、评议、说明以及抒情。不同的表达方式会给旅游者带来不同的旅游体验，选择描绘作为最佳表达方式的游客所占比重最大，然后依次是叙述、说明、评议、抒情以及其他。

导游员话语表达手法是指导游员在讲解情境中，话语方面的"露"与"藏"的倾向，可以分为：明快型和含蓄型。调查结果表明，选择明快型为最佳话语表达手法的游客所占比重高达 73.2%。由此可见，导游人员运用简洁、流利、直露、流畅，富有激情的话语，将要讲的内容、自己的情感，甚至意图都明明白白的一一道来，会给游客以清晰畅快之感，为其带来较高的旅游体验。含蓄型特点是语意深长，含而不露，有意给人们留下思索的空间，回味的余地，选择这一话语表达手法的游客则仅占少数。

导游员话语表达风格是指导游员话语在语言艺术运用上所表现的行为或作风的倾向。主要分为热情奔放型，风趣幽默型和平实质朴型三种。三种表达风格中，选择诙谐幽默型的游客所占比重最大，超过总人数的一半，其次依次是热情奔放型，平时稳健型以及其他。风趣幽默型特点是导游人员用微妙的语言、浓厚的情趣来叙事、说景，即机智、诙谐，又充满情趣和活力，听起来有声有色，耐人寻味，给人一种悠然神往、乐观向上的精神力量。热情奔放型特点是导游人员的语言简洁明快，条理清晰，直截了当，流畅奔放，主客之间有一定的互动，充满着活泼与激情。平实稳健型特点是导游人员的言语质朴无华，较少人工斧凿之迹，只是平平静静、有始有终地叙述事实、讲清原委。

导游讲解技巧是为了加强讲解的力度，增加对游客的感染力和活跃讲解气氛而采用的方法。导游员在讲解情境中可以综合运用多种讲解技巧，本研究将导游员的讲解技巧归为八大类，选择幽默、虚实结合以及导入史实的讲解技巧的比重最大，其他技巧分布比较分散。其中选择趣味性讲解技巧为最佳讲解技巧的游客所占比重最大，达到 44.0%。

2. 景点互动语境境下的不同维度导游员话语与旅游体验质量的相关性

我们分别将导游员不同讲解话语维度与旅游者旅游体验质量进行相关性分析，所得到的卡方检验值如表 4-13 所示。从中我们可以得到这样的结论，六种导游员讲解话语模式与旅游体验质量之间都存在着较为明显的相关性，但是，其中又存在着一些话语维度与旅游者旅游体验质量极为相关，比如导游员讲解技巧，它与旅游者旅游体验质量之间的卡方检验值为 0.000，也就是说导游员讲解技巧是影响旅游体验质量的关键性因素。因此在问卷调查中，我们把这道选题设置为多选题，在下面的部分，将对导游员最佳讲解技巧进行更详细的分析。

表4-13   不同维度导游员话语与旅游体验质量的卡方检验

	口语表达方式	话语节奏	话语表达方式	话语表达手法	话语表达风格	讲解技巧
旅游体验质量	0.036	0.001	0.006	0.010	0.001	0.000

3. 景点互动语境下的最佳导游员讲解技巧

在对导游员最佳讲解技巧与其他属性进行相关分析时，我们发现，它与不同类型导游团队以及教育水平存在着明显的相关性。

（1）不同导游团队所倾向的最佳导游员讲解技巧。

图4-7显示出不同导游团队中，游客对于导游员最佳讲解技巧的不同要求。总体看来，八个导游团队中有四个导游团队都是选择导游员的趣味型讲解技巧的比重最大，它们分别为导游团队一、二、三和七。在这四个团队中，尤其是导游团队三和导游团队一。在导游团队三中选择趣味型讲解的游客占32%，而此团队中占第二位的艺术型讲解技巧仅占16%，二者相差16%。导游团队一中，选择趣味型讲解技巧的游客比重为27.5%，这比同时排在第二位的知识型和发挥型讲解技巧的比重超出了10%。相比之下，其他导游团队中对于最佳导游员讲解技巧的首选和次选的比重差距就没有这两个团队那么显著。

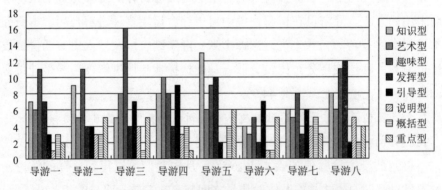

图4-7   不同导游团队游客所倾向的最佳导游员讲解技巧

除了这四个导游团队之外，另外四个导游团队的最佳导游员讲解技巧的选择就比较分散。导游团队四选择艺术型讲解技巧的游客所占比重最大，导游团队五选择知识型讲解技巧的游客偏多，导游团队七的游客则更重视引导型讲解技巧，而导游团队八则认为最佳讲解技巧为发挥型的游客所占比重最大。总的来说，在这四个团队中导游员最佳讲解技巧的首选和次选所占的比重差距不太显著。

（2）不同教育水平游客所倾向的最佳导游员讲解技巧。

图 4-8，在被调查的游客中，高中或中专学历和本科学历的游客所占的比重最大，它们分别占到总人数的 27% 和 25%。受教育程度为初中、大专和研究生及以上的游客比重居中，分别占到总人数的 18% 和 14%。而教育水平很低的小学层次的游客所占比重很少，仅占总样本的 4%。

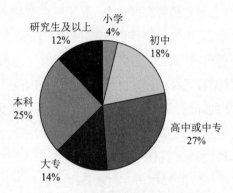

图 4-8　被调查游客教育水平分布

图 4-9 可以直观地看出不同教育水平的游客对导游员最佳讲解技巧的选择。从总体上看，除了小学教育水平外，其他各个教育水平的人群中，选择最佳导游员讲解技巧为趣味型讲解技巧。而小学教育水平的游客则选择艺术型讲解技巧，即描述、引用、创新的为最多。

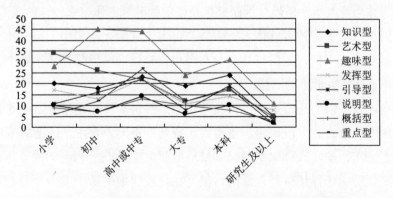

图 4-9　不同教育水平游客所倾向的最佳导游员讲解技巧

具体来说，初中和高中或中专教育水平的游客对趣味型讲解技巧的选择所占的比例远远大于次选择，相比之下，教育水平较高的阶层中，趣味型讲解技巧的游客比重与次选择比重的差距不是特别明显。也就是说，初中和高中或中专这种学历水平比较低的游客对于趣味型讲解技巧的关注非常大，而受教育程度比较高的游客虽然也比较注重导游员趣味型讲解技巧，但是也比较更倾向于导游员能够综合运用多种讲解技巧。

相对于趣味型讲解技巧，艺术型讲解技巧又有不同的变化规律。从图中我们可以直观地看到，小学教育水平的游客群体中，艺术性讲解技巧所占比重最大，而初中教育水平的游客虽然对艺术型的选择排在第二位，但是，这一比重也比较明显地超过其他讲解技巧的选择。然而，随着教育水平的提高，艺术型讲解技巧已经越来越不被人们所重视，被游客选择的比重已经跌落到三、四位甚至更低位。也可以这么说，随着受教育水平的降低，导游员的艺术型讲解技巧越受到游客的喜爱。

知识型的讲解技巧的比重基本上排在各个教育水平人群中的第三位，但是教育水平在大专和本科的游客群体中除外，在这两个人群中，知识型讲解技巧的选择比重是仅次于第一位讲解技巧。也就是说，相对于其他教育水平的群体，这两个受教育程度的游客更注重导游员讲授专业、阐述见解的讲解技巧，他们在游览过程中，知识的获取会给他们带来更好的旅游体验。

在研究生及以上学历的游客群体中，发挥性讲解技巧的比重是仅次于趣味型讲解技巧，排在第二位，然而在其他群体发挥型讲解技巧的选择比重都排在第四位甚至更靠后。由此可见，如借景抒情、制造联线、由点及面的导游员发挥型讲解技巧可以给学历最高的研究生及以上的游客群体带来较佳的旅游体验。

不同教育水平的游客群体对于引导型讲解模式的关注居中，所占比重比较平均。说明性和概括性的讲解技巧分布得也比较均匀，但是都属于各个教育水平群体中选择比重最小的三位。

还有比较特别的是重点型讲解技巧，重点性讲解技巧是指导游员在景点讲解过程中突出重点，分段讲解。重点讲解技巧在不同教育水平的游客群体中呈现出正态分布，即在教育水平最高和最低的研究生及以上和小学的群体中，重点型讲解技巧的选择比重是最低的，但是在比较居中的高中或中专的游客群体中，对这一讲解技巧的选择仅次于第一位的趣味型讲解技巧，在其他中间学历的游客群体中，这一讲解技巧的比重居中。

（3）不同导游团队、不同教育水平游客所倾向的最佳导游员讲解技巧

由图4-10可见，不同导游团队的游客受教育水平有显著差异。导游团队二和三中，高中或中专层次的游客所占比重最大，而且远远大于其他受教育水平的游客。导游团队七和八则以本科受教育程度的游客所占比重最大，并且两个团队都是以大专及以上的高学历游客为主。导游团队一和五的都以大专学历的游客为主。导游团队四中，学历较低的游客所占比重较大。

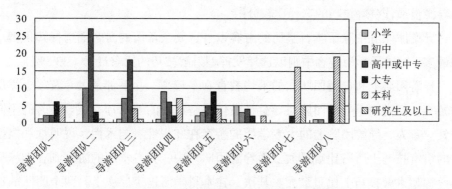

图4-10　不同导游团队游客教育水平分布

导游团队六学历分布比较分散，受教育水平较高和较低的两端游客所占比重较大，大专和本科的游客所占比重甚少。

具体来看，表4-14中，在导游团队一中，除了高中或中专学历的游客以外，其他教育水平的游客选择趣味型讲解技巧的游客所占的比重最大。高中或中专学历的游客则选择艺术型和发挥型的比重偏大。另外，针对知识型讲解技巧，大专和本科学历的游客选择的比重与其对趣味型的比重是一样大的，而教育水平较低的游客无人选择这一项。教育水平较低的群体比教育水平较高的群体更关注艺术型讲解技巧和趣味型讲解技巧。说明型讲解技巧的选项上，仅有本科学历的游客有选择，其他教育水平的游客没有人选择这一项。重点讲解技巧也只有较高学历的游客有选择，而较低学历游客无人选择。从中我们也得出这样一个结论，在导游团队一中，较高学历的游客对导游员讲解技巧的综合运用是比较关心的，相比之下，较低学历的游客则只关心其中的一种或几种。

导游团队二不同教育水平的游客对最佳导游员讲解技巧的选择都比较分散，

无明显的规律可循。

导游团队三中，四个教育水平的游客群体中，除了本科学历游客以外，其余的群体选择趣味型讲解技巧的游客所占比重最大，而且基本上明显高于选择其他讲解技巧的游客，分别占 33.3%，32.4% 和 33.3%。另外本科教育水平的游客全部选择艺术型讲解技巧。

导游团队四中，小学学历的游客全部选择知识型讲解技巧。初中和高中及中专学历游客则在选择趣味型讲解技巧的比重偏大。大专和本科学历的游客则对导游员最佳讲解技巧的选择比较分散。

导游团队五中除了本科学历的游客以外，其余学历的游客都选择知识型讲解最多，而本科学历游客中则以选择发挥型讲解技巧的比重最大（33.3%）。

导游团队七和导游团队八的平均教育水平较高，几乎都是大专及以上学历的游客，但是两个导游团队对导游员最佳讲解技巧的要求却存在着显著的不同之处。首先，导游团队七的大专学历的游客在知识性、艺术性、说明性和概括性的讲解技巧上所占比重最大。而导游团队八中，大专学历的游客则在趣味型和发挥型讲解技巧上比重最大。其次，在本科学历这个层次上，两个团队的选择比较相像，都是以趣味型讲解技巧的游客所占比重最大。最后，两个团队中研究生及以上的学历的游客对最佳讲解技巧的选择又有所差异。导游团队七中，研究生及以上学历的游客对趣味型和知识型讲解技巧比较选择比重较大，而在导游团队八中，游客则对艺术型和发挥型的讲解技巧更偏好（见表 4–14）。

表 4–14　不同导游团队、不同教育水平游客所倾向的最佳导游员讲解技巧

			导游员最佳讲解技巧							
			知识型	艺术型	趣味型	发挥型	引导型	说明型	概括型	重点型	合计
			行百分比	行百分比	行百分比	行百分比	行百分比	行百分比	行百分比	行百分比	行百分比
导游团队一	受教育程度	小学	0.0%	33.3%	33.3%	0.0%	0.0%	0.0%	33.3%	0.0%	100.0%
		初中	0.0%	16.7%	33.3%	16.7%	16.7%	0.0%	16.7%	0.0%	100.0%
		高中或中专	0.0%	33.3%	16.7%	33.3%	16.7%	0.0%	0.0%	0.0%	100.0%

续表

			导游员最佳讲解技巧								
			知识型	艺术型	趣味型	发挥型	引导型	说明型	概括型	重点型	合计
			行百分比	行百分比	行百分比	行百分比	行百分比	行百分比	行百分比	行百分比	行百分比
导游团队一	受教育程度	大专	28.6%	14.3%	28.6%	14.3%	0.0%	0.0%	7.1%	7.1%	100.0%
		本科	27.3%	0.0%	27.3%	18.2%	9.1%	9.1%	0.0%	9.1%	100.0%
		研究生及以上	0.0%	0.0%	0.0%	0.0%	0.0%	0.0%	0.0%	0.0%	0.0%
		小学	0.0%	0.0%	0.0%	0.0%	0.0%	0.0%	0.0%	0.0%	0.0%
导游团队二	受教育程度	初中	33.3%	0.0%	33.3%	0.0%	0.0%	33.3%	0.0%	0.0%	100.0%
		高中或中专	15.6%	9.4%	25.0%	12.5%	12.5%	3.1%	9.4%	12.5%	100.0%
		大专	50.0%	0.0%	25.0%	0.0%	0.0%	0.0%	0.0%	25.0%	100.0%
		本科	33.3%	33.3%	0.0%	0.0%	0.0%	33.3%	0.0%	0.0%	100.0%
		研究生及以上	0.0%	0.0%	0.0%	0.0%	0.0%	0.0%	0.0%	0.0%	0.0%
		小学	0.0%	0.0%	0.0%	0.0%	0.0%	0.0%	0.0%	0.0%	0.0%
导游团队三	受教育程度	初中	16.7%	16.7%	33.3%	0.0%	0.0%	0.0%	0.0%	33.3%	100.0%
		高中或中专	11.8%	14.7%	32.4%	8.8%	14.7%	8.8%	2.9%	5.9%	100.0%
		大专	0.0%	11.1%	33.3%	11.1%	22.2%	11.1%	0.0%	11.1%	100.0%
		本科	0.0%	100.0%	0.0%	0.0%	0.0%	0.0%	0.0%	0.0%	100.0%
		研究生及以上	0.0%	0.0%	0.0%	0.0%	0.0%	0.0%	0.0%	0.0%	0.0%
		小学	100.0%	0.0%	0.0%	0.0%	0.0%	0.0%	0.0%	0.0%	100.0%
导游团队四	受教育程度	初中	16.7%	16.7%	22.2%	11.1%	16.7%	5.6%	5.6%	5.6%	100.0%
		高中或中专	15.4%	15.4%	23.1%	7.7%	15.4%	15.4%	7.7%	0.0%	100.0%

续表

			导游员最佳讲解技巧							
			知识型	艺术型	趣味型	发挥型	引导型	说明型	概括型	重点型	合计
			行百分比	行百分比	行百分比	行百分比	行百分比	行百分比	行百分比	行百分比	行百分比
导游团队四	受教育程度	大专	33.3%	33.3%	0.0%	0.0%	0.0%	0.0%	33.3%	0.0%	100.0%
		本科	9.1%	36.4%	9.1%	0.0%	36.4%	0.0%	9.1%	0.0%	100.0%
		研究生及以上	0.0%	0.0%	0.0%	0.0%	0.0%	0.0%	0.0%	0.0%	0.0%
导游团队五	受教育程度	小学	33.3%	0.0%	33.3%	33.3%	0.0%	0.0%	0.0%	0.0%	100.0%
		初中	33.3%	11.1%	22.2%	11.1%	11.1%	0.0%	0.0%	11.1%	100.0%
		高中或中专	22.2%	22.2%	11.1%	22.2%	0.0%	0.0%	0.0%	22.2%	100.0%
		大专	26.3%	5.3%	15.8%	15.8%	5.3%	0.0%	15.8%	15.8%	100.0%
		本科	22.2%	22.2%	11.1%	33.3%	0.0%	0.0%	11.1%	0.0%	100.0%
		研究生及以上	0.0%	0.0%	0.0%	0.0%	0.0%	0.0%	0.0%	0.0%	0.0%
导游团队六	受教育程度	小学	25.0%	0.0%	0.0%	0.0%	37.5%	12.5%	12.5%	12.5%	100.0%
		初中	0.0%	16.7%	33.3%	16.7%	33.3%	0.0%	0.0%	0.0%	100.0%
		高中或中专	14.3%	28.6%	0.0%	0.0%	14.3%	0.0%	0.0%	42.9%	100.0%
		大专	0.0%	0.0%	100.0%	0.0%	0.0%	0.0%	0.0%	0.0%	100.0%
		本科	0.0%	0.0%	0.0%	0.0%	0.0%	0.0%	0.0%	0.0%	0.0%
		研究生及以上	16.7%	0.0%	33.3%	16.7%	16.7%	0.0%	0.0%	16.7%	100.0%
导游团队七	受教育程度	小学	0.0%	0.0%	0.0%	0.0%	0.0%	0.0%	0.0%	0.0%	0.0%
		初中	0.0%	0.0%	0.0%	0.0%	0.0%	0.0%	0.0%	0.0%	0.0%
		高中或中专	0.0%	0.0%	0.0%	0.0%	0.0%	0.0%	0.0%	0.0%	0.0%

续表

			导游员最佳讲解技巧								
			知识型	艺术型	趣味型	发挥型	引导型	说明型	概括型	重点型	合计
			行百分比	行百分比	行百分比	行百分比	行百分比	行百分比	行百分比	行百分比	行百分比
导游团队七	受教育程度	大专	25.0%	25.0%	0.0%	0.0%	0.0%	25.0%	25.0%	0.0%	100.0%
		本科	11.1%	11.1%	18.5%	7.4%	18.5%	11.1%	11.1%	11.1%	100.0%
		研究生及以上	22.2%	11.1%	33.3%	11.1%	11.1%	0.0%	11.1%	0.0%	100.0%
		小学	100.0%	0.0%	0.0%	0.0%	0.0%	0.0%	0.0%	0.0%	100.0%
导游团队八	受教育程度	初中	0.0%	0.0%	0.0%	0.0%	0.0%	0.0%	0.0%	0.0%	0.0%
		高中或中专	0.0%	0.0%	0.0%	0.0%	0.0%	0.0%	0.0%	0.0%	0.0%
		大专	20.0%	10.0%	30.0%	30.0%	10.0%	0.0%	0.0%	0.0%	100.0%
		本科	13.0%	4.3%	26.1%	21.7%	4.3%	13.0%	4.3%	13.0%	100.0%
		研究生及以上	13.3%	26.7%	13.3%	26.7%	0.0%	13.3%	6.7%	0.0%	100.0%

（四）其他互动语境下的导游员话语模式分析——一种质性分析

1. 欢迎互动语境下的导游员最佳话语模式

互动场景：导游员与旅游团队游客初次见面；话语意图：连接导游员和游客双方关系，开启导游工作。

总的来说，欢迎情境下，导游员的欢迎词具有导通连接双方关系、使导游员讲解、游客旅游体验顺利进行的作用。

为了叙述的方便，我们对收集的八份导游员话语资料进行编号，与前文的定量分析相对应，分别为 01 号到 08 号。首先，我们对八份导游员的开场词进行一级编码，即通常意义上的开放式登录。在开放式登录中，我们找到了被调查导游员在其开场词中所使用的很多本土概念，如下：01：欢迎、大家、宁波、朋友、代表所在旅行社表示欢迎、衷心、自我介绍、服务、满意、不满意、承诺、介绍司机；02：问候、大家、大家好、旅途辛苦了、代表所在旅行社表示欢迎、北京、客人、大连、滨城、观光旅游、自我介绍、要求、承诺；03：大家、辛苦了、热烈、内蒙古、滨城、大连、观光旅游、非常高兴、朋友、荣幸、导游讲解、代表旅行社表示欢迎、热烈、自我介绍、介绍司机、服务、缘分、意见、承诺、祝愿；04：常州、朋友、大家、问候、代表所在旅行社欢迎、热烈、自我介绍、介绍司机、大连、祝福；06：大家好、缘分、大连、道歉、自我介绍、所在旅行社。

那么，以上这些一级编码中是否存在着一定的相关性呢？我们在一级编码的基础上，进一步进行关联式登录，即对资料进行二级编码。这时，毫不奇怪，我们发现导游员的开场词中存在着一些主要类属，包括：①称谓语：朋友、客人、大家；②问候语：大家旅途辛苦了、大家好、辛苦了；③欢迎语：欢迎、代表所在旅行社表示欢迎；④寒暄语：宁波、北京、内蒙古、常州、大连、滨城；⑤介绍语：介绍自己、介绍司机；⑥祝福语；⑦承诺语：要求、承诺、意见、服务、满意、不满意、导游讲解。分别用阿拉伯数字代表这种类属在不同导游员开场词中出现的次数，如表 4-15 所示。

表 4-15　导游员开场词类属分布

	称谓语	问候语	欢迎语	寒暄语	介绍语	祝福语	承诺语
01	1	1	1	1	1	1	1
02	1	1	1	1	1	1	1
03	1	1	1	1	1	1	1
04	1	1	1	1	1	1	0
06	1	1	1	0	1	0	0

我们在前两级编码的基础上，对资料进行三级编码，即进行核心式登录，找出核心类属。由表 4-15 可知，称谓语、问候语和介绍语是每一份导游开场词中必不可少的类属，它们共同构成了导游员开场词中的核心类属。

最后，经过三级登录，比照我们所收集的原始资料，我们总结出以下结论：

导游员开场词的信息内容主要包括称谓语、问候语、欢迎语、寒暄语、介绍语、祝福语和承诺语等七项类属。其中称谓语、欢迎语和介绍语是作为一份完整的开场词必不可少的内容，其他四项内容的补充会使导游员的开场词更加丰满，给游客带来更好的体验，但是开场白一定要注重简洁性，如表4-15所示，每一份资料中，七个类属出现的次数最多为一次。

称谓语一般可分为三种类型，分别为交际关系型、套用尊称型和亲密关系型。实地观察中，我们发现导游员运用"各位朋友"这种亲密关系型的称谓语比较常见，其次是交际关系型的"各位团友"和"各位游客"，而套用尊称型的"先生们，女士们"的称谓语很少见。

寒暄语主要有问候型寒暄，言他式寒暄，触景生情式寒暄，夸赞式寒暄，攀认式寒暄和仰慕型寒暄等几种类型。被调查的导游员分别在开场情境中使用了问候式寒暄和攀认式寒暄两种。其中问候式寒暄，会让游客感觉非常亲切，容易对导游员产生好感。攀认型寒暄则在消除游客陌生感和拉近游客与导游员之间的距离方面效果特别明显，并且游客容易对导游员产生信任感。其他几种寒暄也比较常用，在开场辞中，一两句寒暄语可以顿时增强游客对导游员的好感。但是导游员一定要注意寒暄语的尺度和内容，万万不能喧宾夺主，以防过犹不及。

介绍语是开场辞中比较重要的一环，导游的自我介绍是向游客展示自己的一个重要手段，自我介绍好不好，直接关系到导游员给游客的第一印象，而第一印象的好坏直接影响到之后导游员与游客互动的质量。介绍的内容一般包括，导游本人的姓名，建议游客对自己的称呼。本研究认为导游对司机的介绍也应该包括在介绍语中，甚至这个介绍是必要的。原因在于，参团游客在大连这个旅游目的地旅游的过程中，主要以旅游大巴的交通方式进行游览，因此，旅游团队的司机是除了导游员以外，与游客接触最多的一线接待人员，并且由于司机，导游，旅行社的收入分配规定等问题，导致在游客的旅游过程中，司机和游客的非正式互动与游客的旅游体验之间存在着微妙的联系，所以，本研究认为在自我介绍中，附带着对司机的介绍，使游客对司机有一个比较良好的第一印象是有意义的，由此构成了完整的介绍语。常见的介绍语形式主要有自谦式、调侃式和简明式三种。

2. 计划外景点和购物点推销互动语境下的导游员最佳话语模式

互动场景：旅游全程中。话语意图：向游客推销计划外景点和购物点。

旅游团队的旅游项目主要有三种类型，计划内项目是指在旅游团的接待中明确规定的属于旅游团正常的计划项目。计划外项目是指在组团社接待计划中没有明确规定或限制的情况下，临时安排的景点游览以及购物项目。自由活动项目是指旅游团有一些自由活动的机会，旅游者利用这段时间进行自由的购物、景点游览以及娱乐项目。本研究主要对导游员对游客进行计划外景点以及购物点进行推销的互动情境下的导游员话语模式进行分析。

首先，在开放式登录中，我们找到了很多受访导游员使用的本土概念：01：请大家帮帮我、走一圈就行；02：自费项目、票价、挺精彩、表达自我见解、价钱比较、内容介绍、景点讲解、跟我下车、如果不去就自由活动、其他地方看不到、有一次、先尝后买、免费品尝、适合就买，不适合就不卖、价格、可以讲价、全国最大、比较、建议；03：对比、上次、价钱比较；04：景点讲解、表达自己见解、强迫、比较、不用害怕、没有强买强卖的、听听相关知识、请求配合；05：对比、讲解知识、讲故事、比较、低级趣味、景点讲解；07：如果午餐安排不开，就先去；08：不像海南那边、大连旅游市场管理、请大家帮忙。

根据以上本土概念，我们进行进一步的关联式登录，总结出以下类属：设身处地语、自我见解语、描述说明语、对比介绍语、强迫语、威胁语、低级趣味语、乞求帮忙语、直接说明语和举例语。其中，核心类属为介绍景点或购物点基本情况以及说明价钱。通过三级登录，我们总结出导游员对于计划外购物点和景点的推销性话语主要表现为三种模式：高压型话语模式、乞求型话语模式与无压型话语模式。

高压型话语模式是指导游员对游客死磨硬缠，疲劳轰炸，强求顾客进行计划外景点或购物点的消费。如强迫语和威胁语容易造成游客的不安，甚至引起游客的抵制情绪，会严重影响导游员和游客之间的互动关系，进一步严重损害游客的旅游体验质量。

乞求型话语模式是指导游员以低三下四的语气乞求游客进行计划外景点或购物点的消费。比如一些导游员在游览途中，不断地述说自己的"种种艰辛"作为铺垫，在推销时，则乞求游客的帮忙，这种话语不但影响游客旅游体验质量，而且也损害了导游员本身的形象。

无压型话语模式是指导游员在进行推销时，把自己放在和游客平等的位置上，在以无损游客旅游体验质量为前提的情况下进行推销。这种无压型话语模式可以起到两种作用：一种是"拉动"作用；另一种是"推动"作用。所谓的"拉动"是指激发游客的购买动机，刺激其购买欲望。描述说明语和对比介绍语就可以起到这种"拉动"作用。描述说明语通过讲解景点或者购物点的质高物美，新、奇、特等优势，非常容易引起游客的兴趣，并调动游客的积极性。对比介绍语有很多种，其中最常见的为价钱对比，对于大众旅游者来说，旅游消费仍是一个需要考虑的重要因素，所以，这种价格对比具有较大的拉动作用。虽然拉动作用的语言具有比较好的推销效果，但是导游员在语言运用过程中一定要掌握尺度，一些导游员在推销中使用一些低级趣味话语希望引起游客的兴趣，但是往往事与愿违，弄巧成拙。导游员通过"拉动"性话语激发了游客的购买欲望，"推动"作用的话语则可以最终完成推销任务。具有推动作用的导游员话语有很多，比如设身处地语，导游员设身处地地为顾客介绍如何挑选产品，如何砍价，这种以游客为中心的话语模式容易获得游客的好感和信赖。自我见解语表面上是阐述自己的见解，实际上是在给游客提出建议，语言含蓄而不生硬，很容易使游客接受并采纳，劝说效果较好。直接说明语，导游员把行业内部的关于计划外购物点或者景点的规定说给游客听，或者直接承诺都可以消除旅游者的后顾之忧。举例语，导游员举出一些例子可供游客参考，也是一种比较好的"推动"性话语。

3. 故障处理互动语境下的导游员最佳话语模式

互动场景：故障发生过程中或之后；话语意图：处理故障。

旅游者旅游过程中，总会出现各种各样的障碍矛盾。在突发事件面前，从容不迫、迅速组织语言，使问题得到妥善解决，是每一位导游员应当具备的一种语言能力。旅游故障是指在导游服务过程中发生的各种妨碍旅游活动顺利进行并可能或已经对游客或接待方造成损害的问题和事故。故障发生原因分为技术性故障和自然性故障。技术性故障是指由旅游接待方运行机制某方面出现问题而引起的故障。这类旅游故障有的是旅游接待环节出现差错或失误引起的。自然性故障是指由非人力所能预防和控制的原因所引起的故障。按性质分为问题性故障和事故性故障。问题性故障是指在旅游活动中出现矛盾、疑难所引起的故障。事故性故障是指造成了意外损失或灾难的故障。按故障涉及面的大小分为单一性故障和复合性故障。单一性故障是指涉及面比较狭小的故障。复合型故障是指涉及面较大的故障。由于受收集资料所限，本研究仅对技术性故障、问题性故障和单一性故障发生时，导游员处理障碍的话语模式进行分析。

在对原始资料进行了一级登录的基础上，我们总结出了如下关联性类属：道歉语、说明原因语、承担责任语、承诺补救措施语、攀认语和忽略语等。经过进一步的核心式登录，我们发现导游员在处理障碍情境下主要有被动障碍处理和主动障碍处理两种话语模式。

被动障碍处理话语模式。攀认语和忽略语都属于这种话语模式。忽略语是指导游员不正式面对发生的障碍，而是对问题进行规避，这就忽略了由于障碍发生所造成的游客情绪问题。另外，有些导游员和游客攀关系、讲交情，这种话语比较牵强。这种被动障碍处理话语模式这直接影响到游客的旅游体验质量，容易给游客的旅游体验质量造成负面影响。

主动障碍处理话语模式。道歉语，只要不是由于游客原因而产生的故障，即旅游接待方原因引发的故障，导游员都应该积极真诚的道歉。承担责任语，当障碍是由于游客原因而引起的时候，导游应该主动承担责任，这样的话语为游客挽回了声誉，提高了旅游体验质量。说明原因语也是必要的，这样的做法能够提高透明度，可以取得游客的谅解。承诺补救措施语也是主动障碍处理话语模式中比较重要的一点。导游员主动障碍处理话语的运用很可能会使游客的旅游体验质量比没有遭遇障碍时还要高。

4. 事先提示互动语境下的导游员最佳话语模式

互动场景：故障发生前；话语意图：避免发生故障。

事先提示语是指在故障发生前，导游员对游客的一种告诫、叮嘱和劝说，目的在于避免事故发生，保证游客安全，顺利完成旅游项目。在以及登录的基础上，我们得到以下关联性类属：说服语、疏导语、恐吓语、撇清责任语、说明后果语、举例语以及提出建议与等。经过总结，我们认为导游员在事先提示情境中主要有两种话语模式。

正面提示话语模式。正面提示话语模式可分为积极的正面提示和消极的正面提示语两种。导游员对游客直陈道理，在讲道理时因势利导，层层深入，一步一步逼近主题。像说服语、疏导语和说明后果语等都属于积极正面提示语。说服语侧重摆事实、讲道理的正面教育，内容一般较为完整和丰富。疏导则侧重对疑难问题的解答，特别是当游客在对某一事件、问题想不通时，导游员的一番话要使游客情通理顺，心悦诚服。说明后果语的运用一定要注意分寸，导游员可以对可能产生的后果，实事求是地告知给游客，以便使游客提高警惕性，但是如果导游员为了达到目的过分或者夸张的说明后果，则使这种说明变成了恐吓语，就从积极的正面提示变成了消极的正面提示，属于消极正面提示的话语还有撇清责任语。

直话曲说话语模式。导游员通过曲折含蓄的语言，把自己的意见、思想暗示给游客，以达到提示的目的。提出建议语和举例语都属于这种话语模式。

5. 欢送互动语境下的导游员最佳话语模式

互动场景：导游员送别游客；话语意图：送别游客。

优秀的导游员欢送词在某种程度上可以进一步提升游客的旅游体验质量，甚至可以弥补游客在旅游过程中的不悦，从而扭转游客低下的旅游体验。因此，虽然欢送情境是导游员和游客互动的节点，但是对导游员的结束辞话语模式分析也是十分必要的。

首先对原始资料进行一级编码。受访导游员所使用的本土概念分别为：01：缘分、谢谢、这两天、配合、工作、一路顺风、再来大连；02：再见、感谢、几天来、支持、工作、一路顺风、事事顺心、导游工作、不足、道歉、再来大连、乐意服务；03：两天、句号、收获、景点、特产、美好、愉快的形成、印象、宣传、再次欢迎、感谢、工作的配合和支持、结束、歌曲、一路顺风。

然后，在进行关联式登录时，我们总结出了以下主要类属：感谢语：感谢游客对导游工作的配合和支持。总结收获语：旅游者旅游美好体验、旅游收获；道歉语：导游工作的不足；再次欢迎语：游客本人故地重游、鼓励游客宣传；祝福语：游客归途顺利、祝福游客今后的生活顺利；用歌曲送别；其中，感谢语、祝福语和再次欢迎语是欢送词的核心类属，如表 4-16 所示。

表 4-16　导游员欢送辞不同类属分布

	感谢语	祝福语	道歉语	再次欢迎语	总结收获语
01	1	1	0	1	0
02	1	1	1	1	0
03	1	1	0	1	1

导游员的欢送词一般包括感谢语、祝福语、道歉语、总结收获语和再次欢迎语五项类属。其中，感谢语、祝福语和再次欢迎语是一份欢送词当中必不可少的三个部分。

导游员可以在两种情况下使用道歉语，一种情况是导游员意识到了确实在游客旅游过程中，因为导游员过错而出现的一些令游客不满意的事情，在游客在旅游目的地的旅游即将结束的时候，导游员真诚地道歉，容易得到游客的谅解，从而弥补游客心中的不足，甚至有时候会使游客因导游员敢于面对事实和承担责任，而产生更高的旅游体验，由此可见结束情境下，导游员道歉语的重要性。另一种情况是导游员并没有真正意识到自己的错误，这种道歉语是一种自谦的说法。即使导游员并没有意识到自己存在着明显的服务过失，但是由于游客旅游体验是一个复杂的心理过程，导游员很难做到十全十美，使所有游客满意，所以这种自谦的道歉也是必要的。

虽然不是导游员欢送词中的核心类属，但是总结收获语通过总结游览内容，突出强调游览要点，往往可以把游客的这次旅游经历加以总结和提升，帮助游客对这次旅游有一个全面的评价，这在提升旅游者体验质量和帮助旅游者回味旅游经历中都具有重要作用。

祝福语包括对游客回程旅途的祝福，也包括对游客今后工作、学习和生活的祝福。部分导游员用歌曲作为对游客的送别和祝福，极大地提升了游客的旅游体验。所以，演唱歌曲也是一种非常好的祝福方式，但是，一定要注意曲目的选择，必须符合当时的气氛并且有意义。

第四节　研究结论

本研究通过对导游员和旅游者进行调查，并在对调查所得资料进行分析的基础上得出以下研究结论，并提出了相关建议：

一、游客的"旅游目的"存在差异但较为集中

大体上，游客来大连旅游的目的主要为城市"购物、娱乐""观赏风景名

胜"和"商务、专业访问",说明大连在这三个方面的旅游项目是比较具有优势的,已经形成了以这类项目为核心的市场吸引力。另外,不同教育水平的游客的旅游目的存在差异,以观赏风景名胜为主要旅游目的的游客中,学历较低的游客要多于学历较高的游客,主要原因在于大连的这类景点的性质往往是大众性的娱乐型观光景点。同时,教育水平较低的游客,他们的旅游目的较为集中,相对而言,教育水平越高的游客,他们的旅游目的并不局限于单一某一个目的,而是多个目的相互交融。因此,旅行社在设计旅游线路时也应该因人而异,如果接待教育水平较低的游客,则应该尽量设计一些能够为游客带来"审美愉悦"的旅游项目。同时,针对教育水平较高的游客,旅行社则应该尽可能地满足其多方面的旅游需求。

二、游客"参团旅游"的原因比较集中

绝大多数游客由于"行动方便、减少麻烦"和"导游员讲解、游览效果好"这两个原因,选择参加旅游团旅游。也就是说,游客在旅游正式开始之前,"方便性"和"导游员"因素就已经纳入了游客的视野,成为能够影响旅游决策的重要因素。相比之下,费用、时间、安全性和同行旅游者的互动等因素则并非是促成参团旅游决策的关键性影响因素。我们可以这样理解,旅游者在旅游过程中,如果可以从旅游团队中得到较多的方便性和较高质量的导游员讲解,那么他们会肯定自己决策的正确性,并极有可能在下一次重复这种"参团旅游"决策,如若不然,他们则很有可能在下次旅游时改变这种决策或选择其他旅行社。依据这一基本发现,旅行社可以在宣传时,着重宣传其服务能够为游客带来极大的方便性,以及其导游员能够为游客带来高质量的旅游体验,这些对游客的关键吸引点的宣传可以增强旅行社的竞争力,但是切忌虚假宣传,旅行社必须真正地不断完善自身的服务流程,不断提高其导游员的服务质量才能真正形成其他竞争对手无法比拟的核心竞争力,才能在竞争中立于不败之地。

另外,不同教育水平游客的主要参团原因也有所区别。教育水平较低的游客认为导游员讲解、游览效果好是他们参加旅游团队最主要的原因,而学历较高的游客则主要因为参加旅游团可以行动方便、减少麻烦,二者形成鲜明的对比。也就是说,高质量的导游员讲解将为教育水平较低的游客带来更高质量

的旅游体验，而旅游目的地接待方，包括接团旅行社和地陪导游对旅行生活的顺利安排，减少游客不必要的麻烦则会使学历较高的游客获得较高的旅游体验。

三、"干涉变量"是影响旅游体验质量的关键因素

游客对其在大连的旅游体验评价总体上比较高，调查结果表明"住宿和交通质量"和"景观价值高低"是影响旅游体验质量的关键性因素。这两项内容都属于 Ryan（2002）的影响旅游体验质量的"干涉变量"，这也说明，目前，"干涉变量"对参团来大连旅游的旅游者的旅游体验质量的影响是比较关键的。但是，这项发现与 Ryan（2002）所认为的"此模型的核心在于对旅游地的感知和体验，以及在那里发生的互动"，即认为旅游目的地的互动是影响旅游体验质量的关键因素的观点并不相符。

四、"导游员"是影响旅游体验质量的关键互动对象

调查发现，绝大多数游客认为"导游员"是影响他们旅游体验质量的关键性互动对象。所以在"导游员""同行旅游者"和"旅游目的地居民"这三个与旅游者主要互动群体中，本研究选择"导游员"群体作为研究对象，这也再一次证明本研究的意义所在。同时，导游员作为一种语言社群，由于长期职业原因，导游员的话语形成了一种狭义的语域。调查结果表明，导游员口语是这种语域中能够影响旅游者旅游体验质量的关键语言类型。不同团队的游客对其地陪导游员的总体评价与其本次旅游体验的总体评价之间存在着极大的正相关性。

游客对于大连地陪导游员的总体评价也是比较高的，但是不同导游团队的游客对其地陪导游员的评价存在着差异。把游客对本地陪导游员的评价表与游客本次旅游的评价表进行对比，二者存在惊人的相关性。本次旅游体验质量最高的团队，游客对其地陪导游的评价也是各个团队中最高的。而对地陪导游评价最差的三个团队，相应地，他们对本次旅游体验的总体评价也是最低的。这也从一个侧面暗示了导游员作为一个互动群体与旅游者互动质量是影响旅游者旅游体验质量的一个重要因素。

五、景点游览互动语境下的最佳导游员话语模式

本项研究从导游员最佳口语表达方式、最佳话语节奏、最佳话语表达方式、最佳话语表达手法、最佳话语表达风格以及最佳讲解技巧六个维度分别对最佳导游员讲解话语进行调查分析，总体来说，表4–17中的话语模式为最佳导游员话语模式。表4–17仅仅能够代表游客总体上对于最佳导游员话语模式的倾向，然而随着游客人数统计特征、具体情境或者导游员的不同，能够给旅游者带来最佳旅游体验质量的最佳导游员话语模式也存在着相应的差异。

表 4–17　景点游览互动语境下的导游员最佳话语模式

最佳口语 表达方式	最佳话语节奏	最佳话语 表达方式	最佳话语 表达手法	最佳话语 表达风格	最佳讲解技巧
独白式与对话式相结合	弱板式	描绘	明快型	诙谐幽默型	趣味型

六、不同教育水平的游客所倾向的最佳导游员讲解技巧

从总体上看，除了小学教育水平外，其他各个教育水平的人群中，选择最佳导游员讲解技巧为趣味型讲解技巧。而小学教育水平的游客则选择艺术型讲解技巧，即描述、引用、创新的为最多。教育水平较高的游客，比较倾向于导游员能够综合运用多种讲解技巧。随着教育水平的降低，导游员的艺术型讲解技巧越受到游客的喜爱。相对于其他教育水平的群体，大专和本科这两个受教育程度的游客群体更注重导游员讲授专业、阐述见解的讲解技巧，知识的获取会给他们带来更好的旅游体验。如借景抒情、制造联线、由点及面的导游员发挥型讲解技巧可以给学历最高的研究生及以上的游客群体带来较佳的旅游体验。不同受教育水平的游客群体对于引导型讲解模式的关注居中，所占比重比较平均。说明性和概括性的讲解技巧分布得也比较均匀，但是都属于各个教育水平群体中选择比重最小的三位。重点讲解技巧在不同教育水平的游客群体中呈现出正态分布。

第五章

东西方游客对中国文化景观的符号认知差异

第一节　问题与假设

一、问题的界定

作为东方文化典型代表形式的中国文化，在很早的历史时期就已经被纳入到跨文化交流的框架之下。远在秦汉，就有国人以使节身份访问西亚甚至欧洲，而民间的丝绸之路则更是输送文化的通途。及至唐宋以后，中国文化已经成了西方社会十分关注的现象。不过，与今天以多种方式——尤其是旅游方式——实现东西方文化的沟通、交流不同的是，在古代，中国文化能够为西方人所接触，主要是通过为数寥寥的精英人士的官方访问或者广泛的贸易活动实现的。在这种情况下，中国文化作为一种景观形态，很少有机会直接呈现在西方普通人的面前。

今天，中国文化的魅力已经以显著的景观形态呈现在西方普通游客面前。由悠久历史所孕育出的中华文明瑰宝或昭然显形于建筑、雕刻、绘画、戏曲等人为之物，或含蓄寄情于雄山、秀水、花草、虫鱼等天开之体，假今人之手，化身为难以尽数的中国文化景观，并成为西方游客趋之若鹜的观赏对象。这些中国文化景观都作为中国文化的表征形式，不是建立在时空的因果临近关系或肖似性的基础之上，而是依赖于中国文化背景下的社会群体的约定，为了表征对象，人们甚至可以创造出现实世界中原来并不存在的事物。究其本质，这些文化景观本身就是一系列的符号，符号的能指通过人为约定来表征所指。作为旅游吸引物，它们也是旅游中的符号；游客以旅游的方式或姿态对文化景观进行观赏，则包含着一个对符号进行解读的过程。

中国文化景观作为一种物质存在，或者说作为符号的能指，是客观的。而对于这些文化景观所进行的认知，即对符号的所指的解读，却是主观的。仅以国粹京剧为例，生旦净末，唱念做打，一台台大戏好不热闹，而台下观众的反映迥异：或摇头晃脑手指击节似酒神般迷醉，或满面困顿强打精神不解那咿咿呀呀究竟唱出了什么，更有不懂汉语、不通音律的外国人，连故事演的是哪一出都不知道却叫好连连。于游客而言，对文化景观这种符号的主观认知更可谓仁者见仁，智者见智，认知差异的存在具有必然性。这种对符号能指的认知差异的存在，又必然影响游客的旅游体验。正如本书第一章所言，对中国文化景观符号所象征的文化意义的不完全解读必将使旅游体验大打折扣，而误读则有可能彻底颠覆符号本应带给游客的愉悦；认知的差异还将进一步影响旅游景观的设计与营销、相关理论的创建与深化，甚至于一个国家、民族的文化传播。无论对于旅游实践工作者还是旅游理论研究者，确定游客对于中国文化景观符号通过象征的方式所表达的"能指"的认知是什么、差异表现在哪些方面，都是十分重要而且必要的。因此，本项研究立足于"文化景观、符号、认知、差异"这样几个关键词，力求在较深的程度上，能将这一问题厘清头绪。

符号的认知差异受政治、经济、文化等诸多因素的影响，但对游客群体而言，文化和某种特定人群的行为模式的关系极为密切（Bagby，1953；Barnlund和 Araki，1985；Lundberg等，1968；Merrill，1965；Spradley，1972），文化决定人的行为（Barnlund和Araki，1985；Parsons和Shils，1951；Peterson，1979；Potter，1989），在解释人类行为时必须考虑文化的影响（Nisbet，1970）。因此，笔者便从不同文化背景的游客入手，来研究游客对于文化景观符号的认知差异。

另一方面，不可否认的是，即使来自于相同文化背景的游客，其对同一文化景观符号的认知也会存在差异，但这种差异不会是根本性、颠覆性的，存在着某种程度上趋同；而来自于不同文化背景的游客，其认知的差异就更加显而易见，这种差异往往在价值观、对符号能指认知的角度、对符号能指所象征的文化含义的解读上存着在本质上的不同。这样说来，对文化的认知差异的存在是没有争议的，但是，这种对文化景观符号的认知差异到底是什么，特别是不同文化背景的游客对同一文化景观符号的认知差异到底是什么，鲜有研究涉猎，本研究最终将着力研究不同文化背景下的游客对中国文化景观符号的认知是什么、差异体现在哪里。

文化可以被看作是人的群体之间的差异性体现，这意味着，具有不同文化的不同人群将以不同的方式行事，以不同的方式认识世界（Potter，1989）。从全球范围来看，最具代表性的两大文化类型即东方文化与西方文化。东方文化以华夏文明的进程为主脉，在发展中对其他东方文明不断进行融合；而西方文化则是古希腊、古罗马、古克里特文明的综合传承，在超越式的发展中不断前进。无论从意识形态、价值观还是从信仰、行为的角度来看，东西方文化都存在着本质上的不同。因此本文选取全球范围内最具代表性的两种文化背景下的游客，研究他们对中国文化景观的符号学认知。

　　因此，本文所要研究的问题是：东西方文化背景下的游客对中国文化景观符号的认知是什么？差异体现在哪里？具体包括下列假设（见图5-1）。

· 假设1：游客对文化景观符号的认知存在差异；
· 假设2：文化背景决定着游客对文化景观符号的认知；
· 假设3：不同文化背景的游客对文化景观符号的认知存在明显差异；
· 假设4：东西方文化背景下的游客对中国文化景观符号的认知存在明显差异。

　　受文化景观数量、笔者的研究能力、本研究的规模等多方面因素的限制，本研究无法对浩如烟海的中国文化景观符号一一涉猎，只能择其要者，以得其大概为满足。这样做的理由，还在于本研究作为一个初步的尝试，也重在示人以方法和视角，既不能求其全，亦不敢望其深。因此，本研究将在设定上述4个假设的前提下，确定东西方游客对标志性中国文化景观符号的认知到底是什么，对认知的结果进行分析、对比，以确定是否存在差异；如果存在差异，这种差异是如何体现的。

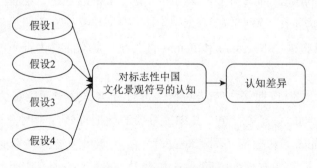

图 5-1　研究的假设模型

二、范畴的界定

（一）符号与象征

本书的第一章已就符号的基本含义和类型有所介绍，这里仅从本研究的角度做一些补充。在英语中，symbol 和 sign 具有同义性，symbol 源自希腊文 symblon，基本意义是记号、标志、标记；sign 源自拉丁文，基本意义也是记号、标志、标记，二者都可以译为"符号"。早期的符号定义使用的是 sign 这一术语，西方学术界（以瑞士语言学家 Ferdinand de Saussure，1857—1913，和美国哲学家 Charles Sanders Peirce，1839—1914 为代表）将符号定义为能指和所指的二元关系或是能指、所指和意指的三元关系。任何符号都是二元或三元的关系，在本质上是对同一事物的不同表述，理论上并不存在矛盾之处。而在英语学术用语中，symbol 比 sign 更常见，二者的使用具有随意性。当西方社会科学的概念 symbol 引入中国时，在翻译上便出现了"符号"与"象征"之争。

在哲学上，黑格尔认为象征（symbol）一般是直接呈现于感性观照的一种现成的外在事物，对这种外在事物并不直接就它本身来看，而是就它所暗示的一种较广泛较普遍的意义来看。这在一定程度上已经指出了象征与符号的关系，即象征是把外界存在的某种具体的事物，当作符号，用来表现某种抽象的思想内容，即意蕴。在符号学研究领域，20 世纪 70 年代，苏联符号学家 Bakhtin 提出"象征 = 符号"的观点，认为任何一个物体都可以作为某个东西的形象被接受，此时，这一物体已不再是物质现实的一部分，它反映和折射着另外一个现实，在这种情况下，物体转换成了符号 / 象征。无论是符号包含着象征还是象征包含着符号，都说明了象征与符号有着紧密的联系，笔者并不完全认同象征与符号的等同，特别是在汉语语境中，符号与象征有着明显的不同。在本研究中，笔者将采用 Saussure 和 Peirce 的观点，将象征视为符号的意指关系的一种。

从理论上可以按照多种方法对符号进行分类，其中影响最为深远的当属 Peirce 关于符号的三分法思想，其中最重要的是把符号分为图像符号（icon）、指索符号（index）和象征符号（symbol）三大类。这三种符号的类型迥然不同，但是，它们并非互斥的，同一个符号可以因人、因地、因时、因事的不同而归为不同的类别。文化景观属于典型的象征符号，通过社会的人为约定赋予符号以意义，本文将文化景观作为象征符号进行研究，着重研究的是哪些是代表性的符号，在此基础上对文化景观符号从旅游学的角度加以分析；其次，研究的重点将落在文化景观符号的所指上，在确定不同文化背景下的游客对符号的所指的认知的基础上，对比不同之处并进行深入探讨。

（二）文化

"文化就像是一只黑盒子，我们知道它就在那里，但却不知道里面装着什么"（Hofstede，1980）。"文化是包括知识、信仰、艺术、道德、法律、习俗以及人作为一名社会成员所获得的任何其他能力与习惯在内的综合体"（Tylor，1924）。这一定义强调了文化的包容性实质，也说明了文化对人作为社会成员所产生的影响。

可以说，文化强化了价值观（Dodd，1998）。文化的目的是为实现对于世界的组织而教导人们如何行事以及如何思想（Dodd，1998）；它帮助人们决定什么东西是恰当的和可取的、什么东西是不可接受的，它告诉人们什么是正确的、真实的、有价值的和重要的（Kraft，1978）；文化引导着人的生命历程，在思想、行为等诸多方面影响着人。文化是有关差异性的，而文化的差异则是显而易见的（Wallerstein，1990）。文化可以被称为人的群体之间的差异性，这些不同的人群以不同的方式去行事，以不同的方式去认识世界（Potter，1989）。文化将人们维系在一起（Dodd，1998），并且使这一人群具有独特的识别特征，同一文化的成员享有类似的思想与体验。

在我们这个星球上，古老的中国文化是与西方文化距离最远的文化，说距离最远，不仅就地理位置而言，而且是就两种文化之间的陌生感而言（赵林，2005）。在世界文明发展史中，西方文明与中华文明各据一方，将地球划分为两个最大的文明轴心区，各自有自己的影响范围和势力边界。中国文化的形成，是以华夏文化来改变、同化蛮夷文化。自黄河流域中下游形成所谓华夏文化圈之始，中国文化基本上循着一条"以夏变夷"的路线发展下来；秦汉以后，各种异质文化在中国主体文化——儒家文化面前不是被同化、就是被排拒；而每次蛮夷入侵中原的结果，都是彪悍的征服者反过来被华夏文化所同化。即便是来自异域的一些高级文化，如佛教、伊斯兰教、基督教等宗教进入中国以后，也面临着被改造的命运。外来民族和外来文化都在潜移默化的过程中脱胎换骨，融入以儒家文化为主体的华夏文化之中。中国文化又对日本、韩国以及东南亚诸国产生了深远的影响，形成了东方文明系统。印度虽然也是东方文明的发源地，但是历史上发生多次外族的入侵，美索不达米亚和伊朗文化大量涌入，希腊罗马文化也对印度文化产生了巨大的影响，因而改变了印度文化的纯粹性。因此，本研究将东方文化界定为以中国文化为核心、与西方文化泾渭分明的文明系统。

西方文化的发展模式与中国文化截然不同，它至少有三种传统：希腊的、罗马的和基督教的，这三种传统之间的差异非常大。希腊文化以对人性的尊重和对知识的追求为特点，罗马文化以对功利的热爱和对世俗享乐的追逐为特点，基督教文化以对现实生活的批判和对理想主义的向往为特点，这三个文化传统之间的关系是一种相互否定和彼此超越的关系，每一种文化虽然多多少少吸取了以前文化的一些因素，但是从总体上看，却是以一种全新的面貌呈现于历史之中。到了近代，西方各种传统文化中相互对立的东西，都以一种互补的形式融合在一起，表现为一种不同文化因子相互渗透、相互补充的"融合更新"模式，导致了文化上的"杂交优势"。

本研究选取代表性的中国文化景观符号作为分析单位，其中有一个文化背景决定对文化景观符号的认知的假设，以此来比较西方文化背景下的游客对中国文化景观的认知差异。

（三）文化景观

景观一词源于 landscape，后成为地理学科的名词之一，被解释为一般自然综合体，而景观学派更是把它看成由诸多自然要素构成的物体和现象完整而有规律地组合在一起的地表地段。但是，目前景观的概念已有所发展，是指由自然的和人文的地理事物和现象有规律地组合而形成的地域综合体。越来越多的学者提出，景观既包括自然的，也包括人文的，由此打破了景观的固有范畴。

19 世纪下半叶，德国地理学家 F. Ratzel 在其《人类地理学》一书中，第一次提出了文化景观（当时称为历史景观）的概念，并强调了种族、语言和宗教景观的研究以及文化传播的意义。此后，大量学者对文化景观的定义进行了探讨，但是，这一概念始终没有摆脱自然的影响，也与地理学的发展紧密联系。进入 20 世纪后，对文化景观的认识上越来越注重"人"的作用，并发现了文化在文化景观中的沉积叠置。与此相应，吴必虎的文化景观的定义是：文化景观是文化在空间上的反映，是一种落实于地球表层的文化地理创造物（吴必虎，2004）。

按照通行的划分，旅游景观可以分为自然景观和人文景观。自然景观必须以一定的自然存在为基础，基本属资源依托型；而人文景观既可以依托一定的人文资源而存在，也可以是直接为旅游而开发的主题公园之类的景观形式。而在自然景观和人文景观之间其实存在着一条可沟通的桥梁。结合对文化景观的定义，笔者将本研究的文化景观的范围界定为：人文景观以及含有文化意味的自然景观。文化景观既可以是有形的，如建筑、服饰等，也可以是无形的，如音乐、习俗等；既可以是静态的，如器物、山石等，也可以是动态的，如舞蹈、戏曲等。

由于文化景观都反映了一定的文化含义，景观本身即是能指，所表达的文化含义即是所指，文化景观就是能指与所指的二元关系，即符号。例如，中国的"龙"往往依托于建筑、服饰、绘画等介质显形，成为一种文化景观，即符号，那种奇特的动物形象是符号的能指，作为中华民族的象征是符号的所指。本研究即遵循此思路，对东西方游客对中国文化景观符号的认知，即对符号所指的解读及其差异，进行对比研究。

（四）认知

认知（cognitive 或 cognition）来源于拉丁文 cognoscere，原意为知道或具有某方面的知识（John C.J，Ronald H.N.，1998），本来只是心理学中的一个术语。而美国心理学家霍斯顿等人在对众多关于认知的见解进行归纳时，提出了"认知是心理上的符号运算"的观点。从符号学的意义上说，认知是一种符号行为，是人们获取知识的符号操作。任何认知过程都是先把信息符号化，然后操纵和处理符号，即人通过感官接受信息，经过处理，使之转化为能代表外界事物的内部符号，并贮存在头脑中，然后再经过一系列处理，将内部符号（概念和观念）转化为外部符号（语言或行为），成为输出信息，对刺激做出特定反应。

　　认知作为一种符号行为，最终的目的是为了获取知识——去探求客观事物的有关讯息。讯息附着于载体之上，即符号的所指附着于符号的能指之上。人们通过符号的形体（能指）来获取符号对象的有关讯息（所指）的过程便是认知。

　　从构成上看，文化也是一种符号系统，德国哲学家卡西尔认为，文化是人类创造的符号表意系统。文化景观是文化意义的一种载体，即符号，在此意义上，人类通过游览文化景观获取文化意义的过程就是对符号的认知过程，即通过能指来获取附着于符号之上的所指，而不同的人，特别是不同文化背景下的游客，通过符号形体——中国文化景观来获取讯息的结果是不同的，即认知的结果是有差异的。因此，本文的研究重点即通过选取两种典型文化背景下的游客，研究他们对中国文化景观符号的能指的认知结果——所指的差异。

第二节　资料收集

　　本研究的对象是中国文化景观符号，符号的能指是中国文化景观，符号的所指是东西方文化背景下的游客对中国文化景观符号的认知，符号的能指和所指通过中国社会文化群体的约定而结合起来，形成象征符号。因此，本研究既不是研究中国文化景观，也不是研究东西方的游客，而是研究中国文化景观与东西方游客的认知所构成的二元关系——中国文化景观符号。

一、中国文化景观的样本确定

　　为了确定分析单位，笔者在对旅游研究者、在校大学生、多国留学生、资深旅游者进行预调查的基础上，确定了 86 处标志性中国旅游景观，将与之相关的共计 187 幅图片整理成册，以便在访谈中向受访者出示。为了避免图册尚存缺漏以及限制受访者思维，在访谈的过程中，笔者一般是在访谈者自行思考、列举标志性中国文化景观之后再出示图册。

　　笔者所列举的 86 处标志性中国文化景观分类如图 5-1 所示：

表 5-1　标志性中国文化景观

人文景观	长城 / Great Wall	故宫 / Forbidden City
	兵马俑 / Terracotta Warriors and Horses	天坛 / The Temple of Heaven
	颐和园 / Summer Palace	承德避暑山庄 / Imperial Summer Resort
	天安门广场 / Tiananmen Square	都江堰 / Dujiangyan Dam
	龙门石窟 / Longmen Grottoes	云冈石窟 / Yungang Grottoes
	莫高窟 / Mogao Caves	大足石刻 / The Dazu Rock Carvings
	乐山大佛 / Leshan Giant Buddha	布达拉宫 / The Potala Palac
	丽江 / Lijiang	安塞腰鼓 / Ansai Drums
	皖南古村落 / Ancient Villages in Southern Anhui	平遥古城 / The Ancient City of Ping Yao
	苏州园林 / Suzhou Gardens	上海 / Shanghai
	祠堂 / Ancestral Temple	明清皇陵 / Mausoleum of the Ming and Qing Emperor
	四合院 / Central Courtyard	武当山古建筑群 / Ancient Building Complex in the Wudang Mountains
	太极图 / Taichi	龙 / Dragon
	京剧 / Bejing Opera	昆曲 / Kunqu Opera
	民乐 / Folk Music	川剧变脸 / Face off
	皮影戏 / Shadow Play	杂技 / Chinese Acrobatics
	舞狮 / Lion Dance	舞龙 / Dragon Dance
	灯笼 / Lantern	风筝 / Kite
	春联 / Spring Festival Scrolls	烟花爆竹 Fire Works·Firecracker
	中国结 / Chinese Knots	筷子 / Chopsticks
	中国菜 / Chinese Cuisines	茶叶 / Tea
	饺子 / Dumplings	火锅 / Hot-pot
	月饼 / Moon-cake	粽子 / Rice Dumplings
	文房四宝 / The Four Treasures of The Study	剪纸 / Paper-cut

续表

人文景观	门神画像 / Door God	年画 / New Year Paintings
	蜡染 / Batik	扎染 / Tie-dye
	少数民族服饰 / Costume	民族舞 / Folk Dance
	旗袍 / Cheong-sam	长袍马褂 / Traditional Chinese Long Gown
	脸谱 / Beijing Opera Make-ups	古典乐器（扬琴、二胡、古琴、琵琶等）/ Ancient Instrument
	书法 / Chinese Calligraphy	山水画 / Chinese Landscape Painting
	汉字 / Chinese Character	中药 / Chinese Medicine
	中医 / Chinese Medical	针灸 / Chinese Acupuncture
	中国功夫 / Chinese Kungfu	太极拳 / Taichi Quan
	孔子 / Confucius	老子 / Lao Tzu
	毛泽东 / Chairman Mao	邓小平 / Chairman Deng
	自行车大军 / Bicycle Kingdom	春运 / Passenger Transport during the Spring Festival
	聚餐 / Dinner Party	文化大革命 / The Culture Revolutiong
	红色旅游景观 / The Red Army's Long March	传统婚俗 / Chinese Traditional Wedding Customs
	春节 / Spring Festival Scrolls	那达慕大会 / Nadam Fair
自然景观	黄河 / Yellow River	长江 / Yangtse River
	武夷山 / Mount Wuyi	泰山 / Mount Taishan
	黄山 / Mount Huangshan	莲花 / Lotus
	牡丹 / Peony	梅兰竹菊 / Plum blossom · Orchis · Chrysanthemum · Bamboo;

　　一方面由于学术界对于文化景观的详细分类至今尚无一套公认的标准；另一方面，对于文化景观如何分类并不影响本文的研究结果，所以，笔者没有对备选的标志性中国文化景观按照一定的符号学标准刻意进行分类。表 5-1 中，因前文所述及的理由，将中国文化景观分为两大类——人文景观和含有文化意

味的自然景观,其中,人文景观既包括建筑、园林、居落,也包括社会风情、文化艺术,涉及范围广泛、景观数量较多。

在所列举的标志性文化景观中,一部分景观是确定的单体景观,如长城、故宫、天安门广场等,但是也有一部分景观是集合性的,没有确定对应的单体景观,这样的景观,笔者更看重的是其符号性,即剥离出这一类景观最核心的"能指",而现实中的符号对象可以千变万化,如龙、四合院、筷子、扎染等。另外一部分景观,如孔子、老子、毛泽东、邓小平,是指与他们相关的一类景观,如建筑、塑像、画像、故居、纪念堂、事件发生地等,这类符号的名称代表了符号核心价值所在。

二、游客样本的选择

本研究采取目的性抽样的方法来选取受访者,因此,要分别选择对中国文化景观有不同程度了解的游客,以便获得较为全面、深入的一手资料。为了实现这一目的,受访者必须在"游历""对中国、中国文化的了解程度"上有所区分。

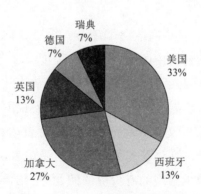

图5-2　西方文化背景受访者构成

在西方文化背景游客的选取上,以满足上述条件的高校西方外籍教师为主,最终选取的西方游客在中国的停留时间由一周到12年不等,游览经历由一次到10次以上不等;在东方文化背景游客的选取上,以满足上述条件的国内游客和日韩游客为主。最终,通过采取随机目的性抽样的方法,确定了东、西方文化背景下的受访者各15名。

　　如图 5-2 所示，西方文化背景下的受访者分别来自美国、加拿大、英国、西班牙、德国、和瑞典 6 个国家，最长在中国居住达 12 年，其中来自美国的受访者包括 2 名美籍韩裔人士，所有受访者均在国内进行过多次旅游活动。东方文化背景下的受访者分别来自中国、韩国、日本 3 个国家，以中国受访者为主，所有受访者均在国内进行过旅游活动（见图 5-3）。

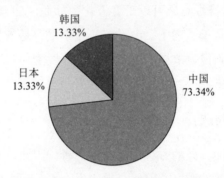

图 5-3　东方文化背景受访者构成

三、访谈设计

　　在访谈的设计上，主要包括三个环节。第一，向受访者提出开放式问题，从而初步了解受访者对中国文化的了解程度、确定受访者心目中的标志性中国文化景观，同时也尽量减少下一步向受访者出示图册对其思维的限制。第二，向受访者出示备选的 86 个中国文化景观相关图片，请其从中选择 10 个左右最能标志中国的文化景观，并请受访者表达其对所选择的景观所表达的内涵是如何认知的。在访谈的过程中，向受访者说明可以对所选择的景观进行补充，并对访谈中出现的有价值的问题进行适当追问，以获得充分的信息。第三，以开放式的问题了解受访者对相同文化背景内的游客对相关中国文化景观的认知的评价，以作为对研究内容的必要补充、提高研究结果的信度。

四、资料来源

　　在访谈的过程中对访谈进行录音，并对关键问题进行书面记录，对受访者的反应、肢体语言也进行相关记录，访谈结束后及时整理访谈记录，以获得翔实的一手资料。

本研究除通过访谈获得一手资料外，还需要借助于大量的二手资料。二手资料以文献资料为主，既包括相关领域的研究著述，也包括研究中所涉及的不同领域如建筑、戏曲、服饰、美术等领域的著述，资料以书籍、期刊、网络资料的形式为主。

第三节　资料分析

一、外国游客眼中的标志性中国文化景观

"中国太大了，每个地方都不一样，到过北京，你不能说自己到过'中国'；到过'上海'，你也不能说自己到过中国……你必须把这些地方都去了（受访者 W1 用手指着中国地图），才能算到过'中国'！"在收集研究资料时，我们经常从被调查者那里得到这样的反馈。事实的确如此，通过象征折射出五千年文明史的中国文化景观何止万千，但是，本研究仅通过访谈选取典型的、必要的、足够的标志性中国文化景观作为象征符号进行研究，最终通过理论上的深入分析，达到窥一斑而知全豹的目的。

对于标志性中国文化景观的确定，本研究主要采取向受访者出示图册的方式，辅助受访者选择，同时请受访者就缺失的标志性景观进行补充。但是，虑及图册会对受访者的思维造成一定的限制作用，因此，笔者在访谈之初、向受访者出示图册之前，首先以开放式的问题，调查受访者心目中的标志性中国文化景观。在访谈的过程中，通过短暂的思考（通常为 1~3 分钟），30 位受访者分别给出了 1~7 个他们认为印象最为深刻的、最能代表中国的标志性文化景观。经统计，受访者共给出 119 个答案，共计 33 处文化景观。其中西湖、少林寺、桂林、三峡、人民大会堂等文化景观不包含于本研究预先确定的 86 处标志性文化景观之内，如图 5-4 和表 5-2 所示。

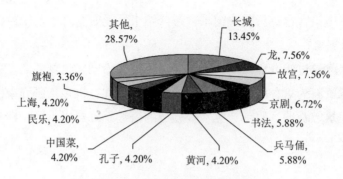

图 5-4　标志性中国文化景观初步统计

表 5-2　标志性中国文化景观初步统计表

文化景观	出现频数	频数累加（总）	东方游客出现频数	频数累加（东方）	西方游客出现频数	频数累加（西方）
长城	13.45%	13.45%	13.04%	13.04%	14.00%	14.00%
龙	7.56%	21.01%	8.70%	21.74%	6.00%	20.00%
故宫	7.56%	28.58%	5.80%	27.53%	10.00%	30.00%
京剧	6.72%	35.30%	4.35%	31.88%	10.00%	40.00%
书法	5.88%	41.18%	7.25%	39.13%	4.00%	44.00%
兵马俑	5.88%	47.06%	4.35%	43.47%	8.00%	52.00%
黄河	4.20%	51.27%	7.25%	50.72%	0.00%	52.00%
孔子	4.20%	55.47%	4.35%	55.07%	4.00%	56.00%
中国菜	4.20%	59.67%	2.90%	57.97%	6.00%	62.00%
民乐	4.20%	63.87%	2.90%	60.87%	6.00%	68.00%
上海	4.20%	68.07%	1.45%	62.32%	8.00%	76.00%
旗袍	3.36%	71.43%	4.35%	66.66%	2.00%	78.00%

　　除少数如长城、故宫、龙、京剧等几个文化景观的出现次数呈现出明显优势之外，绝大多数的文化景观在被选择数量上差距不大。另外，由于选择性抽样不可避免地存在误差，因此，很难就调查结果得出出现次数略高的文化景观比出现次数略低的文化景观更具标志性的结论。因此，本研究将文化景观的出

现频数、频数累加值、出现频数相邻近的两个文化景观的频数差值作为判断标准，即通过将文化景观的出现频数按照降序排列、频数累加值达到或接近70%、相邻频数差值较大进行判断，在此范围之内所包含的文化景观即为标志性中国文化景观。

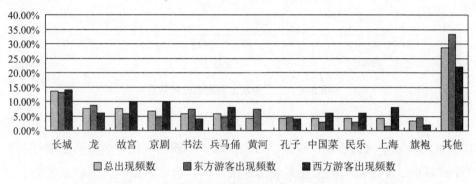

图5-5　标志性中国文化景观初步统计差异对比

　　按照此标准，访谈开放式问题下所确定的标志性中国文化景观为长城、故宫、龙、京剧、书法、兵马俑、黄河、孔子、中国菜、民乐、上海、旗袍等11处文化景观。其中，长城的出现频数占据绝对优势，在东西方游客的选择中均居于首位；而在其他文化景观的位次排列上，东西方游客却存在着较为明显的差异。此外，这11处文化景观在东方游客中的出现频数累加仅占66.66%，而在西方游客中则高达78%，从单项文化景观出现频数的对比上可以看出，东方游客对标志性景观的选择比较分散，而西方游客对标志性景观的选择则相对集中。考虑到研究本身存在误差的可能性，这一初步统计将不作为最终结果，而是确定最终结果的参考依据（见图5-5）。

　　在访谈中，笔者向受访者出示了由86处文化景观共计187幅图片组成的图册，请受访者通览所有图片以后，根据自己的判断至少选出5个中国标志性文化景观。经统计，30位受访者共给出335个答案，共计69处文化景观。部分受访者修正了自己在开放性问题中给出的答案或是在阅览图册的过程中联想到了新的答案，在最终的被选出的69处文化景观中，桂林、乌镇、秧歌等3处文化景观不包含于本研究预先确定的86处标志性文化景观之内。

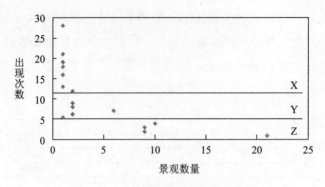

图 5-6　文化景观出现次数分布散点

　　从出现的频率上看，69 处文化景观在游客的选择中出现了 1 次至 28 次不等。从图 5-6 中可以看出，根据出现的次数，不同的文化景观很明显地分布于 3 个区域内。X 区域内的文化景观出现次数多，景观数量少，是游客选择十分集中的文化景观；Y 区域内的文化景观，出现次数相对较多，景观数量较少，是游客选择相对集中的文化景观；而 Z 区域内的文化景观，出现次数少，景观数量多，其中只出现一次的文化景观达到了 21 个，是游客选择较为分散的文化景观。但从出现次数上看，X、Y 区域内的文化景观的代表性要强于 Z 区域内的文化景观。

表 5-3　标志性中国文化景观统计表

文化景观	出现频数	频数累加（总）	东方游客出现频数	频数累加（东方）	西方游客出现频数	频数累加（西方）
长城	8.36%	8.36%	9.72%	9.72%	7.33%	7.33%
京剧	6.27%	14.63%	9.03%	18.75%	4.19%	11.52%
故宫	5.37%	20.00%	5.56%	24.30%	5.24%	16.75%
书法	4.78%	24.78%	6.25%	30.55%	3.66%	20.42%
兵马俑	4.78%	29.55%	3.47%	34.03%	5.76%	26.18%
龙	3.88%	33.43%	4.17%	38.19%	3.66%	29.84%
孔子	3.58%	37.02%	4.86%	43.05%	2.62%	32.46%
中国菜	3.58%	40.60%	3.47%	46.53%	3.66%	36.13%

续表

文化景观	出现频数	频数累加（总）	东方游客出现频数	频数累加（东方）	西方游客出现频数	频数累加（西方）
太极	2.69%	43.29%	1.39%	47.91%	3.66%	39.79%
筷子	2.69%	45.97%	0.00%	47.91%	4.71%	44.50%
中国结	2.39%	48.36%	2.78%	50.69%	2.09%	46.60%
黄河	2.39%	50.75%	2.08%	52.78%	2.62%	49.21%
上海	2.09%	52.84%	3.47%	56.25%	1.05%	50.26%
中国功夫	2.09%	54.93%	3.47%	59.72%	1.05%	51.31%
山水画	2.09%	57.02%	2.78%	62.50%	1.57%	52.88%
毛泽东	2.09%	59.11%	2.08%	64.58%	2.09%	54.97%
苏州园林	2.09%	61.20%	2.08%	66.66%	2.09%	57.07%
民乐	2.09%	63.29%	1.39%	68.05%	2.62%	59.69%
旗袍	1.79%	65.08%	2.78%	70.83%	1.05%	60.73%
天安门	1.79%	66.87%	1.39%	72.22%	2.09%	62.83%
舞龙	1.49%	68.36%	1.39%	73.61%	1.57%	64.40%
烟花爆竹	1.49%	69.85%	0.00%	73.61%	2.62%	67.02%

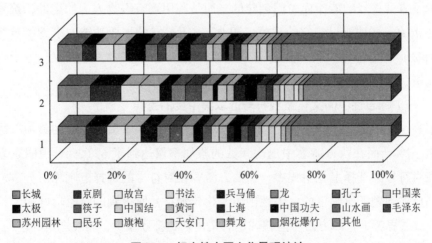

图 5-7　标志性中国文化景观统计

仍然按照前文所述的文化景观的出现频数、频数累加值、出现频数相邻近的两个文化景观的频数差值作为判断标准，即通过将文化景观的出现频数按照降序排列、频数累加值达到或接近 70%、相邻频数差值较大进行判断，将在此范围之内所包含的文化景观及为标志性中国文化景观。按照此标准，访谈所确定的标志性中国文化景观为长城、京剧、故宫、书法、兵马俑、龙、孔子、中国菜、太极、筷子、中国结等 22 处文化景观。其中，长城、京剧、故宫、书法、兵马俑、龙、孔子、中国菜等文化景观的出现频数占据绝对优势，在东西方游客的选择中均居于前列（见表 5-3 和图 5-7），这些文化景观也恰好分布于图 5-6 中的 X 区域内；太极、筷子、中国结、黄河、上海、中国功夫、山水画、毛泽东、苏州园林、民乐、旗袍、天安门、舞龙、烟花爆竹等文化景观的出现频数相对较高，这些文化景观全部分布于图 5-6 中的 Y 区域内。从图 5-6 中观察到的直观结果和经过计算判断的结果完全吻合。同时，访谈开放式问题下所确定的 11 处标志性中国文化景观全部包含于通过半结构化访谈所得到的结果中。因此，本研究最终通过访谈所确定的 22 处文化景观确定为标志性中国文化景观，即确定了所要进行认知的象征符号。

二、标志性中国文化景观符号的选择差异

毫无疑问，标志性中国文化景观都是象征符号，但是，这些符号的能指不是为了表征符号的能指而专门创建的，而是利用现有事物人为约定的，符号作为能指的表征功能只是它的"第二职业"，不是它的主要功能，事物本身所具有的功能才是它的"第一职业"，是主要功能。在本节中，笔者仅立足于符号的能指，探讨东西方游客在能指的选择上存在什么差异。

（一）标志性中国文化景观符号选取集中度的差异

表 5-3 中显示，标志性中国文化景观在东方游客中出现频数的累加率达到了 73.61%，而在西方游客中出现频数的累加率仅达到了 67.02%，说明东方游客在对符号的选择上相对集中，而西方游客在对符号的选择上则相对分散，这与开放式问题下所确定的标志性中国文化景观符号所得到的结论恰好相反。即在开放式思考下，西方游客能够确定的文化景观符号较少，而在图册的辅助下，却难以取舍；而东方游客在开放式思考下，能够确定的文化景观符号相对较多，

在图册的辅助下，能够更加有效地进行对比、取舍，最终选取的文化景观符号相对集中。

这一问题说明西方游客对中国文化景观的了解仍旧有限，从更深意义上进行挖掘，是对中国文化、甚至对中国的了解仍旧有限。即使改革开放已近30年，但是西方对中国、中国文化的了解，并非如人们想象中那样深入，在访谈中，甚至出现了这样的描述：

"我是6年前第一次来中国的，在我来之前，我的朋友一直劝我不要来，他们甚至说，中国到处都是警察，社会还是一片混乱，如果看到你是个外国人，恐怖分子会朝你开枪的！"（受访者W7，英国）

"我来中国之前，我对中国的印象大多是从电影中得到的，我知道，电影中不是真实的中国，但是，我只能靠电影中的场景去想象……没来到中国的时候，我以为在中国还有红卫兵，还能看到'文化大革命'的景象……两年前，我的妻子来中国探望朋友并在中国独自进行了两周的旅游，本来我非常担心，但是她回来后向我讲述的那些美好的故事，勾起了我对中国的向往，现在，我也在中国了，这里跟我想象的完全不同。"（受访者W10，加拿大）

"我去美国大概三十次了……在我看来，美国人对于中国的了解，在有华人聚居的地方相对较好。最近几年大陆已经有很多人去了美国，但是最早到美国的是中国南部沿海的广东人、福建人，从他们身上看到的中国人的形象都是长袍大褂的落后形象，远远代表不了现在的中国。目前，美国沿海城市已经有了很多大陆的'新新人类'，他们也带去了中国现在的发展、状态。但是，这仅限于沿海的边缘地带，而在内陆、在连亚洲人都很少的地区，他们只能通过一般的宣传来了解（中国），甚至是脑海里根深蒂固的影子。大概五年前，我去内陆的路易斯安娜，连亚洲、东方的吃的东西都不常见的地方，他们对中国的了解都很少。有一次中午跟客户吃饭，四五个美国人，他们很好奇地问我，中国人民是不是仍然生活在水深火热之中……即使到现在，美国内陆圈儿里面的那些人，对中国还是没什么了解。"（受访者E3，中国）

六年前、五年前、两年前的中国，与现在的中国，没有根本上的不同，但在西方对于中国的了解程度，仍然停留在较低水平之上。而同为东方背景的日本和韩国，则对中国了解相对深入：

"日本受中国文化的影响也是相当深的……我自己就接触过不少对中国文化有着相当深入了解的日本人……我在日本，好像是京都，有一个住友商社的株式会社，完全是青铜器制造的，我曾经去看过，当时感觉这完全就是中国的东西。"（受访者 E3，中国）

"来之前，有人也告诉我，中国有多么多么的不同，但是，我来到这里以后，完全没有格格不入的感觉，很多东西我都了解，没有陌生的感觉，除了说的语言不同，我感觉很舒服，好像没有出国一样。"（受访者 E12，日本）

"在韩国，有的时候还可以看到中国的文字，我在首尔还学过一些汉语，听，这是我非常喜欢的音乐（受访者用掌上电脑播放音乐），演奏这种音乐的乐器，和中国的那种古琴非常相似……"（受访者 E15，韩国）

东西方文化背景的游客在对中国、中国文化的了解程度上差异较大，而这种差异又作用于游客本身，使得他们在对标志性中国文化景观的选取上，呈现出了符号选取的集中度的差异，即东方游客对文化景观符号的选取相对集中，而西方游客对文化景观符号的选取则相对分散。

（二）标志性中国文化景观符号选取的重要程度差异

根据统计结果，长城以绝对优势居于标志性中国文化景观符号的首位，这也与通过开放式提问所得到的答案相吻合，证明长城无论在东方还是西方，都已经深入人心，成为中国的代表。此外，在排名较为靠前的文化景观符号中，东方与西方游客的选择表现出了明显的不同。西方游客更偏重于故宫、兵马俑这些实体符号，而东方游客则更注重京剧、书法这类艺术符号。

在西方游客的选择中位居第四位的"筷子"在总体排序中居于第十位，但是，事实上，东方游客中没有选取筷子作为标志性中国文化景观符号，仅由于西方游客选择的比例较高，使得筷子在总体排序中也居于前列，与此类似的还有烟花爆竹这一文化景观（见表5-4）。

孔子、龙、中国结、旗袍等象征着某种精神文化的文化景观更受东方游客重视，而民乐、舞龙、烟花爆竹等表现出了民族差异性的文化景观则更受西方游客重视。除民乐之外，所有艺术类符号（京剧、书法、山水画、民乐）在东方游客中受到的重视均高于西方游客，而实体符号则普遍更受西方游客重视。

表 5–4　标志性中国文化景观选择排序

序列	文化景观	出现频数	文化景观	东方游客出现频数	文化景观	西方游客出现频数
1	长城	8.36%	长城	9.72%	长城	7.33%
2	京剧	6.27%	京剧	9.03%	兵马俑	5.76%
3	故宫	5.37%	书法	6.25%	故宫	5.24%
4	书法	4.78%	故宫	5.56%	筷子	4.71%
5	兵马俑	4.78%	孔子	4.86%	京剧	4.19%
6	龙	3.88%	龙	4.17%	书法	3.66%
7	孔子	3.58%	兵马俑	3.47%	龙	3.66%
8	中国菜	3.58%	中国菜	3.47%	中国菜	3.66%
9	太极	2.69%	上海	3.47%	太极	3.66%
10	筷子	2.69%	中国功夫	3.47%	孔子	2.62%
11	中国结	2.39%	中国结	2.78%	黄河	2.62%
12	黄河	2.39%	山水画	2.78%	民乐	2.62%
13	上海	2.09%	旗袍	2.78%	烟花爆竹	2.62%
14	中国功夫	2.09%	黄河	2.08%	中国结	2.09%
15	山水画	2.09%	毛泽东	2.08%	毛泽东	2.09%
16	毛泽东	2.09%	苏州园林	2.08%	苏州园林	2.09%
17	苏州园林	2.09%	太极	1.39%	天安门	2.09%
18	民乐	2.09%	民乐	1.39%	山水画	1.57%
19	旗袍	1.79%	天安门	1.39%	舞龙	1.57%
20	天安门	1.79%	舞龙	1.39%	上海	1.05%
21	舞龙	1.49%	筷子	0.00%	中国功夫	1.05%
22	烟花爆竹	1.49%	烟花爆竹	0.00%	旗袍	1.05%

（三）局内人与局外人在符号选择上的差异

东方游客与中国文化景观符号处于东方文化背景之内，在对符号进行选择的过程中，东方游客相当于"局内人"，而西方游客则相当于"局外人"。一方面，"局内人"处于对局内情况的了解，能够更加准确地选出更具代表性的符号，具体体现为东方游客对标志性文化景观的选取更为集中而西方游客的选择则相对分散；另一方面，局内人也表现出了一种"不识庐山真面目，只缘身在此山中"的迷失，对于自己极为熟悉的标志性文化景观熟视无睹，而需要局外人慧眼识珠，筷子、烟花爆竹的历史要远远长于故宫、旗袍、天安门这些文化景观，在大众中的普及程度也要远远高于其他文化景观，但是，熟悉的地方没风景，越是熟悉的景观，就往往越容易被忽略。

作为局外人，往往更能看清目前的事态，而局内人则会产生"当局者迷"的困惑。体现在文化景观符号的选取上，东方游客更强调的是历史文化，在提及文化的时候，提到的往往都是历史文化，仿佛历史文化就是文化，而当代文化则出现了缺失。当然，回溯的时候更能够看清一个时代的文化特征，作为当代文化的创造者和使用者的"局内人"，往往无法说清楚这文化到底是什么。而作为局外人的西方游客，能够更敏锐地识别出差异的存在，同时能够从"局外"更加清楚地判断什么是当代的文化。因此，在西方游客眼中，自行车大军、热闹的聚餐、拥挤的春运场景等社会风情符号也都成了具有代表性的中国文化景观，但是由于东方游客并不认为这些体现了当代文化侧面的符号也具有代表性，使得这些文化景观的出现频数在总体排序中并不占优势，最终没有成为标志性中国文化景观符号。

三、标志性中国文化景观符号的认知差异

这些通过访谈所确定的标志性中国文化景观，都具有符号的特质，而且符合皮尔斯"三分法"所指的象征符号一类。在这种象征符号系统当中，符号的能指与所指依赖于人为约定，符号与所表征的对象之间不存在肖似或因果联系。在我们所确定的这些标志性中国文化景观符号当中，其能指已然由社会群体所约定，在访谈中也得到了相当一致的肯定。但是，对于所指的认知却受到诸多因素的影响而呈现出差异，这种差异在不同文化背景下表现得尤为明显。

为了识别这种差异，我们将访谈所获得的录音转换为文本，得到本研究的第一手资料，将这些标志性中国文化景观和游客作为分析单位，使用内容分析法对第一手资料进行分析，对资料的显性内容和隐性内容分别进行编码，从而得到东西方文化背景下的游客对中国文化景观符号的认知内容。

（一）长城

长城作为军事防御工程，自构筑之日起，自然更多地象征军事、象征国防、象征国家的安全和巩固。在历史的发展过程中，长城逐渐发展成为国家、国家统一的象征。抗日战争期间，作为国防和国家统一象征的长城提升为整个中华民族的象征，唤起了整个民族的抗战意识和爱国激情。在军事实用功能逐渐消退和文化精神作用不断增强的双向历史演进中，长城转变成中华民族的智慧和创造力、人类的坚强意志的象征。1971 年第 26 届联合国大会通过恢复中国华人民共和国在联合国中的合法席位，中国向联合国大会赠送的礼品，就是一块编织着万里长城图样的大型挂毯，这在某种程度上表明中国人民和政府将长城视为中华民族、中国的象征，这一象征意义也在世界范围内进行了传播。

对游客的访谈资料进行隐性编码，以语意为分析单位，东西方游客对长城这一文化景观符号的认知结果为：

东方	长城是中国人民的杰作，历经数千载屹立不倒，象征了中华民族的坚毅。
	长城蜿蜒于群山峻岭之间，长达万里，象征了中华民族的悠久历史绵延不绝。
	长城好像一条巨龙，象征着中国的脊梁，象征了中华民族的骨气，国歌中也唱到"把我们的血肉铸成我们新的长城"。
	长城的建造巧夺天工，象征了中国劳动人民的勤劳和智慧，也代表了当时高超的建筑水平和建筑风格，是中国建筑的代表之一。
	长城象征着统一，是长城把中国围拢到了一起，保护着中华民族不受侵犯。
西方	长城象征着当时中国军事力量强大，它的建造是为了抵抗侵略，事实上它却很少发挥作用，也没有抵挡住入侵。
	长城象征着由人类创造的奇迹，它是世界上最古老的建筑之一，也是世界七大奇迹之一。
	长城象征着当时中国的建筑水平，修建长城是一项艰苦卓绝的工程，而长城能保存至今，也反映出当时中国的建筑技术已经发展到了相当高的水平。

续表

西方	长城的建造耗费了大量的人力和物力，其中大部分劳动力是强迫性的，奴隶没有自主权，在修筑长城的过程中甚至会失去生命。
	长城象征了一种隔离，它将中国围拢在中间而与世界其他部分分隔开来，它甚至长达万里，使得这种隔离更加彻底。
	长城与中国的历史文化密不可分，它是中国的象征，也是中国悠久的历史的象征。

（二）京剧

京剧无论在色彩的运用上、脸谱勾画的形式上还是服饰的设计、搭配上，或是人物动作、性格的表现上，都具有极强的象征意义。随着京剧不断受到东西方游客的青睐，中国的文化也通过京剧的象征作用得到了一定程度上的普及和传播。但是，京剧并非一门通俗的艺术，游客对于京剧的欣赏仍旧存在着"看热闹"与"看门道"的差异，即对京剧这一符号和京剧中所出现的各种符号的认知，不同文化背景的游客在认知的内容与程度上存在着显著的差异。

东西方文化背景下的游客对这一符号的认知经隐性编码，表现为：

东方	京剧是中国戏曲文化的象征，是中国戏曲文化的集大成者。
	京剧是中国表演艺术的象征，集"唱、念、做、打"各种表演艺术于一体，"生、旦、净、末"形象鲜明栩栩如生。
	京剧是中国艺术的一种象征，集合了服装、服饰、音乐、文学、语言、妆容等多种中国元素。
	京剧是中国文化生活方式的象征，虽然是一种高雅艺术，但是上至帝王将相下至贩夫走卒，从恢宏的舞台到街角的公园，到处都有京剧的影子。
西方	京剧象征着中国艺术走向世界的一种方式，通过戏曲的形式，展现了中国的音乐、服饰，是世界了解中国的非常好的一种途径。
	京剧象征着一种艺术表现形式，但是，由于文化的隔阂，京剧的故事往往都很陌生、难于理解。京剧中的音乐、脸谱、演员的动作都十分有趣，斑斓的色彩、舞蹈一般的动作都给人以深刻的印象。
	京剧是一种对过往进行艺术化表现的形式，它反映了当时人们的生活，甚至反映出了当时的设施、器皿、服装、妇女的妆容可能是什么样子。
	京剧表达了一种文化象征的类同，京剧中的女子都涂抹着浓重的红唇，红唇在每一种文化中都象征着年轻的女子，她有着很强的生殖能力、已经准备好成为母亲，这就是男人为什么对红唇有着如此疯狂的追求，京剧也不例外。

（三）故宫

从皇家禁苑到公众博物馆，故宫集中体现了中国建筑的优秀传统和独特的建筑风格，无论是建筑群的规划布局、建筑的设计建造、建筑构件的设计使用，还是绘画雕塑的装点、色彩的搭配，或是建筑物的命名、牌匾楹联的内容，都通过一定的方式——特别是象征的方式，与中国文化紧密结合。每天，数以万计的游客参观故宫，但是这些游客对故宫这一集大成的文化景观符号的认知却是千差万别。

本研究通过目的性抽样对东西方游客对这一符号的认知的调查结果为：

东方	故宫是中国传统建筑艺术的精华，象征着广大劳动人民的智慧和汗水的结晶，是由人类所创造出的精美的艺术品。
	故宫中建筑物的规划、设计、建造，无不反映了当时高超的建筑水平和技艺；彩绘、雕刻、塑像，也反映出了当时高超的绘画技艺、雕刻手法和铸造水平。
	故宫充分体现了中国古代哲学思想，既凸显了天人合一的中国风水文化，也体现了中正、仁和等儒家思想文化的核心。
	故宫的建筑、装饰以及布局，无不反映出了森严的封建等级制度，是中国封建等级文化的生动再现。
	故宫象征着壁垒森严的皇家生活，无论对于至高无上的皇帝还是一生不得出宫的后妃宫女，无论是对于思想还是行为，都是一种禁锢。
西方	故宫是皇帝的居所，它象征着权力、力量，既包括个人的也包括家族的。
	故宫也代表着一种强大的中央集权的政治制度。
	故宫充分凸显了中国建筑特色，囊括了多种不同的建筑形式，曲顶、飞檐令人十分惊讶。
	故宫精美的建筑、出色的设计，充分反映了当时高超的建筑水平以及建筑技艺。
	故宫反映了当时的社会生活，皇帝的生活高于平民但也在一定程度上反映了当时的社会，例如一夫多妻制等；同时也反映了当时妇女的社会地位底下，缺少自主权。
	故宫象征着北京，北京象征着中国。

（四）书法

书法是汉字书写的一门古老艺术，汉字以字的字义元素组合和字形视觉性为主，具有明显的人格象征性，通过书法可以表达出书写者所具有的精神气质。自古以来，用文字书写的笔墨就能够传达出人的精神意趣，通过线条、体势、结构的变化，来发挥象征的作用。

"我不明白书法中那些汉字是什么意思，但是我觉得它们很美，既然这些书法作品用于出售，那么应该表达一些好的含义吧（受访者 W10，加拿大）"。"我们都说字如其人，通过对书法的笔画、结构、章法的把握，可以反映出书写者寄托其中的情操和情感（受访者 E7，中国）"。

在本研究中，东西方游客对书法这一文化景观的认知，呈现出了显著的差异：

东方	书法是汉字的艺术化表现形式，在汉字形式统一的基础上，又使得汉字的表现形式可以多样化、艺术化。
	书法是书写的一种象征，对笔画、结构、章法的把握，可以反映出人寄托于其中的意趣、情操、学识、修养和感情。
	书法象征着一种精神境界，追求的是意境和韵味，讲究气韵上的连绵不绝、回环往复，在形态上讲求变化多端、浑然一体。
	书法象征着中国的传统文化，使用传统的文房四宝，在黑白的简单色彩对比下呈现艺术美，用毛笔勾画出轻重、迟速、肥瘦、润涩、精细的艺术效果。
	书法的书写过程蕴含着做人的哲理，讲求坚持不懈、收放自如、天人合一。
	除了汉语之外，所有语言都只有语言学而没有文字学，书法也是这种文字学的一种表现形式和理解方式
西方	书法象征着一种艺术形式，有着悠久的历史。
	书法是将汉字艺术化，在作为艺术媒介的同时也传达着信息。人们欣赏着书法，也欣赏着文字所表达的意思。
	书法象征着一种和谐、宁静、平和的生活方式。
	书法表现了书写人高超的技艺，通过美丽的形态，给人以古老的感觉。
	书法引发了人们关于什么样的艺术是永恒的思考，把书法写在纸上是一种永久的形式，而有的人用水把书法写在地上，那些精美的艺术品转瞬即逝，但却给自己、他人带来了欢乐，这种感觉是永恒的。

（五）兵马俑

秦始皇陵兵马俑的出土无疑震惊了整个世界，陶俑的整体风格浑厚，健美、洗练，脸形、发型、体态、神韵均有差异。无论将兵马俑看作是秦始皇创建和加强中央集权的象征、秦始皇东巡卫队的象征，还是三军拱卫京师维护一统江山的象征，或是古代兵力配置的阵法的象征，它的象征意义的存在是确认无疑的。

东西方游客对兵马俑这一文化景观符号的认知为：

东方	兵马俑是中国人民创造的奇迹，是中国人民智慧和汗水的结晶。
	秦朝是历史上第一个统一了中国的王朝，兵马俑象征着秦朝军事力量的强大。
	兵马俑象征着秦朝，象征着中华民族结束了奴隶制社会而进入了封建制社会，向更高的文明水平迈进、进入了一个新的发展阶段。
	兵马俑是中国悠久历史的象征，表现了军事、文化等方面所取得的成就。
	兵马俑反映了当时高超的制陶工艺和水平，陶俑千人千面，神态细腻。
	兵马俑逼真地再现了秦朝时的诸多真实的状况，是研究秦代的军事、文化和经济等内容的丰富的实物资料。
西方	兵马俑是皇帝的意愿和命令的结果，它象征了一个君主的权力，在政治、军事等各个方面的力量。
	兵马俑所展现的精美绝伦的工艺、高超的技艺水平，反映了当时中国的发展程度。
	兵马俑反映了中国的丧葬制度，与埃及一样，皇帝去世以后要用他喜欢的东西陪葬。
	兵马俑耗费了大量的人力，而那些建造兵马俑的奴隶却在最后被处死，这是为贵族建造的奇迹，却是普通人的噩梦。

（六）龙

龙是中国神话中的一种善变化、利万物的神异动物，传说能隐能显，春风时登天，秋风时潜渊，又能兴云致雨。龙在中国文化中与诸多事物相联系，有着丰富的象征意义：或是权势、高贵、尊荣——特别是皇权的象征；或是出类拔萃，不同凡俗、成就斐然的象征；龙与凤相配，又可象征人类所有夫妻间的美满结合，进一步象征一切世间的精神与物质的阴阳两极调和。龙的各部位也都有特定的象征意义：突起的前额象征聪明智慧；鹿角象征社稷和长寿；牛耳象征名列魁首；虎眼象征威严；鹰爪象征勇猛；狮鼻象征宝贵；金鱼尾象征灵活；马齿象征勤劳和善良等。

东西方游客对龙这一文化景观符号的认知结果为：

东方	龙是中国的象征，是中华民族独特的图腾。
	中华儿女都是炎黄子孙、龙的传人。
	龙是皇帝、皇权的象征。
	龙是吉祥、美好的象征，中国人的名字中多带龙，含有望子成龙、飞黄腾达之意。
西方	龙象征着神秘的权力和力量。
	龙是中国的象征，是中国最成功的标识（Logo）。
	龙象征着保护，是积极向上的；而西方的龙总是和邪恶联系在一起，象征着毁灭。

（七）孔子

孔子作为一个符号，与其说代表了一个先贤圣人，不如说代表了儒家学说。儒家学说是中国最大的思想流派也是中国古代的主流意识，儒学对中国、东亚乃至世界都产生了深远的影响。在世界多元文明的冲击下，人们需要回归传统文化来获得认同感和归属感，孔子作为儒家文化的集大成者，逐渐成为中华民族认同的象征。

东西方游客对龙这一文化景观符号的认知结果为：

东方	孔子是儒家学说的创始人，儒家学说在世界范围内都产生了巨大的影响，在中国至今仍发挥着巨大的影响作用，邻国韩国和日本也深受儒家文化的浸淫。
	中国人在伦理道德上，仍深受儒家仁、义、礼、孝的思想的影响。
	中国人在为人处世上，仍深受儒家"中庸"思想的影响。
	儒家文化对外来文化、宗教也产生了深远的影响，甚至对它们进行了改造，使他们融合到本土文化中。
	儒家思想的精华被应用到不同的领域之中，特别是企业管理的改进和企业文化的创建。
西方	孔子是对于中国传统文化而言非常重要的一个人物，至今仍有着深远的影响。
	孔子总是和儒家文化联系在一起，而儒家文化在世界的很多地方都产生了深远的影响。
	孔子的学说可以作为人的行为准则，作为人的道德标准，例如，对他人要和善。

（八）中国菜

中国菜是世界三大菜系的代表之一，也是源远流长的中国饮食文化的象征，在吃菜的过程中把握和理解中国文化实在称得上是一门高级的学问。中国菜无论是菜肴的选料、搭配、烹调，或是菜品的相互搭配，还是菜肴的命名，都处处折射出阴阳五行哲学思想、儒家伦理道德观念、中医营养摄生学说，还有文化艺术成就、饮食审美风尚、民族性格特征等诸多文化因素，中国菜处处闪烁着中国文化的精要，中国文化又时时包含着中国菜的踪影，中国文化通过中国菜传输到了世界各地，中国菜已经成了中国文化的一种象征。

对此，东西方游客对中国菜这一文化景观符号的认知为：

东方	中国菜是中国文化的象征，菜肴中深蕴中国文化，形成了独具特色的中国饮食文化。
	中国菜象征着一种文化意境，讲求色、香、味俱全，美味辅以美器，强调和谐统一、浑然一体。
	中国菜象征着中国的地方特色，鲁、川、粤、闽、苏、浙、湘、徽八大都有其悠久的历史与独到的特色，同时也受该地区自然地理、气候、资源特产、饮食习惯等条件的影响。
	中国菜也是中国人民智慧的结晶，具体体现在高超的烹饪技法、多种原材料的运用、不同口味的调配、养生保健的作用等方面。
	中国菜对于中国人来说，不仅仅起到了果腹的作用，也是一种缓解压力、享受生活的方式，更是一种社交的方式。
西方	中国菜是世界了解中国的一种方式，中国人民到达了世界各地，把中国菜也带到了世界各地，人们通过中国菜来了解中国。
	中国菜象征着中国的发展，中国人能够做好千变万化的中国菜，当然也能够处理好复杂的事情。
	中国菜非常美味，是一种享受美食、享受生活的方式。
	通过中国菜可以看出中国的饮食习惯，南方的菜普遍辛辣，这和当地的气候有关，这种情况和欧洲很相似，在南部，人们也吃辛辣的食物。
	中国菜是丰富多样的象征，食物多种多样，超乎想象，连竹子（竹笋）都可以成为食物，各种各样动物的"脚"更加不在话下。

（九）太极图

《太极图说》中将太极描述为："无极而太极。太极动而生阳；动极而静，静而生阴。静极复动。一动一静，互为其根。分阴分阳，两仪立焉。阳变阴合，而生水火木金土，五气顺布，四时行焉。五行一阴阳也，阴阳一太极也，太极本无极也。"太极图本身具备极其丰富的象征意义，"太极"象征宇宙未分阴阳的混沌状态，"两仪"象征日月，"四象"象征春夏秋冬，"八卦"象征八种自然现象：天、地、风、雷、水、火、山、泽。太极图中所表现出的和谐、对称、平衡、循环、稳定等原理，象征着中华民族对宇宙、对人生的深刻思考。

经调查，东西方游客对太极图这一文化景观符号的认知为：

东方	太极图象征着道教，而道教是中国土生土长的宗教。
	太极图由阴、阳构成，追求阴阳的和谐，揭示了矛盾的运动、发展、变化的规律。
	由太极阴阳变化的规律演化出了八卦，古人将之与占卦术结合形成了易经。阴阳八卦、周易的产生基于事物的变化规律，被用于预测，有其合理之处，但是无法用严格意义上的科学进行解释。
	现代人从太极中思考出了为人处世之道，也逐渐将相关思想用于企业管理，讲求和谐、融通。
	由太极的原理而衍生出的太极拳、太极扇、太极剑等，讲究阴阳、动静结合，已经成为一种大众的健身方式。
西方	太极由黑白两部分组成，分别代表阴和阳，也代表黑暗和光明、坏和好，好人也会有阴暗面，坏人也会有可取之处。
	太极象征了一种平衡、和谐，从中可以发现生活的轨迹、总结做人的道理。
	绝大多数对太极的理解来自于对太极拳的接触，太极拳被当成一种适合于各类人群的健身方式，看到太极拳，就会联想到中国。

（十）筷子[①]

筷子，古时又称"箸"，是中国人的典型用餐工具，标志着中国文化的特质。中国是筷子的发源地，以筷进餐已有数千年的历史。筷子看起来只是非常简单的两根小细棒，但是在使用上却有挑、拨、夹、拌、扒等诸多功能，而其使用方便，物美价廉。在不断的使用中，筷子通过谐音、象形、功能等多种方式被赋予了丰富的象征意义，筷子也从一种用餐工具发展成为一项文化象征符号。

东西方游客对筷子这一文化景观符号的认知为：

东方	筷子总是成双成对，因此经常作为送给情侣的礼物，表达一种祝福。
	筷子与"快子"谐音，因此常被用作送给新婚夫妇的礼物，寓意早生贵子。
	筷子在传统文化中历来都被视为吉祥之物，方顶圆身意喻天圆地方、天长地久。
西方	筷子是吃中国菜的时候所使用的工具，因此也象征着中国，而刀叉总是和西方联系在一起。

---

① 由于没有东方游客选择筷子作为标志性中国文化景观符号，在此，借助于二手资料对东方游客对此符号的认知进行分析。

续表

西方	筷子象征着东西方的差异，它的神奇之处在于，只用一只手，就可以得到任何想得到的食物，在不停地移动中，完成了所有的任务。
	如何使用筷子很难掌握，因此在进食的时候就会放慢速度，有助于控制食量，保持健康。

（十一）中国结

中国结是中国特有的民间手工编结装饰品，最早渊源于上古先民的结绳记事，在那时，绳结就已经是一种符号了。而中国结作为一种装饰艺术始于唐宋时期而兴盛于明清时期，每个中国结从头到尾都由一根绳线编结而成，每个基本结都根据其形、意来命名；把不同的结饰结合在一起，或用其他有吉祥图案的饰物搭配组合，就形成了造型独特、绚丽多彩、内涵丰富的传统吉祥饰物，为中国结赋予了丰富的文化内涵：如意结象征吉祥如意；双鱼结象征吉庆有余……

东西方游客对中国结这一文化景观符号的认知为：

东方	中国结象征着中国人民的勤劳和智慧的结晶，充分展现了中国人民的创造力。
	中国结象征着编制者的高超技艺，通过缠缠绕绕的结构和纷繁复杂的变化创造出了这一特有的民族工艺品。
	中国结象征着喜庆、吉祥，传达了祝福的美好心愿。
	结在中国有着特殊的含义，甚至让人联想到"心似双丝网，终有千千结"的爱情故事。
西方	中国结象征着中国，是一种精美的中国艺术品。
	中国结体现了中国人民的努力、创意，同时，只有具备极大的耐心，才能完成如此复杂的工艺。
	中国结的颜色是红色，这种中国红也可以看成是中国的象征，是在中国最受欢迎的颜色。
	中国结象征着一种希望，一种获得祝福、保佑的渴望。

（十二）黄河

黄河为中国第二长河，也是世界第五长河。历史上，人类文明的发展大多与河流相生相伴，古埃及是"尼罗河的赠礼"，古巴比伦是幼发拉底和底格里斯两河文明的产物，印度文明又称为恒河文明，黄河则是中华文明的摇篮。中华民族的起源，同黄河有着密切的关系，在中华五千年的文明史中，黄河流域有3000多年一直是中国政治、经济、文化的中心。在漫长的历史发展中，黄河逐步成为中华民族的象征，成为中华文化的象征，黄河已经远远超过了一般意义上的自然河流。黄河以及由此衍生出的黄河文化，就如同维系所有中华文明脉络的主干，成为中华民族心理认知的最基本的参照坐标。

东西方游客对黄河这一文化景观符号的认知为：

东方	黄河象征着孕育，它是哺育中华民族的母亲河。
	黄河流域是华夏文明的发源地。
	黄河象征着源远流长的中国文化。
	黄河、黄土地、黄皮肤、炎黄子孙，黄色的表征赋予黄河以民族意义。
西方	黄河是世界上最长的河流之一。
	黄河总是和中国联系在一起。
	黄河的污染问题较为严重，这也反映了全世界普遍存在的污染问题。

（十三）上海

上海简称沪或申，地处中国南北弧形海岸线中部，交通便利，腹地广阔，地理位置优越，是一个良好的江海港口。从商肆酒楼林立的"东南名邑"到外国侵略者的"冒险家乐园"，从纸醉金迷的十里洋场到新中国的直辖市，上海一直是中国的风云之地。

东西方游客不约而同地认为上海展现了中国现代化的一面，但是不同文化背景下的游客对上海这一文化景观符号的认知仍存在一定差异：

东方	上海是中国最具代表性的现代化都市。
	从旧上海到大都市，上海见证了中国的发展。
西方	上海展现了中国现代的一面，代表着中国的技术进步、经济发展。
	上海的污染问题值得关注，它也代表了迅速发展的城市中所产生的污染问题。

（十四）中国功夫

中国功夫，又称武术，堪称中华民族的瑰宝，缘起于中国远古祖先的生产劳动，氏族公社时代在战场上搏斗的经验促进了武术的萌芽，商周时期，产生了太极学说，从此奠定了中国武术的体系。明清时期则是武术的大发展时期，流派林立，拳种纷显。武术思想核心是儒家的中和养气之说，同时又融合了道家的守静致柔，释家的禅定参悟，从而构成了一个博大精深的武学体系。数部渲染中国功夫的电影，使得很多外国人将中国人想象成个个都会飞檐走壁的奇异民族，在访谈的过程中甚至仍有受访者问道：人真的能站在竹子上吗（电影《卧虎藏龙》中的情节）？即使在东方，中国功夫也仿佛是成人的童话，披着一层神秘的外衣。

东西方游客对中国功夫这一文化景观符号的认知结果为：

东方	中国功夫象征着一种文化，包罗万象博大精深，习武其实是体味文化、传承文化。
	中国功夫体现出了中国哲学，刚柔相济，内外合一，形神兼修。
	中国功夫反映了修炼者的意志品质：坚强、包容、果敢。
	中国功夫是一种强身健体、养生保健的方式。
	"武"总是与"侠"联系在一起，在文学作品和影视作品中，满足了人们的英雄情结。
	中国功夫是让中国文化走向世界的一种方式，让世界更多地了解中国。
西方	中国功夫是中国电影的特色之一，通过夸张的动作，人们可以飞檐走壁无所不能，但是这在现实中是绝对不可能实现的。
	中国功夫作为一种与拳击完全不同的运动方式，受到了很多人的认同和喜爱。
	中国功夫总是充满了神秘。

（十五）山水画

山水画是中国国画的主要代表画种之一，以自然风景为主要描绘对象，魏晋南北朝时已逐渐从人物画中分离出来，形成独立的画科，到唐代已完全成熟。五代、北宋山水画大兴，南北竞辉，达到高峰。古人作画不称为技而称为道，画中不仅蕴含着哲理，还显示着生理，显示着生命的韵律，在欣赏自然之美的同时，渗透了玄远幽深的哲学意味和宇宙意识。画中山水同人的品格、气质联系起来，山水美的形式正象征着中国人的审美倾向和道德追求。

东西方游客对山水画这一文化景观符号的认知结果为：

东方	山水画追求意境的表达而非真实的再现，突出内在写意之美。
	山水画的作者寄情山水，虽着墨于自然之物，却通过笔墨淋漓尽致发挥来传情达意。
	山水画是人们进行日常休闲的方式。

东方	山水画能够陶冶人的情操。
	山水画的作画仍然要使用笔墨纸砚，也是中国传统文化的凸显与延续。
西方	山水画是中国的一种艺术形式，是通过艺术了解中国的一种非常好的途径。
	山水画给人一种宁静、祥和的感觉，让人不知不觉沉浸其中。
	山水画中的景色，吸引着人们来到中国。

（十六）毛泽东

毛泽东是中国人民的领袖，马克思主义者，伟大的无产阶级革命家、战略家和理论家，中国共产党、中国人民解放军和中华人民共和国的主要领导人，诗人，书法家。无论功过是非，毛泽东这三个字都不仅仅是简单地象征着一个普通的人，而是与一段历史、一个时代、一个阶级、一个民族紧密联系在一起，更与革命实践、革命理论、革命精神紧密联系在一起，即使在国际上，也享有极高的知名度。

东西方游客对毛泽东这一符号所代表的文化景观的认知结果为：

东方	毛泽东是中国的伟大领袖的代表，是中国共产党的杰出领导者。
	毛泽东带领中国人民站起来，当家做主，建立了新中国。
	毛泽东思想是中国长期革命和建设实践中的一系列独创性丰富经验的理论概括，是适合中国实际情况的科学理论体系，是中国共产党集体智慧的结晶，是马克思列宁主义普遍原理和中国革命与建设具体实践相结合的产物。
西方	毛泽东是中国领导人的代表，在中国历史上扮演着重要的角色。
	毛泽东领导了中国"文化大革命"，那场革命对于中国来说是一场灾难，整个中国陷入了疯狂。
	毛泽东代表了中国的共产党，中国是世界上最主要的社会主义国家。

（十七）苏州园林

苏州作为中国著名的历史文化名城，至今仍保存着许多独树一帜的私家园林，其中沧浪亭、狮子林、拙政园和留园分别代表着宋、元、明、清四个朝代的艺术风格，被称为苏州"四大名园"。"四大名园"与网师园、环秀山庄、艺圃、耦园、退思园一道，构成苏州园林的杰出代表。相对于一般建筑而言，园林的精神品格更加突出，而苏州园林作为中国园林的代表，处处融合着中国文

化、哲学思想，有着自身独特的韵味与意境，艺术成就已经达到了相当高的水平。

东西方游客对苏州园林这一文化景观符号的认知结果为：

东 方	苏州园林是中国园林的杰出代表，中国园林是世界园林之母。
	苏州园林代表了我国高超的造园艺术。
	苏州园林的建造凝聚了大量的人力与物力，是古代劳动人民智慧与汗水的结晶。
	苏州园林充分体现了中国古典园林"虽由人作，宛自天开"的造园手法，强调人与自然相和谐，咫尺之内再造乾坤。
	苏州园林强调意境，充分地体现了中国园林的古典艺术美。
	园林内的建筑、雕塑、装饰、布局等也是中国传统文化的体现。
西 方	苏州园林代表了东方园林，与西方园林体现出了显著的差异。
	苏州园林显示出了高超的造园艺术，精巧异常，移步换景，每一处风景都不同，有限的空间内展示出了无限的风景。
	苏州园林是一项浩大的工程，它的建造，耗费了大量的人力、物力。

（十八）民乐

民乐在这里指的是民族音乐，是主要以"音"作为表现媒介体的象征性行为的产物，即以音为特征存在的文化。中国民族音乐以中原音乐、西域音乐和外国音乐为来源，经过数千年的交流融合发展，已经具备了鲜明的民族个性。民乐随着华人的足迹传遍世界各地，近年来女子十二乐坊的风靡也表现出了中国民乐的魅力。

在访谈的过程中，甚至有三位西方受访者一直在家中播放着中国民乐，作为一种没有疆域的艺术，民乐这种文化景观符号在东西方游客的解读中也呈现出了一定的差异：

东 方	民乐由中国古典乐器演奏，是中国传统音乐艺术的现代表现形式。
	流传至今的传统音乐除了优美动听，往往蕴含着深刻的文化含义，或是流传着高山流水觅知音故事，或是描绘了十面埋伏的恢宏战争场面。
	民乐是走进了生活的艺术，无论是欣赏还是演奏民乐，都能够陶冶情操。

续表

西方	民乐是中国艺术一种优美的表现形式，优雅、动听，让人陶醉其中。
	民乐的演奏乐器十分独特，二胡、琵琶、扬琴都是中国民族乐器的代表，它们也可以组合在一起共同演奏。

（十九）旗袍

旗袍是我国一种富有民族风情的妇女服装，始于清朝的旗人着装，后期受西方服饰影响，吸取西式裁剪方法，使袍身更为称身合体，经改进之后的旗袍逐渐在广大妇女中流行起来。旗袍虽然脱胎于清旗女长袍，但已迥然不同于旧制，成为兼收并蓄中西服饰特色的近代中国女子的标准服装。提起旗袍，游客所联想到的一定是中国，以至于，旗袍被誉为中国女士的"国服"，已经作为中国的一种象征走向世界。

东西方游客在对旗袍这一文化景观的认知上，既有相同之处，又有不同之处：

东方	旗袍是东方女性美的代名词，与西方的华丽的贵族服饰形成了鲜明的对比。
	旗袍充分表现了中国女性的古典美。
	旗袍象征的是东方式的含蓄，通过剪裁，刻画出女性的曲线美，欲语还羞，而不是简单地通过暴露来展现躯体美。
西方	旗袍展现了东方女性的美，传统、优雅、大方。
	旗袍的美也具有时尚，现在很多服装都借鉴甚至照搬了旗袍的设计，是古典与现代的完美结合。

（二十）天安门广场

天安门位于北京城的中轴线上，原为明清两代皇城的正门，前面是宽广的天安门广场。从承天门到天安门再到中华人民共和国国徽的重要组成部分，天安门见证了政治制度的交替，也见证了新中国的成立，更是伴随着中国走过了几十年的风风雨雨。

东西方游客对天安门广场这一文化景观符号的认知结果为：

东方	天安门是国徽的组成部分，是中国的象征。
	天安门广场每天的升、降国旗仪式庄严肃穆，散发着民族凝聚力和向心力，让人的内心充满了民族自豪感。
	"我爱北京天安门"的歌曲深入人心，天安门激起了人们的爱国热情。

西方	天安门是中国的政治中心，周围大都是与政治有关的建筑，如人民大会堂、故宫、毛主席纪念堂等。
	天安门是世界上最大的让人们进行政治集会、聆听领导人讲话的广场，本身就带有政治色彩。
	天安门可以看成是中国共产主义的代表，在那里发生了很多与共产主义相关的政治事件。

（二十一）舞龙

龙本身就是中华民族的象征，舞龙则起源于汉代，最初是作为祭祀祖先、祈求甘雨的一种仪式，舞龙这一行为本身包含着"风调雨顺国泰民安"的祈年之义，并有春舞青龙、夏舞赤龙、秋舞白龙、冬舞黑龙之说，后来舞龙逐渐演变成一种文娱活动。到了唐宋时期，舞龙已经是逢年过节时一种常见的庆祝形式。经历代相传至今，舞龙已经成为一种重要的民间喜庆活动，随着华人的迁移，舞龙也传播到了世界各地。

东西方游客对舞龙这一文化景观符号的认知结果为：

东方	舞龙是一种民间庆典形式，每逢重大节庆，很多地方都会有舞龙表演。
	舞龙表达了人们获得美好祝愿的渴望，很多开业庆典、落成典礼等都会通过舞龙助兴。
	舞龙必须集众人之力，齐心合力、讲究配合方能舞好，通过舞龙活动展现出了中华民族团结一致的精神和力量。
西方	舞龙通常伴随着重要事件出现于一些特殊的场合，它的作用是驱散噩运、企盼好运的到来。
	舞龙要求个体之间相互配合，有组织的合作。

（二十二）烟花爆竹 [①]

烟花爆竹起源于中国，最初是采用真竹燃烧发出爆炸响声的"爆竹"，起源于春秋，兴盛于唐宋，到了宋朝，爆竹已经流行于朝野。后来，随着火药的普及、造纸业的发展，爆竹、烟花相继问世。烟花爆竹对于中国人有着特殊的意义，从最初的驱赶野兽到春节的喜庆团圆、辞旧迎新，再到对红火生活的期盼，烟花爆竹已经成了一种中国特色景观，更有西方受访者表示，虽然在别的国家也能看到烟花爆竹，但是，看过中国的烟花爆竹以后，其他国家的就不足

---

① 由于没有东方游客选择烟花爆竹作为标志性中国文化景观符号，在此，借助于二手资料对东方游客对此符号的认知进行分析。

为道了。

东西方游客对烟花爆竹这一文化景观符号的认知结果为：

东方	每逢春节，燃放烟花爆竹是中国的传统。
	烟花爆竹也是喜庆的象征，每逢婚礼、开业典礼等重大场合，都会燃放烟花爆竹以示喜庆。
	燃放烟花爆竹，是儿时的一种美好回忆。
	在中国某些地区，烟花爆竹的燃放已经发展成为了一种现代节庆，使得烟花爆竹从个人的娱乐方式变成了一种大众欣赏的景观。
西方	烟花爆竹中的主要成分是火药，它们都是中国人发明的，象征着中国。
	每逢春节的时候，人们就会燃放烟花爆竹，希望吓走邪恶的东西，迎来一个好的开始。
	烟花爆竹和很多重大事件联系在一起，例如节日、企业的开业等。
	烟花爆竹是带给人们快乐的一种方式，为黑暗的夜空带来五彩斑斓的色彩。

四、分析结果

在对上述资料进行质性分析之后，笔者得到了一下这样一些分析结果：

（一）政治敏感 Vs 民族文化认同

1. 西方：明显的政治敏锐性

在东西方游客对标志性中国文化景观的所指的认知中，出现了大量政治性编码（见表 5-5），东西方游客对于政治的理解角度完全不同。对访谈录音转换成文字所得的第一手资料进行编码，西方游客的话语中出现最多的是"权力""共产党""社会主义""文化大革命"这样政治色彩浓烈的编码，在访谈中，受访者也反复地说道"提到中国，我就会想到，中国是世界上最大的社会主义国家，我在历史书上学到过（受访者 W1，瑞典）"，"呵呵，你知道，中国总是和社会主义联系在一起的（受访者 W5，美国）"，"我们上学的时候必须学习世界史，中国是最典型的社会主义国家……'文化大革命'的时候，整个国家都陷入了疯狂（受访者 W8，美国）"。

表 5-5 中国文化景观符号认知的政治相关编码

符号	政治相关编码	
	东方	西方
长城	统一	隔离
故宫	封建制度	政治权力、力量政治制度
兵马俑	社会制度发展	权力、力量
龙	皇帝、皇权	权力、力量
毛泽东	新中国	社会主义；"文化大革命"
天安门	民族自豪感爱国热情	政治共产主义

由于教育、社会舆论导向的影响，西方游客在对中国文化景观符号进行认知的时候，不由自主地融入一种预先形成的政治见解，在对长城、故宫、兵马俑、龙、毛泽东、天安门广场这六处（占标志性景观总数的 27.3%）标志性中国文化景观进行认知的时候，反复从权力、发生过的政治事件、政治影响力等角度对符号的所指进行解读，相对于东方游客而言，体现出了十分强烈的政治敏锐性（见表 5-5）。

2. 东方：强烈的民族自豪感

对访谈录音转换成文字所得的第一手资料进行编码，东方游客的话语中出现最多的是"勤劳""智慧""汗水""博大精深"这四个充满了民族自豪感的编码，在访谈中，受访者也反复提及"中国是世界四大文明古国之一，而且是唯一一个文明发展没有中断的，中国文化的博大精深也都蕴含于中国文化景观之中（受访者 E6，中国）"，"无论是长城、故宫还是兵马俑，都是中国人民的智慧和汗水的结晶（受访者 E2，中国）"，"这些巧夺天工的建筑，凝结着中国劳动人民的勤劳和智慧，也反映了当时高超的建筑水平（受访者 E13，韩国）"。

由于东方游客中超过 70% 都是中国游客，因此在对中国文化景观符号进行认知的时候，不由自主地融入了一种爱国热情和民族自豪感，即使在使用与政治相关的语言对文化景观符号进行认知的时候，也体现出了一种正面的、积极的态度，甚至直接表达出了爱国的热情与民族自豪感，在对长城、故宫、兵马俑、中国菜、中国结、苏州园林等六处（占标志性景观总数的 27.3%）标志性中国文化景观进行认知的时候，反复从人民的创造力、努力付出程度、文化的深度和广度等方面对符号的所指进行解读，相对于西方游客而言，体现出了十分强烈的对于本民族文化的自豪感。

（二）消极、个体主义 Vs 积极、集体主义

1. 西方的消极与个体主义

受诸多因素影响，西方游客对中国文化景观进行认知的时候，往往会联系到所存在的问题，甚至数次联系到了与旅游本身并无紧密联系的污染问题，而不是对符号的能指进行深究（或者说由于文化的隔阂无法对所指进行深究），同时，由于对中国国情的不了解，往往在此问题上导致一些消极的理解。"他（毛主席）发动了'文化大革命'，使中国经济最少倒退了十年，那段时期，整个中国都陷入了疯狂（受访者 W13，美国）"，"上海代表了中国经济发展、技术增长的一面，但是，污染也日益严重，我在上海看到林立的大烟囱日夜不停地冒着烟，这是所有正在发展中的城市、国家需要注意的问题（受访者 W3，西班牙）"，"黄河的污染问题比较严重，这也反映了普遍存在的水污染问题（受访者 W9，加拿大）"。

"舞龙要求个体之间，必须通过一定的组织，实现合作（受访者 W13，美国）"，"与中国对比，西方的文化更强调个体，也就是所谓的个体主义，但是并不意味着西方没有集体主义，只是他们的集体主义是通过一定的需要联系起来的（受访者 E5，中国）"。个体主义是西方现代化的价值观，曾经在反对神权、争取人权等方面起过进步作用，但是这种个人主义价值观也有其弊病，容易导致人们对传统价值标准的虚无主义、相对主义乃至极端的怀疑主义。无论个人主义价值观的利弊，它都是西方游客内化的个人价值观的一部分，在对文化景观符号进行认知的时候，也不自觉地会从个人主义的角度进行解读。

2. 东方的积极与集体主义

"是长城把中华民族围拢到了一起，它象征着团结也象征着统一（受访者 E10，中国）"，"上海是现代中国的代表，也是中国国际化大都市的代表（受访者 E7、E5、E1，中国）"，"毛主席是中国的伟大领袖，是他领导中国人民摆脱了压迫建立了新中国（受访者 E10、E9、E3）"，"舞龙需要齐心合力，它表

现了中华民族团结一致的精神和力量"。集体主义是物产阶级的世界观，是共产主义道德的核心，也是社会主义精神文明的重要标志。集体主义强调的是整体的利益，是个人与集体的辩证统一，而集体主义的价值观也是中国游客内化的个人价值观的一部分，在对文化景观符号进行认知的时候，往往从集体主义的视角进行解读。而东方游客对于同一文化景观符号的认知，往往也要比西方游客的认知表现得更加积极，更乐于从正面、从优对符号的所指进行描绘。

（三）零碎地表层化解读 Vs 深入地系统化解读

1. 西方的表层化和零碎化

"旗袍太美了，它是中国的传统服饰，优雅而大方，我非常想要拥有一件，但是那只有非常苗条的人才能够穿上（受访者 W6，德国）"，"太极图的黑白两部分分别代表着坏和好，它的意思是好人也会有阴暗面，坏人也会有可取之处（受访者 W10，加拿大）"，"我想，用起筷子来，因此在进食的时候就会放慢速度，有助于控制食量，保持健康（受访者 W12，加拿大）"。西方游客对中国文化景观符号的了解毕竟有限，因此常从表层的审美角度对文化景观符号进行认知，所得到的能指是零碎、不成系统的，甚至只是西方游客根据自己的理解附会的而与社会对符号的能指做作的约定风马牛不相及。

2. 东方的深入化和系统化

"中国的文化里，向来是诗书画不分家的，诗中有画、画中有诗、书画合璧（受访者 E9，中国）"，"天人合一的观念不仅体现在书法中，也体现在绘画中，甚至是建筑、园林中都有所体现（受访者 E2，中国）"，"我之所以选择这些文化景观，是因为它们不仅代表了中国的传统，更代表了中国人的内在精神，还因为它们也能表达出对中国美好未来的企盼（受访者 E15，韩国）"。相对于西方游客，东方游客对于中国文化景观的了解要深入得多，能够对文化景观符号的所指的社会约定有相对统一、贴切的认知，这种认知还能够实现相互联系形成一个系统的、相互关联的整体，反过来又促进东方游客对文化景观符号所指的认知。

（四）西方价值观 Vs 东方哲学

1. 西方：人权观的凸现

"第三，让我想到的是强迫性的劳动力。修筑长城的主要劳动力是奴隶，他们没有人身自由、没有自主权，被迫参加劳动，最后却可能连生存的权利都要丧失（受访者 W3，西班牙）"，"兵马俑在建好之后，所有参与建造的奴隶都被处死，贵族与贫民之间没有平等可言（受访者 W10，加拿大）"，"那个时候实行的是一夫多妻制，后宫的嫔妃要对皇帝绝对地服从，她们没有自己的权利，而是成为皇帝的附属品，大多数都生活得很悲惨（受访者 W3，西班牙）"。西方游客对符号的认知内容中，含有大量涉及"平等""自由""权利""压迫"的编码，究其本质，这显示出了西方的人权观。

表 5-6   中国文化景观符号认知的人权相关编码

符号	人权相关编码	
	东方	西方
长城	—	奴隶的人权被剥夺
故宫	—	女性主权缺失
兵马俑	—	奴隶人权的缺失

人权问题是西方资产阶级革命时期的产物，其基本主张是天赋人权说，主要包括人的财产权、生存权、自由权、平等权、自卫权以及反抗压迫权等等。以中国为代表的东方文明同样强调人权，中西方在追求人权的基本理想目标、价值、和内容上存在着广泛的共同性，但是受历史、自然、文化、社会制度等多种因素的影响，中西方在对人权的理解和实现方式上存在着明显的差异。西方文化强调人的自然属性、个人性、利己性以及个人与他人的分离性；在人权观上，西方强调追求私有财产和个人幸福的权利，注重个人权利。时至今日，西方所强调的民主、自由、平等深入人心，使得西方游客在对中国文化景观符号的认知过程中凸现出了这种西方的人权观，关注受压迫群体的权利，关注女性的权利，强调人与人之间的平等。在东方游客的认知中，没有出现如此鲜明的对"人权"的强调（见表 5-6）。

2. 东方：哲学的表达

"书法讲究气韵上的连绵不绝、回环往复，在书写的过程中追求天人合一的境界（受访者 E11，中国）"，"中国菜既追求色香味俱全，也重视与器皿的搭配，强调和谐统一（受访者 E9，中国）"，"苏州园林充分展现了我国古代的造园技法，强调人与自然的和谐（受访者 E5，中国）"，"中国的山水画与西方的油画不同，强调的是写意而非写实，作画的过程中也追求天人合一的境界（受访者 E11，中国）"。"天人合一"是中国传统哲学和文化的基本精神之一，无论将天视为物质之天、主宰之天、命运之天、自然之天、义理之天或是天道，还是将人视为自然之人、人事、人伦、社会规范或是人道，"天人合一"的核心思想是追求和谐，而"和谐"的思想在东方游客对中国文化景观符号的认知过程中潜移默化地发生着作用，并在东方游客对符号所指的解读中得到了明确的阐述。

"中国人在为人处事上，仍然深受儒家中庸思想的影响（受访者 E8，中国）"，"儒家文化讲究仁、义，这是至今很多中国人都遵循的行为准则（受访者 E6，中国）"，"孝是中华民族的传统美德，也是家庭关系中最为重要的一层，中国人'孝'的思想，也是深受儒家文化影响（受访者 E8，中国）"。儒家哲学对中国乃至世界都产生了深远的影响，儒家哲学中的中庸哲学从世界观和方法论的高度对人格的建构予以了关照，中庸既是一种对待世界的方法论，又是一种道德与人格观念的把握；儒家哲学将最基本的道德规范归纳为"五常"，即仁、义、礼、智、信，发展至今已经成为一种普遍的道德行为准则；儒家的《孝经》以孝为中心，认为孝是诸德之本。儒家中庸、仁、义、孝的哲学，曾经、正在并且必将继续对东方哲学产生深远的影响，这种影响也体现在对文化景观符号的认知上，与西方游客的认知深受西方宗教的影响形成了鲜明的对比。本研究中，2 名美籍韩裔受访者均是成年以后移居美国，他们在文化景观符号的选取与认知上，也表现出了深受儒家文化影响的特点，在一次证明了文化背景对文化景观符号认知的决定性作用。

（五）西方的差异寻求

"我喜欢中国的传统建筑，它们与西方的建筑是如此的不同，中国传统建筑的飞檐、塔状的屋顶（pagoda），我在欧洲从来没有见过，简直无法想象（受访者 W6，德国）"，"我们最常看的是歌剧，而京剧却给我们耳目一新的感觉，京剧演员那长长的水袖让人眼花缭乱，京剧演员的动作好像一种舞蹈，尽管我听不懂京剧，但是我还是非常喜欢，它是如此的不同（受访者 W10，加拿大）"，"汉字与我们的字母文字简直有天壤之别，书法更是将这种文字从一种工具变成了一种艺术（受访者 W7，英国）"。西方与东方两种截然不同的文明，形成了差异显著的两种文化背景，在对文化景观符号的认知上，在无法对符号的所指进行深度认知的时候，往往就是从寻求差异的角度对标志性中国文化景观符号进行选择，并进一步从差异对比的角度对所选择的文化景观符号进行认知。

（六）中国的饮食扩张

"当我还很小的时候，我的妈妈和阿姨就带着堂兄和我，去旧金山的唐人街吃中国菜，那个时候，我就喜欢上了中国菜，这就是我作为一个小女孩儿，所记住的关于中国文化的东西（受访者 W2，英国）"，"虽然日本和韩国也是用筷子，但是，我最早接触筷子的时候，就是在中国餐馆，开始的时候到处都是中国餐馆，但是却很少见日本或是韩国餐馆，我们家每周都去吃一次中国菜，对于我们来说，筷子就是和中国联系在一起的（受访者 W1，瑞典）"，"日本的动画片走遍全球，即使在美国，小孩子看的动画片也大多是日本的；韩国的韩剧在世界范围内也很流行，在日本、美国都有大量的观众群体。我一直在思考，中国什么东西具有如此普遍的魅力（受访者 E5，中国）"。

华人遍布全球，有华人的地方就有中国餐馆，对于西方游客而言，在他们还不了解中国的时候就已经接触了中国饮食，中国文化通过中国饮食渗透到了世界各地。但是，这种蕴含于饮食中的文化，并不似动画片、电视剧中所表达的那样直接，甚至由于文化隔阂的存在而很难被察觉，或者说中国菜在西方更多的是被作为盈利手段而不是文化传播的介质。但是，通过不断的沟通、融合，中国菜（通过菜名、烹饪技法、不同菜系的菜品）也逐渐成为西方了解中国的一种途径。此外，中国菜也是本研究所确定的标志性中国文化景观之一，中国饮食在西方的扩张也有助于西方游客对中国菜所蕴含的文化，即符号的所指，进行认知。

第四节　研究结论

一、文化背景决定游客对文化景观符号的认知

本研究共预设了四项研究假设，对于第一个假设——游客对中国文化景观符号的认知存在差异，无须刻意设计一定的研究环节进行验证，仅从游客对同

一中国文化景观符号的最终认知结果中就可以发现，即使同一文化背景下的游客，对于同一中国文化景观符号的认知也呈现出明显的差异：不少于 5 名受访者对每种中国文化景观符号给出了不少于 2 种的认知结果，每一种认知结果在认知的角度、深度上都呈现出了显著的差异。

本研究从文化与特定人群相关联的行为模式、文化与人的行为的关系出发，假设文化背景决定着游客对中国文化景观符号的认知。为验证这一假设，选取以华夏文明进程为主脉的东方文明与综合传承古希腊、古罗马、古克里特文明的西方文明为代表性文化背景，对比这两种文化背景下的游客对同一文化景观的认知。从游客对相同的中国文化景观符号的最终认知结果来看，东西方游客的认知在认知的角度和深度，都呈现出了显著的差异，这种差异与相同文化背景下的游客对同一中国文化景观符号的认知差异存在着根本上的不同，这种差异是不同文化下的人群的意识形态、价值观、世界观综合作用的结果。

在本研究中，同属来自经济发达国家的日本游客和欧美游客，在对同一中国文化景观符号的认知上仍然体现着东西方文化所带来的差异，而两名美籍韩裔对中国文化景观符号的认知也呈现出了明显的东方特色；而来自经济发展尚未达到发达国家水平的中国游客与来自经济发达国家的欧美游客对于同一中国文化景观符号的认知更是存在着天壤之别。相同或不同文化背景下的信奉宗教与不信奉宗教的受访者仅在选取标志性中国文化景观符号的时候体现出了细微的差异——信奉宗教的受访者选取与宗教相关的文化景观符号的比例略高于不信奉宗教的受访者。本研究所调查的 2 名日本游客、1 名韩国游客、2 名美籍韩裔游客以及 1 名瑞典游客、1 名英国游客、两名美国游客都信奉基督教，但是这些信奉同一种西方宗教的游客对中国文化景观的认知也呈现出了鲜明的东西方差异，尤其是深受西方宗教、文化浸淫的两名美籍韩裔游客，他们的认知仍然表现出了显著的东方特色。因此，相对于经济发展、宗教等多种因素，文化是导致对文化景观的认知存在差异的决定性因素，即文化背景决定着东西方游客对文化景观符号的认知。

在人类社会的发展史上，从来没有出现过一个大统一的文明类型，也绝不是仅仅存在着东方文明与西方文明两种文明类型，多样性是世界文明的一个基本特质，且不论科学与否，著名历史学家汤因比曾列举出了 21 种文明类型。受文明多样性的影响，来自于不同文化背景的游客对任何同一文化景观符号的认知，都将受其自身文化背景的影响而使认知结果呈现出显著差异，不同文化在认知过程中的作用机理应与东西方文化对游客的认知产生决定性影响的作用机理有极强的相似性。

二、东西方文化背景下的游客对标志性中国文化景观符号的选择存在显著差异

本研究通过开放式问题访谈和结合图册的半结构化访谈，最终确定了 22 处标志性中国文化景观，这些标志性文化景观都有着丰富的、通过社会群体的约定所形成的象征意义，是典型的象征符号。符号的能指即为景观本身，符号的所指即为符号的象征意义。东西方文化背景下的游客游客，在对标志性中国文化景观符号的选择上，即对符号的所指的选择上，就呈现出了显著的差异。

（一）首先是选取集中度上的差异

在开放式问题与结合图册进行的半结构化访谈中所确定的标志性中国文化景观符号，从单项文化景观出现频数的对比上可以看出，两项调查的结果恰好相反。借助图册与否对文化景观符号选取集中度的影响，说明了明西方游客对中国文化景观的了解仍旧有限，从更深意义上进行挖掘，是对中国文化、甚至对中国的了解仍旧有限。这种了解程度的差异又作用于游客本身，使得他们在对标志性中国文化景观的选取上，呈现出了符号选取的集中度的差异，即东方游客对文化景观符号的选取相对集中，而西方游客对文化景观符号的选取则相对分散。

（二）所选取的符号的重要程度的差异

在所确定的标志性中国文化景观中，长城以绝对优势位居首位。从其余文化景观符号出现频数的排序中可以看出，西方游客更偏重于实体符号，东方游客则更注重艺术类符号；西方游客更偏重于象征着民族差异性的文化景观符号，而东方游客更偏重于象征精神文化的文化景观符号。"筷子""烟花爆竹"两种符号，仅由于西方游客选择的比例较高，而在总体排序中居于前列。

（三）东西方游客由于与中国文化景观所处文化背景异同所产生的选择差异

在对符号进行选择的过程中，东方游客相当于"局内人"，而西方游客则

相当于"局外人"。一方面，"局内人"处于对局内情况的了解，能够更加准确的选出更具代表性的符号；另一方面，局内人也对非常了解的文化景观符号表现出了一种"熟悉的地方没风景"的熟视无睹。作为局内人的东方游客，强调的是历史文化，仿佛历史文化就是文化，而中国当代文化则出现了缺失。而作为局外人的西方游客，能够更敏锐地识别出差异的存在，同时能够从"局外"更加清楚地判断什么是当代的中国文化。

三、东西方文化背景下的游客对中国文化景观符号的认知存在显著差异

将访谈所获得第一手资料按照内容分析法分别进行显性内容和隐性内容编码，最终得到东西方文化背景下的游客对中国文化景观符号的认知内容，并通过进一步分析，得到了东西方游客对22处标志性中国文化景观符号的"所指"的解读。通过对东西方的游客对典型中国文化景观符号的认知结果的分析，不仅得到了东西方游客对标志性中国文化景观符号所指的认知是什么，也进一步分析出了认知的差异体现在那些方面。

（一）认知视角的差异

对于涉及政治的文化景观符号，西方游客反复从权力、发生过的政治事件、政治影响力等角度对符号的所指进行解读，体现出了十分强烈的政治敏锐性。而东方游客则反复从人民的创造力、努力付出程度、文化的深度和广度等方面对符号的所指进行解读，体现出了十分强烈的对于本民族文化的自豪感。

（二）认知的态度与价值观的差异

西方游客在对中国文化景观符号进行认知的时候，常常抱有一种消极的态度，将符号的能指与所存在的问题相联系，而不是在文化层面上进行深究，甚至由此而产生一定程度的误读。同时受西方现代价值观的影响，个人主义已经成为西方游客内化的个人价值观的一部分，在对符号进行认知的时候，会不自觉地从个人主义的角度出发。相比之下，东方游客对符号的认知往往秉持着积极的态度，从正面进行认知。而相对于西方的个体主义而言，东方游客则更多地将集体主义作为内化的个人价值观的一部分，在对符号进行认知的时候，也更偏重于从集体主义的角度出发。

（三）认知系统化程度的差异

西方游客对中国文化景观符号的了解相对有限，因此常从表层的审美角度对文化景观符号进行认知，所得到的能指是零碎、不成系统的，甚至只是西方游客根据自己的理解附会的，而与社会对符号的能指做作的约定风马牛不相及。相对于西方游客，东方游客对于中国文化景观符号的了解要深入得多，能够对文化景观符号的所指的社会约定有相对统一、贴切的认知，这种认知还能够实现相互联系形成一个系统的、相互关联的整体，反过来又促进东方游客对文化景观符号所指的认知。

（四）认知理念的差异

西方游客对中国文化景观符号的认知内容中，含有大量涉及"平等""自由""权利""压迫"的编码，凸显了西方游客注重个人权利、强调的民主、自由、平等的人权观。在东方游客的认知中，没有出现如此鲜明地对"人权"的强调。在东方游客对这些文化景观符号的认知内容中，含有大量涉及"天人合一""中庸""和谐"的编码，凸现了包括道家学说与儒家哲学在内的东方哲学精神，也再一次强化了对"文化背景决定着游客对文化景观符号的认知"这一假设的检验。

（五）认知途径的差异

由于文化隔阂和空间距离阻隔的存在，西方游客与东方游客对中国文化景观符号的认知途径完全不同。在无法对符号的所指进行深度认知的时候，西方游客往往就是从寻求差异的角度对中国文化景观符号进行选择，并进一步从差异对比的角度对所选择的文化景观符号进行认知。对于大部分西方游客而言，在他们还不了解中国的时候就已经频繁地接触了中国饮食，中国文化通过中国饮食进行了渗透，中国菜也成了西方游客了解中国、中国文化的一种便捷途径，同时也影响了西方游客对中国菜这一文化景观符号所指的认知。东方游客，特别是中国游客，在对这些文化景观符号的认知上，则不存在如此大的途径选择的困难，甚至在日常生活中就可以经常接触到这些文化景观符号。

本研究在研究范围的广度上仍存在一定的局限性，研究结论虽脱胎于数十处标志性中国文化景观符号，但由于这些文化景观符号在文化背景上的类同性、符号能指与所指通过象征意义结合的相似性、文化背景对游客作用的相对稳定性，本研究的结论仍旧可以在一定程度上推广应用至中国文化景观符号之上，通过一叶之落窥测天下将秋。本文虽搁笔于此，但是在研究的深度上，仍有大量空间有待进一步探索，本研究也希冀能够通过大胆、不甚成熟的尝试，在使用符号学方法对中国文化景观进行研究的道路上起到抛砖引玉的作用。

第六章

外国游客对中国京剧的旅游体验

第一节　问题与假设

一、选题背景

（一）京剧的历史与源流

在我国绚丽多彩的艺术百花园中，戏曲是影响最广、最具民族特色的艺术形式之一。世界上把中国戏曲和印度梵剧、希腊悲喜剧并称为三大古老的戏剧文化（董键、荣广润，2006）。与另外两种戏曲文化相比，中国戏曲没有像古希腊悲剧和古印度梵剧那样发生历史断裂现象，而是代有传承，成为数百年来中国民众的一种自然选择。中国戏曲的许多古典名著至今仍然活跃在舞台上，"影响着一代又一代人的精神和感情，其生命力之强，应变适应能力之大，影响之深广，委实令人惊叹"（周传家，2000）。

在中国的戏曲当中，近百年来影响最大、流传最广的非京剧莫属。它是中国戏曲艺术的集大成者，被誉为"国剧"（陈伟，2004）。在与国外的交流中，有相当一部分的京剧剧目流传到了海外，被译成英、法、德、意、日等多种文字，有的京剧名作还被一些外国剧作家多次改编，在他乡的舞台上大放异彩。与此同时，京剧借着旅游的东风也在本土让外国游客为之着迷。

为什么中国的京剧艺术有如此之大的魅力呢？这还必须从京剧的起源和它的特色说起。

京剧从其诞生至今已有160多年的历史，因其诞生在北京故称"京剧"。京剧的起源与晚清的社会经济、文化有着密切的关系。18世纪后期，当产业革命为西方国家带来科技大发展、生产力大提高，从而热衷于开拓疆土、寻求海外市场的时候，中国正沉醉在"乾隆盛世"这一封建社会的最后辉煌中，一片歌舞升平的胜景（陈伟，2004）。中国各地有代表性的戏剧唱腔和剧种如昆曲、梆子、皮黄、弋阳腔等，都有许多班子长期滞留北京，为纸醉金迷的达官贵人服务。1790年，为了给乾隆皇帝庆祝八十大寿，京剧的原始唱腔之一———徽腔的著名戏班"三庆班"入京演出。演出取得很大成功，受到热烈欢迎。因为徽腔丰富优美的声腔曲调、贴近生活的戏曲内容、刚柔并济的演绎技巧，极大地契合了京城观众的审美趣味，因此祝寿后，戏班没有南返，而是被热情的观众留在了北京。继三庆徽班落脚京城后，又有四喜、启秀、霓翠、春台、和春、三和、嵩祝、金钰、大景和等班，亦在大栅栏地区落脚演出。

道光年间，流行于湖北汉水一代的地方戏曲汉戏也开始进京讨生活。但汉戏演员进京后并未单独挑班演出，而是加入到徽班中，与徽腔一起献艺，从而为徽班的演出增添了新的色彩。演员们共同努力，广泛吸收其他戏剧的特长，丰富了声腔曲调和演出剧目，对舞台语言和角色进行了改革。一种源于徽腔、又不同于徽腔的新兴戏剧开始崭露头角，这就是雏形的京剧。一时间京剧以它特有的休闲性与娱乐性，不但激起了清廷皇室的狂热爱好，成了皇亲国戚寻欢消遣的最好方式，而且成了商人、平民休闲娱乐的主要内容（陈伟，2004）。

此后，京剧随着社会的发展历经变革，出现了不同的派别，也出现了革命样板戏等新的形式。

（二）京剧的影响力

京剧既没有昆曲那样古老，也比不上秦腔的历史悠久，但由于它善于汲取各个地方剧种之所长，融多种艺术形式于一身，在不断发展的过程中，逐渐形成一个博大精深的艺术体系，成为我国古典戏曲的典范和代表。京剧自形成以后百余年来长盛不衰，原因是多方面的。从历史发展的过程来看，京剧能通过自身的调整来适应不同观众的审美需要，力求与社会大众的审美情趣保持着一致。这为京剧长盛不衰的发展奠定了内在的基础，同时也使得京剧能够获得各个阶层的人士的青睐，从而为京剧在更广泛的范围内进行传播提供了可能性。

在京剧诞生后的 160 年来，随着中国社会越来越走向开放、中国人民与海外民众的交往越来越多，中国京剧始终是与西方交流必不可少的保留节目，中国京剧文化对西方的影响也越来越大。

杂剧《赵氏孤儿》被翻译成法文，传入欧洲，这是西方人对中国戏剧介绍的开始，当时欧洲的文化思潮，严重影响了西方人对中国戏剧接受的态度。此时，西方人对中国戏剧的印象含有很多杜撰的成分，因为他们多是通过翻译出来的剧本进行评价，并未接触到在舞台上演出的活生生的中国戏剧。浪漫主义流行时期，中国戏的结构被列入"通俗剧"的行列。这时的欧洲人以一种很封闭的心理来看中国戏剧，毫不留情地诋毁它的存在。那时作为中国戏剧后起之秀的京剧，在西方人那里自然也难逃此命运。19世纪末期，西方的导演开始反对写实，极力想要跳出自然派的束缚，东方戏剧适逢其时，它的技巧及想象力使西方导演为之痴迷。其后，象征主义开始兴起，它对暧昧、神秘的赞颂，以及不相信真理以逻辑或理性来表达的态度，终于令西方人肯定了中国京剧艺术的价值。20世纪初，西方学者、旅行者及戏剧工作者更是认为此前的西方剧评家没有绝对的权力来批评东方戏剧，他们认为中国戏剧演员的演出是极其文雅与迷人的。这以后，中国戏剧在西方就大致走上了坦途（施叔青，1988）。

京剧在国外的传播，其功首推梅兰芳的努力。在中国传统戏曲受到西方戏剧强烈冲击的20世纪20年代，梅兰芳先生首当其冲将中国京剧和他的"梅戏"带到了世界人民的面前。他先后到过日本、中国香港、美国、苏联等国家和地区。世界为之震惊，震惊于中国除了他们所知的裹小脚、留长辫、穿马褂之外，还有如此新颖别致、高贵大气的艺术。

通过这一系列的接触，梅兰芳大师用高超的技艺震撼了外国人，不仅让他们记住了梅兰芳这个名字，也让他们记住了中国的京剧艺术。与梅兰芳同时代的京剧艺术家们（如程砚秋等）也纷纷跨出国门，为外国人了解京剧艺术开启了一扇又一扇大门，播下了中国戏曲文化与西方交流的种子。当时一些外国著名人士到中国访问游览，有两个重要节目是很少放弃的，一登长城，二看梅剧（李伶伶，2001）。京剧与长城由此构成了外国游客眼中能够显示中国文化景观的两个特有符号。正如著名旅游学者Urry（1990）在《旅游的乐趣》中指出："游客对旅游地的选择是基于对娱乐、实现梦想以及参与的愿望，而愿望却可能是由电影、电视、文学作品和杂志等非旅游因素构成的"。于是，京剧与旅游之间的姻亲关系在这一时期已经显现。

（三）京剧与旅游

近年来，随着旅游业的迅速发展，中国文化吸引了越来越多的外国游客。作为中国文化的典型特质之一，京剧也往往被整合到旅游过程中并成为重要的旅游品牌，"登长城、吃烤鸭、逛故宫、听京戏"是外国旅游者的游中国的标志性选择。京剧作为中国文化的杰出代表已是中国旅游产品中的一大亮点品牌，备受外国游客的关注。

在这个潮流中，也出现了一种新的现象：为了抓住外国游客的眼球，一些专为游客表演京剧的场所的在演京剧也在不断地做着改变，从演出时间的调整到剧目题材的选择，都表现出了一种"旅游化"的苗头。甚至在最近几年，京剧市场上还出现了一个新名词"旅游京剧"，许多剧院都在演出这些"旅游京剧"，而看"旅游京剧"的主流观众自然是那些崇拜中华文化的外国游客。这些改变和调整，其目的只有一个：让外国人更容易接受京剧。

然而，京剧艺术在试图迎合市场需要的同时其本真性便受到了极大挑战，"外国人是否真正喜欢这种经过改造、不再原汁原味的京剧"，成为摆在我们面前的难题。"旅游京剧"不同于原始的京剧，故事情节被浓缩，表演节奏被调整，表演环境更为随意，这样的京剧虽然让初次接触京剧的外国游客们更易接受，但也同样招致了部分国人的反对。人们担心"旅游京剧"的发展会使京剧丧失了传统内涵，外国游客看到的仅仅是"伪京剧"。这样的争论似乎一直没有停止过。然而，加入这种争论已经超越了本研究的范围，笔者将不对此表示自己的态度。从本项研究的关注点而言，我们需要认识、解决的问题，是京剧在游客的旅游体验中到底起到了什么样的作用，它的"旅游价值"到底有多大。这些从游客本身的体验出发研究京剧的"旅游化"及其对游客（尤其是外国游客）旅游体验的影响的问题，目前国内还没有人做。

这在本项研究中，笔者将在旅游这个大背景下就外国旅游者对京剧的体验提出五个问题，并尝试通过实证的方式予以解答。

（1）外国游客究竟怎样评价京剧？

（2）外国游客体验京剧的模式有哪些？

（3）外国游客对京剧的体验深度如何？

（4）外国游客对于京剧体验中本真性文化的追求如何？

（5）从外国游客对京剧的体验中还能发现什么？

当把京剧呈现在外国游客面前的时候，我们不应单纯地推介，要考虑受众对于这种文化方式的接纳：他们的体验程度及体验方式有何特点？为了了解外国游客对于京剧体验的特点，笔者进行了广泛的调查，从人类学的角度进行审视与探讨，以日本、韩国及西方游客为主要调查对象，试图以第一手的翔实资料，寻求京剧在外国游客层面中的生存状态。

二、文献综述

本文从人类学的视角出发，以人类学研究、体验研究、跨文化行为与京剧研究为铺垫，在此基础上加以展开，因此笔者首先就这几部分的已有研究成果做一番梳理。

（一）人类学视野中的旅游与戏剧

现代旅游活动起源于西方社会，而西方也是旅游人类学的发源地。西方学者们最先将人类学的理论、研究方法引入旅游界，这不但扩展了人类学的研究视野，也推动了旅游研究的进程。当旅游业偶然跃入深切关注"本族"与"异族"的西方人类学家的视野时，这片新天地让他们感到"如获至宝"。虽然仅有40多年的历史，但是西方旅游人类学的理论框架已具雏形，并出现了格雷本（Graburn）、史密斯（Valene L.Smith）、麦康纳（MacCannell）、纳什（DennisonNash）和科恩（Erik Cohen）等为代表的研究群体。西方的旅游人类学大致涉猎两个研究领域：一是旅游行为所内含的符号意义的解读；二是旅游的社会文化影响，包括对主体和客体之间互动关系的研究。研究的具体问题已由礼仪、朝圣、娱乐与休闲以及跨文化探讨等上升为对旅游过程、参与体验、本真性、文本虚实以及话语权力等"后现代"问题进行的深入探讨（张晓萍，2001）。在诸多的研究中"本真性"是旅游人类学的一个核心问题，也是研究文献增长最快的一个领域，极富吸引力，本文也拟将其作为问题之一进行重点讨论。

发轫于西方的旅游人类学研究，在20世纪80年代开始引起我国旅游研究者的兴趣（彭顺生，2005）。1999年9月于云南大学召开了"旅游·人类学与中国社会的国际学术研讨会"，是中国旅游人类学发展道路上的一次重要事件，由会议的相关成果汇编而成的论文集《旅游、人类学与中国社会》，可以说是开启中国旅游人类学研究的先河之作（龚锐，2006）。此后，我国的学者把国外的旅游人类学理论进行了引介，并不断拓展学科自身的研究空间。

　　戏剧作为一门直观展现人的行动的艺术，它的"人学"印记是十分鲜明的（李萍，2007），它和人类学之间也存在着无法割裂的联系。戏剧人类学是艺术人类学的一个分支学科，兼具戏剧学和人类学的双重性质，与民族文化、民族史、原始宗教、神话思维、原始信仰等事项密切相关，它关注所有的戏剧文化现象，除了关注戏剧本体之外，还关注早期的神话、宗教、史诗、亲族、仪式、信仰等文化元素，强调在戏剧自身的文化语境中研究戏剧。

　　由于戏剧人类学最初主要关注戏剧的早期形态或原始形态，因此在许多人眼里，戏剧人类学只是一门研究原始形态戏剧的学问，而事实上这是一种误导。戏剧人类学的研究视野相对于一般学科来说，它更关注戏剧的全球性和全人类性，如果用这样的观点来认识戏剧人类学，其研究视野便会更加开阔。

　　旅游已经逐渐成为一种全球化行为，旅游中的戏剧体验活动也应该被纳入戏剧人类学的研究视线，旅游与戏剧体验之间虽然不具有必然联系，但当戏剧体验被放置到旅游的背景中去，它就成了一种特殊的体验。深入挖掘这种特殊情境中的体验的内涵，并识别其结构性特征，阐释游客身份的戏剧观赏者的心理和行为特点，其学术意义不容置疑。

（二）游客的戏剧体验——旅游体验研究的一个新领域

　　经过这几年的发展，旅游体验研究已经成为国内旅游学研究的一个重要领域，陆续形成了一些初步的研究成果。而在国外，这个研究领域已经积累了相当规模的研究文献，成为旅游研究的显性领域。旅游体验研究中涉及戏剧体验的理论主要是本真性研究，其中不免带有一定的价值判断。至于从实证的角度对戏剧观赏者的体验心理进行研究，则没有引起足够的关注，成果也相对匮乏。这种状况部分归因于研究戏剧观赏者的体验心理远比人们的预想要复杂得多。美国学者劳逊曾经谈道，对于戏剧观众心理的研究会"牵扯到许多额外的问题。观众在看一出戏时所抱的态度和先入之见，比剧作家在创作时的情况更为复杂。上演时的每一分钟，各个不同的观众可以受到无限多样的甚至互相矛盾的影响，在这里面起作用的因素有：剧院的建筑、演员的个性、周围的座客、对该剧已有的了解，以及千百种在每次上演时都不一样的其他因素"（劳逊，2000）。劳逊的感慨足以使人们充分地意识到戏剧体验研究是一个既有魅力又颇具挑战性的研究领域。

（三）跨文化研究中的戏剧与旅游研究

戏剧研究是跨文化研究的重要内容。在国外，尤其是西方社会，戏剧一直占有极高的地位，戏剧研究亦有较长的历史，因为人们相信戏剧在形成民族性和表现民族性上起着重要作用，因此戏剧研究是理解一个国家民族性的工具。欧洲人最先提及中国戏剧的是 J.B.du Halde，他于 1736 年出版的《中国帝国及鞑靼人的描述》中，就马若瑟（Joseph Premare）翻译的元曲《赵氏孤儿》进行评述，颇使欧洲人大感惊讶（施叔青，1736）。但自此以后很长一段时间，西方人对中国戏剧的研究大都集中在对剧本的文学评述上。20 世纪上半叶，英语国家的汉学家在戏曲研究方面有了很大突破，涌现了一批有关中国戏曲的书籍。这些书籍开始对当时的京剧、昆剧及其表演规则、演出习俗仪式等方面进行了详细的描绘。自 20 世纪六七十年代以来，英语国家的戏曲研究取得了突飞猛进的成就。这与研究领域的拓宽不无关系。西方汉学界力求科学地重新认识中国的倾向日益增强，研究范围也较旧汉学为宽（黄鸣奋，1995）。总体上看，国外对于中国戏剧的研究主要是从文学、艺术、美学、剧场设计等方面入手，多是从文化交流视角进行。有关京剧的著作，更是着重介绍京剧的基本知识、京剧故事等，梅兰芳、程砚秋等这些老一辈京剧艺术家的名字也在外文资料中频繁出现，可见国外对京剧艺术家的关注也是很高的。但是，我们也不难看到，国外对于我国戏剧的研究存在一个最薄弱的环节，那就是涉及戏剧受众方面的研究甚少，对于不同文化背景下的观众对异国戏剧的接受和体验的研究则还是空白。

实际上，随着现代旅游的大众化与空间跨越大尺度化，不同文化间的交流与碰撞变得越来越明显，因而对跨文化研究的要求也越来越强烈。旅游中的戏剧体验是极具代表性的跨文化交流活动，但是这一活动在跨文化旅游研究中至今仍处于缺席状态，鲜有涉及，这也为本文的研究提供了一个机遇。

（四）关于戏曲及戏曲旅游

也许就是因为文化上的交流与碰撞，许多海外旅游者对我国的戏曲艺术产生了浓厚的兴趣，由此提出了"戏曲旅游"这一独特旅游形式。戏曲旅游一经推出就受到旅游者的积极响应（毕剑，2007），这种新型的旅游项目正在各地陆续开展起来，而相应的学术研究并没有跟上。笔者对于目前有关戏曲旅游的研究进行了检索，发现此类研究还很少（陈炜，2008；钟俊昆，2008；宋军令，

2008；毕剑，2007；刘宏日，2006；冯新生，2005；施薇，2003），而且这些文章多以不同剧种为切入点，分析探讨戏曲与旅游的结合，出发点往往是戏曲旅游资源的开发，忽视了旅游者的欣赏体验研究，因此均属于对策性研究，缺乏理论建构。

综上所述，国内外旅游界在旅游人类学、旅游体验研究、跨文化研究三个大方向上都取得了不少成绩，研究成果相对丰富，但是对于戏曲旅游这一文化旅游形式的专门关注较少，尤其是从旅游者体验角度入手的研究更是匮乏，这为本文的研究提供了机遇也提出了挑战。

第二节 资料收集

一、研究方法的选择

考虑到本研究的目的，在研究方法上主要采用了质性研究与定量研究相互结合的方法，并以质性研究为主。具体的收集资料的方法涉及问卷调查、实地观察和非结构访谈三种方法。

在质性研究中，有关"资料"的定义与其他类型的研究的定义不同，只要可以为研究的目的服务，可以用来回答研究的问题，就可以将其界定为研究的"资料"。因此，质性研究者可以用自己选择的方式将世界"打碎"，根据自己的需要从中选择"碎片"，然后将他们以某种特定的方式进行组合与展示（陈向明，2002）。本研究正是在这种思路的指导下，进行了资料的收集工作。这里需要说明的是，由于访谈的可控性相对较差，本研究首先采用问卷调查法进行初步的资料收集。同时考虑到问卷调查过分依赖"纸笔技术"，不能进入被研究者的生活世界，很难了解被研究者的心理状态和意义建构，所以在对问卷进行整理之后，根据发现的线索，笔者进一步进行访谈资料的收集。

本研究主要通过上述三种方法获得外国游客对京剧体验的第一手资料，除此之外还需要辅以大量的二手资料，二手资料以文献资料为主，包括相关领域的研究著作、期刊、网络资料等形式。

二、调查对象的确定

本研究的调查对象（即观察单位）是体验过京剧这一文化旅游产品的外国游客，在某种意义上说这时的旅游者可以称为文化旅游者。

McKercher 和 Hilary du Cros（2002）曾对文化旅游者进行了分类，认为文化和文化体验深度会随着旅游者及其选择特定目的地或吸引物的动机而变化（见图6-1）。

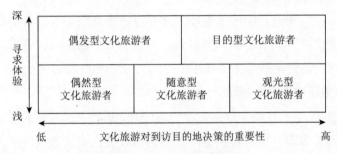

图6-1　文化旅游者类型

（转引自 Geoffrey Wall，Alister Mathieson，变化、影响与机遇，高等教育出版社，2005）

A. 目的型文化旅游者：文化旅游是到访目的地的主要动机，而且本人有很深的文化体验。

B. 观光型文化旅游者：文化旅游是到访目的地的主要或重要原因，但体验较浅。

C. 偶发型文化旅游者：旅游者旅行的目的不是文化旅游，但参与以后，终以深刻的文化旅游体验而结束。

D. 随意型文化旅游者：文化旅游是到访目的地的一个平淡动机，结果的体验很浅。

E. 偶然型文化旅游者：旅游者的旅行目的不是文化旅游，但不管怎样，参与了一些活动，得到一些浅显的体验。

本研究所涉及的对象主要涉及上图中不同类型的文化旅游者，并根据不同的标准对这些文化旅游者进行二次分类。如从旅游者对于本真性的追求角度将研究对象分为体制化旅游的大众旅游者和非体制化旅游的旅行家。再如根据东西方文化背景的不同可将调查对象分为东方游客与西方游客。

三、实地调查过程

（一）进入现场的方式

在进入现场之前，笔者做了如下思考：应该如何进入现场？如何与被研究者取得联系？如何向对方介绍自己的研究？如果在他们之外还有"守门人"[①]，是否应该获得这些人的同意？

解决方案：以观众身份进入剧场，这样有助于观察游客的即时反应。演出结束后，以攀谈的方式与游客取得联系，进而说明自己的研究意图。如果有导游或领队带队，需要先征得导游或领队的同意与协助。

（二）实地研究的基本过程

笔者于 2008 年 5 月至 8 月在大连和北京两地进行了实地调查。通过向资深旅游业从业人员咨询，笔者将调查地点选定为较有代表性的大连京剧院、北京长安大戏院、梨园剧场、老舍茶馆、广德楼戏园。其中大连京剧院是大连地区唯一一座京剧剧院，接待的观众以当地居民和日韩游客为主；梨园剧场、北京长安大戏院是接待外宾及外国旅游者的主要京剧演出场所；老舍茶馆较为特殊，它将外国游客作为最主要的目标市场，所以在营销手段及剧目编排上都与其他剧院有所差别。老舍茶馆将京剧、杂技、功夫等进行整合，作为组合式旅游产品进行销售；广德楼戏园是北京最著名、最古老的老字号戏园之一，为当地人所熟知，观众也以当地京剧爱好者为多。

在调查的开始阶段，笔者以参与者的身份，在游客欣赏京剧的过程中，对游客的态度、行为进行描述性记录。然后，笔者利用演出结束后的时间，设法与游客进行交流，进而对游客进行即时或非即时性（电子邮件）的问卷调查。在将问卷进行初步分析后，对于某些重点问题进行深入访谈。

（三）数据收集情况

本研究共发放调查问卷 98 份，回收 90 份，回收率 91.8%，其中有效问卷 86 份，愿意接受深入访谈的被调查者 21 人。

---

① 本研究中指如某个团队的领队或导游。

1. 被调查者的国籍构成

通过图 6-2 可以看出，被调查者主要由欧洲、北美和日韩游客构成。

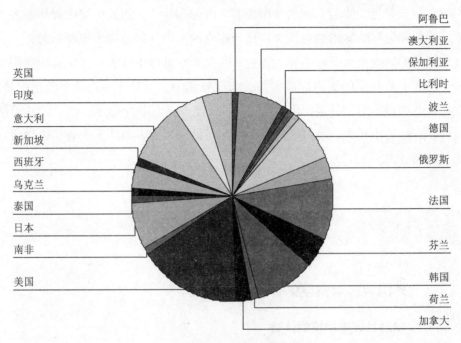

图 6-2　被调查者的国籍构成

2. 被调查者的年龄分布

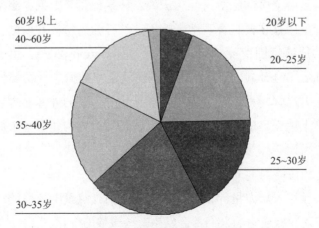

图 6-3　被调查者年龄分布图

如图 6-3 所示，被调查者的年龄主要分布区域为 20~40 岁之间，占被调查者总体的 76.4%，20 岁以下的占 5.9%，40~60 岁的占 15.3%，60 岁以上的占 2.4%。由此可见，体验京剧的外国游客年龄分布较广，而其中以中青年游客为主，少年和老年游客则相对较少。这与京剧的国内目标市场形成鲜明对比，观赏京剧的中国观众大多以老年人为主，其次是小部分中年人，青年和少年则更少，总体上看京剧的国内观众年龄分布比较集中。但是有一点需要考虑的是，在所调查的样本中，外国旅游者的总体构成老年人的比例低于中青年，这可能与样本容量较小有关，也可能与来中国旅游的外国游客总体上中青年人数所占比例较高有关。

第三节　资料分析

一、外国游客对京剧的体验模式

（一）旅游世界中的情境体验

旅游世界在功能上与生活世界有着种种差别。这个世界是日常生活世界的一种溢出，它的格调主要是由旅游需要所形成的一种心理赋彩功能所确定的。旅游世界是由众多的旅游情境构成的。从某种意义上说，旅游情境在旅游行为发生之前就已存在，它客观地影响着这种行为的特征和取向。旅游情境分为两种类型：旅游氛围情境（tourist situations of atmosphere）和旅游行为情境（tourist situations of behavior）。旅游氛围情境是一种概念性情境，它对行为者的心理影响主要以弥漫性的渗透为主，包裹着行为者的外部心理感知世界，为这个世界涂抹上主观性的色彩，可以说旅游氛围情境构建了整个旅游世界。旅游行为情境也可以叫作旅游场，是指旅游者在旅游体验过程中的行为表现的最直接、最具体的情境因素（谢彦君，2005）。

旅游者一旦进入旅游世界，就在宏观上受到旅游氛围情境的浸染。仔细观察一下就会发现，旅途中的人们都会发生一些微妙的变化。

"我很兴奋。我开始喜欢上京剧了。我感觉京剧当中有很多有趣的故事情节，不像我在美国看到的那些戏剧，题材多是严肃的。在美国看戏的时候，我关注演员的唱法，而在中国我不会关注这些，也许是我听不懂的缘故吧，我更关注演员的服饰、脸谱，这些太有趣了。"（被调查者 46，美国）

"来中国观看京剧，在我看来，是一件很有趣的事情。从我进入戏院开始，我就期待这次经历是与以往不同的。演出的过程中，我不断积极地为演员鼓掌，而在我的国家我不会表现得这样热情。"（被调查者 40，印度）

"其实我并不喜欢看戏，以前在我的国家看歌剧的时候我经常会睡着。但是这次却不一样，我很兴奋，我发现原来看戏也是一种享受。这可能是因为京剧的故事比较有趣，也可能是因为我来旅游，心情很好吧。"（被调查者 14，澳大利亚）

即使对于欣赏京剧这样一项普通的活动，旅游者的态度也发生了很大的变化。旅游者的心态、行为总被笼罩在某种莫名的亢奋之中；旅游者的意念甚至态度也开始在某种异乎寻常的张力之下变得更加积极、热情而投入；旅游者渴望在平凡的事物当中寻求新的发现，新的意味和色彩——这都是旅游氛围情境的作用。旅游情境在生活的日常态度和审美态度之间划下一条清晰的界线。在界线一侧，人们对审美高度敏感，对美充满渴望，专注于审美对象本身，另一侧，则是日常的生活。所以，人们一踏上旅途便自然而然地从日常的认知方法逸出，而专注于感性的审美态度来对待旅途中的事物，旅游者一旦出游就开始用旅游的眼睛看世界。

（二）在场体验、非在场体验与集体体验

1. 旅游行为情境的出现剥离了在场体验与非在场体验

在场体验是指游客处于京剧演出的现场，而不管这种演出是商业性的还是非商业性的，强调的是旅游情景对游客的吸引和磁化，游客欣赏的是在眼前的"活生生"的京剧。而非在场体验是指观众通过电视、网络、录像等欣赏京剧，这种体验是间接性的，它与在场旅游体验的差别在于缺少了旅游行为情境的渲染。

笔者的数据分析结果显示，外国游客对京剧的体验倾向于在场体验，同

时在场体验的效果也远远优于非在场体验，体验所引起的心理亢奋强度也更高。

戏剧以它的现场性特征区别于其他的艺术样式，同时也以这种现场性保持一种独特的艺术魅力。与格式塔心理学的"场"比较，戏剧中的"场"具有自身更丰富的内涵，它的外在形态是封闭的剧场，处于视线中心的舞台以及舞美设计效果（灯光、音响、道具、布景等），相对黑暗的观众席，"活"的演员和视角固定的观众在同一时间和地点直接"对峙"和交流；它的内在作用力体现为每个观演个体的心理和情绪"交叉感染"并达到一致（徐海龙，2002）。一场京剧演出，实际上就是营造一个心理场域，为人与人之间的情感遭遇与交流提供一个平台，为心灵共鸣和价值认同提供一个统一的依据。从这个意义上说，戏剧演出是一个现场互动的心理流程。退一步讲，即使游客对京剧的体验达不到深层的精神境界，现场体验也类似于一项群体性、狂欢性的互动游戏，戏剧表演之外的某些现场因素增强了戏剧现场的魅力。另外，现场体验还强调他者的在场。旅游可以被看作是旅游者的一种行为艺术（肖俭伟，邱美玲，2006），简而言之，行为艺术是一种"有意味"的行为过程的展示。旅游者以愉悦、悠闲的心理状态和行为方式，置身于"我看表演，我在表演"的状态中。异于常态的行为方式随时展示着旅游的特殊性，观察他人和被他人观察强化着"逸出日常生活"的独特意味，不论是对旅游者自己还是对他人这意味都同样强烈。旅游者不仅仅是旅游对象的被动体验者，而且通过他们自己的行为、态度而参与了旅游文化的创造。旅游者的行为艺术只有通过在场体验才能被发挥得淋漓尽致。

2. 剧院里的集体心理体验

在体验京剧的过程中，剧院这个具体的旅游场，不仅仅为旅游行为的发生提供空间凭借，同时在这个空间里旅游者也进行了集体体验的共享。此时，京剧体验的意义不仅仅限于舞台和京剧本身，每个观众都以不同的方式参与其中，仿佛自己也变成了演出的一部分。这样，剧院这个旅游场就不再是一个自然形态的空间，它是有目的、有组织的空间，被赋予了特殊的意义。

戏剧与仪式有接近之处，二者都具有集体心理仪式的性质。91.7%的被调查者认为在剧院观赏京剧的感受类似于参加一种集体仪式。"众人一起颠簸在情感的海洋里，一起沸腾、一起呼啸。这种集体的心理体验既表现在演员与观众之间，台上台下联成一体，也反映在观众之间，互相传染、互相影响"（余秋雨，2005）。

"虽然我看不太懂，但是周围的观众爆发出笑声时，他们似乎提醒了我，我也会跟着一起笑"（被调查者32，芬兰）。

"在剧院中观看京剧的效果要比自己观看有意思，因为有人和你一起分享，你会更快乐"（被调查者38，美国）。

剧场里，每个人都成为其他人的"镜子"，也都能找到自己的"回音壁"，尽管在一般情况下，旅游者群体的构成是很复杂的，但是，人们不难发现，一旦进入到剧场，他们要比平时更容易取得一致。

戏剧家奥·威·史雷格尔曾经这样描述这种集体性的感受力和反应力：多数人彼此之间的这种外显的精神流通，几乎有着不可思议的力量，它加强了平时总是隐藏起来或只是向密友才倾吐的内心情感。在这么多的同感者之中，我们感觉到自身的强大，因为所有的心灵与精神汇合成了一条不可抗拒的洪流。

集体体验将旅游者的个人体验扩大化，万众一心陶醉在令人神往的集体心理体验中，这种近乎神奇的"广场"效应，也正是上文所述"在场体验"的完美体现。

二、外国游客对京剧的体验深度

旅游体验的深度不仅受外在情境的影响，也与旅游者自身的因素有关，所以即使面对相同的旅游情景，相同的体验对象，旅游者的体验深度也是有差别的。

有趣的是，笔者发现在京剧观赏过程中始终贯穿着两种类型的体验，更确切地说是两类人的体验。第一类即我们所熟知的现代背景下的大众旅游者（大多由非目的型文化旅游者组成）的体验；第二类则是接近于精英旅游的旅行家（大多由目的型文化旅游者组成）的体验。大众旅游者是指体制化的旅游角色，是那些借助媒介办理旅游的全部或部分服务的旅游者（Cohen，1973年提出了国际旅游者的两大类型：体制化和非体制化的旅行者），他们往往满足于对旅游目的地走马观花的游览，追求的是旅游的象征意义。旅行家是非体制化的旅游角色，他们具有高度的自发性，拒绝商业化（Sorensen，2003）而寻求更本真的旅行体验（Loker-Murphy，1995）和更深的"文化浸入"（从某种意义上说这类人也近似于人类学家）。而按照调查结果，本文将那些参加旅游团或借助旅游中介机构实现出游计划，行程又比较定制化的旅游者划定为大众旅游者，而那些更多借助的是自身的力量，摆脱了定制的消费模式，期望寻找更本真的文化的旅游者则归属为旅行家。

（一）时间维度下的体验深度

在本节，笔者按时间序列分别考察两类旅游者的体验深度。

1. 前体验的准备

（1）欣赏京剧的动机。

调查结果显示，大众旅游者欣赏京剧的动机多为"好奇"和"印证"。

"我早就听说过梅兰芳，他是一个传奇人物，我很想看看以他为代表的京剧演出真的那么优美吗？""听说京剧很神秘，我想亲眼看一看"（被调查者37，德国）。

这些旅游者能走进剧院，主要是行程的安排或受人推荐。与大众旅游者形成鲜明对比的是旅行家，他们的欣赏动机呈现多元化，包括"怀旧""认同"等，但却较少将"好奇"看作欣赏京剧的动机。这个结果在一定程度上与两类旅游者对现代社会的异化程度有关。大众旅游者在很大程度上已经根植于现代社会之中，因此，他们对于自己生活的环境并无摒弃之意，旅游只是于平凡的生活之上添加一些色彩，是对自己惯常生活环境之外的新鲜感的追求，是对神秘传说的求证。而旅行家则是那种更多地抱有"怀旧"情结，与现代社会异化较强的人群，他们在自己的世界里找不到心灵的归宿，因为古老的文明已不复存在，所以只有寄希望于别处。

另外大众旅游者并不将欣赏京剧看作此次旅游的重要目的，而只是在某种因素影响下参与的一项活动，获得的一些体验。而旅行家却认为欣赏京剧在他们的中国之旅里面占有很重的分量。

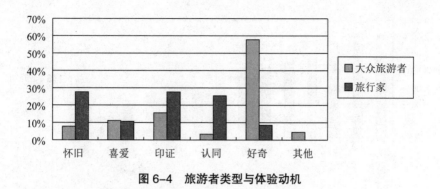

图6-4　旅游者类型与体验动机

（2）欣赏前的准备。

调查数据显示，大众旅游者对京剧没有深刻的认识或独到的见解，不会在欣赏前做过多的准备（如了解京剧的相关知识），往往只是在京剧的演出现场阅读剧目简介，陪同者大多是导游或同一个旅游团队的成员（包括与他们一起参团的家人和朋友），而这些旅游者也并不指望欣赏京剧时能从陪同者那里得到多大的帮助。

"看京剧之前，我并没有做太多的准备。我不想花费太多的时间，像学习一样，太累了。我的陪同者也不了解京剧，不过我们一起讨论，也很有趣。"（被调查者14，澳大利亚）

相反，旅行家们往往会在欣赏京剧之前做充分的准备：他们不仅对中国的文化有所了解，而且会刻意汲取京剧的有关知识，他们阅读与京剧相关的书籍，演出前与剧院的工作人员交谈，一般会选择对京剧有所了解的陪同者，而陪同者的作用不仅仅在于讲解故事情节，还在于对京剧深层文化内涵的挖掘。

两类旅游者在体验前的准备活动为他们的体验深度奠定了不同的基调。

2.现场体验的深度

（1）注意力指向。

这个问题有两个方面：一是京剧的哪些元素能对旅游者构成吸引力；二是这些因素对于不同类型的旅游者吸引程度如何。

问卷中，笔者设置了这样一个问题"京剧的哪些元素能吸引您"，得到的总体调查结果如图6-5所示。

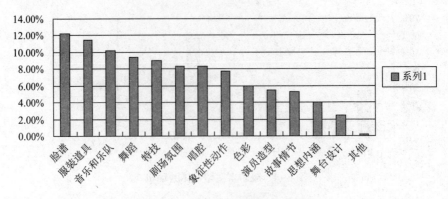

图6-5　吸引旅游者的京剧因素

　　其中脸谱、服装道具、音乐和乐队、舞蹈、特技、剧场氛围、唱腔、象征性动作名列前八位。

　　那么两类旅游者各自的选择又是怎样的呢?

　　表6-1显示,大众旅游者所选择的答案,按频数排列前八位的依次是:脸谱、服装道具、特技、舞蹈、音乐与乐队、唱腔、色彩、剧场的氛围;旅行家的答案按频数排列前八位的依次为:音乐与乐队、唱腔、剧场氛围、象征性动作、脸谱、服装道具、思想内涵、故事情节。

表6-1　吸引旅游者的京剧因素分类统计表

序列	吸引因素	出现频数	序列	吸引因素	大众旅游者出现频数	序列	吸引因素	旅行家出现频数
1	脸　谱	11.9%	1	脸　谱	12.8%	1	音乐和乐队	10.9%
2	服装道具	11.3%	2	服装道具	12.0%	2	唱　腔	10.2%
3	音乐和乐队	10.2%	3	特　技	10.2%	3	剧场氛围	10.2%
4	舞　蹈	9.4%	4	舞　蹈	9.9%	4	象征性动作	10.2%
5	特　技	9.0%	5	音乐和乐队	9.9%	5	脸　谱	9.2%
6	唱　腔	8.9%	6	唱　腔	8.3%	6	服装道具	9.2%

续表

序列	吸引因素	出现频数	序列	吸引因素	大众旅游者出现频数	序列	吸引因素	旅行家出现频数
7	剧场氛围	8.3%	7	色 彩	7.6%	7	思想内涵	8.8%
8	象征性动作	7.7%	8	剧场氛围	7.6%	8	故事情节	8.8%
9	色 彩	6.0%	9	象征性动作	6.8%	9	舞 蹈	8.2%
10	演员造型	5.5%	10	演员造型	6.3%	10	特 技	6.1%
11	故事情节	5.3%	11	故事情节	3.9%	11	演员造型	3.4%
12	思想内涵	4.0%	12	舞台设计	2.6%	12	舞台设计	2.0%
13	舞台设计	2.4%	13	思想内涵	2.1%	13	色 彩	2.0%
14	其 他	0.2%	14	其 他	0.3%	14	其 他	0.0%

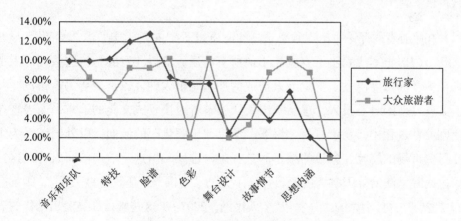

图 6-6　吸引旅游者的京剧因素分类统计

由图 6-6 我们可以看出，大众旅游者选择率最高的那些元素绝大部分是从视觉上给人以愉悦。京剧是一门综合的艺术，是听觉的艺术，也是视觉的艺术。纵观京剧舞台，映入观众眼帘的是一个色彩绚丽的世界：化妆勾脸、盔头饰物、十色蟒袍、桌椅帐幔、车旗伞盖，其色彩无不缤纷灿烂，具有强烈的"视觉冲击力"，构成了分外华丽的东方美的世界。知名文艺评论家斯达克·

杨曾经指出:"令人感兴趣的是我们注意到希腊古剧和伊丽莎白时代的戏剧同京剧颇为相似……京剧对希腊古剧做了一种深刻的诠释,因为那些使人联想到希腊的特征,以一种自然的思考方式,一种深刻的内在精神,体现在中国戏剧里。"他还从京剧的情节场面、道具、定场诗、男扮女角和韵散转换等方面的比较,看出"伊丽莎白时代的戏剧和京剧也十分明显地相似,外表或多或少相像"。但是,以斯达克·杨为代表的评论家们真正认同的,与其说是京剧,不如说是京剧的演出方式。可想而知大众旅游者们自然丢不掉对于这种视觉美的享受:

"我认为(京剧)是一个挺美的东西,不管是舞蹈还是服装什么的外表的东西都是挺美的,不愧是民族瑰宝,我体会到一种美感,看京剧表演的时候也觉得特别华丽,特别有神秘感。"(被调查者47,德国)

"我喜欢京剧的服装,每次演员更换服装我都会很兴奋。"(被调查者11,34,俄罗斯)

在旅游者的评论中出现频率颇高的词语如下:"古老""舞蹈""表演",显然这几个词语根本代表不了京剧艺术的所有特质,值得注意的是,这些词汇大都是从视觉的角度出发。视觉给人造成的冲击是最大的,也是最容易获得的,并不需要过多的身心投入,这反映出大众旅游者对快餐式文化的追求,而表现在京剧欣赏过程中,就带有将"慢餐"予以"快餐化"的倾向。以外国游客为主要目标市场的剧院在剧目的编排和选择上,也反映出这一取向。有人曾经这样描述剧院里演给外国游客的剧目:拾不完的"玉镯",盗不完的"草",闹不完的"龙宫"、打不完的"三岔口"(人民网,2007)。这些剧目都是突出动作的表现力,情节都用音乐和舞蹈推进,只有零星道白、唱腔穿插其中,几乎不需要语言的参与就能完成理解的过程……这反映了现代大众旅游的快餐化、视觉化,追求的是形式美和现实美的享受,也在一定程度上导致了大众旅游者体验的片面性。

当然,旅行家们也抵挡不住视觉享受的诱惑,但是旅行家们所关注的元素显然不局限于视觉元素,他们在享受视觉盛宴的同时不忘关注那些更有内涵的元素。

"我喜欢京剧所讲述的故事，虽然故事很简单，但是很有意味"（被调查者76，日本）

"京剧中，用一小段音乐，就能描绘出极其强烈的意境。有时候琴弦一动，我的心就陶醉了。"（被调查者48，意大利）

"我很关注男人扮演女人的现象，这在京剧里很常见，我想知道这背后的原因是什么。在日本，艺妓是很多的，但是在中国的京剧舞台上为什么男人比女人更活跃？"（被访谈者G，日本）

白先生来自美国，是一名中文教师，来过中国9次（他可以算是地道的旅行家）。他说，第一次看京剧也是出于好奇，但是戏剧开演十分钟之后他就睡着了，因为最初关注的只是五颜六色的脸谱、琳琅满目的道具以及热闹非凡的武打场面，过了十分钟这些东西对他就没有吸引力了，他又看不懂故事在讲什么，所以在京剧震耳的锣鼓声中他还是酣然入睡。后来，随着对中国文化了解的不断加深，他渐渐喜欢上了京剧艺术，现在他差不多可以算个地道的戏迷了。当问及现在看京剧哪些因素会吸引他时，白先生回答："我觉得京剧是一门综合的艺术，拆分出来的元素，吸引力会大大减小，只有学会欣赏整体的京剧，你才能深入到京剧的美妙境界里。""很多外国人不喜欢京剧的唱腔，觉得节奏太慢，可是他们不知道京剧的唱腔里之所以有的字要拖很长的时间，目的是要通过这种方式来表现人物的悲伤、高兴、振奋和激动，所以会唱京剧的人在高兴时唱一段可以助兴，伤感时唱一段可以宣泄。"显然，白先生对京剧的理解，已经远远超越了一般人的肤浅层次。所以，旅行家对于京剧的体验，是整个身心的投入，其他非视觉性的感性体验不但丰富和加强了视觉体验，也促成了体验的整体性。

（2）理解程度。

尽管大众旅游者与旅行家对京剧的评价都较高，两类旅游者也有共同关注的元素，但是他们的理解程度却大不一样。

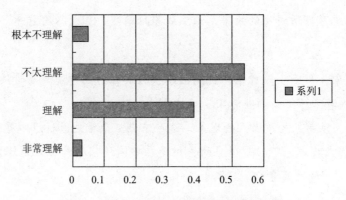

图 6-7 大众旅游者对京剧故事的理解程度

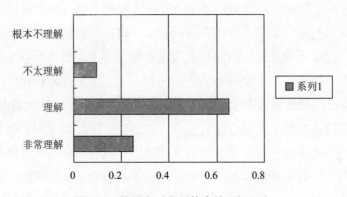

图 6-8 旅行家对京剧故事的理解程度

调查数据显示（见图 6-7 和图 6-8），大众旅游者对京剧的理解基本停留在"不太理解"的阶段。而旅行家的理解程度要深一些，有的甚至是非常理解。对京剧的理解程度与旅游者在观赏京剧之前所做的准备有关。上文已经介绍过，大众旅游者在体验前的准备相对薄弱，从而导致了他们在理解京剧故事及内涵时的困难；而那些旅行家则不同，他们希望获得更深的"文化浸入"，所以在体验京剧之前，会做充分的准备，大量摄取京剧的有关知识，因此对于京剧的理解也相对较深。

为了测验游客对京剧的理解程度，笔者还设计了下面三道题，用以反映两类旅游者对京剧脸谱的认知程度差异：

· 请您将京剧中"生旦净丑"的角色与对应的脸谱连线（共4分）

生　　　　　　　旦　　　　　　　净　　　　　　　丑

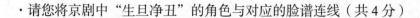

· 您知道下面几个脸谱各是哪位历史人物吗（共5分）

窦尔敦　　　　包拯　　　　张飞　　　　关羽　　　　曹操

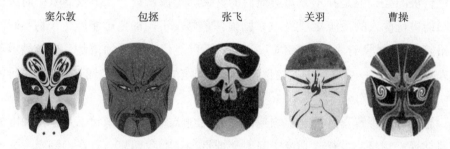

· 您认识下面典型的京剧脸谱与对应的含义连线（共5分）

忠勇侠义　　勇敢而公正　　勇猛而暴躁　　刚强阴险　　奸诈

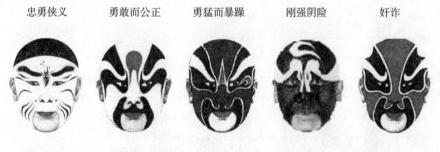

　　这三道题按由简到难的顺序排列，第一题，是基本的京剧常识，大众旅游者与旅行家的正确率都较高，而第二、三题则需要一定的知识积累才能完成。第一题，平均每位大众旅游者得1.95分，平均每位旅行家得3.5分；第二题，平均每位大众旅游者得0.6分，平均每位旅行家得3.3分；第三题，平均每位大众旅游者得0.29分，平均每位旅行家得2.6分。相比之下，差别十分显著。

　　由此可以看出大众旅游者，只是被脸谱的色彩和造型所吸引，并不深究为什么脸谱有不同的造型、不同的颜色。但是想要更深"浸入"文化的旅行家，却对这些脸谱背后的故事极有兴趣。笔者曾观察到这样一位外国游客，他在观赏京剧时，手捧一本介绍京剧知识的小册子，每个人物出场时，他都会按图索骥，去查找该脸谱的含义。每次在册子上找到相应的脸谱后，他的脸上总会浮现出灿烂的笑容，看得津津有味。

大众旅游者与旅行家对于京剧理解程度的差别，正是所谓"外行看热闹，内行看门道"。大众旅游者进行的是零散的表层化理解：如"细长眼睛的旦角是东方女性的象征，特别妩媚"（被调查者 36，澳大利亚），"脸谱能代表不同的角色，很漂亮，但是我不太知道他们的含义。"（被调查者 33，美国）；而旅行家则能进行深入的系统化理解："京剧强调色彩，不同的色彩能传达人物不同的性格特征"（被调查者 82，韩国），"脸谱不仅能代表不同的角色，还能显示不同人物的性格，一些著名的人物也会有相对固定的脸谱。"（被调查者 13，德国）

（3）观剧状态。

旅游者的理解程度也会影响到他们的观剧状态，而观剧状态是体验深度的重要体现。在身心放松、心灵宁静、全神贯注、物我两忘、兴奋、畅爽、其他状态这七个选项中，身心放松的被选率高居榜首。

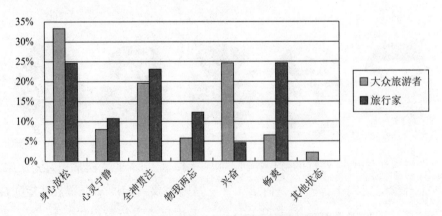

图 6-9　大众旅游者与旅行家的体验状态比较

旅游者身在旅途，一般总是解除了日常生活中许多无形的枷锁和种种设防，整个身心处于一种柔和、轻松的状态。正因为放松和舒展，旅游者更容易获得强烈的体验效果，他们仿佛自愿进入了一种轻信的状态，兴高采烈地自愿成为戏剧艺术的俘虏。这种身心放松的状态，是所有旅游者共有的特点。Pearce（1988）在马斯洛需要层次理论的基础上曾提出一个"旅游历程阶梯"理论（Travel Career Ladder），它强调旅游体验的习得性。Pearce 假设存在着一个"旅游历程阶梯"，旅游者的需要由低到高循着这五个层次向上攀升——放松、刺激、关系、自尊与发展以及实现。由此可见放松是旅游者在旅游历程阶梯上的最基本需要。此时的旅游者，心态是波澜不惊、闲适自在的，情感是任情恣性、无所用意的，他们的注意力处于无为的状态，面对物事，主体的视角和态度飘忽不定。这种知觉状态含有情感，带给旅游者旅游审美经验实现过程中的第一轮审美愉悦，这种审美愉悦是一种自由感。兴奋是大众旅游者共通的第二种观剧状态，这是因为处于旅途中的大众旅游者"似乎患有'差异饥渴'的症状，迫切需要旅游来弥补日常生活中缺失的差异性"，而一旦发现了差异，他们就变得异常兴奋。好奇心可以理解为人们对于自己不熟悉的、没有接触过的事物，感到格外的新鲜，予以极大的关注，迫切想要了解它们。外国旅游者观赏京剧时就受到这种好奇心的驱使，他们对东方人好奇，对东方艺术好奇，甚至对男人扮成女人的表演好奇。但是当大幕拉开后，他们却并不能完全融入，以这种状态来衡量体验的深度，就会发现大众旅游者尚处于表层体验阶段。

另一方面，旅行家的观剧状态集中在"身心放松""全神贯注""物我两忘"有些被调查者甚至选择了"畅爽"。他们观剧时看得有滋有味，表情跟着角色喜、笑、嗔、讶，看来，旅行家的体验深度要较大众旅游者更为深入，几乎到了入戏、动情的地步。旅行家的审美体验更接近于奇克森特米哈伊提出的"畅爽"（Flow）状态。当旅游者处在"畅爽"状态时，日常生活中的主 / 客体界限将被打破，旅游者完全沉浸其中，以致忘记了时间的流逝，意识不到自己的存在，而这种状态即是旅游体验中愉悦的最高境界。

（4）"叫好"与喝彩。

"叫好"是中国自古代戏园子流传至今的一大戏剧体验特色。中国戏迷看京剧，看到精彩之处全场同声喝彩："好！"台上演员、台下观众顿时心气相连，一起分享表演成功的喜悦，但是对于那些不了解中国戏剧文化的外国游客来说，这一举动是难以理解的。笔者在调查的过程中曾经遇到过这样的事情：京剧《秋江》的演出现场，笔者与几个中国朋友看到演出精彩之处，忍不住鼓掌叫好，没想到却引来了外国游客略带责备的目光。他们认为这是不礼貌的行为，因为这打扰了其他观众。在外国，尤其是西方国家，戏剧的演出过程中，观众很少叫好或鼓掌，只是一个剧目终了或演出结束时，有些人会喊"Bravo"（好极了）。在京剧的剧场里他们也沿袭了这样的做法，即使他们认为演出很精彩，也只是在每个剧目结束时，才会兴奋地鼓掌喝彩。

当然，这其中也有例外的时候。有的外国游客知道中国人看戏的时候喜欢叫好，这既是对演出的肯定，也是表达自己愉悦心情的方式。所以，他们也会在演出过程中高声叫好。但是这叫好也需分为两类：一类是大众旅游者的随波逐流，另一类则是旅行家的情之所感。被调查者 H 女士（法国）说："我觉得中国人的喝彩很有意思，他们会喊'好'，有的时候我也会跟着他们喊，但是我内心里并不知道为什么这个时候要喊，就是觉得跟着他们喊很有气氛。"而对中国的京剧艺术颇有了解的 G 先生（被访谈者 G，日本）则恰与她相反："我喜欢中国的京剧艺术，尤其喜欢那婉转的唱腔，我会为演员精彩的唱段而折服，我会情不自禁地为他们鼓掌叫好。我感觉我不同于那些旅游者，我更像个懂戏的戏迷。"

由此可见，一声简单的喝彩也能反映出游客不同的体验深度，西式的喝彩或随声附和的叫好是一般大众旅游者浮光掠影的行为，而于精彩处恰到好处的中式叫好则是那些陶醉在京剧艺术中的旅行家们从内心发出的呼声。

3. 回忆体验：照片的作用

在大众旅游普及的今天，照相机似乎已经成了旅游者的必备品，也成了旅游者的身份证章。西方学者研究证明，照片已成为引发旅游期望、表达旅游体验的重要方式之一，记忆与证明是游客拍摄的基本动机。旅游者在欣赏京剧的过程中频频举起相机，在他们的相机中保留下了无数个美好的瞬间，照片不仅是他们回忆的依据，也是向别人展示自己旅游经历的佐证（刘丹萍、保继刚，2006）。

"这些照片可以勾起我美好的回忆"（被访谈者 I 女士，美国）

"我非常喜欢拍照，这是我来欣赏京剧的原因之一。我的小女儿曾在海报上看过一幅京剧剧照，她喜欢得不得了，总想看看京剧。既然来了中国我想亲自

拍一些，回去给女儿看，告诉她我来过中国。"（被访谈者 H 女士，美国）

"这是很典型的中国形象，我想回去把这些照片展示给我的朋友们看，他们都知道我来中国旅行了。"（被调查者 47，德国）

照片对于大众旅游者来说可以是现场体验的重现，是对自我的肯定和炫耀。照片是旅游的见证，旅游越多就对照片依赖越大。事件结束后，照片仍会存在，使得该事物享有某种在其他情况下无论如何都无法享有的不朽性（Susan Sontag，1977）。大众旅游者作为停留时间很有限的外来客，他们只有捕捉当地文化中那些在他们看来最具代表性的、最真实的，当然也是最显而易见、最容易辨认出的特点，去体验和拍照。也正因为这样，他们容易将地方文化 "模式化"（stereotypization），这在相当程度上印证了桑塔格的另一个论断 "观看倾向于适应摄影" 的论断。在这个意义上说，旅游与其说是旅游者发现新东西的过程，不如说是确证或适应景观符号再现编码模式的过程（周宪，2008）。

那么，照片对于类似于人类学家的旅行家来说又意味着什么呢？

"每次看京剧的时候我也会拍照，回到家中，当我再看这些照片时，我的感受会很强烈，不单回忆起我观剧时的情形，我的那种陶醉会更深。另外，我拍下的照片里面有很多我不太懂的东西，比如说一些戏服，我不懂它该叫什么，回来后，我就会到书上去找，通过照片我可以学习。"（被访谈者白先生，美国）

"照片是我旅途的写照，也是我丰富阅历的一种方法，每张照片都会配有记录当时情形的文字。但是，我不太愿意拍那些大家都拍的东西。一般人都喜欢拍演出的剧照，而我喜欢拍演员化妆的照片，喜欢偷拍演员休息时的照片（哈哈大笑），我想知道他们舞台下的生活是什么样的。"（被访谈者 G 先生，日本）

从上面的叙述可以看出照片对于旅行家的意义迥异于大众旅游者。拍照，在旅行家的行程里并不占据最重要的地位。一般地，旅行家在当地逗留的时间较长，他们对环境的感受较大众旅游者细致，因此即使拍摄出的照片也相对不那么千篇一律。旅行家的照片是积累知识的一种途径，是深化体验的一种方式，更是深入了解当地文化的指向标。

（二）活动视角审视下的体验深度

1. 旅游者的活动偏好

旅游者在体验过程中会参与许多的活动，这些活动的侧重点有所不同，有的是模仿，有的是消费，有的是记录。那么，于众多的活动当中，体验过京剧的外国游客又有着怎样的偏好呢？

在要求将一系列的活动按照重要程度进行排列时，笔者得到了如表 6-2 和图 6-10 所示的结果：

表 6-2　两类旅游者的活动偏好统计

序列	总体		序列	旅行家		序列	大众旅行	
	活动	偏好统计		活动	偏好统计		活动	偏好统计
1	参观后台	140	1	参观后台	25	1	与演员拍照	107
2	与演员拍照	182	2	撰写文章	39	2	参观后台	115
3	购买京剧纪念品	224	3	学唱京剧	45	3	购买京剧纪念品	148
4	学唱京剧	276	4	与演员拍照	75	4	学唱京剧	231
5	撰写文章	276	5	购买京剧纪念品	76	5	撰写文章	237
6	其　他	414	6	其　他	97	6	其　他	317

注：数据来源于问卷调查中第 25 题，对所有问卷数据的累加总和。数字越小，重要程度越高。

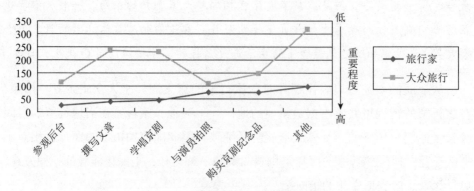

图 6-10　两类旅游者的活动偏好统计

　　大众旅游者所偏好的活动多具消费性，他们通过消费来实现身份认同、社会地位和品位等的满足，进而获得愉悦的体验。大众旅游时代，旅行更多地表现出消费倾向。购买旅游纪念品是旅游消费的重要组成部分，而照片、旅游纪念品等不单作为消费品实体存在，更是一种符号象征。这种象征性甚至对西方社会产生了一种社会压力，旅游度假不仅是为了放松身心，而且还成为个人能够立足社会的一种象征（马晓京，2005），"旅游假期背后隐藏的意义是向外宣示一种成功的社会地位提升"（Mills，Wright，White Collar，1951），旅游消费已成为一种提升自我形象和争夺社会地位的工具。由于旅游经历是无形的，无法被见证的，所以需要借助实体的、能够被辨识的东西向他人证明。旅游纪念品正顺应了这种需求，自然而然就成为象征社会地位的外在化符号，在与外部社会听众交流时，可以显示通过旅游而获取的社会地位。旅游者购买旅游纪念品，不但消费了它们的使用价值也消费了这些纪念品所代表的身份认同、社会地位和品位。

　　Nelson H.H.Graburn（2002）认为旅游是一个神圣的游程，旅游纪念品则是这个游程的提示与扩展。也许大众旅游者在进行旅游消费时，并不考虑消费的对象是否是当地文化传统的真实表征，也并非想通过消费的对象来了解当地的居民、历史和文化，而是因为具有"异域风情"的照片、旅游纪念品等是其展示性、炫耀性消费的一部分。"每次旅游我都喜欢买一些具有当地特色的纪念品送给我的朋友，待在家里的人大概都没有见过，他们收到礼物的时候都会很羡慕我。"（被调查者34，俄罗斯）

　　而那些具有主动探索与发现的社会和文化活动则更为旅行家们青睐。他们喜欢到后台去探访演员的排练与化妆（尽管这个后台也可能经过了"粉饰"，并不是真正意义上的后台），喜欢将自己的经历撰写成文字，喜欢穿戴起来去学唱那咿呀回转的曲调。这些活动更具自主性和参与性，摆脱了那些早已被设计好的市场化活动模式。旅行家们投身于这些富有探索性的、自我提升的活动（如学唱京剧、撰写文章），热衷于自己的"行路文化"，而不是将自己的旅游经历包装成与他人的谈资。

　　在大众旅游者所喜爱的活动中，排在第二位的是参观后台，可见这类旅游者也有探索性活动的倾向，但是碍于种种原因，大众旅游者的这种倾向往往被抹杀或被扭曲。

2. 京剧体验中的交往

以往的旅游交往研究主要关注游客与东道主之间的一种群体交往（group communication），也就是旅游人类学中的一种文化群体对另一种文化群体的影响，是宏观的、广义的范畴。而笔者这里所强调的旅游交往主要是从狭义的角度出发，即具体的、面对面的、有直接接触行为的交往。

旅游者从旅游客源地进入旅游目的地开始，就与不同的他者进行着互动。谢彦君建立了一个试图概括旅游交往发生过程及其特点的情境模型（如图 6-11）。这个模型包含了旅游交往的目的、途径、性质以及交往的参与者等内容。

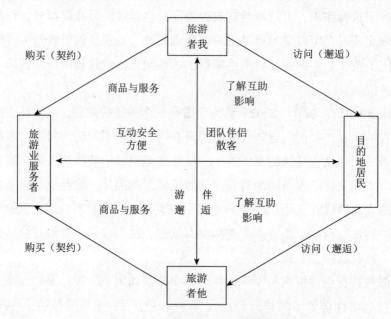

图 6-11　旅游交往发生的情境模型

（谢彦君. 基础旅游学 [M]. 北京：中国旅游出版社，2011：240）

大众旅游者在京剧体验过程中最明显的交往要求体现在与陪同者的沟通上，这里的陪同者既包含了旅游者他（同一旅游团内的旅游者）的成分也包含了旅游业服务者的成分（导游、服务人员）。在京剧的观赏过程中，由于在理解上存在障碍，所以游客希望寻求有助于解除这些障碍的交往。这时候，导游就出现在交往的框架内。而其他的陪同者，则是游客体验的分享者和倾听者，他们共同探讨，将观赏的愉悦延伸至交流的愉悦。但是这种交往常常止于暂时性和表面化，没有深入或持续的要求。一方面由于大众旅游者较多依靠旅游中介机构，当他们离开这些中介时就会产生不安全感；另一方面，旅游中介组织出于种种原因无形地限制了旅游者与他者的交往，所以在大众旅游者的团体之外，他们的交往意愿会受到阻隔和伤害。因此，京剧体验的过程中，大众旅游者较少与演员、当地居民等进行交往。大众旅游者的交往活动情况可总结如下：

（1）旅游者的交往意愿迫于包价旅行的严格时间安排而受到限制。

（2）鉴于在中国的逗留时间较短，大众旅游者更喜欢继续前往新的吸引物，尽量看到更多的东西，而不把时间花在和当地人（演员、当地居民）的交往上。

（3）几乎所有的接触都是高度制度化的。

（4）语言障碍阻碍了交流，大众旅游者通过对人和事物的拍照来弥补交流的不足。

旅行家在交往中表现出更大的积极性和主动性，他们不但与陪同者交流，还会把交往的边界扩展到演员和陪同者以外的其他观众（包含模型中的旅游者他和目的地的居民）。旅行家们在旅游体验中受到的制约相对较少，加之他们对文化的深层渴望，所以交往的方式和深度都相对复杂，甚至会延展到旅游之外。

"有一次，看完戏，我跑到后台去了，因为我被那个故事感动了，我想知道后来的故事到底怎么样了，我就去问主演的演员。"（被调查者12，意大利）

"我很喜欢和中国的戏迷交流，从他们那里我可以了解更多的京剧知识，也能知道很多有趣的事情。几年前，我来中国旅游的时候，认识了一个老戏迷，他告诉我在哪里能听到地道的京剧，我们聊得很开心，彼此留下了联系方式，现在我们还保持着朋友关系。"（被访谈者白先生，美国）

旅行家在京剧欣赏过程中的这些交往活动，不单利于其理解京剧，也是一种独特的经历，他们的这种经历是大众旅游者难以获得的，因此也是旅行家区别于其他人身份的有力象征。

旅游中的交往行为不仅受旅游者意愿的影响，还要受制于外界环境的影响，如旅游中介机构、旅游团队等。因此，大众旅游者的交往常常止于浅交，交际范围比较狭窄（由于团体的约束性通常在本团队范围之内），与此相比，旅行家的交往就更加自由，甚至于交往可以成为他们旅行的重要组成部分。

三、外国游客在京剧体验中的本真性诉求

（一）旅游的本真性理论

本真性在西方一直被认为是旅游研究的核心概念之一，在旅游界引起了各种热烈的讨论和分析，积累了大量的跟进研究成果。对于本真性的争论，起点是源于对现代社会失真性的认识（马凌，2007），但由于"本真性"这个术语未加清晰界定就被引入旅游研究领域，造成了许多混淆，研究者很多时候是靠直觉来揣摩该术语的含义（谢彦君，2005）。"本真性"这一概念在西方旅游研究中也历经变化。

有关旅游体验中的本真性的本质与特征的认识，应属王宁所做的分类最富有启发性。因此，多数旅游学者都倾向于认同王宁将本真性分为四类：客观主义的本真性、建构主义的本真性、存在主义的本真性和后现代主义的"超真实"（图表6-3）。

表 6-3　旅游研究中的"本真性"理论流派

客观主义的本真性	本真性是指旅游客体内固有的一种特性，强调旅游客体的本真性，可以用一个绝对的标准衡量。
结构主义的本真性	结构本真性指旅游客体被旅游者或旅游经营者根据他们的想象、期望、爱好、信仰和权利等而改变了的本真性，这种本真性对于同一个旅游客体会有很多种不同的关于本真性的看法。相应地，在旅游过程中的真实经历和旅游客体的本真性是被构建出来的，这种意义上的本真性事实上是一种象征的本真性。
存在主义的本真性	游客追求的一种真实性，即一种替换的、由旅游活动激发的存在的本真性。强调降低关于旅游客体的真实性的争议，用以指代旅游者的主观体验。
后现代主义的本真性	后现代主义的"超真实"是一种"仿真"。仿真并不是真实，但它们却得以超越真实，比真实还要真，是一种超真实。

（转引自：张明.旅游目的地文化真实性探讨 [J].学术探索，2006（6）.略有修改）

1. 客观主义的本真性

客观主义强调的本真性是事实的存在、客体的真实，即将真实性与对真实世界的体验联系起来。旅游者评判旅游产品是否真实的标准是"它们是否在本地由本地居民根据习俗与传统制造或表演"，因此，客观主义的本真性和传统文化、原始的、原创的、独特的等概念相联系（Sharpley，1994）。

珀尔斯汀（Boorstin）和麦康纳（MacCannell）的理论即属此类。珀尔斯汀（Boorstin，1964）在其《从旅行者到旅游者：旅行艺术的丧失》一书中就将大众旅游称为"伪事件"（pseudo-event），认为旅游者所经历的其实是被旅游业设计好的、失真的旅游体验。珀尔斯汀认为旅游业设计了一个个"伪事件"，制造了旅游目的地的假象，而旅游者亦满足于这些被设计好的、无意义的事件，其最终结果是"旅游者越来越远离目的地社会的本真现实"。1973 年，麦康纳（MacCannell）在《舞台性真实》（*Staged Authenticity*）一文中首次将真实性（Authenticity）这一概念引入旅游动机、旅游经历的社会学研究中。麦康纳（MacCannell）的理论基础是现代生活的不真实，他把旅游看作是宗教朝圣的现代对等物：两者都"追求真实的体验"。正是对真实的追求使现代人成了旅游者。虽然在看待旅游者追求本真性的能力和动机方面 Boorstin（1992）和 MacCannell（1973，1976）的观点截然相反，但是他们都把本真性看作旅游客体内固有的一种特性，可以用一个绝对的标准来衡量。

2. 建构主义的本真性

对建构主义者而言，现实不过是人类解释和建构的结果而已，因此是多元的、弹性的（王宁，1999）。明确提出建构主义真实性概念的是布伦尔（Bruner），他认为传统的旅游体验真实性很难解释现代旅游体验的现象，旅游经营者可根据旅游者的期望、想象、偏好、信仰等设计景区与组织活动，以达到真实性效果（周亚庆、吴茂英、周永广，2007）。

英国社会学家夏朴雷（Sharpley，1994）也认为那些在旅游决策过程中完全忽视本真性问题的旅游者和只为寻求本真的文化和社会的旅游者都占少数。从寻求本真性的意义上看，大部分旅游者的旅游动机是介于两者之间的。夏朴雷进一步指出对本真性的追求程度与对现代社会的异化（alienation）的意识程度有关。

科恩（Cohen，1988）则认为体验的意义来源于个人的世界观，取决于个人是否依附于各种"中心"。这些中心指个人的精神中心，也就是个人的象征性终极意义，游客体验就是游客同这些中心之间的联系。旅游体验的本真性本来就不是静止的、固定的，它是可以商榷的。因此，科恩从景观的本质（Nature of Scene）和旅游者对景观的印象（Tourist's Impression of Scene）这二维动态关系出发，建构了旅游情形的类型架（Types of Touristic Situations），并在此基础上提出"旅游空间与舞台猜疑"理论（如图 6-12 所示）。

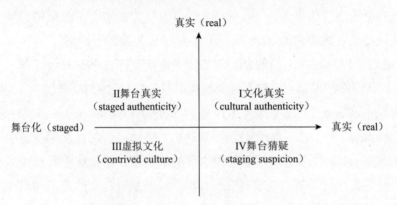

图 6-12   "旅游空间与舞台猜疑"理论

（转引自：周亚庆，吴茂英，周永广，竺燕红 . 旅游研究中的"真实性"理论及其比较 [J]. 旅游学刊，2007（6）：42–47）

夏朴雷和科恩的观点都反映了对旅游景观的认知以及对本真性的追求是因人而异的。因此，运用"本真性"分析旅游者旅游动机时需要强调的是，本真性并不是一个既定的质量标准，而是一种"被认知的本真性"（perceived authenticity）。此后，汉密顿—史密斯（Hamilton–Smith）、纳什（Nash）、派吉（Page）、皮尔斯（Pearce）、瑞恩（Ryan）、史密斯（Smith）、厄瑞（Urry）、亚安纳克斯（Yiannakis）和吉普森（Gibson）等在他们的研究中都提到了科恩的旅游体验范式。

3. 存在主义的本真性

客观主义真实性和建构主义真实性有一个共同的特点，那就是它们强调的主体都是旅游客体，而存在主义的本真性（Existential Authenticity）关注的是旅游主体，强调旅游主体本真的存在状态，即将真实作为一种感觉，与对本真的自我体验结合起来，能够参加非同寻常的活动（Wang，1999）。比如在古巴伦巴舞表演中，表演者全身心投入，旅游者积极放松地参与，在跳舞中他们发掘身体潜能，适应舞步节奏，在近乎狂欢的状态下，与整个舞蹈融为一体，并感觉到一个不同的自我——一个完整的、真实的自我。在那一刻舞蹈已成为许多旅游者的整个世界，时间和紧张已被延缓。但事实上，伦巴舞已不是原汁原味的伦巴舞了，它已经融入新的元素，但由于它的创造性和舒畅性，旅游者找到了自我本真。

4. 后现代主义的超真实

后现代主义的本真性代表着一种比建构主义本真性更激进的观点。后现代抹杀了"真"与"假"的界限，认为模拟变得比真实还真，已达到一种"超真实"境界。后现代主义者完全不把"非本真"（Inauthenticity）当一回事（Wang，1999）。他们追求的是享受、娱乐、表层美。随着后现代旅游思想的出现，人们对"虚构"景观的态度越来越宽容，只要能得到享受和娱乐，他们根本不会追究旅游景观的本真性问题。

（二）外国游客在京剧体验中对本真性的诉求

如前文所示，在对外国游客体验京剧的动机进行调查时，笔者发现，有79%的被调查者（大众旅游者）选择了"好奇"这一项。这一结果也反映了大众旅游者的心声，他们认为京剧代表了古老的东方文化，神秘而遥远。

"我想（通过观看京剧）知道中国古代是什么样子的，中国古代的人是怎么生活的。"（被调查者56，德国）

"感受中国文化，看看中国人是怎样看待生活的。"（被调查者52，西班牙）

"京剧是中国文化的瑰宝，我很想体验一下。"（被调查者43，澳大利亚）

"东方文化对于我而言是神秘的，我想体验这种文化。"（被调查者13，德国）

外国旅游者对中国文化充满了好奇与向往，但是由于旅程所限他们不可能一点一滴地去感受这种异域文化的魅力。于是他们要寻找一个能窥见该文化的窗口，而被奉为中国国粹的京剧即为他们提供了这种可能性。怀着美好的愿望，旅游者踏进了京剧的殿堂，那么旅游者对于舞台上的演出有着怎样的要求呢？他们是要求看到尽管有理解障碍却原汁原味的京剧，还是忽略了其本真性，只求娱悦身心？或者说，旅游者对于已经加工过的京剧演出是愿意揭开它的面具，还是甘愿轻信这种表演是真实的？针对这个问题，笔者先后在五个剧院对外国游客进行了调查。这些剧院中，有的以当地居民为主要目标市场，有的以旅游者为主要目标市场，还有的专门以外国旅游者为目标市场，由于目标市场的差异，这些剧院的演出在演出剧目的选择，演出时间的控制方面都有所差别。面对着不一样的京剧，外国游客的看法是怎样的呢？

1. 大众旅游者对本真性的评判

从调查结果上看，不管大众旅游者们看到的客体是真实的还是舞台化的，也不管他们意识到演出的虚实与否，大众旅游者们在这个问题上似乎很有默契，都认为自己观看的是原汁原味的京剧。

"我对传统和文化感兴趣，我所观看的京剧，为我讲述了中国古代的故事，很有中国的意味。"（被访谈者 B，美国）

"京剧是与历史联系在一起的，有一种远古的味道，似乎让我回到了中国的古代。"（被调查者 32，芬兰）

"我们的导游告诉我京剧是很能代表中国的历史文化的，我认为能表现中国历史的东西就是原汁原味的。"（被访谈者 E，法国）

"其实我分不清是不是原汁原味的，因为我以前没看过，但是我觉得这次在中国看到的应该就是原汁原味的"（被调查者 83，俄罗斯）

游客对标有"传统"和"真实"的旅游吸引物的确十分感兴趣，可能许多人还把追求"本真"当作评价旅游经历质量的标准。但是正如有些学者所指出的那样，并不是所有游客都要追求所谓的"本真"的，这与他们的文化素质、情趣、文化品位等有密切关系。尽管许多京剧的演出为了迎合旅游者的口味而被大加改造，但是可以看出，大众旅游者仍然愿意相信他们所看到的表演是真实的。旅游对象物被旅游者体验为真实时，可能并不是因为它们事实上是真实的，而是因为它们被当作了真实性的符号或象征。旅游的本真性在很大程度上是由各种旅游企业、营销代理、导游解说等生产、制造出来的。即使大众旅游者知道某一表演是舞台化的，他／她仍然可以接受这一表演，并认为它是真实的。

"我知道这个京剧是经过改造的，据说中国的京剧都很长，为了让我们在短时间内能欣赏更多的京剧，他们把时间压缩了，我觉得对于我这样的外国人来说，（将传统的京剧演出进行改造）没有什么不好，它还是保留了京剧的传统，甚至是一种浓缩。"（被访谈者 I，西班牙）

"改造后的京剧更适合我们看。唱词太多的京剧，我们是无法理解的，而今天观看的这些剧目都是很幽默的，很容易理解，我喜欢这样的京剧。"（被访谈者 M，美国）

也许追求本真性是很多旅游者的愿望，但每个人的字典里都有一个对于"真实"的独特解释。对于很多旅游者来说身临其境就是"真实"的。

"我在中国观看京剧，这样的京剧应该是最正宗的。"（被调查者 27，芬兰）

"我当然认为这个演出是真实的，因为我是在北京观看京剧，在这样充满历史色彩的氛围里观看真是太棒了。"（被调查者 05，德国）

"我希望我看到的东西都是真实的。但这是我第一次来中国，没有可比性，所以我感觉看到的东西应该都是真实的。"（被调查者 62，美国）

本真性或许是、也或许不是舞台化的，大众旅游者在一定程度上会满足于眼见为"实"。而只要他满足于此，这种"真实"就是他所要的"真实"（谢彦君，2005）。大众旅游者对于真实的寻求并不等于寻求原始，真实也可以不断变化。旅游者关注传统，为过去的文明遗迹所吸引，但并不是要完全重复过去的故事，或是想认真地了解遗迹背后的真实内涵。他们对于传统的兴味大多在于它们给当代生活提供了饶有趣味的"新"符号，依此可以与现代文化相参照（蒋原伦，1998）。

另外，在调查中，笔者发现与国外的戏剧相比较，外国旅游者（此处特指大众旅游者）对京剧的评价是"有趣"，而这似乎并不符合我们的观念。在我们看来，京剧的功能不单纯是娱乐，更重要的是京剧极具教化意义，这才是京剧的灵魂所在，那些缺少内涵的曲目，之于我们似乎并不能代表国粹了。但是那些外国游客却恰恰相反，只要能得到享受和快乐，哪怕是那些类似于哑剧的剧目，他们也甘愿相信这就是最真实的京剧。

2. 旅行家对于本真性的评判

"我到过中国的很多地方，我之所以来中国，就是因为中国是一个古老的国度，有着悠久的历史，我希望看到传统的中国文化。每到一处，我都会仔细体验那里的文化。"（被调查者45，日本）

"中国的京剧是当今留存下来的唯一古代戏剧，体验这样的戏剧应该是一种心灵的回归，而不仅仅是对表演的欣赏。"（被调查者65，日本）

"文化和传统是一个很复杂的东西，需要一点一滴地去体会，我不需要那些快餐式的文化表演，我不喜欢专门为旅游者演出的京剧，那根本不是真实的京剧。"（被访谈者G，日本）

由于旅行家们的旅游动机更为深刻，所以他们对于体验本真性的诉求更为强烈，评判的标准也更为严格。他们希望剥离这层非本真性的面纱，以满足其体验异国、异族、异地风情的渴望，将身心融合到一种新的生存状态中，使心灵得到一种回归，实现其扩大知识面、追溯历史、了解异地的风土人情、体验不同文化所带来的"文化震撼"的目的。

在调查中笔者发现，由于旅行家的行程比较自由，留在当地的时间相对宽松，所以不需像大众旅游者那样经历赶场似的游程，他们可以沉静下来去感受当地的文化。在欣赏京剧时旅行家往往摒弃那些旅游色彩较浓的演出场所，而是选择当地人比较常去的剧院欣赏京剧。

"我是一个京剧爱好者，在日本我也经常在电视上看京剧。我的中国朋友常来这里，她告诉我这里的京剧比较正宗，我喜欢这里。"（被调查者65，日本）

"我曾经在北京的剧院里看过京剧，但是那里现代化的剧院与京剧不太协调。我更喜欢这里的京剧，都是传统的戏，建筑也很古朴。"（被调查者71，美国）

"我想那些专门为外国人演出的地方不适合我，那里的演出不太正宗，似乎更像杂技。我更喜欢到你们当地人的剧院，这里的观众都是中国戏迷，我相信这里的演出更正宗。"（被调查者48，意大利）

"这里的京剧很正宗。看那女演员多美丽，步伐轻盈，动作优雅，我相信中国古代的女子都是这样的，也只有在古代才有这样的女子。我真希望自己能够回到中国的古代，也变成和她们一样的女子。"（被调查者13，德国）

旅行家对于本真性的评判标准更接近人类学家的"乡愁"情结，他们拒绝欣赏"被表演的本真性"，而是寻求那些没有被现代性、商业化所染指的东西。他们不会轻易认可复制品，因此更具有快餐文化背景之下的深度意识。

3. 结论

以上的调查结果显示，简单地将旅游者的旅游动机归结为对本真性的追求仅是理想化的。旅游者对于本真性的需求更符合科恩的观点：本真性是多元的、弹性的。不同的旅游者具有不同的体验追求，对自我体验质量的评价还取决于旅游者个人的心理标准、文化背景、旅游经历等。

旅游情境中的本真性是旅游者赋予其上的价值或评价。大众旅游者对本真性的要求不像民族学家、民俗学家、人类学家那样严格与苛刻，他们更多的是在旅游中追求美感、解脱感、自豪感、新鲜感等许多难以名状的东西。大众旅游者对那些被鼓吹为"真实"的旅游产品感兴趣，而往往对具有"真实"标记的东西容易感到满足。许多大众旅游者可能只是第一次到该旅游目的地游览，因此他们对于明晰地区分"本真的"和"复制的"没有精确的标准。另外大众旅游者重游的机会甚少，就算他们知道体验的对象不是本真的，也不会介意，因为他们只是想要一种亲身经历过的"真实"，他们并非真的试图去发现现实和找寻后台真实，因此旅游成了一种"真实符号的收集"，而非对于"本真性"的深度体验。

与此相反，大众旅游者认为真实的，在旅行家眼里，常常被看成是舞台化的、欺骗性的。旅行家们比大众旅游者更慎重，他们感觉到现代生活的虚假和肤浅，"现实与真实被认为是在别处：在其他的历史时期和文化之中、一种更纯粹、更简朴的生活方式之中"（MacCannell，1973）。他们更像麦康纳所鼓吹的"将对本真性的追求作为旅游的根本动机"。旅行家在旅行前经过充分的准备，并且有重游的经历，他们对于本真性进行判断的标准更明确也更严格，因此旅行家们在旅游过程中对本真性的要求就与旅游者处于不同层面之上。

又如夏朴雷（Sharpley，1994）所说对本真性的追求程度与对现代社会的异化（alienation）的意识程度有关。许多大众旅游者并未经历或意识到伴随着现代社会资本主义工业化而产生的异化，许多人可能完全满足于他们现在的生活，接受并与现代生活保持一致，他们生活的中心已深植于现代化的生活，因而并未产生与社会的异化感。相应地，另一部分人（如知识分子）对现代社会导致的异化感则更加强烈。而且与社会的异化感越强，旅游者对旅游经历中的"本真性"的追求就越强烈，因此他们对本真性标准的界定也就越严格（见表6-4）。

表6-4 大众旅游者体验的本真性 VS 旅行家体验的本真性

	大众旅游者	旅行家
对于本真性的追求	不再追求严格意义上的本真性，满足于眼见为实； 更喜欢享受现在的经历； 建构的真实、存在的真实和后现代主义的真实在他们身上都有所体现	对于本真性的关注更严格； 排斥不真实的复制品； 倾向于客观主义的真实
如何看待他人眼中的本真性	旅行家对本真性的追求过于较真；而那样的本真并不复存在；他们觉得自己有一种优越感	大众旅游者缺乏对本真性的关心；浅薄

第四节 研究结论

旅游体验是一种极富个性色彩的行为，在剧院这个旅游行为情境中，虽然旅游者体验的对象都是京剧，但是其体验的深度、体验的侧重点、对于本真性的诉求等都有所不同，这在本项研究中已得到了证明。本文通过对外国游客京剧体验的调查得出以下基本结论：

一、旅游行为情境——旅游场在旅游体验中的重要意义

从旅游体验的角度来看，旅游行为情境的功能是对旅游者心理构成"周围型刺激"。在剧院（尤其是以外国游客为主要目标市场的剧院）这个极富旅游色彩的情境中，旅游者的行为、心态发生了显著变化，这就是旅游场的魅力所

在，也是旅游的魅力所在。

"我之所以去观看京剧就是想要亲身感受一下，看看传说的中国戏园子到底是什么样的。我发现，剧场真是个神奇的地方，这里的一切似乎都被浓缩了，看起来更有吸引力。"（被调查者38，美国）

"我在电视上也看过京剧表演，当时没有什么特别的感受，但是今天当我走进剧场的一瞬间，我就不像在家里看电视那样平静了。因为我是在北京的剧场里看京剧，多么奇妙！舞台上的事物都与生活中的不同了，这样的感觉真的太有意思了。"（被访谈者 T，法国）

颇富剧场经验的李渔（清）在他的一篇小说中叙述过这样一种微妙的现象："戏场上那一条毡单，又是件作怪的东西，极会难为丑妇，帮衬佳人。丑陋的走上去，使她愈加丑陋起来；标致的走上去，使她分外标致起来。常有五、六分姿色的妇人，在台下看了，也不过如此，及至走上台去，做起戏来，竟像西子重生，太真复出，就是十分姿色的女子，也还比她不上。"

李渔的这段文字不仅能够描述剧场审美感知的特殊强度，也可以被我们借用来，恰当地反映旅游场的魔力。处于旅游行为情境中的旅游者，获得的刺激更大，而他们在这种情境中也更敏感。旅游场反映着旅游者在旅游期间所经历的各种不同类型的行为与当时的环境之间的互动关系（谢彦君，2005）。旅游体验是发生在被旅游氛围情境所笼罩的特殊环境中的行为，由于旅游者的行为千变万化，因此，旅游情境也是丰富多彩的。而越是那些具有"旅游"特征的行为情境，越容易激发旅游者偏离日常生活行为的旅游行为，也越容易带给旅游者不同于日常生活体验的旅游体验。

二、大众旅游体验的主旋律：视觉快乐

旅游者的体验不仅仅包括视觉体验，还包括听觉体验、嗅觉体验、味觉体验、触觉体验等，但是 Urry 认为"视觉在众多的感觉器官中具有优先性"，这一结论曾遭到有关学者的质疑。然而，现在我们却不得不承认这样一种事实，伴随着视觉媒介的发展，现代社会发生了前所未有的大颠覆，视觉功能得到不断强化和延伸，人类社会进入到一个视觉元素充斥的年代。旅游暂时摆脱了日

常生活的连续性背景，而进入一种空间环境的位移变化，人们在其中所追寻的往往是某种视觉奇观，通过对异国他乡的视觉奇观而获得某种视觉愉悦，此乃旅游的一个最直接目标。更重要的是，现代性为旅游的这种感性愉悦提供了种种可能（周宪，2008）。当下，人们的日常生活和文化越来越依赖于视觉，大量的视觉符号营造了人们生活的空间，视觉传播成为占主导地位的人类传播方式，并逐渐成为人们生存环境的重要组成部分。现代文化正在脱离以语言为中心的理性主义形态，转向以视觉为中心的感性主义形态（孟建，2002）。经由视觉传播，一种新的文化形态——视觉文化正在形成，并深刻地影响和改变着人们的生活方式和思维方式。视觉文化不但为大众的文化消费提供了一条最基本的途径，而且已经成为现代大众最普遍的审美娱乐形式。视觉化时代的审美泛化，模糊了传统美学中美感与快感的等级界限，更多地体现在审美关系中的一种形象消费上。

现代旅游是大众旅游者的天下，于是现代人这种日常生活中的视觉习惯被自然而然地带入了旅游体验之中。旅游者尤其是大众旅游者总是试图在第一视觉上捕捉到审美对象，享受视觉的盛宴。在京剧的体验过程中，大众旅游者迷恋于缤纷的色彩，折服于"做""打"的功夫，而精华的"唱""念"对他们构成的吸引力相对弱化。欣赏京剧在中国比较传统的说法是"听戏"，可见这种艺术能给人带来的听觉享受之强烈，但是要想"听"懂京剧，需要深厚的文化底蕴和艺术积累，在当今快餐式的大众旅游背景下，"听戏"已演变成了更容易获得视觉享受的"看戏"。大部分旅游者对京剧知之甚少，唱腔、门派、身段、功夫通通弄不明白，高徊低就的戏曲不懂欣赏，只有"看"的份儿，所以看戏就真的只是看了。那些旨在抓住旅游者眼球的视觉元素，注重强调初级的和欲望的过程，而不是高级的和自我的过程；强调形象而不是话语；强调对对象的欲望投射，而不是审美体悟。人们反复接受着来自大脑浅层的刺激，审美主体的审美感知能力受到弱化和钝化，他们追求感官愉悦的意识膨胀起来，失去理性逻辑的思维力，尤其在集合状态下，由于集体的无意识，往往会表现为一种癫狂，诸如尖叫、非理智的追逐等（毛娉婷，2005）。演出结束时，剧场里爆发出的呐喊声、口哨声也属此类。

三、大众旅游体验的肤浅性

大众文化的主要特征和功能是：休闲、娱乐、调节、放松、享受、刺激、追逐时尚；方便、快捷、一次性使用、批量化生产；内容的浅表通俗、直白清晰、一览无余，无力度、无深度、无境界、无余味，多半停留在本能欲求水平；缺少对于精神、意义、理想的探寻；"快餐"化、"按键"化、"复制"化等等（马也，2006）。在大众文化大潮的冲击下，传统的艺术创作、艺术审美的功能本质被彻底改变了。其走向大体有二：一是经典艺术的"解构"，一是艺术回归生活，显现为一种"泛艺术化"和"泛审美化"景象。

旅游这种异地性休闲体验活动，在其发展早期，或者说在现代旅游普及之前，被赋予了高度的教化、提升意义，而在现代社会的巨大压力下，人们对于旅游的需求似乎变成了一种必需。当今的大众旅游者最关心的是自己在旅游途中的感受，如是否快乐愉悦，是否拥有高质量的服务，是否能度过一段美好的时光……当代的大众旅游是人们对于可纵情享受的"乐土"的渴望与欲求。

本研究的调查中，笔者就外国游客来中国旅游的活动项目做了调查，位居前列的活动项目是：登长城、品中华美食、参观故宫。对于有着五千年历史的中国来说，文化无疑应是她最大的看点，但是来华的外国游客却把美食看作主要的吸引因素。诚然饮食也可以算作一种文化，但是相对于京剧这样的文化载体来说，美食的魅力还主要在于"大饱口福"，大众旅游者体验的肤浅性可见一斑。再者，即使旅游者对长城、故宫等文化景观有欲求，他们也往往满足于"浅尝辄止"，绝不似旅行家那样要求原汁原味的深度文化体验。

大众旅游将旅游的行为与过程简单地看作一种形式，旅游目的地和旅游活动场景被简单地看作一个表演舞台，旅游的一切内涵，特别是文化内涵被简单化、表象化，文化的内在精神被忽略。旅游符号表象化的过程是一种简单的文化复制（杨振之，邹积艺，2006）。

四、文化距离与旅游体验

（一）文化习惯

"文化是包括知识、信仰、艺术、道德、法律、习俗以及人作为一名社会成员所获得的任何其他能力与习惯在内的综合体"。泰勒关于文化的定义，不仅强调了文化的内涵而且说明了文化对于生活于其中的主体——人的影响，人的活动总是受到其所属社会文化的指导，因此旅游者的文化背景对旅游体验具有制约作用。旅游者看到的是他们想看或期待的东西，也就是说旅游者的体验其实是自己文化的折射，他们看到的最终不过是他们自己的欲望。"我们只会看到我们有意去看的东西，有意去看即是一种选择行为，其结果是我们所见之物带入了我们的目力所及的范围。"（Berger，John，1972），这说明旅游者以其自身的思想、审美观和认知结构来体验一切，在某种程度上，这种体验并不是一种纯粹透明的、天真的和无选择的眼光。

　　游客进入目的地后，虽然会受到当地文化的影响，但是客观地说他们还是选择以本文化的习惯去看待所面对的现象。如在调查中笔者发现，有着戏剧传统的意大利、西班牙等国的旅游者在观赏京剧时会特别注意音乐、唱腔等元素，因为在戏剧的表演中音乐占据了重要的地位；但是另一方面，他们也对京剧的舞台设计表示出了疑问："中国舞台的布置太简单了，只是一张桌子就要代表一个房间，让我没有真实感，而在我的国家，布景是歌剧中很重要的元素，它能让你有身临其境的感觉。"（被调查者51，比利时；被调查者50，西班牙）。在某种意义上说正是因为有着这样的差异，来自这些国家的旅游者只能感觉自己是在看戏，而不容易产生情感卷入的体验状态。但对布景的问题日本游客却显示出了不一样的理解："中国的京剧和日本的能剧在一定程度上很相似，都极少用布景，只凭歌唱、音乐、表演来讲述故事。"（被调查者65，日本）。戏剧中布景的设置反映了东西方戏剧文化的差别：西方的戏剧倾向于"再现"，让观者产生观看真实世界的幻觉，而东方戏剧则着重于"表现"，是对真实生活的一种艺术表演。

　　从戏剧文化方面讲，中国京剧少有欧洲之悲剧，也是影响外国游客对京剧体验的因素之一。风和日丽，四季分明的自然环境，形成了中国以和谐、美妙为特征的文艺。中国的戏剧多以宣扬人类的和谐、仁爱为主题，仇怨化解或者正义战胜邪恶后的男女主角的大团圆为结局。来自与中国有着类似戏剧习惯的美国、韩国等的游客很容易认同京剧的这种理想主义，而欧洲人则不同，他们以希腊悲剧作为精神的最高境界。欧洲人对于"自然"的看法是对立的，戏剧里的英雄往往因为他们的执着而导致悲剧，他们想证明的是一种绝对的价值，可以提高、净化人类的精神。这种戏剧文化习惯让来自欧洲的游客无法理解中国的京剧，他们认为喜剧在现实生活中是不多见的，京剧的这些圆满结局只能是美好的愿望，并不容易引起心灵上的共鸣。

不同的文化习惯不但规定了美的法则，而且赋予了生活于其中的人们特殊的审美观念和审美方式。这些审美观念和审美方式在旅游体验中扮演着重要角色，旅游者会根据自己的法则来审美，以至于产生不同的体验结果和体验深度。

（二）文化归属

旅游者的体验不仅与各民族的文化习惯有关，也在一定程度上依赖于其文化的归属。在世界文明发展史上，东方文明与西方文明将地球划分为两个最大的文明轴心区。东方文化以中华文明为源头，继而对日本、韩国以及东南亚诸国产生了深远的影响，形成东方文明系统。西方文化则由古希腊、古罗马和基督教文化的相互交融而生。

东方审美是具体悟出艺术的神韵，而西方艺术审美则要认识对象的本质和规律性。东方文化在审美过程中以"寓教于乐"的平易形式，充分发挥高扬人文精神、将人生艺术化、审美化的特点和浓厚的亲和力与同化力，以理性的人文精神给旅游者的心灵以慰藉和照耀。而西方文化传统则不会在戏剧中寄托过多的道德伦理内容，它们只是纯粹地展现具体生动的形象、自然的形态美，以此来突出对象的审美价值，从而使人获得精神上的审美享受。在深层的审美观赏中，中国文化讲究品味和体悟，中国的美学重精神追求，使得人们对事物进行深层的观赏，对审美对象的观赏并不停留在外在形式上，而是深入地品味审美对象内在的神、情、气、韵，从而进入审美的最高境界。所以说与中国文化有着深刻渊源的日本、韩国等亚洲游客更容易接受京剧的表达方式，而与中国文化相距甚远的西方游客则往往会产生困惑。

中国有着源远流长的文化，中国人也往往喜好引经据典来以古论今。京剧作为中国戏曲的集大成者更是充分借助了历史典故的作用，以其支持剧中人的论点。观赏京剧的观众除非熟悉中国文化历史，否则即已陷入一种不知所云的状态（施淑青，1988），西方游客看京剧常常无法越过这层隔阂，因此容易流于表象而放弃深度，不能深入到中国文化的精神殿堂里。相反，来自东方文明体系的旅游者，因为在文化、历史、地理、人文甚至族群上与中国存在着紧密的联系，在价值观念、社会习俗上有很多共享、共通之处，较为熟识中国的历史，因此对于京剧具有深刻的领悟力，更容易入戏，产生情感上的共鸣，获得深刻的精神体验。

　　总之，不同类型的外国游客对于京剧的体验是不同的。旅行家们的京剧体验体现为某种静观性的"浪漫凝视"，关注本真性，寻找独特的深度旅游体验。大众旅游者则经历着"集体的旅游凝视"，对于本真性的要求比较宽松，仅是表面性的体验，这也体现了大众旅游者体验的肤浅性。但是我们并不能就此判定此一种体验优于另一种体验。诚然，大众旅游者的体验深度不及旅行家的体验深度，但是他们也一样得到了愉悦，得到了他们想要的结果，因此他们也同样获得了高质量的体验。在现代性的大众旅游背景下，旅游业的主要目标市场是大众旅游者，而非旅行家，因此大众旅游者的体验是当今旅游产业和文化的主要研究范畴。旅游产业及其种种景观设计主要不是为了"旅行家们"的"浪漫凝视"，而是为了"大众旅游者"的"集体凝视"。因此，大众旅游时代在旅游景观的设计和营销等方面，不应一味强调旅行家们的体验特点，而应以大众旅游者的体验特点为核心，满足大众旅游者的体验要求。不过，旅行家的体验从长久的意义和方向的启迪上可能恰好可以作为大众旅游体验产品开发的依据，而对这方面问题的研究，已经超出了本文的范围。

第七章

游客与宗教信徒对宗教旅游情境中的符号认知差异

第一节　问题与假设

一、问题的提出

在旅游学的基础理论研究中，有关旅游的定义问题，可以说一直还是一个未能得以完全澄清、解决的问题。其中一个突出的理论问题，就是如何看待纯粹的休闲旅游与所谓的商务旅游、会议旅游、探亲访友旅游、修学旅游与宗教旅游等范畴的关系问题。由于人们在这个基本问题上还存有异议，因此导致了旅游知识共同体形成上的困难，由此提出的有关旅游及其相关诸范畴予以进一步的理论阐释的重要性，就不言而喻了。

探讨旅游与宗教，尤其是旅游、宗教与宗教旅游乃至宗教旅行这几个范畴的真实内涵，在方法论意义上具有与其他诸范畴相等价的启发性。因为，旅游理论研究中的诸多概念困惑，都不外表现为诸如旅游、商务与商务旅游乃至商务旅行，旅游、会议与会议旅游乃至会议旅行，旅游、探亲访友与探亲访友旅游乃至探亲访友旅行这样一些概念之间的纠葛。因此，笔者认为，通过对旅游与宗教、旅游者与宗教信徒两者之间关系的研究，或许能够在方法论层面为正确理解、有效澄清旅游概念丛当中的诸多概念有所助益。这是本研究理论的初衷。

从文献上来看，有关宗教与旅游的关系已经受到了许多学者的关注。在有些人看来，旅游是可以用宗教来加以类比的，因为两者在本质上有某种共同之处，旅游既是一个仪式，也是一个具有宗教意味的神秘游程（Graburn，1983）。但是，这样一种类比，是否就决定了旅游与宗教是一种事物呢？或者说，旅游可以用宗教加以修饰，就像它可以用商务、探亲访友、会议等诸多需要跨越空间的人类行为加以修饰甚至替代呢？在笔者看来，这是一个需要澄清的问题。对于这个问题的研究，实际上涉及旅游该怎样定义，旅游者该如何认定的问题。从现有的一些有代表性的关于旅游者的定义来看，这个问题并没有得到很好的解决。1976 年，联合国统计委员会召开的有世界旅游组织以及其他国际组织代表参加的会议上给出了一个关于旅游者的定义，在这个定义中，出于宗教目的而访问他国或者本国某一目的地的人被认定为"是或者可以是"游客。法国旅游总署的旅游者定义中，出于朝圣原因而外出旅行者也被认定为旅游者。至于更多地被看作经典性的旅游定义，也几乎不约而同地把宗教朝圣看作是旅游活动。对此，谢彦君（2004）很早就提出了异议。他认为，旅游者是出自寻求愉悦的目的而前往异地并在该地做短暂停留的人，朝圣者并不是旅游者。这种概念界定上的不统一，使得学者们在对宗教旅游进行研究时，缺乏一个统一的对话平台。

本项研究试图利用符号学的视角来对朝圣者与旅游者的关系进行研究。选择符号学作为理解和解决这一问题的视角，原因是，一方面，旅游世界中充满了符号（谢彦君，2005）；另一方面，这些符号的解读是个人的心理活动，与出行动机密切相关，动机的差异则可能取决于出行者的角色、身份的差异，而这种身份和角色的差异，就可能作为旅游者或旅行者两种不同类型的人的概念标签。在旅游世界这个充满了符号的世界，旅游者通过选取、解读这些符号获得种种体验。不同文化背景的人在对旅游符号的选取和认知上存在着种种差异。因此，本项研究试图对朝圣者和一般旅游者在宗教符号的选取和认知上存在的差异进行研究，发现二者存在着哪些区别，从而对二者的关系给出一个明确的结论，达到证实或者证伪"朝圣者不是旅游者"这样一个命题的目的。

二、文献评述

与国外相比，国内学术界对宗教旅游方面的研究起步较晚。国内对宗教旅游中旅游者和朝圣者的区分问题几乎没有直接涉及。

关于什么是宗教旅游，一些学者的观点有很大差异。在颜亚玉（2000）看来，"宗教旅游当包括人们因宗教目的而从事的旅游活动以及由此引发的各种现象和关系的总和。"这个定义强调的不仅是出行动机，而且还延伸到了宗教活动所引发的各种现象，因此，在该定义下，不仅完全出自宗教目的的朝圣者属于旅游者之列，宗教旅游是旅游的一种，而且，由此而引发的种种社会经济现象也可以一概纳入宗教旅游的范畴之内。这是一个十分宽泛的宗教旅游定义。

与颜亚玉的观点不同，陈荣富等（2001）认为，"所谓宗教旅游是指宗教信仰者或宗教研究者以朝觐、朝拜、传教、宗教交流或宗教考察为主要目的的旅游活动。其中宗教信徒以朝觐、朝拜为主要目的的宗教旅游占有较大比例。"他们进一步将宗教旅游这个宽泛的概念细分为宗教旅游、宗教观光旅游和宗教文化旅游。认为宗教旅游是指宗教信仰者或宗教研究者以朝拜、传教、宗教交流或宗教考察为主要目的的旅游活动；宗教观光旅游是以宗教文化旅游资源为载体的观光旅游，是旅游者对宗教文化载体（建筑、雕塑、绘画）初级阶段的以游览、欣赏、求知为主要目的的旅游活动；而宗教文化旅游则是这二者的综合和升华，是一种高层次的旅游形式。在这种解读当中，存在着一个术语上的悖论：宗教旅游包含着宗教旅游。由此也暴露了人们在认识事物本质和在对不同的事物进行归纳和概念化过程中存在的方法论缺欠。方百寿（2001）则认为，"凡是在宗教景区景点的旅游行为，都应归入宗教旅游"，因此宗教旅游是指宗教信仰者的朝圣活动以及一般旅游者参观宗教景区景点的活动，"它不仅仅是指那种拥有强烈或唯一宗教动机的一种旅游形式（朝觐旅行），还包括非朝拜目的的宗教景点景区观光、修学以及游憩行为"。曹洪（2005）认为："宗教旅游是指宗教信仰者的朝圣活动以及一般旅游者参观宗教景区景点的活动。"而《中国旅游百科全书》则认为"与宗教活动有关的旅行游览活动，可以分为宗教朝圣旅游和宗教观光旅游"。这几种对宗教旅游的定义同样比较宽泛，都认为出于宗教目的的朝圣者以及出于观光目的的普通游客都属于宗教旅游者。

总的来看，国内学者普遍赞同朝圣者属于旅游者的一种，未能像国外学者那样对二者进行区分，这从下文我们对国外甚至台湾的研究文献的评述，就可以看出来。在笔者看来，对二者进行区分，除了我们之前提到的对旅游学科的基础概念、基础理论的发展所具有的意义之外，还可能丰富学者们对旅游体验这一旅游学科的"内核"的研究，下文中提到的麦肯奈尔和科恩的争论已经显露出了对宗教和旅游关系进行研究从而获得旅游体验研究的新视角的可能性。

（一）传统朝圣活动中的朝圣者和游客

对于中世纪的基督徒来说，朝圣，前往圣地的旅行，尽管充满艰险和危险，却被认为是献身的行为和获得主恩赐的可靠方式（Jiu-Hwa L. Upshur et al，1991）。在朝圣地，公共崇拜形式和个人崇拜行为相互转换。朝圣者围绕着"圣物"（如圣像、雕塑、徽章或信经）行走和舞蹈，用手和嘴接触和崇拜它们，并将具有纪念意义的圣物带回家。有时，朝圣者还会感受到精神上的救助或者身体的疾病得到医治。这种精神救助和医治在朝圣历史中被称为"奇迹"（Guth Klaus，1995）。从这一段的记录来看，朝圣者仅仅是出于宗教目的而前往圣地，动机比较单一。他们参加种种宗教仪式，相信并追求宗教"奇迹"。

然而，也存在另外一幅有所不同的画面，"在 12 和 13 世纪，出于宗教虔诚以及期望亲眼看见耶路撒冷，是那时赴耶路撒冷的德国朝圣者的主要目的——如果不是唯一的动机的话，我们发现在 14 世纪的许多朝圣者前往耶路撒冷并非是为了宗教原因，或为了个人得到救赎。前往耶路撒冷的朝圣越来越多地成为纯粹的或者主要的世俗行为，其中也包含宗教项目。从 14 世纪开始，贵族和普通朝圣者前往耶路撒冷被一些相同的动机，如爱、旅游和冒险的渴望、见见世面的愿望和提高自己社会地位的期望激励（Favreau-Lilie，M.L，1995）。"在这里，德国朝圣者的动机在 13 世纪和 14 世纪之间发生了一次巨大的转折，从以宗教虔诚为主转变为纯粹的或者主要的世俗行为，朝圣者和旅游者的界限变得模糊起来。

（二）现代朝圣活动中的朝圣者和旅游者

在现代社会中，除了朝圣者受到宗教圣地的神圣性的感召之外，普通游客也为宗教圣地的文化、历史等因素所吸引。Nolan& Nolan（1992）对西欧基督教著名旅游景点做了一个全面调查，认为很多宗教圣地的教堂或寺庙的建筑形式、历史重要性、景观的美感、收藏的文物也变成观光的吸引物。他们认为可以将这些景点分为三类：朝圣地，以宗教动机为主的旅游目的地；宗教旅游景点，具有历史与艺术价值的旅游景点；与宗教相关的节庆祭典。在国内，与这个划分相类似，卢云亭（1993）将宗教圣地的吸引力分为两类：宗教信仰吸引力，宗教文化与活动吸引力。

在宗教圣地，有宗教信仰者占了很高的比例。Schweyer（1984）于 1983 年对法国四个基督教圣地的游客进行了调查，结果发现，81% 的游客为天主教徒，83% 的游客相信上帝。30% 每周上教堂。台湾学者黄宗成等人（2002）的研究表明，赴西藏的台湾游客大部分有宗教信仰，主要为道、佛信仰，约占 1/3，有 1/3 相信鬼神，另有 1/3 无意见。台湾学者黄宗成（2000）对台南鲲鹏代天府游客的研究表明，游客大多有宗教信仰，且主要为道、佛信仰，约占80%以上，大部分皆相信鬼神。对于这种道、佛信仰与鬼神信仰交织的情况，台湾学者李亦园（1992）曾提出了"制度化宗教"与"普化宗教"的区分，普化宗教就是民间信仰，又称"扩散的宗教"，他指出"80%以上的台湾居民都是扩散式的信仰"。在研究中国的宗教旅游时，必须要注意到这两种宗教信仰的区分。

在对朝圣者和普通游客前往圣地的动机调查中，学者们也得了一些结论。Rinschede. G（1992）认为，从动机的角度来看，多数宗教旅游者的动机并非如过去纯粹的宗教虔诚，更包括其他方面的追求。Jackowski 和 Smith（1992）则认为游客的宗教旅游动机可以划分为四种：寻找与宗教相关的资料、体验过去的传教路线、拜访圣地、参加节庆仪式（包括结婚、受洗和葬礼等）。台湾学者黄宗成等（2002）在对台湾赴西藏游客的旅游动机的调查中，发现旅游动机排在第一位的是新奇，第二位是休闲，而宗教心灵以及宗教利益分别排在第四位和第六位。而宗教心灵中，感受宗教气氛这一项动机明显的高。宗教利益中，进香强化神威和体验神兆两项动机明显的低。在宗教游憩方面，旅游者行前最高期望为庙宇建筑艺术，最低为环境清洁卫生。黄宗成（2000）对台南鲲鹏代天府的游客进行了研究，结果发现，游客动机主要为"拜拜"、祈求神恩庇佑，其次为寻求精神慰藉与心灵平静等。在宗教游憩环境方面，则是古迹的保存与维护、庭院景观。在宗教游憩活动方面，则是民俗节庆活动。游客满意度方面，最高也是"拜拜"、祈求神恩庇佑。上述研究的关注点是朝圣者的出行动机多元化，即朝圣者不再以朝圣为唯一目的。学者们开始了对宗教旅游动机的研究，但这些研究都是把朝圣者和普通游客混淆在一起而进行的研究，都未明确地区分朝圣者和一般旅游者。

还有一些学者则对朝圣者与普通游客进行了对比。部分研究指出，区分旅游者和朝圣者的标准都是很模糊的。如 Smith（1992）指出，无论是朝圣者还是旅游者都需要一定的可支配收入、余暇时间和社会对旅行的认可。Turner（1978）则推论，从旅游产业的角度来说，朝圣者和旅游者不存在区别。他被人广为引用的一句话就是，如果一个朝圣者是半个旅游者，那么一个旅游者是半个朝圣者。麦肯奈尔（1973）将旅游与宗教进行对比，提出了二者之间的相似性：宗教的动机与旅游的动机非常相近，它们都是为了获得本真性的体验。

　　虽然朝圣者和旅游者的区分标准很模糊，但是 Jackowski & Smith（1992）还是认为将朝圣者和旅游者进行区分是很重要的：朝圣者是基于宗教的动机，并且勤于凝思、祈祷和参加宗教礼拜，在旅途中还会在圣地驻足；宗教观光客的动机则是基于一个知识性的旅程，希望了解旅途中的资讯、人以及所游览的地方，但他们只是"可能"参加宗教仪式而已。Adler（1985）则将观光和朝圣分成旅游连续谱的两端，在这两个极端中间，则存在着世俗与神圣结合的无限可能。科恩（1988）提出了旅游与宗教的两点根本不同。首先，宗教信徒的朝圣旅游总是向着它所信奉的那种宗教的精神中心的，即使有时这个中心可能远在他生活空间的边界之外。虽然旅游者也可能到所在社会或文化当中存在的一些艺术、宗教或民族的中心去旅行，并对这些地方示以"仪式性的尊敬"，但现代旅游的一个突出特征显然是对环境的极大兴趣，以及旅游者对自己文化之外的世界所怀有的强烈的体验欲望。说到底，吸引旅游者的东西，实际上是另类风景、另类生活方式以及另类文化所具有的那种纯粹的陌生和新奇。其次，与那些宗教信徒不同，那些以获得经验为导向的旅游者，即使他们观察到了他人的本真的生活，但他们依然很清楚他人的那种另类人身份，这种感觉甚至在完成旅游过程之后依然存在。这也就是说，旅游体验过程并没有使这个旅游者的生活皈依于他人的生活，他也未必接受他人的那种本真的生活方式。宗教信徒能够感受到来自宗教圣地（中心）的那种精神同一性，即使这个中心处于遥远的地方；与此相反，经验旅游者即使他与所观察到的代表着本真的生活方式的人们一起生活，他也照样是一个外来人，他需要做的就是如何学会从审美的意义上去欣赏这一切。宗教信徒的经验过程是有关存在的：他与教友一道参与、共享并融入了由该中心的神圣性所创造的世界当中，坚信该中心所主张的价值观和信念。而对于麦肯奈尔的"旅游者"来说，他仅仅在体验他人生活的本真性时产生那么一点点痛感或共鸣，自己却并不想效仿。因此，即使他的需要具有某种宗教意义，但他的实际体验却主要是审美的，而这要归因于这种体验在性质上能引起共感。通过对另类文化的本真性的直接接触而引起的美感对旅游者的情感熏陶具有很大的意义，但是对他的生活并没有什么新的意义和指导。这一点，只要看看那些寻求经验的旅游者在一个宗教圣地如何观察那些宗教信徒就一目了然了：宗教信徒体验的是该中心的神圣性，而旅游者体验到的可能是由宗教信徒的宗教体验而呈现的本真性的美感。
（转引自谢彦君，2005）

（三）从宗教朝圣到世俗朝圣

在后现代语境中，传统的朝圣旅游正在被所谓"现代世俗朝圣"旅游的概念所代替。澳大利亚学者 Digance（2003）在对参观澳大利亚土著人乌鲁鲁巨石（Uluru，被称为澳大利亚地理的、精神和情感的中心）的旅游者进行研究后提出了现代世俗朝圣的概念，它是指前往史前遗迹以及（或）原始部落的崇拜物进行参观的旅游，它也被扩大到了自然景观旅游给人们提供的某种宗教体验。它与传统的宗教旅游的区别在于这种旅游方式是重视经验、理想和逻辑知识的现代世俗社会系统的产物，它在很大程度上替代了古代人们从事的宗教朝圣。一个例子就是被称为美国国家公园之父的约翰缪尔，在他的记述中着重突出了在高山中获得的深刻个人宗教体验："在像一个圣经中的隐士一样，挑战自我在旷野生存时，他找到了与上帝和自然沟通时的个人超验体会"，感觉到"一个精灵在每一座山峰吹来的每一阵风的低语中述说"。Digance 发现，游客攀登乌鲁鲁巨石并不是因为体力上的挑战，而是觉得攀爬代表了与这个地方的一种精神上的联系。许多现代世俗朝圣者使用他们普遍的仪式与他者接触，他们仅仅满足于置身在像乌鲁鲁巨石这样的场所的神圣氛围之中。可以看出，在后现代语境下，神圣体验的获得不再局限于传统的神圣场所，而被扩大到自然景观之中。而普通游客在对神圣场所进行解读时，虽然试图体验这种神圣性，却往往被当地人看作是对神圣的误解。

（四）旅游世界中的符号

从符号学的观点来看，旅游世界是一个充满了符号的世界，宗教圣地以及种种神圣世界也都是人们通过符号构造的产物。在宗教圣地或殿堂，信徒们是借助对种种圣物的象征意义进行解读而获得顿悟或解脱或救赎之感，形成体验上的法喜或法悦。在旅游世界，尤其在旅游世界中的宗教语境，旅游者也是通过关注、解读那些宗教符号而获得愉悦体验。不同的人，对宗教符号的关注不同，或者，即使对同一宗教符号，其认知也不尽相同。这正是本项研究尝试着用符号学的观点来研究朝圣者和旅游者对种种宗教符号认知的差异，从而判定二者关系的动机所在。

西方学术界把符号学思想引入旅游研究领域发轫于 20 世纪 70 年代。1976年，MacCannell 率先提出旅游的符号意义，第一次把符号的研究引入了旅游研究的领域。在《旅游者：休闲阶层新论》一书中，MacCannell 从全新的角度，提出了旅游吸引物系统中的象征符号的观点。在该书的思想内容和理论框架中，MacCannell 把"旅游者"描述成附属于无处不在、无时不有的旅游吸引物系统之下，对旅游吸引物系统的符号意义进行"解码"、并追求早已失去的真实意义的现代圣徒。他说："全世界的旅游者都在阅读着城市和景观文化，把它们看作符号系统。"

继 MacCannell 之后，Culler（1981）发表了《旅游符号学》一文，他沿用了 MacCannell 的观点，把旅游者比喻为"符号军队"，他说"旅游者追求的是异地的不寻常和真实性，追求的是异国文化的符号"，他认为旅游者寻找着真实的符号，可是他们找不到真实，却从大量的复制品中找到了快乐，如明信片、埃菲尔铁塔的缩微模型、自由女神像的储蓄罐等。

最早提出把符号学方法运用到旅游研究当中的人是人类学家 Graburn，他是旅游符号学研究范式的代表人物之一。Graburn（1983）指出旅游人类学研究应以象征符号与社会语义学的方法为中心，采取跨学科的角度。例如认知结构与动机（心理学）、消费模式（经济学）、社会层次与社会地位（社会学）、空间差异的语义内涵（人文地理）、口头及书面语言的表现（语言学）以及视觉符号的表现（艺术学）等。他认为旅游现象是社会语义的一部分，它塑造并影响着人类生活的其他方面；在对文化表征形式的分析方面，他倡导用符号学以及符号人类学的方法，对符号、标志、象征、民间传说、神话、规则、诗词文记、图示石像、广告宣传、私人摄影和明信片、商业化旅游纪念品、游记与历史记录等"文化文本"进行"解构分析"，以期揭示意义结构、文化结构及其变化的过程和规律。Graburn 认为，研究旅游就是要分析它的符号内涵与文化意义。落实到具体研究中，就是要分析人们为什么要旅游、为什么存在不同形式的旅游，旅游体验给游客造成什么样的影响等问题（宗晓莲，2001）。1990年，Urry 出版的《旅游者的目光：现代社会的休闲和旅游》在学术界产生了很大的影响，该书再版了十次，而就其内容而言，则主要讲述了后旅游者（post-tourist）的特征。书中写道："旅游者看到的事物都由符号组成。它们都表征着其他某种事物。"可见，Urry 认为旅游者凝视的对象都可以被看成有意义的符号。

可以看出，在西方旅游学术界，有关符号问题的研究已经取得了初步成果。用符号学的观点来研究旅游，已经成为一部分学者的共识。

第二节　资料收集

一、研究的背景限定

本研究选择与佛教有关的旅行和旅游现象作为讨论朝圣者与旅游者关系的研究对象，其中的原因主要出于以下几方面的考虑：（1）佛教与基督教、伊斯兰教并称为世界三大宗教，而现有的西方学者关于宗教与旅游的关系的讨论，基本是在基督教、伊斯兰教的背景下进行的，缺乏在佛教背景下进行的讨论，这不能不说是一个遗憾。（2）佛教于公历纪元前后便由印度传入中国，经长期传播发展，并与中国的儒家学说、道教相融合，早已成为中国传统文化的重要组成部分，对中国人的信仰状况产生了深远的影响。（3）中国现阶段的宗教旅游中，佛教旅游占据了主导地位，与基督教、伊斯兰教相比，佛教在我国更具影响力、更具群众基础。

另外，由于传入的时间、途径、地区和民族文化、社会历史背影的不同，中国佛教形成三大系：即汉地佛教（汉事系）、藏传佛教（藏语系）和云南地区上座部佛教（巴利语系）。三大系特点有所不同，若杂糅在一起研究恐多有不妥，但若分别加以分析则又未必为研究目的所必需。从流传度方面考虑，汉地佛教在中国分布更为广泛，加之笔者系汉族，相比之下，对汉地佛教更为熟悉，故本项研究欲将研究背景进一步聚焦到汉地佛教之上，但所得结论，基本可以推及其他宗教类型。

二、研究方法的选择

本项研究主要采用质性研究的方法。质性研究通常在自然情境下采取多种资料收集方法对社会现象进行整体性探究，并使用归纳法分析资料和形成理论。质性研究方法根植于后实证主义、批判理论和建构主义三种理论范式，受到现象学、阐释学以及民族志的方法、扎根理论的方法、象征互动主义等思潮和方法的影响而逐渐发展起来（陈向明，2000）。这种研究方法注重研究者和研究对象之间的互动，把人的体验放在突出重要的位置；注重从整体的角度分析现象，强调在自然状态下把社会现象放在背景中进行整体考察；注重对研究结果的解释性理解，从研究对象的视角、用研究对象自己的语言、概念等符号去诠释他们日常生活中所发生的事件，不求找到能够推广的普适的规律，但求深入研究对象的实质，理解他们眼中的生活和行为的意义。

一般旅游者、香客、皈依者（见下述分类）在宗教场所选取哪些符号以及对这些符号的意义的认识，都具有一定的潜在性，不易被观察出来或者测量出来，在某些情况下，即使是他们自身也未必能觉察到。质性研究比较适合对这些问题进行研究。本项研究希望通过质性研究，发现三类人对宗教符号的选取、对相同宗教符号的不同解读，进而发现三类人在符号解读背后的规则，以及他们获得的不同体验，从而判定三类人是否都属于旅游者。

三、研究对象的选取

本项研究的研究对象为佛教旅游者。依据 Adler（1985）的观点，朝圣者和旅游者是一个连续谱的两端，该谱象征着从神圣到世俗两种相对的精神追求或信仰程度，朝圣者居于神圣的一端，旅游者居于世俗的一端，如图 7-1 所示（略有改动）。其中 a 类人代表朝圣者，b 类人以朝圣为主，也有旅游的动机，c 类人朝圣的动机与旅游的动机并重，d 类人以旅游动机为主，也有朝圣的成分，e 代表纯粹旅游者。

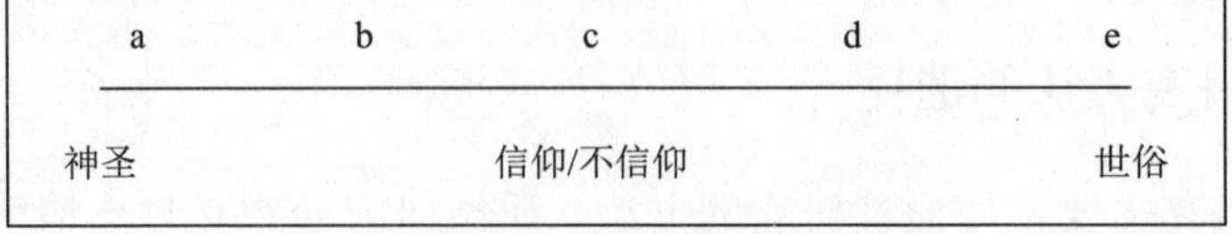

朝圣		宗教旅游		旅游
a	b	c	d	e
神圣		信仰/不信仰		世俗

图 7-1   朝圣者到旅游者的连续谱

　　Adler 的研究是在西方基督教的背景下进行的，具有借鉴意义，但是并不能简单地照搬照用。根据前文提到的李亦园对制度化宗教与普化宗教的区分，以及台湾学者黄宗成的两个调查，本项研究认为，可以按照信仰程度把这些人分为三类（如图 7-2 所示）：①游客（一般旅游者，对佛教知识和教义不甚理解、半信半疑，甚至一些极端的人会对佛教持否定批判态度），②香客（他们只是相信佛法，而没有参与制度性的修行活动，信仰程度处于中段。若去寺庙参拜多是为自己或家人求——求功名、健康、财富等；同时他们也对鬼神保持着信仰，属于普化宗教信仰），③皈依者（充分相信佛法，对典籍教义有很深的理解，并且参与正式的修行活动。若去寺庙，多是为众生求——祈求天下太平、国泰民安、众生得以解脱等。这类人最明显的标志就是他们参加过皈依仪式。这类人属于制度化的宗教信仰者）（见图 7-2）。

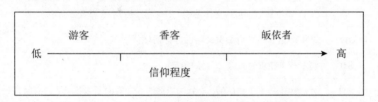

图 7-2　普通游客到佛教皈依者的连续谱

　　在具体的访谈对象的选择上，笔者选择目的性抽样（purposive sampling）作为本研究的抽样方法，这种方法也是质性研究中用得比较多的一种抽样方法。本项研究希望通过这种方法能够获得那些与本项研究问题有关的、信息量最大的样本。笔者尽可能选取那些差异性比较大的样本，如教育程度、信仰情况、年龄、职业等，这些样本一方面来自于他人的介绍，另一方面来自于笔者自己所熟悉的人群。考虑到研究时间以及精力的限制，本项研究共选取了20 名受访对象，其中，包括 3 名旅游行业的从业人员，这是考虑到旅行社经理、导游对游客、香客的心理活动、外在行为等有着深刻的洞察，对他们的访谈有助于笔者获取游客、香客在宗教符号认知方面的丰富而又翔实的信息。在论文的写作中，本项研究将用字母来指代这些受访对象，如用 S1 指代第一个访谈对象，……S20 指代最后一名访谈对象。每一名访谈对象的基本情况如表 7-1 所示。

表 7-1　访谈对象基本情况表

人群类型	编号	特点描述
皈依者	S1	居士，精通佛法，对佛法有系统的、透彻的认识和理解，开设并管理道场，思路开阔，健谈。
	S2	皈依佛门多年，对佛教有较好的理解，每周会去一次寺庙修行。
	S3	女性，从小在寺庙长大，谙熟佛教各项事务，现从事佛具经营。
从业人员	S4	旅行社经理，去过很多佛教圣地，了解普通游客心理。
	S5	旅行社经理，专营宗教旅游线路，非常熟悉各类人的心理及需求。
	S6	Q寺①专线导游，长期接触各类客人，尤其是香客。
香客	57	游历过多处宗教场所，对宗教名胜非常感兴趣，并有自己的独到见解。本次访谈中她是陪同朋友来Q寺许愿。
	S8	去Q寺为其母亲祈祷身体健康，虔诚得近乎小心翼翼。
	S9	每年都至少要去1~2次普陀山进香朝拜。
	S10	偶尔有事相求时，会去寺庙拜拜。
游客	S11	对佛教还是比较相信的，经常去寺庙走走，有时是专程烧香，有时是单纯路过。
	S12	女性游客，作为普通游客而游览过多处寺庙，也有两次专门去朝拜的经历。
	S13	游历过多处佛教名山，见闻较广。
	S14	来自于南方的游客，去过家乡的、以及别处的多处寺庙。
	S15	母亲是基督教徒，但受访者本人却更"偏爱"佛教。
	S16	女性，对佛教有种敬畏的心理，文化程度为中专。
	S17	去过很多佛教名山，偏爱历史古迹。
	S18	对佛教不甚了解，但很好奇，对虔诚的信徒很敬佩。
	S19	普通游客，男性，根本不相信宗教，对佛教的印象仅限于和尚、少林寺、武功。
	S20	普通游客，男性，不信宗教，对宗教不感兴趣，甚至有些反感。

———————————
① 东北地区香火非常旺的一座寺庙。

四、访谈

本研究在访谈之前设置了情景化的访谈提纲。主要采用个别访谈法来收集材料，通过电话来对需要补充的问题进行跟踪研究。根据需要而进行 1~2 次的访谈，每次访谈的时间控制在 1~2 小时左右。每次访谈都在征得访谈对象同意的情况下进行录音。另外对于在访谈的过程中受访对象出现的一些情绪、表情、动作的变化，如沉思、微笑、为难等，笔者都做了尽量详细的记录。然后在每次访谈结束后会把访谈的录音逐字逐句地整理出来，并在相应的地方注明一些录音不包含的内容，最后对这些数据进行整理编码、归类。并在每次访谈结束后进行总结与反思，及时记录下访谈中的一些感受和分析材料时发现的一些问题，以便下次的访谈更加顺利地进行。

五、研究的信度和效度

研究结果的信度和效度决定着一项研究被学术共同体接受和认可的程度。质性研究的效度问题，虽然在学术界存在很多的争议，但大家一致认同的是，在质性研究中，研究结果的真实性是必须加以考虑的（陈向明，1998）。研究结果是否真实反映了被研究对象的真实情况首先取决于本研究获得的材料和信息的正确性和真实性。研究者、研究对象、研究场所构成了影响效度的主要因素。

从笔者个人的基本情况来看，存在着一些对研究效度有利的和不利的情况。有利的情况，笔者是旅游专业出身，对普通游客有较多的了解，也有作为普通游客游览宗教场所的经历，因此，可能在对普通游客进行访谈时，有更多的共同话题，容易取得被研究对象的配合。

然而，笔者受限于自身仅有普通游客的经验，对皈依者和香客的情况缺乏了解，有可能在对这两类人进行访谈时，访谈问题的选取方面存在着遗漏的地方，也可能存在与这些访谈对象在沟通上的某种困难和障碍。因此，为了解决这个问题，笔者首先阅读了大量与佛教有关的文献资料，对佛教的发展历史、佛教的教义等基础问题有了一个基本的了解。然后有缘访谈了一位精通佛法、开设并管理道场、在本地享有一定声望的居士（即访谈对象 S1），一方面请他介绍佛教的基本知识，另一方面也向他询问了种种佛教符号的含义，并请他补充了一些佛教符号。对于香客，作者首先访谈了一家旅行社的经理，对去东北地区香火最旺的 Q 寺的香客情况有了一个基本的了解，然后笔者参加了该旅行社组织的一个进香团，去该寺进行实地的参与性观察，对带队导游、两名香客进行了访谈。

推广度，也即外在效度，这一概念源于定量研究，指的是将样本研究结果推广到总体的有效性。由于笔者在这个研究中的时间和精力有限，所选取的样本并不是很大，因此，倘若进行某种概化的话，就存在着一定的风险。另外，笔者认为质性研究更加关注的是过程，我们通过对特定对象的深入研究使研究者和研究者以外的人对特定的对象获得比较深刻的认识，通过对这种现象的解释性分析而获得对某种现象的新知识。最后还值得反思的是，由于笔者对质性研究过程和实质把握得可能不够到位，这点会在一定程度上影响到研究的效度。不过，笔者认为，本研究在既定样本范围内具有较高的效度，从该样本所得到的多数结论带有一般性，在适当的范围内进行概化、推及一般是可能的。

信度，即研究结果的可重复性。也就是说，如果另外一名研究者重复本研究，能否得到与本研究相同或者类似的结果。对于研究的信度问题，陈向明认为定量研究意义上的"信度"这一概念并不适合质性研究的实际工作情况，对质性研究没有实际意义。因为质性研究是将研究者作为研究的工具，研究者的身份、个人背景、经历以及与被访谈者的关系会深深影响他的态度和对问题思考的切入点（陈向明，2003）。质性研究强调研究者个人的独特性和唯一性。因此，即使是在同一地点、同一时间就同一问题对同一人群所做的研究，其结果也有可能因不同的研究者而有所不同。所以本研究不讨论信度问题。

第三节　资料分析

本部分在对三类人员的访谈资料进行编码整理的基础上，按照旅行的时间顺序，选取了若干个符号，从出行前的符号认知、宗教场所的符号认知以及回程中的符号认知三个方面，对三类人员的认知差异进行分析。

一、出行前的符号认知

无论是游客、香客还是皈依者，当他们出行的时候，都会涉及空间、日期、出行前的准备等问题，而他们在对这一过程中的诸多符号的解读上也存在着较大的差别。

（一）空间——圣地、寺庙

在我们现在所讨论的话题的语境中，宗教圣地、寺庙作为异域和远方的一个存在，总是以其特有的魅力召唤着三类人出自有所不同的目的前往，并使自身成为三类人会聚的地方，成为塑造个中人行为取向的一个典型甚至具有符号意义的特殊情境。不过，从被调查者的反映来看，这个独特情境对三类人的意义是不同的，三类人对这种典型情境的解读也是不同的。从归因的角度来看，可能源自他们前往这些地方的目的不同。这种关系在对三类人的访谈中可以看得出来。

A.皈依者

对寺庙的解读：

S1："寺庙是众生了解佛法的平台。不管是谁，去了就是结缘。"

S3："寺庙是学习的地方，就像咱们那个学堂一样。"

去寺庙的目的：

S1："不一定每个佛教徒都要去寺庙修行，也可以在家里修行。有的人到寺庙（笔者注：指修行），那是有缘，可能是喜欢香火味，喜欢寺庙的清静。"

S2："教徒是去专门诚心拜佛的，因为他们都是想要成佛的啊……每周六我们都去C寺（笔者注：本地的一处寺院），上午念佛、绕佛，中午吃饭，下午继续。"

显然，在皈依者眼中，寺庙是一个与众生结缘的地方，让世俗大众接触并了解佛法的地方，也是信徒们一起学习佛法的地方。皈依者到寺庙的目的是念佛、修行，他们更看重寺庙（抑或道场）作为共同修行场所的功能。

同时，访谈中皈依者们也共同地表露出不看重寺庙名声的特点，他们更注重日常的修行，注重选择适合自己法门的寺庙。当被问及是否去过佛教四大名山（浙江普陀山、四川峨眉山、山西五台山、安徽九华山）时，S2回答道："我没去过那些地方，其实你不用去那么远，我们本地就有挺多的，东北地区也有很多。佛教有很多法门，比如，禅宗、密宗、净土宗。我学的就是净土宗，专门念佛号的。"而 S3 也表示，"不一定非要去四大道场，去那些圣地只是因为那里被超度过了，每一寸都是净土，去修行的话成就得更快。"

在皈依者看来，最重要的是选择一座能满足自己修行需要的寺庙、道场，而不是一定要去那些在游客看来非常著名的佛教圣地。他们看重的是在一个适合自己的寺庙持续性的修行，而非到处游历名山古寺这种间断性的修行。因此，在普通游客心中影响甚大的四大佛教名山，反而不是他们最看重的。

B. 香客

对于香客们来说，他们去寺庙也有着自己的目的、对寺庙也有着自己的理解。

S5："香客就是想在寺庙里好好烧香，求财、升官，烧完香就走了……大部分去普陀的香客，没有时间去其他地方玩，也不在乎是否去其他地方游玩。"

S4 "Q 寺那里没什么可看的风景，去的人差不多都是烧香拜佛的。"

S8、S9 都提到，自己去那些寺庙是"因为那里香火旺"。

也即在大部分香客眼中，寺庙是一个烧香拜佛的场所，寺庙为他们提供了一个向神佛许愿、祈求神佛保佑的场所。

然而，也有一些例外，如 S10 提到："我到那主要是烧香拜佛求平安，再就是看看四周的风景。"他去寺庙的主要目的是烧香拜佛，这是符合香客身份的，然而，在烧香许愿之后，他还会游览四周的风景，这时他的动机呈现出多元化的特点，包含了普通游客的动机。

但总的来说，在绝大部分香客眼中，寺庙首先是一个向神佛许愿还愿，从而能够达成自己愿望的场所。他们最看重的是寺庙是否灵验这一功能，因此，这时若某寺庙流传着许多灵验故事或传奇，则会起到正强化作用，吸引他们前往该地。其次，极少部分香客也会在完成自己烧香拜佛的任务之后，对"寺庙是一个风景游览的场所"这一认知给予一定关注，但香客对如皈依者所说的"寺庙是一个结缘、学习的场所"这些说法则没有过多关注。

C. 普通游客

在普通游客眼中，寺庙所具有的功能则又有不同。

S5："我们就是想去玩，玩得开心就行了。我们也拜佛，这可能是受氛围影响。四大道场中，普陀山和九华山的风景比较好。"

S13："去了峨眉以后，你才感觉到不愧是四大宗教圣地之一，非常有宗教名山的气势。它是建在山上的，建筑特别雄伟，同时又跟民居结合在一起，规划安排得特别好，有点'深山藏古寺'的味道。还有它的竹林，特别漂亮。山上有索道，你坐着索道从竹林上空过，感觉非常好。"（笔者注：此时受访者流露出了特别兴奋的表情，仿佛又回到了峨眉山。）

S17："我最喜欢白马寺，在郑州，就是武则天出家的地方，那里感觉就像一个花园似的，环境特别好，既有古代的韵味，又有一点现代感，去了就像游园一样。"

S12、S18 分别提到，自己去某寺院，是因为旅行社宣传那里有华南地区最高的佛像，或者是当地的标志性景点、旅游攻略上标明的必去之地。

其余受访游客也大多提到，自己去寺庙是因为那里有悠久的历史、浓厚宗教氛围，壮观的佛像。

这正好与 S1 在访谈中提到的话语相印证，"道场是修佛法的地方。四大道场（笔者注：即前面所提到的四大佛教名山）在修行的人来讲，是道场、是修行的地方；在旅游的人来讲，则是名山名水。"

从这些话语所呈现的隐喻关系来看，在一般的游客眼中，寺庙作为风景名胜的功能显然更重要得多。寺庙作为一个风景游览场所，其浓厚的宗教氛围、清幽的环境、悠久的历史韵味、雄伟的寺庙建筑、佛像雕塑，以及某寺庙的名气、规模等都能成为吸引游客前往的原因。而游客们只不过把它当作一次再普通不过的游览，只是这次游览的对象是佛教文化罢了，他们一般不会对佛教中的深层意义做过多的沉思。

通过以上的分析，我们可以总结出，皈依者更看重寺庙作为佛法修行场所的功能，香客把寺庙看作是他们许愿还愿、达成心愿的场所，一般旅游者则更看重寺庙的秀丽山水、文化氛围在满足自己的"凝视"的欲望这方面的功能。三者在对"寺庙"的功能认知上存在着明显的差别，如表 7-2 所示。

表7-2　游客、香客和皈依者对寺庙的认知差异

人群类型	能指	所指
游客	寺庙	宗教场所，有秀丽风光，有宗教氛围和丰富的历史文化底蕴
香客	寺庙	向神佛祈福许愿之地，祈求神佛的保佑
皈依者	寺庙	信徒修行和学习的场所，与众生结缘的场所

当然，在这里，笔者承认，这种对宗教符号的认知也是一个渐进的过程，即使同一个人，在不同的阶段，对同一宗教符号，其认知也是有变化的。以对"寺庙"的认知为例，S1在后来提到，自己刚开始信佛的时候，对佛教的知识了解不多，"很多时候就是外行看热闹，内行看门道。我去五台山，那时候自己也不太懂，就感觉雕塑啊、寺庙阿，什么都挺好的，就回来了"。也即在早期，当S1对佛教理解尚浅时，他更像个一般的旅游者，在当时的他看来，寺庙吸引他的是雕塑等象征佛教文化的事物，而非修行的场所。因此，笔者认为，如果普通游客因去了佛教场所后对佛教产生了兴趣，有心研习佛法，那么他对各种宗教符号的认知也会随学习的深入而有所变化。这时他的身份也会发生变化，从一般旅游者成为香客、皈依者，但这则应该另当别论。本项研究只考察访谈对象在某一既定时点的心理状态。

（二）日期——佛教节日

每一个宗教为纪念其教主或信仰的对象，都定有特殊的节日。佛教也有许多特别的节日，在这些节日期间，大部分的寺院会举行盛大的纪念仪式，会有众多的人参加。按照本文的分类，基本是前文界定的那三类人，他们都对这些重大的佛教节日倍感兴趣。但是，他们对宗教节日的内涵的理解及其功能的认识，是否都相同或接近呢？他们究竟都各自抱有怎样的认识呢？

访谈中，我们明显地发现，访谈对象从S11到S20（所有的普通游客）的回答都是不会专程挑选日子，他们大多表示会按照旅行社的安排或者在自己的假期出行。他们对佛教节日没有明确的概念："应该会举行很多活动，会很热闹吧！"S19这样表述；很多游客对佛教大日子的理解停留在"初一、十五""庙会、法会"上，仅有S12、S17提到了"浴佛节"，S11、S13提到了"佛的诞辰"。

而香客和皈依者，则很清楚一些佛教重大节日，而且在出行日期的选择上

表现出了与游客不同的特点。

A. 皈依者

S1："节庆日就是纪念日，比如说菩萨诞辰。在这些日子，做功德的话，会增加千万倍。"

S2："初一、十五每个庙里都上大供，供佛表心意，恭敬之心，其实佛不吃这些东西。但是佛看了你对他恭敬，他也会很欢喜。"

S3："每个节日都要敬佛布施。敬佛就是用自己的虔诚恭敬之心向佛菩萨供像敬献香、花、灯、果、茶等供品。而布施则有两种含义：一是布施僧众，也就是向僧人及其他贫弱众生布施财物和爱心，这是外布施；二是布施诸己，'诸己'是指各种不健康的心念或心理，'布施诸己'就是消除我们自身的各种不良的心理，这也叫内布施，这正是佛教修行的根本。这也正是这些节日的内在意义所在。"

S6："跟我们团走的人，信仰者、香客挑日子，游客不挑。"

S4："有特别讲究的人，比如说一些居士，他们会挑日子，一般初一、十五来，还要吃素；但因为现在人工作都忙嘛，所以一般的人就是周六周日去。其实都差不多。"

B. 香客

S7："我这次是专程来许愿的，正好趁着临近八月十五，所以就来了。但一般去别的地方，如果只是去转转，我就不会挑日子，择日不如撞日。"

S10："……大日子，比较灵验，如文殊菩萨诞生日，他是管升学的，比较灵。"

可以看出，不同类型的人对佛教节日的解读是不一样的。普通游客大多集中在周末节假日，即在他们的可自由支配时间内出游，他们很少有意地挑选佛教节日出行，对佛教的重大节日也不是很敏感，如果说那些重大节日对他们来说有意义的话，也仅限于在这样的日子里寺院会举办各种庆祝活动，会更热闹些，更容易使他们感受到宗教氛围。与此相比，香客和居士则会专门挑选重要的佛教节日出行，而这些节日对于这两类人来说，又具有各自不同的意义。香客更多的是看重在这些日子对神佛许愿会比较灵验、愿望会更容易得到满足，他们往往会根据自己所求的内容，如求财、求学等，而选择相应的佛菩萨纪念日出行。而皈依者们则深知这些佛教节日的内涵和寓意。他们在这些纪念日中敬献供品、忏悔已过、布施僧贫，以表达虔诚的宗教情怀和慈悲济世之心。一方面纪念和缅怀佛菩萨的慈心悲愿和功德；另一方面还时刻提醒自己要学习并实践佛菩萨的普济精神。此外，他们也看重在这些日子里做功德的效果能够增加千万倍（见表7-3）。

表 7-3　游客、香客和皈依者对佛教节日的认知差异

人群类型	能指	所指
游客	佛教节日	没有特殊意义。 仅限于在大型的佛教节日，佛事活动和仪式多、热闹、容易亲历并感受宗教文化和氛围。
香客	佛教节日	许愿会更灵验，愿望更容易达成。
皈依者	佛教节日	纪念日。敬佛布施，助己思过，缅怀并学习佛菩萨的普济精神，功德加倍。

（三）饮食准备——斋戒

即使是在世俗社会，吃斋念佛也成了口头禅，因此可以说有关这一现象的理解，通常可以看作是一种常识。然而，经过我们的访谈调查，结论并不如此简单。对于上述三类人来说，他们对吃斋念佛怀有不同的态度，对相关活动的含义有着不同的解读。

A. 皈依者

S1："吃素是有功德的，一个人吃素，世界上的生命就多了一份安全感。十个人吃素，就多了十份安全感。"在这里，S1 对"斋戒"的理解主要体现了佛法对世间其他生命的尊重，体现了佛教超越自我的一面。

B. 香客

那么，香客是如何看待吃斋呢？在什么情况下吃斋呢？

S4："去 Q 寺时，按道理讲，晚上应该是吃素的，第二天要上山拜菩萨嘛，但是很多香客都不太讲究，还有喝酒的呢。去普陀那里，是要吃斋饭的，特别讲究，你得守那边的规矩。"

笔者在 Q 寺之行中，问 S6（随团导游）："旅行社会不会安排全吃素？或者香客们要求吃素吗？" S6 答："噢，那倒不会，看个人了，我们不会刻意安排。"

也就是说，一般的香客对饮食没有特殊的要求。但在这次的随团考察中，笔者却观察到，有很多游客和香客同笔者一样询问了是否吃素的问题，这证明他们对此还是比较关注的（在这里，笔者认为，如果旅行社在此时特意安排斋菜素食，很可能会为香客营造更好的神圣氛围，从而提升香客的体验）。在对其他香客的访谈中，我们也可以看出这样的现象：事实上，香客们全都懂得朝拜前最好要斋戒以示虔诚这样的道理，而且对此心存顾忌，但如果没有外界压力（例如没有目的地的特别规定、没有其他香客的群体压力），那么大部分香客往往不会介意斋戒与否。当然，这也与香客前来许的愿望大小有关系，愿望越大，则越倾向于斋戒以示虔诚。而一般的许愿，则并不会刻意斋戒。然而，斋戒这一符号的压力始终萦绕在香客们心中，因此，当他们不吃素的时候，就借助于"酒肉穿肠过，佛祖心中留"（S7）这样广为流传的佛教偈语来消解这一符号所带来的心理压力。

C. 游客

在 10 名一般性游客的访谈中，有 5 人（S13.S14.S18.S19.S20）表示不吃素，3 人（S12.16.17）表示视具体情况而定，2 人（S11.S15）犹豫着表示"要吃素的吧，表示虔诚心嘛。"

在访谈中，游客们对"斋戒"这一问题并没有给出统一的定论，斋戒与否要视个人具体情况而定。由于游客的信仰程度较之香客和皈依者来说处于很低的水平，因此"斋戒"这一类涉及教徒行为规范的符号，对一般性游客来说没有特殊的意义，他们也不会刻意斋戒。

但有一问题颇值得我们关注。提到素斋，就不得不提到美食作为一种旅游吸引物在旅游中的作用，这就意味着在佛教旅游中，一些寺庙的素斋也成了吸引物。

在访谈中，S4 提到："九华山有素斋，整个九华街都有，也是全国有名的，属于徽菜，做得很好吃，味道也好，档次特别高。上海华严寺的素斋也特别有名。"S18 提到："我在三亚的时候，专程去了趟南山寺，因为那是旅游攻略上标明的必去的地点，是三亚的标志性景点，而且我还想尝一下南山有名的素斋，嘻嘻……就是做成是肉菜的样子，但全是拿素食做成的。虽然有点贵，但值得尝试啦。"

　　至此，我们可以对三类人对"斋戒"的不同认知加以总结，如表7-4所示。

表7-4　游客、香客和皈依者对斋戒的认知差异

人群类型	能指	所指
游客	斋戒	不会刻意斋戒，视个人情况而定
	素斋	美食
香客	斋戒	祈祷之前的准备活动，显示诚心，有助于愿望的实现
皈依者	斋戒	做功德，佛教戒条

　　在斋戒这一语境中，笔者从调查中感受到，斋戒这一仪式所呈现的符号意义，可以纳入到真、善、美的范畴加以讨论。对于皈依者来说，吃素首先是一种"善"，是对其他生命的尊重，同时斋戒也是在求"真"，表明自己在遵守佛教的教义。对于香客来说，吃素体现出的求"真"，更多的是在向佛菩萨表明自己的诚心与决心。而普通游客则更多的是从"美"的角度来看待吃素的，美味的素斋成为吸引他们的一个重要因素。

　　出行前以及出行中的种种准备活动，对于游客来说，依然是按照世俗生活的种种游戏规则进行。而对于香客尤其是虔诚的香客来说，则是一个开始不断进入神圣世界的过程，神圣的体验从此积累，其作用也在为朝拜这一神圣体验的核心做好种种铺垫。对于皈依者来说，出行只是从一个神圣世界进入到另外一个神圣世界（这个神圣世界与自己平时所处的神圣世界的差别就在于修行更快），空间上发生了位移，但自己需要遵守的规则并没有发生什么大的变化。

二、宗教场所的符号解读

　　经过出行前的准备，三类人开始进入宗教场所，一方面他们参加各种佛事活动；另一方面他们又在这一场所相遇，共同解读着佛教场域中的各种符号，甚至也在互相解读着对方。下面将从佛像、烧香、磕头合十、开光等几个方面分析。

（一）佛像与佛

　　在佛教场域当中，三类人首先遇到的一个最为典型的符号就是佛像。历史地看，早期的佛教是没有佛像的，但是后来的各个佛教宗派都主张要供奉佛像，

并逐渐在这些佛像身上附着丰富而神秘的宗教意涵。对于笔者而言，为笔者最为关注的就是，时至今日，三类人对佛像这一符号是如何认知的？当他们在佛像前参拜时，又怀着什么样的目的呢？

1. 佛像

笔者曾去大连的某寺院做实地考察，当有随行者提出在观世音菩萨像下合影时，一位居士劝告说，"最好不要和菩萨合影，照相以后，你把照片供起来吧，不是那么一回事，你自己能和菩萨一样接受香火吗？放在相册里，显得对菩萨不是很恭敬。最好还是不照。"由此可以发现，照相作为旅游者撷取意识的一种体现，是旅游中的一种常见现象，而皈依者却对照相尤其是和菩萨合影提出了一些不同的看法。从照相这一举动及相关者的反映中可以看出，佛像具有浓厚的宗教意味，而这可能是为普通游客所不了解的。为了进一步弄清差异背后的原因，在后来的访谈中笔者又对照相，尤其是对着佛像照相这一行为符号进行了访谈。

A. 皈依者

问：是不是不应该在佛像前照相？

S1 答："也不是，如果你觉得和菩萨特别有缘，也可以照。但是大部分寺庙是担心你处理不好照片，比如说，你把照片扔到垃圾桶里。"

B. 香客

S6 答："一般不照，照的话，不要和菩萨的正脸照相。"

而笔者在 Q 寺的参与性观察中也发现，所在旅行团的香客们大多数都没有照相，仅有少数年轻人跟山上的风景或者一般性的雕塑（如白象、花篮等）照相，没有跟佛、菩萨的雕像照相的。

C. 游客

而一般性的游客则表现为："会照一些佛像、香炉等"（S15），"主要会拍建筑和佛像以及法事的场面。因为这些是我所理解的佛教标志"（S17）。也即在纯粹的游客看来，佛像是佛教文化的一种象征符号。通过自己与佛像合影这一能指，来表达自己到此一游、感受他者文化的所指。

在皈依者和香客看来，佛像这种图像符号，是表征了佛本身的，是需要敬畏的，因此，不应该随便合影。另外，在皈依者中，我们发现佛像不仅是一种图像符号，还是一种象征符号——象征着佛菩萨的精神。在皈依者看来，更应该看重学习佛菩萨的精神，而不是盲目地崇拜。在某些极端情况下，佛像作为一种图像符号，甚至可以忽略不计。"你就是把佛像砸碎了，扔了，他仍然保佑你，不会因为你供了，就保佑你，不供，就不保佑你。"这一点与早期佛教不主张供奉佛像是一致的。可以看到，皈依者通过佛像看到了佛的精神，看到了自己学习的榜样，在心理上，皈依者与佛是平等的，认为自己可以学习佛的精神，自身也具备这种潜质，即"人人皆佛"，二者有一种"同声相求，同期相合"的感觉，通过佛像，皈依者与佛的精神发生了感应。他们被佛菩萨所代表的精神感召，从而激发出了神圣体验。而香客则通过佛像看到了佛的神通法力，他们为佛菩萨所具有的神通而感到敬畏，从而激发出自己的神圣体验。而在游客看来，佛像只是一个凝视的对象，只是佛教文化的一个象征符号、一个宗教文化的载体，游客对佛像的凝视只是为了寻求佛像的审美愉悦功能。

在这里，佛像在三类人的目光中，又呈现了真、善、美三种不同的意涵。皈依者看待佛像更多的是看到了佛像所代表的"善"，大慈大悲等精神；香客则更多的是看到了"真"，把佛像和佛看作是一体的；至于游客，则是看到了佛像的"美"，品味他者文化所带来的愉悦成为游客体验的主要构成部分。三类人的符号解读大异其趣，差别判然若揭（见表7–5）。

表7–5　游客、香客和皈依者对佛像的认知差异

人群类型	能指	所指
旅游者	高大的佛像	佛教文化
香客	佛像	佛本身
皈依者	佛像	佛本身以及佛所体现的精神

2. 佛及求佛的意义

讨论了佛像这一图像符号之后，我们再来进一步地讨论他们对神、佛本身的认知。三类人对神、佛的不同理解，会导致他们在祈求时的心态和行为也有所不同。

A. 皈依者

S1："求财什么的，不要求佛，去求仙吧。佛菩萨是平等的，有钱没钱我都

会保佑你。神仙则不这样，你供养越好，我越保佑你。"

S3："佛不是希望你发财，是希望你解脱。佛陀是讲世间法的，中间有发财法，你可以去学，但是要明白修得的财是干什么的，是要度众生的。"

在佛教结缘品《觉海慈航》中我们也发现了这样的问答：

师傅："神仙有天仙、地仙等等不同。或属天道，或属人道，都是六道众生。我们不应该崇拜他们、学习他们。因为我们是要了生死、出三界的……有的鬼神确实也有一些灵感，可以满足你的所求，但他们总不如观世音菩萨的愿力大，神通广。为什么不去求观世音菩萨，以获得更迅速更圆满的效果呢？而且信仰了观世音菩萨，时刻想念他，还能开发智慧，消除人生各种烦恼和痛苦呢。"

徒弟："现在我明白了，要脱离六道轮回的苦恼必须学佛。学佛的人除了佛和菩萨以外，一切天仙神鬼都不可供养。"

B. 香客

S4："Q 寺佛像特别全，菩萨……，还有财神殿、神医十不全，……财神有文财神和武财神……，神医十不全是以前的一个神医，你哪里不舒服，摸他哪里就把病传给他了。"

S5："今年夏天（朝拜的人中）求升学的特别多。还有做生意的，也不少。"

S10："每个殿里，你都得磕一下头吧，不能这个神仙磕了，那个不磕吧。"

从以上的话语中，可以发现，皈依者和香客对佛的认知以及由此导致的对求佛的看法是存在较大的差别的。皈依者只对佛菩萨表示崇拜和学习，而不会对神仙表示崇拜和学习，即他们承认佛菩萨是他们的老师，而神仙不是。在他们看来，神仙依然在六道轮回之中，而佛菩萨是超脱出了六道轮回的。皈依者对佛菩萨的朝拜往往是表示恭敬，为开启个人的智慧，加深自己的修行，寻求脱离六道轮回的烦恼，为众生谋求福利。他们认为，在佛菩萨眼中，众生平等，因此，佛菩萨在与众生打交道时，不会注重众生的供品、捐献的多少。而神仙则不是这样，他们对众生是区别对待的，对众生的保佑程度视众生提供的物品的多少而定。而香客则是对佛菩萨、神仙不加严格的区分，只关注神佛的职责范围，即这些神佛负责人世间的什么领域，自己通过朝拜能够得到什么，他们更关注自己的世俗需要，为自己谋福利，更多的是一种实用主义的取向。而且在与佛菩萨、神仙的互动中，采用的是同一种游戏规则，即与神仙打交道时的交换主义，因此，他们往往会注重捐献数目的多少、香的品质等等具体的有形的东西，并认为只有通过这些有形的、（在他们看来）贵重的东西，才能在佛菩萨、神仙那里达成心愿，得到自己想要的东西。倘用一句话来概括的话，那就是在朝拜时皈依者更多的是诉诸内心，而香客则是借诸外物。

C. 游客

前文已经提到，游客到寺庙只是游览风景和感受宗教氛围，而非出于参拜的目的，他们对拜佛不会特别看重，虽然他们也会烧香拜佛，但只是受到氛围的感染罢了，故在此不讨论游客对其认知。

表7-6　香客、皈依者对神佛的认知差异

人群类型	能指	所指
香客	佛菩萨、神仙 （香客对佛菩萨和神仙不加以区分）	高于人类的超然存在 恭敬、崇拜、供养的对象 有偏向性
皈依者	佛菩萨	六道轮回之外的超然存在 恭敬、崇拜、学习的对象 公正
	神仙	六道轮回之中的存在 表示敬意的对象，不需要供养 有偏向性

显然，在皈依者眼中，只有佛菩萨是"真"的，其他的神仙并不构成他们崇拜的对象，无须供养、崇拜或学习；而在香客眼中，无论佛菩萨还是神仙都是"真"的，都是崇拜供养的对象，不分伯仲，他们对佛菩萨和神仙没有明确的区分（见表7-6）。

（二）烧香

烧香拜佛是所有宗教场所的最显著的一道景观。在世俗社会，也已经成为一般大众对佛教的一种共识，因此，接下来这一部分主要围绕烧香这一符号来进行论述。

1. 香及烧香的意义

A. 皈依者

S1："在一般人看来，香就像这个杯子一样（他指了指桌子上的杯子），是实实在在存在的东西，但是点燃以后，烧了就没有。烧香就是要告诉你，人的一生从有到无的过程，人生是虚幻的，所以要燃烧自己，为众生奉献自己，就是佛法中所讲的无我利他。"

S3："一般的游客、信徒磕头烧香是给你自己求，如求财、求考上大学等；而真正的修行者是给众生求，求国泰民安、世界和平。"

B. 香客

S6："像烧香，这就是跟佛沟通的方法；就像平时咱们求人办事，不还得送点礼么？那你求菩萨办事，不得烧香吗？香为佛家饭嘛。"

S7："我感觉烧香就像'敲门'，是一种跟佛沟通的办法。"

C. 游客

在游客中，很多人表示自己"不清楚"，或者只是笼统地感觉是"恭敬、虔诚"之意，他们对此不是很明白。S11 还在说完烧香的意义后，补充说："这个都是乱说的，哈哈，不知道对错。"

在皈依者看来：首先，烧香是有功德的，做了功德，将来是有福报的；其次，与之相比，他们更加看重的是香的另外一层象征意义。在皈依者看来，香的燃烧表征着人生的从有到无，人生是虚幻的，所以要燃烧自己奉献给众生，烧香成了奉献自己的精神象征。所以烧香这一能指的所指，更受到皈依者的重视。事实上，佛家非常重视这种"隐喻"，经常用一些事物来教育或点化教徒。这样的例子随处可见，例如，佛家中为什么要献"花"、献"果"，为什么僧鞋有六个孔洞等等问题，其实都是暗含着某些教育意义的，即隐喻。

在香客看来：烧香是与神佛沟通的一种方式。"香为佛家饭"，香表征着香客供奉给佛的饭食和礼物，这样，烧香就与世俗中的请客吃饭送礼联系了起来，这种在世俗中才存在的请客吃饭的编码规则便自然而然地延伸到了烧香这一仪式中。由于世俗中求人办事时，多数情况下我们有着这样的观点，认为礼物越多、越昂贵，对方越高兴，事情越容易办成；因此，在香客心中也便暗含着这样一种信念——神佛也是有感情的，也喜欢昂贵的礼物。在世俗中，人们的请客吃饭送礼往往是投其所好，因此，在烧香这一过程中，自然也需要投神佛所好；于是，那些能够表征香的昂贵、香的多少的符号就变得有意义起来，这就解释了当前很多地方出现的烧高香的现象。罗兰·巴特使用了"内涵"这一概念来指代这一符号的指示过程，即符号第一系统的能指和所指结合为符号第二系统的能指，另外给定一个所指，亦即意义。高香的"外在形状"这一能指和高香所代表的"昂贵"这一所指构成了"昂贵的供品"这一能指，它的所指就成为对"佛非常尊敬、做了非常大的功德"。如表7–7中所示。

总之，皈依者更看重烧香这一过程所体现的"善"的精神，燃烧自己、照亮别人。而在香客看来，需要通过香的材质的"美"来向神佛表明自己的"真"——虔诚与决心。在游客看来，烧香只是一种业已存在的社会文化现象，只能笼统地看作是对佛的恭敬，也即烧香等佛事活动都是一种象征符号，表征了恭敬虔诚（见表7–7）。

表7–7　三类人对烧香的认知差异

游客		
	能指	**所指**
	烧香（无论高香或一般的香）	恭敬虔诚

香客		
第二系统	**能指**	**所指**
	昂贵的佛家饭、供品	对佛非常恭敬，做了很大的功德
第一系统	**能指**　　　　　**所指**	
	高香的外在形状　　比一般的香昂贵	
	内涵	

皈依者		
	能指	**所指**
	上香这一行为	积功德
	香燃烧的这一过程	暗喻人生是虚幻的、是从有到无的过程；燃烧自己，为他人奉献

2. 两种不同的烧香仪式编码

不同的宗教旅游目的地，在具体的烧香仪式方面，如烧什么样的香、烧多少香等方面，也表现出了明显的不同。

笔者在访谈中发现了两种不同的烧香仪式。这两种烧香仪式居于烧香仪式编码的两个极端。一种是 Q 寺的烧香仪式："在 Q 寺每一处佛像、佛殿烧的香都不一样，每到一个大殿、每拜一位菩萨都有专门的香。"（S4）一种是普陀山的烧香仪式："普陀山那里不让游客自己带香上岛，更不用说大香了。那里发香，全是小香。每一处烧三根小香就可以了。"（S5）因此，在这一部分主要分析这两种不同的烧香编码。

在 Q 寺作为导游的 S6 提醒香客们："这是一组香，每个殿烧什么香，香上面都有标注。财神殿，烧三根高的金香和三根绿色的短香，香要横着拿，意味着发横财的意思；药师佛殿，烧蓝色的香、披蓝色的袍，是'拦灾拦难'的意思。"

在 Q 寺，对香的编码都使用了图像符号的编码方式。在财神殿，横着持香的方式，与世俗中"发横财"的观念联系起来；在药师殿，"蓝"色的香的语音，被用来表征"拦灾拦难"。这些都属于形象肖似符号中的听觉肖似符号。这两处的编码都是根据具体的情境（财神殿、药师殿）来进行的。而且，这些编码，是把香客的内心祈祷，或者说他们烧香的意义，通过外在的形式（横着拿香，蓝颜色）凸现了出来。以药师殿的蓝香为例，"蓝"这种颜色的发音是能指，而"拦"这个字是其所指，二者结合起来，又成了香客上香这一能指的所指——"拦灾拦难"。罗兰·巴特在其《符号学原理》一书中用"外延"这一概念指代这种符号指示过程，而用"内涵"这一概念来指代另外一种与"外延"相反的符号指示过程，在巴特看来，"内涵"是"文学的"或者"美学的"使用的主要特征。从这个角度来说，Q 寺的这种编码方式是与文学的或者美学的编码方式背道而驰的，香客的体验可能更加表面化，肤浅化。

与之相反的是普陀山的烧香仪式——全部是仅上三根小香，三根香这一能指的所指是香客根据符号情境的不同（每一处佛殿、每一尊佛像）通过自己内心的祷告而获得的，因此，这里只有一级符号系统，而没有二级符号系统。

在香客看来，这两处烧香仪式的差别，可以用表 7-8 来表示。

表 7-8　两种不同的烧香仪式编码

Q寺			
第二系统	能指 烧蓝色的香	所指 拦灾拦难	
第一系统		能指 "蓝"的发音	所指 "拦"
		外延	
普陀岛			
	能指	所指	
	烧香	表示虔诚、希望达成愿望	

　　然而，皈依者则并不承认这样的编码规则，他们"依（佛）法不依人"，更看重佛教教义对烧香是如何规定的，而不在意每一个寺庙是如何规定的。而香客、游客由于对于佛教教义了解程度不够，加上民间的其他信仰的掺杂，使得他们在不同的目的地采用不同的烧香规则。这就验证了李亦园关于制度化宗教和普化宗教的区分。

　　3. 比烧香更快的沟通方式——打表升疏

　　笔者在进行参与性观察的 Q 寺，发现了烧香之外的另一种与佛菩萨沟通的方式，即打表升疏，正如 S4 所描述，"就是把你的愿望写在纸上，就像上奏折一样放在佛前，这样比烧香快。如果有特求的话，就用打表升疏，不过比较贵。打表升疏的人跪在大殿内的第一排。"

　　S5 也提到，"今年不少考大学的学生，他们在（普陀）观音阁打表升疏，希望自己能够考个好成绩。"

　　在这里，由于上奏折比较快，因此"打表升疏"这一能指，就有了意义——比烧香更快地与佛沟通的方式。把香客安排在第一排，又强化了这一所指，即第一排的香客许的愿，神佛最早接收到，愿望自然也就能够最早达成，这样，第一排就成了一个指索符号（见表 7-9）。

表 7-9　香客对打表升疏的认知

	能指	所指
象征符号	打表升疏，向佛上奏折	比烧香更快的沟通方式
指索符号	跪在第一排	愿望请求被先接受

实际上，这一符号与烧头香的含义是一致的。烧头香也是意味着香客们最先与神佛打交道。可以看出，在香客心中，神佛并不是全知全能、化身万千的，而是像人一样，处理各种请求有一个时间过程，有一个先来后到的顺序。在这里，世俗的种种生活经验又一次进入了宗教礼仪的编码规则之中。而由于打表升疏被赋予了这样的意义，世俗的生活经验进入了这一符号的编码规则之中，因此，收取更高的费用对香客来说也就在情理之中了。

（三）礼节：磕头与合十

"一说到佛教，很多人就容易想到磕头烧香，其实佛教不是这样的。"S1 的说法引起了笔者的兴趣，因为在大部分人的心中，一提到朝圣、去寺庙，最先想到的就是磕头烧香。上文已讨论过了有关烧香的问题，那么"磕头"这种被普通大众单纯地理解为一种礼节的符号，在皈依者眼中又是什么含义呢？如果说磕头是与神佛打交道的一种礼节，那么合十这一礼节又代表着什么意义呢？不同的人又是如何看待的呢？

1. 磕头：

S1："为什么要磕头呢，就是要消除你的傲慢心。磕头烧香都是有讲究的，有目的的，都是围绕着如何教育你来进行的。"在这里，又一次体现出了前文所提到的佛家的"隐喻"。在皈依者看来，所有佛教礼节、行为活动都表征了佛的一种教育方式，例如，磕头的意义在于"消除个人的傲慢心"。而在访谈中我们发现，与此形成鲜明对比的是，所有香客和普通游客都未能给出这样深层的理解，只是笼统地表述"磕头是对神佛的虔诚和恭敬"（见表 7-10）。

表 7-10　游客、香客和皈依者对磕头的认知差异

	能指	所指
游客	磕头	虔诚恭敬

续表

	能指	所指
香客	磕头	虔诚恭敬
皈依者	磕头	消除傲慢之心，佛的一种教育方式

2. 合十

S1:"双掌合十这个动作，手心要空一点，表示心中虔诚，手中有一个牟尼宝，像莲花在慢慢开放。有的人不懂，双手合十用劲儿特别大，好像劲越大越虔诚，实际上是弄错了。"

在皈依者看来，合十这个动作，首先是一个图像表征符号，表征着莲花的开放。而莲花又是佛教非常推崇的一种事物，因此，双手合十又表征着手中有佛教之宝的含义，合十在这里又是一个象征符号。而在游客和香客看来，这个动作与磕头类似，是一种象征符号，表征了恭敬和虔诚。也许是针对世俗社会以讹传讹的一种过度解释，"合十"这一动作符号在皈依者看来，首先是"美"，如同莲花一样，其次这一动作又是"真"，表示拥有莲花这一佛教之宝。而在普通游客、香客看来，这一动作最重要的是"真"，表达恭敬虔诚之心。这与之前三类人对某些佛教程式或器物的象征意义的解读，似乎在方向上颇有别致之处（见表7-11）。

表7-11　游客、香客和皈依者对合十的认知差异

游客、香客		
	能指	所指
	合十	恭敬虔诚
皈依者		
第二系统	能指	所指
	手中有一朵莲花开放	拥有佛教之宝
第一系统	能指　　　　所指	
	合十这一动作　　莲花的开放过程	
	内涵	

　　皈依者与佛菩萨的互动，更多的是通过种种行为和动作表达自己的恭敬，增加自己的修行，对于每一个动作具体怎么做、什么含义，他们是非常清楚的。而许多香客学习这些动作是通过多次的朝拜、僧人或导游的讲解等途径而获得的，对于动作的外在形式是比较清楚的，但是具体含义往往是模糊不清的。游客则多是通过社会文化的积淀、自己在宗教场所的观察而学习到这些礼节的，相对于前两类人来说，他们的动作更加不标准、不规范，对动作的具体意义更加模糊不清，磕头、合十等动作统统被归结为虔诚恭敬。图 7-3 标示了三类人在合十这一符号上的认知差异。

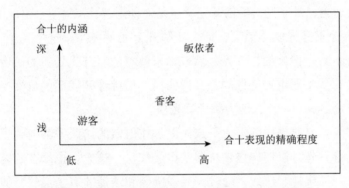

图 7-3　游客、香客和皈依者对"合十"的认知差异

　　对三类人在烧香、磕头、合十这些符号的解读上的差异进行分析后，笔者发现，普通游客及香客对于这几个符号的所指并不是特别清楚，而且倾向于把这些符号归为一类，对于它们的差别亦不甚了然。而皈依者对于这些符号的差别是非常清楚的，这些不同的符号在他们看来，构成了自己学习佛教知识的一部分。由此，普化宗教与制度化宗教的差异再次被凸现了出来。

（四）佛教活动——开光

　　当笔者向 S5 问及什么是开光时，她笑了一下，说道："你们可能是听说人生中，三次参加过开光，一生都会特别顺吧。"因此，本项研究在这里对开光活动进行探讨。

　　在访谈中，不同的访谈对象对开光的功能、程序描述并不相同。

A. 香客、游客

S4："开光，就是拿个小镜子照，人特别多，请来高僧。关于法事活动，大师会开光、做法事。开光以后，才能保佑你，不然的话，就只是普通的饰品，可以是手链、玉石坠等，开光的时候，用镜子往下照，照到了就算开过光了。"

S5："开光，也就是个过程，师傅念经，把佛的眉毛描下，太阳光用镜子照一下，安上五脏六腑，就是稻谷、麦子等，底下封上，就有灵气了。"

S11："开光就是举行仪式，给法器附上灵气。"

B.皈依者

S2："每个佛像建好以后的启用典礼，非常庄重，用佛开发我们自性的光明，现在人给佛开光，是一种误解，我们人怎么能给佛开光呢。用小镜子照，好像是用太阳光、月亮光，给佛开光，也是一种误解。"

S3："佛像不开光就不灵了，请个法师开个光就灵了，这个观念是不对的。开光的意义本来是很好的，开光是佛教本来就有的。开光是新的佛像塑造成功后的启用典礼，要把供养佛像的意义说明白，借佛像开我们的自性光明，不是我们替他开光，我们有什么能力替佛开光啊？"

虽然访谈对象的描述并不太一致，但是在他们的访谈中都提到了通过镜子反射日光进行开光，以使佛像、法器获得灵气这一概念。也即在游客、香客看来，开光是一种典礼、仪式，通过开光，佛像和法器才有了灵气，他们把注意力放在了"用光照射"这种外在的表现形式上，他们对于开光的认知在一定程度上是"望文生义"的，认为这种光是自然之光、太阳光。而在真正的皈依者看来，开光虽然也是一种典礼，但是其本质目的是通过这个典礼，讲明白供奉佛像的意义，学习这尊佛的精神，启迪自己的智慧，即开启自己心中之光。

总之，就开光这一现象来说，游客、香客偏重于开光的"真实性"，必须要有"真实"的光，这样佛像、法器才有灵气；而皈依者则是偏重于开光的"善"（学习佛的精神）与"美"（自己的心性焕发光明），佛的精神照耀着这些皈依者，使得他们产生光明、温暖等神圣体验（见表7-12）。

表7-12　游客、香客和皈依者对开光的认知差异

	能指	所指
游客、香客	开光	用光照射使佛像和法器具有灵气
皈依者	开光	佛像落成典礼 学习佛的精神，开发自性光明

（五）不同类型的人之间的符号互读

在寺庙，三类人交织在一起，为彼此提供了一个"凝视"对方的机会，在彼此的凝视中，他们进行着群体认同以及群体区分。将这一现象纳入到本研究的视野当中，其目的也在于从更多的角度理解普通游客的本质规定性，当中，这种本质在当下的语境中是在彼此的"凝视"中形成的。

1.皈依者眼中的游客及香客

①在皈依者眼中，游客、香客的增加会给自己带来怎样的影响呢？

问："游客多了是否会影响修行呢？"

S1答：游客多肯定会影响出家人，影响清静。但大家互相影响，还有可能会引起游客的思考，比如说，他就会想为什么一个人会那么虔诚呢？一路磕头过来？这可能就引起了他的好奇心了，从而进一步研究佛法、与佛结缘。有利有弊吧……需要通过旅游来使众生了解佛法，说明佛法真的是到了末法时期。"

虽然佛教徒一方面认为，通过旅游来宣传佛教，说明佛教真的是进入末法时期了，但是他们对于游客、香客的到来，依然持一种谨慎乐观的态度。他们认为游客、香客到寺庙来，虽然会妨碍僧人的修行，但是也为游客了解佛教知识、受到心灵上的震撼等提供了机会，表现出了辩证思维的态度。也即在皈依者看来，游客存在着一些不利于皈依者修行的行为，但是游客也是需要皈依者向其宣传佛法的对象。

②对于游客的亵渎佛教的种种行为，皈依者又是如何解读的呢？

S5："知道寺院的门槛为什么那么高吗，因为那是释迦牟尼的肩膀，所以知道的人，就会轻轻地迈过去，而不会踩在上面。咱们很多游客都不懂。实际上，寺庙里的土、草等都是神圣的，不能随随便便地就坐在上边……汉族师傅们不太讲究，对于踏门槛等行为，只是批评而已。"

S2："佛家里的师傅看到不好的也不会批评，乱批评是会造口业的，他们只会让你多看佛法，或者讲一些隐喻给你听，你听懂了就懂了，说明你有机缘，没听懂也没办法，说明你机缘不到。"

在皈依者看来，虽然游客会有种种不敬的行为，但那只是他们机缘不到，并不需要强制对方认可佛教种种符号的意义。

③当皈依者因为熟悉佛教教义、通晓种种佛教礼仪而成为权威时，他们又

如何看待对佛教教义一知半解、对于佛教礼节不甚明了的普通游客及香客呢？

S1："不能笑那些不懂（佛法）的人，这些人不可笑，要讲因缘，他们的因缘不到，自然不懂。我的道场中，有一次来了个女的，念经发音不标准，有个男的笑了一声，嗓子疼了一天一夜，这就是惹怒了护法神，每个道场都有护法神的，佛是慈悲的，而护法神可不是慈悲的。护法神就像是保镖，保镖可不是好惹的。"

在这里，皈依者对一般大众认知上的"误解""缺解"，依然是一种宽容的态度。

可以看到，在皈依者看来，普通游客及部分香客是一些对佛教教义、礼节不甚了解的人，是一些行为会亵渎佛教神圣的人，是一些机缘未到、需要向其宣传佛法的人，但皈依者仍然对一般大众抱有宽容的态度。

2. 游客眼中的极端虔诚的香客

虔诚的信徒是每一个宗教场所的一道风景。

在 S18 看来，自己"非常尊敬"那些极端虔诚的香客，也"想和他们聊聊"。在 S15 看来，"有信仰真好"。在 S11 看来，"看到过，很感动，相信自己做不到，因为没时间，也许当我有需要或无助时也会这么做。"

当然对于极端虔诚的香客，不同的人也有不同的认知。

S10："去年去的时候看见有两个人好像从进寺门开始就一步一磕头，腿上还带着护膝，看来是有备而来。觉得她们家里肯定是出了什么大事，要不然不会这样的。"在 S14 看来，经常去普陀的香客，"有一种是家里遇到什么困难了、需要帮助，这种人比较多。"

一方面，在普通游客、一般香客看来，那些虔诚的人是值得佩服的，是有信仰追求的，一般的游客对这类人非常好奇，希望能够了解他们的想法；但另外一方面，在他们看来，也有可能是这些香客需要实现的愿望比较大，所以才会比较虔诚——采用种种外在的形式，如一步一磕头这样的方式来表明自己的虔诚。也即，普通游客、香客往往也会被那些极端虔诚的香客所感动，因为对方的虔诚而获得神圣体验；但是，也有一些香客根据自己的朝拜编码规则，把极端香客的虔诚解读为有大事情要发生，需要许下大愿。

三、回程中的符号

当朝拜结束后，三类人开始离开寺庙，踏上归程。这里说的回程，是指各类人在朝拜完毕后到返回日常生活之前的这一段时间。本段主要关注各类人在回程中的购物，主要包括请法器、神像，以及购买一般旅游纪念品。

佛教供奉的佛像以及僧众使用的器物，是一种什么意义？而一般的游客及香客请佛像、法器又是出于什么目的呢？他们在请佛教法器之外，还关注一般的旅游纪念品，因此，这部分对一般旅游纪念品也予以关注。

对于法器的认识如下。

S1："你看我手上戴的佛珠，左手戴的这个（一般的手链，很短），表示我信佛；右手戴的这个（很长的佛珠链，咱们平时在电视上看到的，僧人戴在脖子上的那种佛珠）表示是在修行。第几个珠子那里绑绳子，表示这个人是在修密法。佛珠实际就是一个计数器，不要整复杂了，以前的时候没有好的办法，只好用珠子作为计数器，有的经需要念七遍，有的需要念二十一遍，所以在珠子上系绳子。你要是买的话，十块钱的就可以了，没必要买那好几百的。"

S2："法器，就是一些乐器，起统一划齐的作用，打法器就像音乐符号，敲木鱼就是念经的时候让所有人整齐划一。"

笔者在 Q 寺进行参与性观察时，发现香客们在购买佛珠之类的法器时，都要询问"是否开过光"，得到肯定的答案才会购买。

可以看到，在皈依者看来，佛珠、木鱼等佛教的种种法器都是出于一种实用性的目的，仅此而已。而这些器物在香客和游客那里则成了具有保佑功能的圣物，是否开光、如何开光又成了判断这些物品是否具有灵性的标准（见表 7-13）。

表 7-13　游客、香客和皈依者对法器的认知差异

	能指	所指
游客、香客	法器	保佑功能
皈依者	法器	实用功能

在访谈中，我们同时也发现了不同类型的香客，在请法器方面也存在着一定的差别。

S4："有事的人才会请法器，如私营企业家，生意开张要请财神，要开过光的才能起作用……游客一般会买一些纪念品，刀剑等，木制的，桃木的，可以避邪，还有斧子，斧同福嘛，说起来，你有'福'了。"

在笔者看来，S4在这里提到的游客，依然是指香客，因为他在前面的访谈中提到去Q寺的全是香客，很少有游客。因此，笔者认为香客可以分为两类，有重要事情需要许愿的香客和有一般事情需要许愿的香客（这一区分在前边的斋戒这一符号中已经有所体现。如果香客只是因为一些不太重要的事情而朝拜，他们是不会刻意吃素的，如访谈对象S7；而有重要事情的香客，如为母亲的健康祈祷的访谈对象S8就很注意，坚持吃素）。有重要事情的香客请财神，则意味着他们希望从一次性的朝拜变为反复的、多次性的朝拜，使得财神能够时刻保佑自己。而一般的香客，则是更受民间信仰的影响，对两种符号所指——避邪与接福感兴趣。在这里，香客们普化的宗教信仰又一次地表现了出来。当然他们行为上的差别也可能与这些器物的价格不同有关系。

游客、香客除了购买宗教器物之外，还对一般旅游纪念品，甚至是对那些与佛教的教义相违背的旅游纪念品表现出了兴趣。作者在Q寺进行参与性观察时，朝拜刚刚结束，香客们就喊导游问，"我们什么时候去买烧鸡啊，别忘了……"（笔者注：烧鸡是当地的特色产品）在游客、香客看来，烧香参拜之后，就意味着从神圣世界的返回，进入了世俗的生活世界，因此，就会出现种种世俗化的行为，才会出现上午参拜、下午购买烧鸡的情况。游客、香客更多的是把烧鸡作为一种具有当地特色的旅游纪念品来看待的，既然是世俗世界，那么这种购买行为自然与对神佛尊敬与否无关。

而对于皈依者来说，回程只是空间上的变化，他们依然在神圣世界之中，他们的内心状态和外在行为也不会发生过多的变化。一个偈语可以验证这一点，"佛观一碗水，四万八千虫，如不持此咒，如食众生肉"。即使是在平平常常的饮水中，他们也会想到教义，想到要念经持咒，努力地构建一个神圣世界。

四、归纳与解释

从上面的分析中，我们已经获得了许多关于这三类人对种种宗教符号的认知方面的知识。下面，我们将总结他们对这些符号的认知差异，揭示他们对各种符号的看重程度，即在各种符号选取上的差异，探究他们通过这些宗教符号所获得的神圣体验的不同。

（一）三类人对各种符号的认知差异（见表 7-14）

表 7-14　三类人对各种符号的认知差异

符号 人群	寺庙	重大节日	斋戒	佛像	烧香	礼仪 （例：磕头、合十）	仪式 （例：开光）	法器
游客	宗教场所，有秀丽风光、宗教氛围和历史文化底蕴	更热闹的人群和场景，更容易感受宗教气氛	美味、健康	佛的象征	恭敬、虔诚	祈求	佛教庆典，使法器等具备灵气	保佑功能
香客	向神佛许愿和还愿之地，祈求受到庇佑	更灵验、愿望更容易达成	心诚	佛的象征	恭敬、虔诚	祈求	佛教庆典，使法器等具备灵气	保佑功能
皈依者	信徒修行和学习的场所，与众生结缘的场所	纪念日，敬佛布施，功德加倍	功德、戒律、健康	佛之精神的象征，例如大慈大悲等精神	隐喻，人生是虚幻的，要为众生奉献自己	隐喻，去除傲慢之心	佛教庆典，用佛的精神开启自身的智慧	实用功能

（二）三类人对各种符号的看重程度（见表 7-15 和图 7-4）

表 7-15　三类人对各种符号的看重程度

符号 人群	寺庙	重大节日	斋戒	佛像	烧香	礼仪 （例：磕头、合十）	仪式 （例：开光）	法器、饰物
游客	★★★	★★	★	★★	★	★	★★	★★
香客	★★★★★	★★★★★	★★★	★★★★★	★★★★★	★★★★★	★★★★★	★★★★
皈依者	★★	★★★★	★★★★★	★★★★★	★★★★★	★★★★	★★★	★★

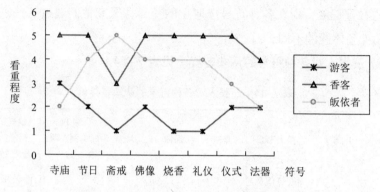

图7-4　三类人对各种符号的看重程度示意

　　如果把宗教场所看作是一个舞台，那么普通游客看重的符号是那些有关舞台本身以及舞台背景的符号，如寺庙悠久的历史、建筑的宏伟、寺庙所在地的风景等。他们对这些符号的认知满足了他们对他者文化的好奇心。当然，他们对于舞台上的表演也比较留心，无论表演者是僧众还是香客或皈依者。虽然他们前来舞台只是为了观看，但是当舞台上的氛围感染了他们时，他们也会从台下走上台来或者从舞台的边缘走向中心，进行模仿性的表演。在整个游客的视野中，他们观察到的一切宗教事物，都往往建立在审美或世俗享乐的基点上。

　　而香客看重的是"真实性"的符号。这种真实性的符号又可以分为两类，一种是那些能够体现神佛灵验程度的"真实性"符号，这是有关他们"表演"的效果的符号。一种是表达自己对神佛敬意的"真实性"符号，这是他们"表演"时要用到的符号。对于第一类符号来说，主要是由那些表征寺庙灵验程度的指索符号构成，亲戚朋友的口碑、导游的讲解、灵验传说、香火旺、同行者的行为举止等，这些符号都有意无意地进入香客的视野，坚定了他们的信心，使得他们确信自己的表演能够取得预期的效果。而那些消解这种真实性的符号，其中的一些会由于自选择机制，就不会进入香客的视野。比如，某位香客某次许愿不灵验，那么下次他可能就不会再来这个地方，其他的香客们也就自然接触不到这类消解性的符号。而另外一些消解符号则需要根据前台、后台理论，来确保它们不会进入前台。例如，S13曾提到，她发现寺庙的一位师傅竟然趁人不注意抽起了香烟，心理感觉很不舒服，觉得这位师傅可能不是真正的出家人。也就是说，僧众在舞台上的表演不能让游客怀疑舞台的"真实性"。香客看重的第二类符号是那些能够表征自己对神佛敬意的"真实性"符号，而且他们喜欢在宗教场所内通过这些符号与神佛进行面对面的"互动"。这个阶段，他们已经在导游、僧众的引领下走上舞台，进入舞台的中央进行表演。他们对礼仪、供奉的重视，正表明他们希望能够通过这些符号向神佛表达自己"真实"的敬意。在他们眼中，神佛是舞台上的裁判，判定着他们表演的好坏，对他们进行奖惩。而像"斋戒"这类不在神圣场所发生、也不属于直接与神佛打交道的行为便不会特别受到他们的重视。而且一旦离开宗教场所这一舞台时，他们又迅速地按照世俗日常生活的原则来生活，因为他们明白舞台在哪里，知道该进行怎样的表演，即使这样做可能是有悖于神佛之意的。

　　皈依者选取的符号是内涵型的或者说是精神型的。对于他们来说，进入寺庙，只不过是从一个舞台转换到另外一个舞台，而他们在舞台上的行为并没有什么变化。对于他们来说，佛菩萨是老师，教导着他们在舞台上该有着怎样的行为，通过这些行为学习到了什么。他们对老师很尊敬，很看重，即他们对佛像等符号的能指很关注，但他们更关注的是这些符号的所指，即这些符号象征的精神。他们是那种"吾爱吾师，更爱真理"的人，他们对这些符号所象征的精神是烂熟于心的，并通过对这些符号的一遍遍的解读，与之发生着精神上的感应。

（三）三类人的神圣体验的获得（见表 7-16）

表 7-16　三类人之神圣体验的获得途径

人群＼神圣体验	体验的获得途径	在总体体验中的地位
游客	由寺庙庄严的氛围所激发，被香客和皈依者的虔诚所感动	居于边缘地位
香客	由对神佛的神通法力的敬畏所激发	居于中心地位
皈依者	由佛菩萨所代表的精神感召而激发	总体体验与神圣体验重合

　　普通游客在宗教场所，努力地选取那些能够代表佛教文化的符号，寺庙的庄严氛围、香客和皈依者的虔诚都是他们用来激发自身体验的一个媒介。这些符号是外在于他们的，是他们凝视的对象。这时，游客的凝视仅限于表层，他

们不会过多地思考藏在这些符号背后的深层意义。

香客在宗教场所，力图通过自己"真实性"的表现，来向神佛表达自己的敬意，他们始终感到神佛对自己的全景式的"凝视"，所谓"头上三尺有神明"，神佛无处不在、无时不在，他们的一举一动都在神佛的"凝视"之下，这使得他们处处小心，按规则行事，不敢任意妄为，这种"凝视"成了他们神圣体验的主要构成部分。另外，其他香客的虔诚，又使得他们"同声相求，同气相合"，激发了自己的神圣体验，起到了正加强的作用。在这种神圣体验的获得过程中，这些香客感受到他们属于同一个群体，彼此之间通过神圣体验而有了感应。

皈依者无论是在世俗生活还是在神圣世界，他们都"凝视"着佛菩萨，也感受到佛菩萨的"凝视"，与佛菩萨发生着精神上的感应。佛菩萨精神上的感召与他们内心的向往成了他们神圣体验的来源。

三类人获得的神圣体验是不一样的，而且他们获得的神圣体验在他们的整个体验中占据的地位也不同。对于普通游客来说，神圣体验只是他们体验的一小部分，他们的体验更多的是对他者文化的认知所带来的世俗愉悦体验。而香客的体验则是以神圣体验为主，其中的一部分人也会通过游览风景等获得一定的世俗愉悦体验。而皈依者的体验中则是只包括神圣体验，而没有世俗愉悦体验。

第四节　研究结论

不同类型的人对宗教符号的不同认知，表明了他们编码规则的差异，也决定了他们最终所获得的体验的不同，这样一来，文中划分的三类人便有了明显的差异。

一、普通游客——欣赏异地风景、品味他者文化的旅行者

旅游是个人以前往异地寻求愉悦为主要目的而度过的一种具有社会、休闲和消费属性的短暂经历（谢彦君，2004），普通游客遵守的编码规则是旅游的

规则。他们虽也有可能受到宗教氛围的影响而参与宗教活动，如烧香拜佛，但是其主要动机是游玩、放松，获得世俗愉悦。他们对宗教符号的解读，自然就是根据愉悦原则，选取那些能够引起自己此类体验的宗教符号，如佛像的高大、寺院丰厚的历史文化底蕴、优美的风景等；而并不关心这些宗教符号原本的宗教象征意义。他们所带来的旅游效应与一般的旅游效应并无太大差别。尤其是物质攫取与文化干涉，更是表现得特别突出，随便照相、种种误读神圣的行为就是具体的实例。

　　作为旅游者，他们是从日常生活世界逸出到旅游世界（谢彦君，2006）。虽然他们的旅游世界与神圣世界存在着重叠的地方，其中具有种种的宗教符号，但是他们看到的却不是这些符号的神圣性，而是这些符号带给自己的愉悦性，而且这些宗教符号在他们的旅游世界中是处于边缘地位的。如图 7-5 所示。

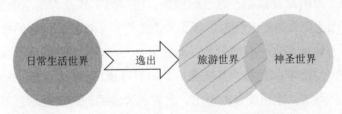

图 7-5　前往圣地——旅游者眼中的日常生活世界、旅游世界与神圣世界关系

　　他们会由于日常生活的枯燥无味，而希望能够进入旅游世界，通过旅游消除日常生活的枯燥无味，获得精神上的愉悦。事实上，他们到宗教圣地旅游，与到其他地方旅游的性质是一样的，到五台山感受的是神秘的佛教氛围，到故宫感受的是中国的历史文化，这只不过是游览对象上的差异罢了，并无本质区别。

　　他们神圣体验的获得，主要是通过对香客的种种虔诚表现的"凝视"而获得的。虔诚的香客成了他们眼中的一道景观。他们进入的只是旅游世界，而非神圣世界，即使他们对神圣世界的种种感兴趣，甚至出现一定程度的模仿，也参与到某些佛教仪式之中，但是他们却并不愿意真的就信奉这种文化，融入这种文化之中。

二、香客——跨越世俗世界与神圣世界的"商务旅行者"

访谈中发现，大部分的香客，其出行的最主要目的就是烧香拜佛，很少去看风景、游览其他场所。而在前文中，我们已经分析过，香客对烧香仪式的编码更多地体现了世俗生活的规则，尤其是其中所体现的交换意味，因此，本项研究做出了一个大胆的论断，香客就是跨越世俗世界与神圣世界中的带有极强世俗目的性的旅行者，类似于"商务旅行者"，他们出行的目的，就是希望能够通过烧香许愿等活动与神佛进行沟通，达成"交易"，实现自己的种种世俗愿望。

在香客眼中，寺庙、神佛的灵验程度，直接决定了自己交换成功的可能性，因此，灵验程度就成了他们选择出行目的地的最重要标准。口碑、灵验故事等成了他们做决策的重要依据，自己的经验、愿望的实现或者落空决定了其下一次的行为。而他们在进行选择时，很少考虑这样一个问题，即，同样的一尊佛、一尊菩萨，为什么在这一寺庙灵验，而在另外一个寺庙却不灵验？这在某种程度上暗示了他们信奉的神佛，其实并不是一种普世的神佛，而是一种地方性的神佛。从这一点上，也可明显地看出，香客对佛法的理解程度远远不及皈依者，甚至，有些香客对佛教的理解，仅限于日常积累的经验，根本没有去很好地研习佛法。

无利不起早，作为"商务旅行者"，香客们的种种行为都是为了保证交换的成功，因此，所求越大，他们的投资就越大。种种能够向神佛表明自己投资巨大的符号（高香、巨额的捐献、一步一叩首等）被大量地采用。

然而，如果神佛是无感情的、公正无私的，那么他们的投资行为就不能影响神佛的决断，就不能从神佛那里获得自己想要的结果。因此，我们可以推断，在香客的眼中，无论是佛菩萨还是神仙都是人格神，有人的七情六欲，有人的缺点，都会按照人世间的种种规则，尤其是交换规则行事。

然而，神佛等符号构建起的世界，毕竟又是与人世间不同的一个世界——神圣世界，两个世界之间存在的是两种不同的文化，在两种文化的碰撞中，需要一个文化掮客、一个翻译，于是导游、寺庙僧众就承担了这个角色。而其中的一些掮客在翻译的过程中，往往加入了自己的理解，为自己谋取利益。

可以看出，香客是从世俗世界进入到神圣世界。虽然旅游世界与他们所进入的神圣世界有重叠的地方，但是旅游世界更多的是居于边缘地带，如图7-6所示。香客的主要目的是通过与神佛的符号交换来达成自己的愿望。在对神圣世界中的种种符号的解读中，他们更多依据的是世俗世界的编码、解码规则。他们虽然对神圣世界充满敬畏，但是却固守世俗世界的种种规则。在真正的佛教徒、皈依者看来，他们在神圣世界的符号解读，充斥着太多的误读、缺解，他们虽然想要体验神圣，却误解了神圣。

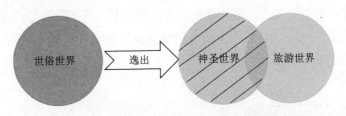

图7-6 前往圣地——香客眼中的世俗世界、神圣世界与旅游世界关系

世俗世界的困顿构成了香客进入神圣世界的动机，并伴随着他们，一直到退出神圣世界。他们进入神圣世界只是暂时的，他们很明确自己最终还是要返回到世俗世界中来的。他们希望能够通过进入神圣世界，消除自己在世俗世界的困顿。从这一点来看，游客和香客具有相似性。然而，二者在神圣体验的获得上，又是不一样的。香客的神圣体验的获得，是通过对神佛的广大神通的敬畏而获得的。他们因在日常生活中感受到自身的渺小，而寄希望于神佛的伟大，这种巨大的反差成为他们神圣体验的来源。

三、皈依者——学习解脱人生烦恼之道的"修学旅行者"

绝大部分的皈依者，无论是在家的居士还是云游的僧人，由于其对宗教教义、典籍的熟悉与重视，因此，他们也就掌握了编码的原则，自然而然地，他们在对这些宗教符号进行解码时，呈现一种全解的状态。

由于皈依者对这些宗教教义、典籍的熟悉和重视，对种种宗教戒律的自觉遵守，即使对于很多的在家居士来说，他们由于种种原因尚未脱离日常生活世界，但是他们也已经把自己的日常生活世界中的一部分或者大部分进行神圣化的编码。于是，在日常生活中，他们就构建起了两个世界，世俗世界与神圣世界，他们游走于这两个世界之间，而且认为"佛法与世间法是不冲突的"。而当他们从自己构建的这个半是世俗半是神圣的日常生活世界中逸出，进入另外一个神圣世界时，他们的神圣体验又进一步的增加，变得更为纯粹。他们所追求的依然是修行，学习佛菩萨的精神，求得人生的解脱，最终成佛。他们时刻关注的是，"无上甚深微妙法，百千万劫难遭遇，我今见闻得受持，愿解如来真实意"。他们希望通过自己的出行、朝拜、学习，来求得"真经"，真正明了解脱之法、成佛之道。在这个意义上，可以说他们是"修学旅行者"。

皈依者无论出行与否，都是处在神圣世界之中，都是在努力构建神圣世界。对于他们来说，出行只是为了辅助性地解决自己在神圣世界中的烦恼，即真正了解解脱的方法（见图7-7）。

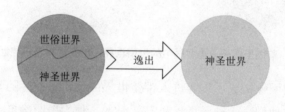

图7-7   前往圣地——皈依者眼中的世俗世界与神圣世界

至此，作者可以明确地对本项研究一开始提出的问题作出回答，那就是香客和皈依者与普通游客是不同的，他们不属于游客。三者的区分可以如表7-17所示。

表7-17   三类人的出行动机及体验构成

文化类型	品味他者文化	跨越两种文化	同一种文化
世俗体验	世俗愉悦体验	无或很少世俗愉悦体验	无世俗愉悦体验
神圣体验	香客激发的神圣体验	敬畏所激发的神圣体验	精神感召所激发的神圣体验
信仰程度	低　　　游客	香客	皈依者　　　高
出行动机	消除日常生活的枯燥	消除日常生活的困顿	消除神圣世界的困惑

即在笔者看来，游客以世俗愉悦体验为主，他们的出行目的是为了消除日常生活的枯燥无味，因此，他们希望能够通过欣赏异地风景，品味他者文化来

获得世俗愉悦体验；虽然也会获得神圣体验，但是并不构成他们的体验的核心。对香客来说，由对神佛的广大神通的敬畏所激发的神圣体验是他们体验的核心，对他们来说，保证其能够通过许愿消除日常生活中的困顿这是前提，只有在前提条件得以完成之后，他们才有可能有心进行观光游玩，获得世俗愉悦体验。而对于皈依者来说，他们受到佛菩萨的精神感召而获得神圣体验，种种世俗愉悦体验在他们看来是不值得留恋的，他们的出行更多的是为了解决自己在神圣世界中的困惑。因此，本项研究认为，普通游客、香客、皈依者都是旅行者，但香客、皈依者不是旅游者。

第八章

东北乡村旅游体验情境中符号性元素的识别

第一节 问题与假设

在中国，大众性的乡村旅游在 20 世纪 80 年代才逐渐开始形成规模，如今，乡村旅游已经成为一种重要的旅游类型，每年吸引着大量国内游客。据粗略测算，到 2007 年年底，全国乡村旅游景区每年接待游客超过 3 亿人次，旅游收入超过 400 亿元人民币。这一发展态势，既显示了中国乡村旅游在最近几年所形成的规模，也预示着未来的发展潜力。

然而，这种蓬勃发展的背后也存在着一系列的问题。比如，由于地域特色和地域文化缺失，目前的中国乡村旅游开发模式雷同，只重规模，不重质量，粗制滥造现象严重。在本项研究所发放的乡村旅游需求调查问卷中，有关乡村旅游的"评价"和"建议"这两个问题，大量被调查者给出了"缺乏特色"和"突出特色"的答案。这说明，一些乡村旅游地并没有能够在自己的产品中有效地展示具有地方特色、乡土本色的元素，很少能创造出具有独特乡村风格的旅游情境。

为了找出那些构成乡村旅游景观的本质的、核心的、符号性的元素，本项研究基于旅游体验的视角，以东北地区的乡村旅游为例，从乡村旅游者入手，了解他们对东北乡村的认知，从而掌握他们对东北乡村中能够构成旅游景观的符号性元素的认知，并对这些元素进行归纳、分类，最后剥离出东北地区乡村旅游景观情境的基本元素构成——这些元素在构建东北乡村旅游景观方面的作用，类似于色彩学中"三原色"在绘画领域的作用。通过本项研究，笔者希望能够对处于东北地区的乡村旅游地的开发和经营提供一些理论参考，使之能够在这些基本的符号性元素的基础上，通过彰显本地区的地脉和文脉特色，生产出适合市场需求的"东北乡村旅游产品"。

不言而喻，在本项研究所得出的有关东北乡村旅游的符号性因素的结论中，并不意味着所有的东北乡村旅游地都必须按照本项研究所发掘的基本符号性元素来加以构建。倘若真是那样的话，本项研究的成果将不仅不能解决目前乡村旅游的特色缺失问题，相反，只能成为造成乡村旅游千篇一律局面的理论帮凶。在笔者看来，辨识乡村旅游体验过程中的基本符号性元素，只是对乡村旅游情境进行认识的第一步。能够使乡村旅游千变万化的现实努力，无不来自对乡村旅游情境的整体性认知和本土化设计，绝不应该满足于几种基本元素的铺排。寻找基本元素的价值仅仅在于，这能够让我们探索到东北地区乡村旅游形态变化的根本规律。

一、乡村旅游研究的问题和焦点

人们对乡村旅游的关注，尤其是从学术层面给予的关注，早期都是从乡村旅游能给当地带来的经济影响的角度出发的，很少关注乡村旅游者本身以及乡村旅游者的需求与乡村旅游供给之间的关系。近年来，这种状况在国外已经出现了转向，关于乡村旅游者的研究逐渐构成了乡村旅游研究中的一块重要内容，并集中在旅游动机、旅游者特征和市场细分这三个视角（王素洁，刘海英，2007）。随着旅游体验研究的深入，相关研究的成果也开始渗透到乡村旅游研究中。Arie Reichel（2000）应用旅游质量感知科罗恩里斯模型（Gronroos Model），对 206 名游客和 23 位业主进行了乡村旅游体验质量调查研究，表明服务范畴内的期望和实际感受存在差距，为了提高服务质量和管理、营销水平，需要进行适当的培训。Rosa M.，Pablo A. 和 Libia S.（2007）的研究证实，旅游者的态度会影响乡村旅游者的体验，尤其是熟悉程度乃是十分重要的影响变量。Dhan B. 和 Klaus S.（2008）通过调查发现，到 Bhutan 这个乡村社区享受自然风光的旅游者比那些以体验文化为目的旅游者的停留时间长，而且大部分旅游者和经营者偏好生态活动，因此，他们建议当地改变旅游发展策略，开发多样化的生态旅游产品。

与国外已经趋向于对"人"的研究相比，国内的乡村旅游研究更注重于对"物"的研究，而从乡村旅游者入手的研究还寥寥无几，基于旅游体验视角的研究也还并不多见。就目前的文献来看，国内与旅游体验有关的乡村旅游研究成果，主要集中在以下四个方面：

第一，乡村旅游产品体验化设计。2003 年吴文智、庄志民在对旅游与体验的内在关系分析的基础上，以古村落旅游产品开发为例，提出了旅游产品体验化创新的系统框架，并具体阐述了旅游产品体验化设计的一系列新方法、新途径。之后，李舟（2004）、吕珊珊和刘娜（2005）、孙飒（2006）、邹宏霞和李培红（2007）、朴松爱和郭婕（2007）、杨晓云（2007）等人通过分析我国目前乡村旅游发展中存在的问题，提出了在体验经济时代的乡村旅游产品设计中需要为旅游者营造良好的旅游体验，并提出了相应的开发和发展策略。方贤寨等人（2007）在对长沙市周边乡村旅游者旅游体验质量的测量中，提出乡村旅游产品的设计需要注重乡村旅游者的体验性评价，走乡村旅游产品差异化道路，强调保持本色，突出特色，以此来增加乡村旅游产品的吸引力。

第二，乡村旅游体验营销模式研究。刘爱雄和林婷玉（2007）采用体验经济的视角，分析了乡村旅游者的独特需求，探讨了乡村旅游体验营销模式，该文的目的在于提出能够使乡村旅游者在旅游中获取最大的旅游体验的理论认识。汪嘉彬（2007）、徐正林和邹丽君（2007）、张丽华和罗霞（2007）也分别提出了他们认为适合我国乡村旅游体验营销模式。

第三，乡村旅游体验的真实性问题。陈超群、罗明春和钟永德（2007）在这个领域做了一些探索，提出了乡村旅游体验真实性的问题，并指出乡村旅游开发中应注意的问题。

第四，针对乡村旅游体验的综合研究。随着研究的深入，乡村旅游体验研究逐渐从产品开发、营销模式这类对策研究逐渐向旅游体验动机、旅游体验期望、旅游体验本质这类理论研究深入。在张建华和陈秋华（2008）的研究中，他们认为乡村旅游的本质就是体验，因此，作者在借鉴一些国外模型的基础上，探讨了乡村旅游中的游客体验动机、游客体验类型以及对游客体验进行管理的问题。

从这些研究的关注点来看，国内关于乡村旅游体验的研究主要还是集中于产品开发、设计、营销的对策层面，缺乏深度的描述性和阐释性的研究成果。旅游体验活动并不能等同于一般意义上的"产品"，它不仅具有过程上的完整性和时序性，而且有心理学和社会学意义上的深刻性。不能仅仅通过适合评价一般产品和服务的各项指标来对体验进行简单测量，必须直面体验最本质的规定性，通过对旅游者的感知和体验进行深入评价，深入理解旅游期望、旅游者对整体环境的认知等诸多心理要素和过程对旅游体验质量的影响。在另一方面，必须明确的一个事实是，旅游体验的真实过程发生在一个特殊情境中，这个情境不仅由各种要素所构成，还由这些要素的交互作用所构成，甚至不同的旅游者对由此而呈现的旅游情境的不同解读方式和结果，也同样影响着他们的体验感受和行为反应。因此，针对乡村旅游中的旅游情境的研究，实际上构成了十分重要的旅游研究课题。

国外关于旅游情境的专门研究较少，但对一般性的情境的研究已经比较充分。"情境"属于社会心理学中的一个重要概念，最早是由美国社会学家 William Isaac Thomas 与 Florian Znaniecki 合著的《身处欧美的波兰农民》（1918—1920）一书中提出的，该书尤其强调了情境研究的重要性。在《生活失调的少女》（1923）中，William Isaac Thomas 用求新奇、求安全、求感应、求声誉 4 种愿望分析了不同少女们的态度和价值取向，以说明不同情境的界定对人的心理和行为的影响。1927 年，William Isaac Thomas 又在《行为模式与情境》的论文中，进一步说明了情境对行为研究的重要性。

1938 年，德国心理学家库尔特·勒温（Kurt Lewin）在其物理—心理场的理论中进一步研究了心理环境问题，并用公式表示行为与情境的关系：

B=（P，E）。式中 B 为行为；P 为个体；E 为情境；为函数关系。

早期致力于研究情境对消费者行为的影响的成果来自心理学界，而营销学界一直到 1968 年，才由 Sandell（1968）开始研究情境因素对消费者行为的影响，而 Belk（1975）则是第一位系统地研究情境因素的学者。Belk 对情境概念进行了界定，他认为情境是"在某一特定的时间和地点所存在的对当前行为产生影响的所有因素，并且这些因素对当前行为产生可证实的、系统化的影响。"他提出情境有五种类型：第一种是物质环境，如地点、声音和氛围等。第二种是社会环境，包括其他人和他们的性格、角色以及互动作用的影响；第三种是时间视角，包括时间段、时间限制和花费的或预期的时间；第四种是任务定义特征，即购买的目的；第五种是先前状态，指对现有环境的感知、评估和接受带来影响的暂时的情绪和状态。Hu 和 Ritchie（1993）借用 Belk 所提出的情境元素，分析了情境元素是如何影响旅游目的地对旅游者的吸引程度。他们主要关注 Belk 提出的五种情境元素中的任务定义元素（如以娱乐为目的的度假和以游学为目的的度假）。他们用多属性态度测量方法评估受情境元素影响的目的地吸引力，发现旅游者旅游的类型或目的的不同会改变目的地每个属性的相对重要程度。

国内对于情境主要是研究情境因素在各个领域对个体行为的影响，研究领域主要集中在企业领导、消费者决策和教学管理。罗焱（2004）用情境元素对旅游者目的地决策的影响进行了实证研究。至于针对旅游情境的研究，国内还鲜有人论及。谢彦君（2005）曾对旅游情境进行了讨论，他认为在旅游体验过程中，构成旅游情境的条件既有物理环境，也有行为环境，从旅游体验角度来看，旅游情境的功能在于对旅游者心理构成"周围性刺激"。同时还把旅游情境分为旅游氛围情境和旅游行为情境。至于应如何定义旅游情境，其构成元素是什么，他并没有做详细论述。

本项研究认为旅游情境是旅游者为自己营造的心理环境，与物理环境有重合的地方，但又不同于物理环境。因此，要想使旅游者营造高质量的旅游情境，必须从旅游者入手，了解它对旅游目的地物理环境的认知，分析他们的旅游期望，才能营造出吸引旅游者并引起旅游者产生共鸣和震撼的旅游情境。

旅游情境的营造是一个动态的过程，其突出特点是整体性，这个整体性主要体现在旅游情境有一个或几个中心主题，一个高品质的旅游情境中所有被认知的元素都是紧紧围绕这一个或几个主题而存在并发挥作用。在本项研究中我们称这些元素为这个情境的特征性符号元素。在这样一个主题明确的旅游情境中，旅游者能沉醉其中，扮演着完全不同于日常生活情境中的自己，从而获得独特而美妙的旅游体验。在特定旅游情境中，心理体验会发生改变，不可能的体验逐渐转化为可能的体验，以前觉得枯燥单调的体验，突然变得有趣而又丰富了。这就是旅游情境的功能所在，它对旅游体验有重大影响。

这里不妨用格雷伯恩（Graburn，2002）的几句话来说明旅游情境的作用。如果一个人"到著名的地方去进行长途的旅游或参观拜访那些奇异的民族，在一种迷人的环境中，即使是一种最基本的活动，如在花园里进行野餐，也包含有某种旅游的魅力，尽管所吃的食物和饮料也许与平时在家吃的一样。但旅游的魅力却在于这种活动的本身，它与平时活动不一样，具有某种特殊的环境。"这种由旅游者基于客观现实主动建构的心理环境和物理环境的统一体，其实就是旅游情境。

在上述的讨论中，我们逐步走向了一个清晰的问题域：乡村旅游体验的情境问题及其要素构成问题。这个问题域是目前国内旅游学术界尚未进行系统探究的领域，因此值得进行专门的研究。

在这个问题域当中，包含着两个层面的复杂问题的组合：一是作为整体的旅游体验的情境问题，它涉及诸多尚待触及的话题，包括旅游情境的呈现方式、身处旅游情境的旅游者对旅游情境的定义方式、旅游情境与其构成要素之间的作用关系和机制，等等。这些问题的复杂性不是本项研究所能予以回答的，但本项研究将试图在某些基本层面做一些解释。二是构成独特旅游情境的内在要素及其组合、交互作用问题。对这个问题的研究，是本项研究的重点，但会局限在对要素的识别上。在笔者看来，在目前阶段，如果能够有效地辨识乡村旅游体验情境中的各种关键性的、符号性的元素，或许也是一个小小的学术贡献。

因此，在本项研究中，笔者将从旅游者的角度甄别提炼这些元素，判断哪些元素足以吸引乡村旅游者，解释形成吸引力的原因。显然，这种解释是基于心理学而进行的，其目的就是要通过乡村旅游者的心理判断来识别乡村旅游情境中的特征性元素或符号性元素。

二、范畴与理论

（一）研究的对象范畴：乡村旅游

本项研究的关键词是乡村旅游，这一术语在本研究中加以使用的含义是指：乡村旅游是指发生在乡村地区的，以自然田园风光、农事活动、农家生活、民俗文化等自然和文化景观作为旅游吸引物的一种旅游形式。乡村旅游的本质内核同样也是一种旅游体验，乡村旅游者借助其在特定乡村旅游情境中的旅游体验过程获得愉悦，从而满足旅游需要，回应或者实现旅游内驱力的要求。

（二）研究的地域限定：东北地区

按照目前的行政区划，东北地区包括辽宁、吉林、黑龙江三省和内蒙古东部的呼伦贝尔市、兴安盟、通辽市、赤峰市。由于内蒙古东部更偏向于草原景观和游牧民文化，为了使研究范围的地域特色更加明显，本项研究所指的东北地区为辽宁、吉林、黑龙江三省。这样取舍的主要原因是：这一范围的东北地区自古以来就是一个具有北国特色、以满汉民族为主体的大型地域单元，它的内部共性比较大，文化和民俗遗存比较接近，相对其他地区而言，地域特色更加明显。在一定程度上可以保证使我们所识别出的相关元素确属东北地区乡村旅游情境中的符号性元素。

（三）研究的学科依据：认知心理学、发生认识论和格式塔心理学

本项研究的基本问题是识别乡村旅游情境中可以作为特征性标识的体验元素。这个问题的探讨，无疑要建立在对游客的心理现象的观察和测量的基础上。为此，本项研究的基本学科依据是认知心理学、发生认识论以及格式塔心理学。

西方的认知心理学通常是指以信息加工心理学为主体的心理学取向，它认为人的认知过程就是信息的接受、编码、贮存、交换、操作、检索、提取和使用的过程，并将这一过程归纳为四种系统模式：即感知系统、记忆系统、控制系统和反应系统。强调人已有的知识和知识结构对他的行为和当前的认知活动起决定作用。

认知心理学中的模板匹配理论认为，人对事物的知觉是一个复杂的过程，这个知觉过程包含相互联系的自下而上加工和自上而下加工两个历程。自下而上的加工是首先通过感觉器官感知刺激，再将刺激信息予以编码并与已储存的各种模板进行比较，然后做出决定，看哪个模板与该刺激构成最佳匹配，模式由此得到识别。另一方面，当刺激在大脑中找不到相应的模板进行匹配，感知者根据上下文信息，对刺激进行一系列加工后形成新的模板。这就是自上而下的加工，即由有关知觉对象的一般知识开始加工。

将这一认知过程比照旅游体验过程中的感知活动，就可以把旅游体验的过程看作是一个模板匹配的过程：对于旅游体验而言，旅游期望也许成了"模板"，而感受过程就是一个匹配过程，期望与刺激相匹配，旅游者获得愉悦；而那些无期望或超越期望的刺激，可能借助于意外的惊喜机制而成为下一次的旅游期望。本项研究基于这一思路来找出东北地区乡村旅游情境中的符号性元素，并认为这些元素构成了旅游者期望模板的基本元素。这项研究从乡村旅游者入手，运用隐喻抽取技术，了解乡村旅游者的期望，抽取出乡村旅游者识别出的符号性元素，进而构筑建立在旅游者认知基础上的乡村旅游体验情境。

发生认识论则认为，认识活动并不是单向的主体对客体刺激的消极接受或被动反应，而是主体已有的知识结构对客体刺激的交互作用。因此，人的认识是主客体在相互作用中，一方面通过"同化于己"，即将外界的信息同化到主体的认识结构中；另一方面又通过"顺应于物"，即改变主体的认识结构以适应客观环境，在这两个方面的共同合作下完成的。据此，人们提出了"S—AT—R"的公式（此处 S 是客体刺激，T 是主体认识结构，A 是同化作用即主体将客体刺激纳入自身认识结构以内以扩展认识，然后才做出对客体的反应 R）。皮亚杰对此进行了理论概括，他说："一方面，认识既不是起因于一个有自我意识的主体，也不是起因于业已形成的会把自己烙印在主体之上的客体，认识起因于主体和客体间的相互作用，这种作用会发生在主客体之间的中途，因而既包含着主体，又包含着客体。"显然，皮亚杰把认识看成是主客体之间交互作用的一个不断建构的活动过程。

这一理论进一步为旅游情境的界定提供了理论依据，可以厘清旅游情境和旅游环境的关系，以及旅游情境中心理环境和物理环境的关系。旅游情境是旅游者和外部旅游环境相互作用下形成的，旅游者通过"同化于己""顺应于物"，抑或两者同时作用，主动建构起一个旅游情境。同样，旅游情境中的心理环境和物理环境的关系可以表述如下：在旅游情境中，心理环境首先取决于物理环境，主体和物理环境的交互作用产生了心理环境，最终影响旅游体验的是心理环境而不是物理环境。本项研究通过隐喻抽取技术，了解旅游者的心理认知，能挖掘出乡村旅游者心理环境中识别的元素，从而指导乡村旅游目的地构建一个成功的乡村旅游环境。

在坚持整体观的格式塔心理学看来，知觉本身具有一种整体性、一种形式、一种格式塔，如果武断地对它进行分析，这种整体性就会被毁坏。还原论者往往从元素着手进行分析，这在根本点上就是错误的，因为这些元素是反省和抽象的产物，是从直接经验辗转推导出来的，它们还需要加以解释。格式塔心理学力图回到朴素的知觉，回到"未受学习伤害的"直接经验。并坚持认为，它不是元素的集合，不是感觉的群集。而且这种知觉，不管是谁，只要在他的一般日常生活中张开他的眼睛，注视他的周围世界，它就能被证明。

我们所理解的旅游情境正是基于这样一种注重整体性的理论所提出来的。不过，本项研究的主旨是要对旅游情境中的元素进行辨识或分析，这似乎展示了作者在方法论上的一个悖论：一方面坚持整体论，一方面要拆解情境发现要素。其实，这二者间并非是决然矛盾的。历来在要素论和整体论两种思想之间的真正鸿沟，在于二者在方法论上所把握的尺度的差异。毋庸讳言，一切事物都可予以一定程度的分解，但问题的关键是分解或分析的程度以及之后如何看待这些被分解的东西。过度分析所导致的整体的消隐甚至改变，是应该避免的。另外，要素的识别的结果，必须建立在能够重新整合的前提下；否则，一切分解都失去了意义。本项研究就希望在这种适当的度的基础上展开工作。

第二节 资料收集

一、研究方法：隐喻抽取技术

本研究所采用的主要方法是隐喻抽取技术（Zaltman Metaphor Elicitation Technique）。

正如第二章已经略作介绍的那样，隐喻抽取技术是一种能够深入探究行动者内心想法与需要的质性研究方法。这种方法最初由哈佛商学院 Gerald Zaltman 在 1997 年时所提出，主要用于消费者行为研究，是一种结合非文字语言（图片）和文字语言（深入访谈）的崭新的消费者研究方法。从作为主体的消费者出发，选择人类原始的沟通方式——图像为传播媒介，借由图像中视觉符号的隐喻能力，诱发出消费者心中深层的想法与感觉，并建立一张组织网状的心智地图（Mental Map）来呈现对特定议题认知的结果，包含认知中所组成的构念元素（Construct）与构念之间的联结关系（Coulter 和 Gerald Zaltman，1995）。它采取了心理学、认知神经科学、心理语言学、神经生物学、社会学、视觉人类学、艺术评论、文学批评等多种学科的精华，建立起深厚稳固的理论基础（Gwendolyn，2000），而且符合各种学科信度与效度的标准，打破了理论与实际应用以及各学科之间不能融通的鸿沟（Zaltman 和 Useem，2003）。

在传统的消费者研究方法的操作过程中，消费者往往无法精确地说出自己的意图与期望；也就是说，有许多想法和感觉，是消费者难以用文字精确表达的，也有许多的想法是消费者自己不知道的，因为他们都深藏在消费者潜意识之中。Gwendolyn（2000）认为人类有超过 80% 的沟通是透过非文字语言所进行，这些方式包括触摸、语调的抑扬顿挫、手势、身体姿态以及距离、时间感、眼神接触、瞳孔扩张等。经由这些非文字语言管道，人们彼此交换讯息与意义。Zaltman（2004）也表示，人们所了解的事物大部分都隐藏在潜意识之中，也就是他认为驱使与影响人们决定于行为的认知，有 95% 的想法隐藏在潜意识里。而一般营销研究往往仅探索到人们表面意识所能探知的 5%，虽然这个部分也很重要，但是 Zaltman 认为目前营销研究过于重视这个部分，较少去挖掘消费者潜意识层的想法。而隐喻抽取技术所探索的就是较难探索到的潜意识层。它以视觉隐喻与图片想象为基础，引导出消费者在不同思维层面的理性与感性意义，不仅在表面知识上产生共鸣，更能与潜意识层的意义产生联结。因此，在隐喻抽取技术的研究过程中，受访者去寻求他认为能够代表特定主题的图片是个相当重要的步骤，因为研究者视这些图片为探索心灵的线索，也就是所谓的视觉隐喻（Visual Metaphor），并结合深度访谈以及多重感官的探索技巧，试图开启与受访者的多重沟通窗口，让受访者能够分享并选择视觉隐喻背后所隐藏的构念，以便联结出构念与构念之间的关系，进而呈现出受访者的心智地图（Mental Map），发现受访者对特定主题的深层想法与感觉。

隐喻抽取技术的观点建立在人类原始的思考是以故事、构念、心智模式、感官影像、总结影像、共识地图等方式呈现这一假设的基础上。认为这种技术可以帮助研究者捕捉潜藏在人们内心深处对某一特定事物的想法与感觉，而这些不同思维层面的意义，不仅可以与表面知识产生共鸣，更能与深层意义产生联结。研究结果经由转换，可以应用在营销策略、形象创意、产品设计开发、市场细分和广告促销等实务操作上。

隐喻抽取技术的发展主要是建构在有关非文字沟通、影像思考、感官、隐喻等相关前提下，共有七项：

（1）大部分的沟通是属于非文字语言的。许多文字语言的意义都决定于非文字语言的暗示中，甚至在沟通发生矛盾时，非文字语言更能表达意义，人们心中大部分心智影像是视觉的，在主要的讯息沟通系统中，只有少部分与文字语言有关。

（2）思考是以影像的形式产生的。思考是透过文字语言来表达，但却是透过非文字语言的影像来产生，结合文字语言与非文字语言的研究方式，才能更深入了解消费者内心中想法与感觉。

（3）隐喻是思考、感觉与了解行为的基本单位。隐喻，是思考的基本单位，也是沟通的基本单位。隐喻可以隐藏、解释或创造思考方式，因此可以帮助我们表达对事物的感觉或观点。

（4）感官影像是重要的隐喻。感官是人类接受新讯息的重要渠道，也是通往心智的桥梁，更重要的是了解顾客思考与行为的潜在重要工具。

（5）心智模式是故事的表现。记忆的历程是通过故事的创造、储存与恢复来演绎的。研究者可从消费者所描述的故事中，了解其对主题事物的想法与感觉，以及所代表知识与行为的心智模式，深度了解消费者。

（6）思考中的深层结构是可以触及的。人都有隐藏于内心的想法和感觉，但却往往不知道这部分的存在，其实这种内心深层的想法是可以借由有效的工具挖掘出来的。

（7）理性与感性是混合的。人进行决策时受到理性与感性双重的影像，因此挖掘人们深层思考时同时也必须要考量理性与感性层面，这也是研究者需要能够同时截取二者的技术。

这些前提假设清楚地展露在隐喻抽取技术的研究程序里，以受访者收集来的图片作为线索工具，考虑人们心理层面的认知方式与隐喻的概念，并从人们叙事的方式，引导出隐藏心中的构念及其联结关系。

在实际操作过程中，隐喻抽取技术通常遵循着几个明晰的步骤：

（1）前置作业。在实施隐喻抽取技术之前，首先要征求具有代表性且经过PII（Personal Involvement Inventory）量表测定为高涉入度的受访者 10~15 名，研究者首先对受访者介绍与说明研究主题，要求受访者认真思考研究主题之后，搜集能代表自己对于研究主题感觉与想法的图片约 8~10 张，这些图片可以是从杂志、书籍、报纸和网络上搜得，也可以是自行拍摄或者绘制的。这个目的是为了让研究者能够抽取受访者对于研究主题的真实感受。正式访谈于 7~10 天后进行。访谈资料由受访者自行收集，不受研究者限制，诱导及掌握，并提供自由表达和详述自我想法的机会，这也是隐喻抽取技术有别于其他调查方法的地方。

（2）进行访谈。访谈采用半结构式，与结构式访谈相比，它更加有效与可靠，而且还可以获得更深入的相关知识。访谈以一对一的形式进行，大约需要2小时，并会将访谈内容进行录音。访谈包括10个步骤（参见第二章相关内容），具体使用哪些步骤可以视研究问题的性质和数据的使用方式调整。在访谈过程中，建立共识地图（Consensus Map）是最后一个环节，也是隐喻抽取技术的关键环节之一。共识地图是建立在隐喻抽取的基础上的，作为一种可以进入消费者潜意识心智下的价值工具（Zaltman，2003）。研究者结合所有受访者心智地图中的构念，最终创造一张共识地图。共识地图可以展现出大多数时间下，大多数人的想法，其中包括构念以及构念之间的关系，这二者会串联出数个终极构念。研究者以凯利方格法来组织共识地图，组织方式有两个原则：①研究者结合所有受访者的心智地图中的构念，创造一个共识地图，纳入共识地图之中的构念，必须有三分之一的受访者提及的构念；②被归为"相对构念关系"，意即二个构念连接的关系，必须是有四分之一的受访者提及的关系。但这也只是一般性原则，不是绝对原则，如果能得到更具解释力的共识地图，相对比例可以进行适当调整。

由此可见，隐喻抽取技术是一种多层次的探索，每一个步骤提供了不同角度与不同的窗口，通过确立受访者对研究主题的想法，获取受访者深入而且全面的内心想法与感觉，这一技术突破了传统调查方法难以触及的潜意识层面。

二、研究对象与样本

本项研究属于定性研究，使用深入访谈法进行，采取小样本访谈。在抽样过程中，主要通过就近抽样和滚雪球抽样来选取受访者。但为了保证研究结果的效度，从更多的角度探索乡村旅游者对旅游情境的认知，本研究在取样过程中尽可能地照顾到择受访者在以下五个特征维度上的变异情况：性别、年龄、受教育程度、职业和是否有过乡村生活经历。最后将受访对象重点锁定在有过东北地区乡村旅游经历的东北地区城市居民，同时，也是高涉入的乡村旅游者。从理论上来说，高涉入的旅游者对于产品会有较多知识经验，也会有较丰富多元的心智模式，为本项研究提供较充裕的研究信息。

这里所说的涉入程度是指个人认知某事物（商品、广告、购买决策）以及个人内在需求、兴趣和价值相关程度（Zaichkowsky，1985）。1985 年，Zaichkowsky 首次提出了一份由 20 个测试项目组成的量表，后又将其改良为 10 个测试项目。每一个问题都是采用 7 点尺度的李克特量表来评价。个人涉入量表的分数范围为 10 分到 70 分，分数越高代表旅游者对乡村旅游的涉入程度越高。低涉入程度者得分数范围为 10~29 分；中涉入程度为 30~50；高涉入程度为 51~70 分。这份量表的信度和效度也经受住了大量的检验。

　　本项研究结合乡村旅游的特点，对 Zaichkowsky（1985）提出的个人涉入量表进行修正，将所得的量表作为评价旅游者涉入程度的依据。修改后的量表，由原来的 20 个测试项目减少为 10 个测试项目，以 10 个项目来测试旅游者对乡村旅游的涉入程度（见附录 A）。而本项研究所设定的受访者为高涉入程度者，也就是个人涉入量表分数 51 分以上的旅游者，共 24 人，平均分为 58 分，详细资料见表 8-1。

表 8-1　本项研究 24 位受访者基本资料

编号	性别	年龄	受教育程度	职业	是否有乡村生活经历	个人涉入程度
A	女	26	研究生	学生	是	55
B	女	39	大学	银行会计	否	56
C	男	30	研究生	学生	是	55
D	男	25	研究生	学生	是	62
E	女	43	大学	教师	是	56
F	女	35	大专	业务经理	否	58
G	男	52	大学	商业经理	是	55
H	男	24	研究生	学生	是	57
I	男	45	研究生	大学教师	是	61
J	女	33	大学	证券经理	否	59
K	女	25	研究生	职员	否	65
L	女	27	研究生	学生	是	53

续表

编号	性别	年龄	受教育程度	职业	是否有乡村生活经历	个人涉入程度
M	女	23	研究生	学生	是	56
N	男	42	MBA	人事经理	是	55
O	女	27	研究生	人事秘书	否	57
P	女	52	高中	家庭主妇	是	58
Q	女	26	大学	公务员	是	57
R	男	58	大学	企业会计	是	61
S	男	53	大学	私企老总	是	60
T	女	55	大学	退休教师	是	63
U	男	31	大学	银行职员	否	59
V	男	47	大学	商人	否	59
W	女	29	研究生	银行会计	否	54
X	男	32	大学	IT 技师	否	59

　　确认受访旅游者后，以电子邮件的方式给予受访者一份关于研究主题的简介与说明，告知访谈以及相关注意事项，请受访者搜集自己最喜欢又觉得最能代表东北农村特色的 8~10 张图片，这些图片可以从杂志、报纸或者网络上搜得，也可以是自行拍摄或者绘制的图片。访谈于 5~7 天后进行。

　　如前文所述，运用完整的隐喻抽取技术进行访谈，一般要经过 10 个步骤，但由于本项研究运用隐喻抽取技术的目的在于帮助乡村旅游者识别出东北地区乡村旅游情境中的元素以及隐藏在背后的原因，而且考虑到受访者可以接受的访谈时间长度，本研究在进行隐喻抽取技术时仅采用其中的 4 个步骤：说故事、遗失的影像、分类整理、构念抽取。在完成构念抽取以后，本项研究立即进入关键构念确认、心智地图绘制和共识地图的建立。

第三节　数据分析

一、访谈资料的呈现

故事具有隐喻功能，透过说故事可以知道构念之间的关系。所以，从乡村旅游者所描述的故事中，可以了解其想法与感觉。而隐喻抽取技术的第一个步骤就是邀请受访者根据所搜集的与主题相关的图片进行"说故事"，同时还要对没有找到的图片，即"遗失的影像"进行描述。另一方面，研究者运用攀梯技术（Landdering Technique）试图从中寻找出受访者在每张图片背后所代表的隐喻，引导出构念与构念之间的关系，抽出隐藏在思考与行为下的构念，来穷尽构念的意义，使受访者更精确地描述认知与体验。

在这个阶段，24 位受访者一共提供了 211 张图片，描述了 27 个"遗失的影像"，表达了他们心中对东北地区乡村旅游情境中特征性元素或符号性元素的认知和体验。这 211 张图片和 27 张影像的主题往往都是受访者构念抽取过程中的起始构念且均为符号性元素，因此从这 238 个主题（见表 8-2）中我们也可以大致看出 24 位受访者识别的符号性元素。

表 8-2　讲故事和遗失的影像的主题的汇总

受访者	讲故事和遗失的影像的主题
A	苞米、狗、爬犁、杀年猪、雪、鸡、农村大爷、老大娘叼大烟袋，炕、锅台、推碾子、喝酒、辣椒、小孩
B	雪橇、树林、红烧土豆片、小葱拌豆腐、黑土地、玉米地、驴车、村落、雾凇、雪、赶集、婚礼
C	东北人、小鸡炖蘑菇、果园、采摘、玉米、小河、回家、雪、烟囱
D	赵本山、雪，土坯房、火炕、杀猪菜、二人转、山、水、蓝天白云、满族文化、猎人、东北农村人

续表

受访者	讲故事和遗失的影像的主题
E	黏豆包、苞米吊子、农村人、小葱蘸酱、杀猪菜、田野、采榛子、火盆、鸡、广播、农村小孩、摇车
F	山林、火炕、大锅、农家小院、蓝天白云、大烟袋、秧歌、苞米、窗花、下雪
G	蓝天白云、阎王椎、黑土地、白桦林、绿茄子、田野、磨盘、场院
H	雪橇、辘轳井、木篱笆、小木屋、地锅、牲口、柴堆、石磨，叼大烟袋、狗皮帽、玉米、火炕
I	二人转、知青点、红辣椒、玉米、猫冬、冻梨、东北菜、田野、皮袄、大棉裤、少数民族
J	白桦林、玉米，辣椒、大红大绿、冻梨、黏豆包、火炕、农家小院、雪、年画、老太太叼大烟袋
K	菜肴、农家小院、炕、雪路、炊烟、农村大爷、玉米、自然环境、集市
L	火炕、农村孩子、菜肴、年画、蔬菜大棚、拖拉机、村落、小葱蘸酱、院落、大土路、苞米、猪圈
M	自然环境、山，水、农家小院、朝鲜民居、碾子、自然风光、玉米、满族服装、萨其马、知青点、窗户、炕、农家饭
N	苞米、鸭子、大锅、打连枷、火盆、田园风光、猪、玩泥巴
O	农家小院、村落、牛犁地、杀猪菜、看家狗、柴火垛，窗户、玉米仓、大秧歌、东北农妇、农村小孩、牛车拉秸秆
P	野菜、田野、笨鸡蛋、菜园子、民居、火盆、山、苞米
Q	二人转、牛犁地、老太太叼大烟袋、农村婚礼、烤地瓜、烤猪头、酱缸、黏豆包、雪景、村落
R	老百姓、自留地、苞米地、猪圈、鸡，鸭、篱笆墙、大铁锅、田野、黑土地、达子饭
S	大锅饭、爬犁、苞米楼子、火盆、年画、田野、乡间小道、田间地头
T	二人转、田园风光、农家菜、东北人、黑土地、农家小院、鸡，鸭、山村、大炕、炊烟
U	秋收、大泥巴路、看家狗、东北人、鸭子、山、小鸡炖蘑菇、菜园子、秧歌、雪、杀年猪、蓝天白云
V	火炕、红辣椒、玉米、高粱、雪、二人转、东北人、大锅、小鸡炖蘑菇、洋井

续表

受访者	讲故事和遗失的影像的主题
W	苞米、农村人、对联，福字，红灯笼、农家院子、老太太叼大烟袋、杀年猪、大锅、田野、炕、星星
X	火炕、苞米、辣椒、黑土地、东北人、深山老林、爬犁、大盘菜、自然环境

注：顿号为图片与图片主题的区隔，逗号为同一图片中的多个主题的区隔。

从表 8-2 中我们可以发现，24 位受访者的访谈资料中有大量相似或者雷同的主题和故事。因此，本项研究并没有将所有 24 位受访者的访谈结果一一呈现，而是选择其中的 8 位受访者进行呈现。这 8 位受访者的选择标准是保证各年龄段都有一男一女入选，同时还要兼顾有或者没有过乡村生活经历的受访者同时存在。在以上标准全部一致的情况下，尽量选择构念抽取比较丰富的受访者。最终选定 A、E、F、H、P、R、U、V 这 8 位受访者的访谈结果进行呈现。从呈现情况来看，这种省略并没有影响本项研究的阅读和理解，反而更加简洁和明晰，因为省略了大量重复和多余的内容。

二、隐喻抽取技术实施、分析

为了便于能连贯地了解单一受访者各步骤的连接关系，本项研究将依受访者 A、E、F、H、P、R、U、V 的顺序，依次整理单一受访者的三个步骤：说故事、遗失的影像、分类整理，为了形成直观的比照，笔者将各受访者所提供的图像、从故事中抽取的构念、以及受访者对图像的分类编排到表 8-3。

（一）受访者 A：

表 8-3（1）

图像[①]	构念抽取	分类
1. 苞米（画面上是悬挂在农家屋檐下的一串串苞米，场景是农家小院＊）。	苞米、苞米秆子、放置方式、喜悦、仓廪丰实、生活有保障、颜色、黄色、辣椒、红色、喜庆、土、大红大绿、安全感、给人希望、充实、实在、原生态、自然	背景性元素

---

① 本表以及后续各表图像栏内关于各个图像的描述（见括号内文字），均为本书主编根据原始图像总结的，意在解决编辑上的一些难题。在实际调查中，必须以实际图像加以呈现。——主编注。

续表

图像	构念抽取	分类
2. 狗（画面上是拴在农家院中的一只狗）。	看门狗、很凶、虚张声势、有生活气息、和谐相处、战友伙伴关系、热情、宾至如归、亲切、归属感	动物
3. 爬犁（画面上是一个坐着狗爬犁行进在冰河上的人）。	爬犁、打爬犁、刺激、有意思、亲近大自然、锻炼身体、打雪仗、好玩、原始感、对旷野的呼唤、愉悦、无拘无束	娱乐活动
4. 杀年猪（画面上是几个村民在设法抓住一头猪）。	杀年猪、过年、斗智斗勇、有意思、生动、买卖猪、生活气息浓郁、开心、新奇、好玩、生活中看不到	娱乐活动
5. 雪（画面上是皑皑白雪）。	雪、草房、土坯房、矮小、窗棂、安静、舒服、祥和、什么都不想、猫冬、老婆孩子热炕头、家长里短、其乐融融、惆怅、旷野、生活很忙、思想被困、做我自己、胡思乱想、随意	背景性元素
6. 鸡（画面上是聚集在农家场院的一群鸡）。	鸡、公鸡带母鸡、有意思、公鸡护群、有生活气息、有家的味道、喂鸡喂猪、理想生活、小时候、放鸭、自由自在、怀念	动物
7. 农村大爷（画面上是一位依靠在柴垛前面叼着旱烟袋的农村老汉）。	农村大爷、热情、农村人、不设防、进屋上炕、不隐藏、亲切、归属感、串门、人际关系生疏	背景性元素
8. 老大娘叼大烟袋，炕（画面上是一位盘腿坐在炕上、口里叼着长管旱烟袋的农村老大娘）。	老大娘叼大烟、炕、喝酒抽烟、肆意妄为、豪迈、自然、粗犷、不受拘束、想尝试、小时候、听奶奶讲故事、温馨、猎奇、享受、怀念	背景性元素
9. 锅台（画面上是农家的灶房和锅台）。	锅台、浓浓的农村气息、大锅饭、和谐、热闹、大块肉、猪肉炖粉条、忙碌、充实、贴大饼子、偷吃、有趣	娱乐活动
10. 推碾子（画面上是一个推着碾子的人）。	推碾子、自然化的劳动、辛苦、热爱生活、辛酸、充实感、稳定感、独立、真实、伪装自己、脚踏实地	生活劳作场景
遗失的影像		
影像	描述	构念抽取
喝酒	大口吃肉，大碗喝酒，很粗犷的感觉，没有一点矫情，让人舒服。	大口吃肉，大碗喝酒、粗犷、没有矫情、舒服

影像	描述	构念抽取
辣椒	火红的颜色，看着就让人觉得热情，喜庆。	辣椒、火红、热情、喜庆
小孩	玩了一天，满脸花里胡哨的，没一地儿是干净的，真实、自然、放纵，看着好舒服。	小孩、花里胡哨、真实、自然、放纵、舒服

（二）受访者 E

表 8-3（2）

图像	构念抽取	分类
1. 黏豆包（画面上是一笼屉蒸好的黄米面黏豆包）。	黏豆包、冬天、亲切、过年、纯正、怀念	跟以前有关的饮食习惯
2. 苞米吊子（画面上是悬挂在几根立柱上的苞米吊子，金黄色的，覆着一层雪）。	苞米吊子、搓苞米、有意思、带孩子感受、农村、大众化、空气新鲜、安静、美食、舒服	儿时趣事
3. 农村人（画面上是一个站在灌木丛中的农家妇女，提篮，戴帽，帽子外边围着围巾）。	农村人、质朴、热情、好客、舒服、能干、自在	人
4. 小葱蘸酱（画面上是青葱、鸡蛋、炒韭菜、大酱碗）。	小葱蘸酱、儿时记忆、青黄不接、新鲜爽口、败火、好吃、舒服、怀念	跟以前有关的饮食习惯
5. 杀猪菜（画面上是大锅炖酸菜，炭火很旺）。	杀猪菜、过年、杀猪、忙碌、热闹、和睦、舒服	跟以前有关的饮食习惯
6. 田野（画面上是菜畦、田垄与青苗）。	田野、绿油油、带孩子看看、空气新鲜、增长见识、放松、开阔眼界	与孩子有关的
7. 采榛子（画面上是包裹在绿色叶托中间的榛子）。	采榛子、矮山、处暑、带孩子去采、农村生活、艰辛、劳动价值、体验收获、教育、	儿时趣事；与孩子有关的
8. 火盆（画面上是一个泥火盆）。	火盆、黄泥、易碎、暖手、炕、听奶奶讲故事、害怕、怀念、烤土豆、香、快乐	儿时趣事

续表

图像	构念抽取	分类
9. 鸡(画面上是三只鸡)。	鸡、孩子喜欢、鸭、自在、快乐、自然、纯真、开心	与孩子有关的
10. 广播（画面上是一只广播匣子，中间镂孔呈五角星状）。	广播、儿时记忆、喇叭、听评书、美好、幸福、怀念	儿时趣事

遗失的影像		
影像	描述	构念抽取
农村小孩。	下雪的时候就是小孩的天下了，打雪仗、堆雪人、打爬犁，心灵手巧的孩子还拿出不同颜色的墨水给雪人画脸。有时候也闹矛盾，但马上就会和好，那种无忧无虑的生活是现在城里孩子体会不到的。	农村小孩、打雪仗、堆雪人、打爬犁、无忧无虑
摇车	哄小孩睡觉。大人干活，小孩就摇摇就睡着了。满族的时候演传下来，可以不用放在炕上。因为有时候炕上太热，对小孩不好。现在很少有了。	摇车、满族、怀念

（三）受访者 F

表 8-3（3）

图像	构念抽取	分类
1. 山林（画面上是秋天的针叶林）。	山林、山区、交通不便、落后、淳朴、原生态、景色秀丽、空气好、摆脱喧嚣、心灵净化、身心放松、宁静、安逸	自然风关
2. 火炕(画面上是一家人围坐在炕上就餐的情景)。	火炕、有意思、暖和、热气腾腾、农家菜、豪爽、当一回农村人、大嗓门、无拘无束、爽、满足好奇	农家生活
3. 大锅（画面上是农村灶房和大锅、水缸）。	大锅、儿时记忆、冷、热气腾腾、酸菜、暖和、温馨、舒服	农家生活
4. 农家小院（画面上是农家院落，有瓦房、柴垛、院墙、烟囱）。	农家小院、水井、苞米垛、猪圈、鸡鸭、狗、生活气息、桃源生活、没有嘈杂、没有诱惑、回归自然、返璞归真、	农家生活
5. 蓝天白云（画面上是乡村土路、低矮丘陵、宽阔蓝天和朵朵白云）。	蓝天白云、透彻的蓝、喜欢、高兴、没有拘谨、没有复杂、简单的美	自然风光

续表

图像	构念抽取	分类
6. 大烟袋（画面上是倚靠在柴垛前的农村老汉，手里握着长管烟袋）。	大烟袋、好奇、老太太叼大烟袋、豪迈	民俗
7. 秧歌（画面上是一群着红挂绿的村民在场院上扭秧歌）。	秧歌、儿时记忆、过年、淳朴、高跷、大土路、热闹、喜庆、怀念	民俗
8. 苞米（画面上是秋收过后堆积在场院中的苞米垛）。	苞米、苞米楼子、金灿灿、满满的、丰收、喜庆、踏实、安心过冬、开心	农家生活
遗失的影像		
影像	描述	构念抽取
窗花。	农村太冷了，比城市冷多了，真是天寒地冻，出门的时候眼睛、眉毛上真会结那种霜，很有感觉。因为平常没体验过阿，觉得很有意思。要不是怕相机冻坏，我肯定给我女儿拍张照。还有窗户上的冰花，也很好看。	窗花、冷、天寒地冻、眉毛上的霜、有意思、好看
下雪。	下雪的时候，整个山村出奇地寂静，没有一点喧哗，大家躲在家里从窗户欣赏那雪花飘落。好温馨。	下雪、寂静、从窗户欣赏雪花、温馨

（四）受访者 H

表 8-3（4）

图像	构念抽取	分类
1. 雪橇（画面上是马拉雪橇在覆盖着白雪的村路上行走）	雪橇、雪、原始、交通工具、好玩、爽、传统、新鲜、满足好奇、刺激、圣诞老人、有意思、开心	本真的，野性的，挑战性的，想到打猎，是参与性元素
2. 辘轳井（画面上是一个古老的缠绕着绳索的辘轳和支架）。	辘轳井、木头材质、顺心、古老、新奇、兴奋	农村特有的，是标志性元素
3. 木篱笆，小木屋（画面上是农村院落、谷仓和木篱栅，正是雪后初晴的景色，天地皆白）。	木篱笆、小木屋、大雪封山、猎人、冷、温暖、野性的回归、独立生活、厉害、爽、打猎、刺激、原始、调节乏味、成就感、补偿匮乏	本真的，野性的，挑战性的，是参与性元素。

续表

图像	构念抽取	分类
4. 地锅（画面上是农村的厨房和灶台）。	地锅、儿时记忆、烧火、暖烘烘、炖菜、香、乡土、玉米秸秆、地锅鱼、怀念、大碗、亲切、熟悉	农村特有的，是标志性元素
5. 牲口（画面上是一匹马，似乎立在村头，侧面是秫秸垛）。	牲口、有生机、哞哞叫、吃秸秆、甘草、真实、清新、亲切、兴奋、归属感、融入其中、回归、释放本性	农村特有的，是标志性元素
6. 柴堆（画面是谷草垛和柴垛）。	柴堆、每家每户、亲切、农村特色、传统的、回归、自然风光、真实、回归、新奇	农村特有的，是标志性元素
7. 石磨，叼大烟袋，狗皮帽（画面上是一个叼着长管烟袋的村民，戴狗皮帽，站在石磨前，周围是农房、篱栅，冬天的雪后）。	石磨、叼大烟袋、狗皮帽、土墙、草房、木篱笆、辣椒、雪、自然环境、儿时记忆、怀念、真实	农村特有的，是标志性元素
8. 玉米（画面上是一串挂在屋檐下的苞米吊子）。	玉米、砖房、大山、枯树枝、绿窗户、辣椒、阳光照射、玻璃反光、喜悦、丰收、喜庆、感官刺激	农村特有的，是标志性元素
9. 火炕（画面上是贯通的土炕、炕柜、炕桌，窗户上贴有窗花）。	火炕、大雪、灯光昏暗、吃饭、热腾腾、打牌、聊天、温暖、温馨、儿时记忆、安心、舒适	农村特有的，是标志性元素
无遗失的影像		

（五）受访者 P

表 8-3（5）

图像	构念抽取	分类
1. 野菜（画面上是一丛绿色草本植物）。	环保、缓解压力、高兴、换口味、新鲜	吃的
2. 田野（画面上是绵延的乡村田野，远处是树林）。	田野、空气新鲜、绿油油、心情好、放松	可以看一看，玩一玩的
3. 笨鸡蛋（画面上是三个鸡窝）。	笨鸡蛋、自然、美味、绿色食品	吃的
4. 菜园子（画面上是农家菜园子，长有数种蔬菜）。	菜园子、蔬菜瓜果、向日葵、蔬菜来源、儿时记忆、黄瓜、有意思 可以看一看，玩一玩的	吃的；

图像	构念抽取	分类
5. 民居（画面上是民房、菜畦，背景的山呈金黄色）。	民居、山谷、普通、简单、安静、舒服	可以看一看，玩一玩的
6. 火盆（画面上是一家人围坐在花盆边的情景，两个老太太叼着烟袋）。	火盆、老太太叼大烟袋、唠家常、悠闲、小孩、烤土豆 有意思、一脸灰、开心	回忆
7. 山（画面上是低矮的丘陵，和通往山间的一条小路）。	山、真实、爬山、空气新鲜、野花野草、挖野菜、有意思	可以看一看，玩一玩的
8. 苞米（画面上是农家典型的储粮仓）。	苞米、苞米楼子、满满登登、苞米面、玉米面饼子、香、健康	吃的
无遗失的影像		

（六）受访者 R

表 8-3（6）

图像	构念抽取	分类
1. 老百姓（画面上是一个坐在苞米堆上的农家妇女正在显示大棒苞米，面有喜色）。	老百姓、艰辛、穷、善良、难忘、"堡垒户"朴实、怀念	我最关心的
2. 自留地（画面上是农村的菜畦）。	自留地、干劲足、美味、成就感、辛苦、有趣、苦中作乐、怀念、无忧无虑	美好回忆
3. 苞米地（画面上是农村的青纱帐，一片苞米地）。	苞米地、成就感、喜悦、踏实、有意思、回归原始、简单、远离复杂	美好回忆
4. 猪圈（画面上是一头养在圈里的猪）。	猪圈、养猪、有意思、杀猪 鬼哭狼嚎、有生活气息、怀念、杀猪菜	美好回忆
5. 鸡，鸭（画面上是谷草垛，上面立有一只母鸡）。	鸡鸭、亲切、真实、掏鸡蛋、开心、无忧无虑、快乐、满哪溜达、悠闲、自在	美好回忆
6. 篱笆墙（画面上像是一道篱栅，但又好像是堤坝上的矮树丛，远处有一处屋舍）。	篱笆墙、樟子、安全、规整、开放型、路不拾遗，夜不闭户、淳朴、宾至如归、悠闲、自在	让我很舒服

图像	构念抽取	分类
7. 大铁锅（画面上是一个厨房，一口大锅）。	大铁锅、玉米面饼子、香甜、特别、喜欢、有意思、怀念	美好回忆
8. 田野（画面上是一片田野，蓝天）。	田野、带孙子、空气新鲜、绿油油、高兴、认庄稼、增长见识	让我很舒服
9. 黑土地（画面上是春天禾苗刚长出的土地，呈黑色）。	黑土地、开阔、青春、饥寒困苦、磨砺意志、热爱生活、怀念	美好回忆

遗失的影像		
影像	描述	构念抽取
达子饭	就是米饭和肉菜一起煮，加点盐就老好吃了。以前在秋收的时候能吃到这种饭就很满足啊，觉得是人间美味，终于能吃到带肉的饭菜了。现在居然很想尝尝。	达子饭、美味、怀念

（七）受访者 U

表 8-3（7）

图像	构念抽取	分类
1. 秋收（画面上是码放在田里的秋秸堆）。	秋收、收玉米、累、开心、好玩、摆脱烦闷、体力活、轻松、没有压力、踏实	劳动场景
2. 大泥巴路（画面上是行走在村路上的几个人）。	大泥巴路、麻烦、有趣、自然	生活场景
3. 看家狗（画面上是一只被锁链套着的一只狗）。	看家狗、大黄狗、忠诚、听话、安心睡觉、聪明、温和、亲切	生活场景
4. 东北人（画面上是范伟、高秀敏，范伟穿绿，高秀敏着红，好像是刘老根里的画面）。	东北人、亲近、打招呼、热情、舒心、直爽	生活场景
5. 鸭子（画面上是三只浮在水面上的鸭子）。	鸭子、小河、有意思、惬意	
自由自在、放松、幸福	生活场景	
6. 山（画面上是秋天的山地景色）。	山、交通不便、落后、原始、粗犷大气、空气新鲜、放松、小河、清凉、舒服	风景

续表

图像	构念抽取	分类
7. 小鸡炖蘑菇（画面上是一碗菜肴）。	小鸡炖蘑菇、养鸡、养猪、自然、蘑菇、特产、野生、美味、过瘾、享受	生活场景
8. 菜园子（画面上是葫芦架和大小四只葫芦）。	菜园子、黄瓜、西红柿、新鲜、水分足、美味、自给自足、和谐	生活场景
9. 秧歌（画面上是一个扭秧歌的老人，着装鲜艳，神态夸张）。	秧歌、扭秧歌、热闹、高兴、快乐、没有烦恼	生活场景
10. 雪（画面上是位于山林下的一处农家院落，被雪覆盖着，烟囱里冒着炊烟）。	雪、空气新鲜、没有压力、舒服、放松	风景

遗失的影像		
影像	描述	构念抽取
杀年猪。	猪肉整理干净后，在积雪里挖个洞收起来。外面浇上水，水立刻就结冰，把洞封得严严实实，有意思。	杀年猪、有意思
蓝天白云	烦的时候很想看，感觉无拘无束，发脾气的时候看到，会觉得海阔天空	蓝天白云、逃避烦闷、无拘无束、海阔天空、心情好

（八）受访者 V

表 8-3（8）

图像	构念抽取	分类
1. 火炕（画面上是铺着鲜艳被褥的通炕）。	火炕、温暖、家人团聚、舒服	生活用品
2. 红辣椒（画面上是一大串红辣椒）。	红辣椒、红红火火、喜庆、"大辣椒"、直肠子、心直口快、热情泼辣、护群、坦荡、真实	特色植物
3. 玉米，高粱（画面上是一片青纱帐，苞米地）。	玉米、高粱、东北特产、绿油油、心旷神怡	特色植物
4. 雪（画面上是覆盖着厚厚的雪的农舍、柴垛和篱栅——主编编注）	雪、满山遍野、白茫茫、打雪仗、堆雪人、雪橇、有意思	自然风光

续表

图像	构念抽取	分类
5.二人转（画面上是两个扭秧歌的人）。	二人转、生活有意思、简单的快乐、变味、寻找真实	人文景观
6.东北人（画面上是一个捧着稻穗的农家妇女）。	东北人、豪放、热情、淳朴、舒坦、串门、亲切	人文景观
7.大锅（画面上是一个大锅，冒着热气）。	大锅、大、玉米秆、香、大气、大盘、东北人、实在、热情、心情好	生活用品
8.小鸡炖蘑菇（画面上是一盘菜肴）。	小鸡炖蘑菇、蘑菇、不一样、小笨鸡、美味、天然、回归自然、回归原始	特色菜肴
遗失的影像		
影像	描述	构念抽取
洋井	那水特别清凉，最重要的是没有漂白水的味，很舒服。	洋井、清凉、天然、舒服

三、共识地图的呈现与分析

（一）构念的抽取与整理

在这项研究中，构念是研究人员认为旅游者究竟在想什么的表达方式。构念不是真的意念，只是用以捕捉及表达意念的标签，透过简单明确的词句，总结他人想法的捷径（Zaltman，2003）。本项研究利用攀梯技术提取受访者的构念，对受访者提及的构念进行追问，询问该构念的前因后果以及与其他构念的相互关系，穷尽受访者的构念，让受访者尽量说出对访谈主题的认知和体验，以此来画出个人心智地图。同时为了提升研究结果的效度，本项研究经由三人对受访者的访谈资料进行多元测定。即在构念确认过程中分别由三人对受访资料进行分析，各自提取出相关构念，再通过讨论最终确定构念。如此可以降低资料收集过程中由于单方面观察或者诠释所造成的主观性，进一步提升了研究结果的效度。

经过不断的讨论和整理，24 位受访者共提及 546 个构念，再经由资料缩减的原则进行分类。分类的原则主要是根据构念属性，将相同或类似的构念合并，例如将"玉米"和"苞米"统一为"苞米"；将"雪橇"和"爬犁"统一为爬型；把"有意思"合并至"有趣"；把"开心""高兴""快乐""心情好""喜悦"这一类意思相近的构念合并为"愉悦"。最终得到497个构念。

当受访者的构念趋于一致时，即不需要再增加受访人数，因此从图8-1构念一致性趋势图中发现，受访者A提出115个构念，受访者B提出63个构念，而受访者U至X所新增的构念已减为1~6个，趋于一致性，所以本项研究决定以这24位有过东北地区乡村旅游经历的受访者为基准。

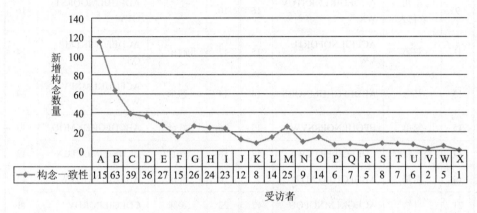

图 8-1　构念一致性趋势

在访谈过程中，本项研究运用攀梯技术，最终整理出497个构念。Zaltaman（2002）指出纳入共识地图的构念必须是三分之一的受访者提及，并且构念与构念间的关系，则必须是四分之一的受访者提及的。但本项研究根据要求绘制出的共识地图解释力不够，故将纳入共识地图的构念提及比例调整为四分之一，同时将构念间的关系比例调整为六分之一，获得较高的解释力。由以上原则，本项研究整理出83个关键构念，并且整理于表8-4中。再采用Excel交叉统计次数的方式，找出构念与构念之间的关系次数，最后绘制共识地图。

表 8-4　受访者关键构念次数

编号	构念	受访者	次数	编号	构念	受访者	次数
1	愉悦	ABCDEFGHKLMNOPQRSTUVWX	22	2	舒服	ABCDEFGHJKLMNOPSTUVWX	21
3	农家菜肴	ABCDEFGHIKLMNOQRTUVWX	21	4	火炕	ACDEFHIJKLMOQTVWX	17

续表

编号	构念	受访者	次数	编号	构念	受访者	次数
5	有趣	ADEFHIMNOPRSTUVX	16	6	放松	CDEFGIJKLMNOPTUW	16
7	热情	ACDEIJLMOQSTUVWX	16	8	真实	ABCHIJKLMOPQRVWX	16
9	东北农村人	ACDEGIKLORSTUVWX	16	10	亲切	ADEHIJLMOQRSTUVW	16
11	鸡鸭	ACEFJLNOPQRTUVW	15	12	儿时记忆	ACDEFGHIKLMPQS	14
13	怀念	ABDEFGHIJMNQRS	14	14	苞米	ACFHIJKLMNPVWX	14
15	简单	BFGIJLNOPRSVW	13	16	好奇	ABCDFGHIJKMOQ	13
17	空气新鲜	CDEFGILPRTUWX	13	18	山	BCDEFHMOPTUX	12
19	温馨	ABDFGHJKLMTX	12	20	喜庆	ABFHIJLNOQVW	12
21	自然	ACEGKLMNOPQU	12	22	美味	CDEGILPQRUV	11
23	雪	ABCDFHJMQUV	11	24	猪	ADEFLNOQRUW	11
25	田野	AEGILNPRSTW	11	26	自由自在	ADEKLMORSTU	11
27	大铁锅	AFHNORSTVW	10	28	新奇	ABGHJNOQST	10
29	安静	ABEIKNOPTW	10	30	缓解压力	CDGJLOPTUW	10
31	粗犷	ABCDGIOQUX	10	32	美	BCDFGJLMNX	10
33	香	EGHNOPSTVW	10	34	暖和	DFHLMSTVWX	10
35	菜园子	JMNOPQRTUW	10	36	想体验	ABDGIJMQXD	10
37	摆脱烦恼	CJLMNSTUW	9	38	补偿匮乏	ADGHJKOQW	9
39	淳朴	DFLMORSVX	9	40	丰收	CFGHIJOSW	9
41	有生活气息	ABFLORSTW	9	42	实在	ABDLOQTVX	9
43	踏实	FGJKMORSU	9	44	原始	ADGHOSTUX	9

续表

编号	构念	受访者	次数	编号	构念	受访者	次数
45	回归大自然	DFGHNRTV	8	46	好玩	AHJLNOQU	8
47	热闹	AEFILOUW	8	48	绿油油	DELPRTVX	8
49	农家小院	FJKMOQTW	8	50	自然景色	CDKFMHX	8
51	苞米楼子	CDFINOPS	8	52	爬犁	ABDEHSVX	8
53	老大娘叼大烟	AFHJPQSW	8	54	远离喧嚣	BFGIKMS	7
55	看门狗	AFKMOQU	7	56	新鲜	EDHLPTU	7
57	成就感	CGHMNRW	7	58	过年	AEFLOQW	7
59	和谐	AGLMOTU	7	60	朴实	BCLMOQR	7
61	喜欢	FIQRSTX	7	62	悠闲	KLPRTWX	7
63	原生态	AFGINOQ	7	64	直率	DIJLTUV	7
65	家的感觉	ADKNSWX	7	66	大嗓门	BCDFLOS	7
67	杀猪菜	DELNOQR	7	68	大碗	AHILTVX	7
69	蓝天白云	DFGKTUX	7	70	农活	GLMNQUW	7
71	炊烟	BDKLST	6	72	大红大绿	ABJOQS	6
73	落后	BDFOUX	6	74	土	AJLMOS	6
75	幸福	EKLUWX	6	76	东北特色	CDQVWX	6
77	开阔	BDJRTX	6	78	洋井	FJLQTV	6
79	乡间小路	FLKOSU	6	80	树林	BDFGJX	6
81	小河	CDMOTU	6	82	辣椒	AHIJVX	6
83	杀年猪	AENRUW	6				

　　以上所有构念可以区分为两类：一类是东北地区乡村旅游情境中的符号性元素（斜体下划线表示）；另一类构念为这些符号性元素的体验结果。至此，一共得到 31 个符号性元素和 52 个体验结果。

（二）共识地图分析

共识地图呈现出多数人对于同一主题的共同想法（Zaltman，2003）。本项研究希望通过 ZEMT 深度访谈，得出乡村旅游者对东北地区乡村旅游情境的认知，识别出东北地区乡村旅游情境的符号性元素，因此，通过共识地图的绘制，可以清楚地看出构念与构念之间的关系，是 24 位受访者心中共同的感受。因此首先抽取出 6 位受访者以上所提及的关键构念（N ≥ 6），再将 4 位受访者以上所提及构念与构念之间的关系连结（CN ≥ 4），整理归纳后，得出如下共识地图（见图 8-2）。

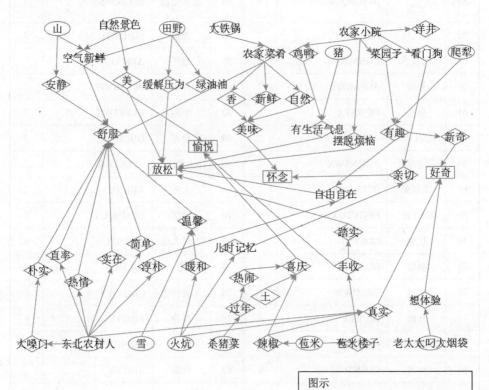

图 8-2 共识地图

由于一个孤立存在的构念，其本身意义有限，必须透过与其他构念的"对话"才被赋予意义，因此经由构念之间的联结，才能驱动消费者行为

（Zaltman，2003）。故其中有 25 个（N≥6）关键构念虽然提及人数众多（如：粗犷 N=10），但因与其他构念的关系不明显，故未能纳入共识地图中。这 25 个构念分别是"大碗""炊烟""蓝天白云""农活""乡间小路""树林""小河""杀年猪""大红大绿""粗犷""补偿匮乏""回归大自然""原始感""好玩""远离喧嚣""成就感""和谐""喜欢""悠闲""原生态""家的感觉""落后""幸福""东北特色"和"开阔"。其中前 9 个为符号性元素，后 16 个为这些符号性元素的体验结果。

另一方面，构念与构念之间的关系代表了受访者思考的一种过程，显示一种思考如何导致一种想法、一种体验的过程，而这些思考过程不仅为他们的信念、感觉与情绪赋予结构和意义，同时也为市场区分提供了最佳基础（Zaltaman，2003）。以"火炕"和"好奇"构念为例，只有 1 位受访者提及这两个构念彼此的关系，未达到 CN≥4，因此在共识地图中，并未显示两者间的关系，但是却有 7 位受访者提及"火炕"和"舒服"这两个构念之间的关系，故从共识地图中可以了解到"舒服"是"火炕"的重要体验结果之一。而这也是隐喻抽取技术不同于一般深度访谈的地方，因为一般深度访谈只能获得一个个构念，却无法确认每个构念之间的关系（Zaltaman，2003）。

共识地图中的起始构念代表着受访者对一件事情思考的开端，透过这个过程导出另外的构念。例如，受访者 A 提到"感觉东北大爷很热情，其实并不局限于大爷，农村人都普遍比较热情。"因此，"东北农村人"构念为起始构念，"热情"是联结构念。

连结构念是指影响其他构念同时又被其他构念所影响的过程。以受访者 G 为例，"因为丰收了，一年的劳作就等这个时候啊。现在看来，可能是一道美丽的风景，充满着和谐、温馨，在这个时候农民才会感到踏实、放心。我们看着这种场面也会没有压迫感，能放松一下。"因此"踏实"不仅是影响"放松"这一构念的因素之一，同时也被"丰收"影响着。

终结构念则是所有构念的结果。例如，受访者 S 说，"……不过我还是觉得那时的娱乐生活虽然很贫乏，但那种淳朴、简单的快乐却让人难以忘记，很怀念。"这里的"怀念"就是终结构念。

（三）符号性元素的确定

从图 8-2 中我们可以发现，最后进入共识地图的符号性元素一共有 22 个，而"洋井"虽然进入了共识地图，但没有呈现出与其相联结的体验结果。连结的体验结果代表着乡村旅游者偏好该符号性元素的解释，两者相连才能符合本项研究要进行符号性元素识别的标准，故将其剔除。本项研究最终确定的乡村旅游者识别的东北地区乡村旅游情境中的符号性元素为表 8-5 中所列示的 21 个。

表 8-5　经识别的东北乡村旅游情境中的符号性元素

编号	构念	受访者	次数	编号	构念	受访者	次数
1	农家菜肴	ABCDEFGHIKLMNOQRTUVWX	21	2	火炕	ACDEFHIJKLMOQTVWX	17
3	东北农村人	ACDEGIKLORSTUVWX	16	4	苞米	ACFHIJKLMNPVWX	16
5	鸡鸭	ACEFJLNOPQRTUVW	15	6	山	BCDEFHMOPTUX	14
7	空气新鲜	CDEFGILPRTUWX	13	8	猪	ADEFLNOQRUW	12
9	雪	ABCDFHJMQUV	11	10	田野	AEGILNPRSTW	11
11	大铁锅	AFHNORSTVW	10	12	菜园子	JMNOPQRTUW	10
13	自然景色	CDKFMHX	9	14	爬犁	ABDEHSVX	8
15	农家小院	FJKMOQTW	8	16	老大娘叼大烟袋	AFHJPQSW	8
17	苞米楼子	CDFINOPS	8	18	杀猪菜	DELNOQR	7
19	大嗓门	BCDFLOS	7	20	看门狗	AFKMOQU	7
21	辣椒	AHIJVX	6				

通过共识地图，我们可以看出各个符号性元素的体验结果。本项研究按照其在共识地图中的联结关系来分别说明。

1. 大铁锅、农家菜肴

东北农村多为三间房，而厨房一般就在中屋，所以一进屋就能看到左右两口大铁锅。看到这个大铁锅，受访者又容易联想到美味的农家菜肴。受访者 S

认为用农村的大铁锅做饭、炖菜、炒菜都特别香。一个原因主要是这种原始的方式，下面烧的是自家地里的玉米秆，晒干的藤条或者是山上的柴火（O4：受访者 O 第 4 张图片中的描述，下同），很自然，很原始；还有一个原因是农村的菜的确比城市新鲜，一般都是自家种的，自家养的，或者野外采的，被看作是纯自然而生的"绿色食品"（T3）。对于这种香、自然、新鲜而又美味的农家菜往往引起人们强烈地怀念，尤其是那些本身从农村出来，现在又长期居住在农村的人，总有一种情结，总想去体味往昔的记忆。

2. 农家小院、鸡鸭、猪、菜园子、看门狗

受访者描述"农家小院"时，会把"鸡鸭""猪""菜园子""看门狗"叙述进来，都是东北农家小院不可缺少的成分。虽然"猪"并没有和"农家小院"相联结，但其在交叉关系统计表中的关系次数也有 3 次，且其与"鸡鸭"有类似的体验结果，故将其纳入这一类中。

每个东北农家都建有一个院落，四周可能用砖石墙、篱笆或者木棍围起来。受访者 O 认为它不是封闭的环境，不起防护作用，就是一个界定边界的作用，形成一个独立的经济单元，方便堆放物体。在里面可以养鸡养鸭养猪养马，有居室，也有粮仓、洋井，农具和生活用品都堆放在里面。

受访者 C 认为在农家小院中养的鸡鸭感觉没有激素，很天然的溜达鸡，吃起来就会特别美味。去农村就想吃这种自然、无污染的食品。而受访者 L 则认为养些鸡鸭和猪，不见得要吃，但有活物在旁边走啊绕啊叫啊，比宠物更可靠，有生活气息，悠然自得，感觉没有烦恼，能让平日紧张的神经放松下来。

农家小院中一般会腾出一块空地来种些瓜果蔬菜，一家日常的蔬菜来源就是靠这个菜园子。受访者 N 所期望的乡村旅游是给他一片菜园子和一口大铁锅，其他的都有他自己来搞定，摘菜、点火、做菜都他自己来做，那样会很有趣。而受访者 R 则想起了当时知青岁月中那些有趣的回忆，并觉得那是一种无忧无虑、自由自在的感觉。

基本上，农家小院中都会有一条看家狗，而且一般就是条土狗。受访者 R 认为看家狗都很聪明的，如果你是主人的客人，它们就会对你很温和，你会感觉很亲切，不像城市里的那些宠物狗，总乱叫。受访者 A 也表达了类似的体验。而这种亲切感在竞争激烈的城市中越来越难获得，受访者们开始怀念那种感觉。

3. 爬犁

爬犁又叫"雪橇"，是生活在东北冰雪天地中的人们的主要交通工具。受访者 H 觉得滑雪是比较现代的，很多年轻人玩，雪橇是比较原始的，比较乡村的东西。并且觉得很好玩，挺爽，挺传统。而且这东西以前家里没有，新鲜，能满足好奇。……还想到圣诞老人鹿拉雪橇，狗拉雪橇，觉得很有意思，知道这边有，就很开心，以前以为在现实生活中看不到。

4. 火炕

火炕是东北农村居室中的主要设施，是全家人寝息的场所。在寒冷的冬季，它是取暖的工具，白天以它为中心来活动，晚上以它来休息。受访者 X 觉得火炕总是让人想起家，暖乎乎的，一家人围在一起，吃饭、唠嗑，很温馨。火炕在受访者 L 心中是儿时回忆，从小在火炕上长大，有很多能让她会心一笑的回忆，所以现在看到也会很亲切，怀念那段时光。而对那些没有过火炕经历的人来说，他们对火炕充满着好奇。受访者 F 表示在暖和的火炕上吃着农家饭，感觉自己也做了一把东北农村人，满足了他对火炕的好奇心。

5. 杀猪菜

"杀猪菜"是被提及人次最多的一个农家菜肴，共有七位受访者（D1、E5、L3、N7、O4、Q6 和 R4）提到。以前过年时一般每家都要杀一口大肥猪，而且杀年猪都要请亲戚邻居，大家都会过来帮忙，杀完后要请大家吃顿杀猪菜，所有的亲戚邻居都围在一起，特别热闹，很有过年的味道，也很喜庆。受访者 E 表示，现在的年越来越没有年味，想要感受一下年的气氛，最好能去东北农村体验一下杀年猪，吃顿热腾腾的杀猪菜。

6. 苞米、苞米楼子、辣椒

苞米楼子是用来储存苞米的仓库。受访者 O 点出东北农村人有囤积的习惯，他们把苞米囤在苞米楼子里，有种丰收的感觉，说明今年收成不错，今年过冬就有保障了，让人有种踏实的感觉，这种踏实也就是预示着受访者不用为农村人担心了。受访者 M 还表示，金灿灿的苞米天生就有一种象征意义，就表示五谷丰登，一种丰收喜悦，会有成就感。

由于苞米和辣椒经常被悬挂在一起，因此受访者很容易在两者之间互相联想，一提起苞米，往往会想到辣椒。它们在农村中都属于比较显眼的色彩，能一下吸引受访者的眼球，受访者 A 指出苞米的黄色和辣椒的红色，在城里人看来可能有点俗，但这种大红大绿在农村情境中却显得特别喜庆，看着让人愉悦。而且受访者 I 还认为金黄的苞米，火红的辣椒的展示才有到了东北农家的感觉，感觉这才是他们真实的生活，在其间生活感觉自己就像当了一回东北人，能满足其对东北农村生活的好奇。

7. 老大娘叼大烟袋

"大姑娘叼烟袋"是东北旧俗中的八大怪之一。妇女们在猫冬之际，干完家务活后，往往每天就环坐在火盆旁边休闲，或自己或家人或几个姐妹围坐在火盆旁，边烤火边抽烟边唠嗑。现在的姑娘并没有沿袭这个习俗，而曾经的大姑娘都变成了老大娘，所以受访者提到的都是"老大娘叼大烟袋"。受访者 Q 以前见奶奶抽过，现在很想去体验下，一是觉得很好玩，二是能满足好奇，想知道到底是什么味道。

8. 雪

东北地区有个漫长的冬季，而雪是冬季的主色调。满山遍野的雪，看起来非常壮观，而且不但没有让人感到寒冷，反而让人感到温馨。正如受访者 B 描述：白雪皑皑是很隆冬的、严寒的，但是在这个小村落里，这样的背景反而更显得人情、亲情的温馨、温暖。受访者 F 也有一段类似的描述：下雪的时候，整个山村出奇地寂静，没有一点喧哗，大家躲在家里从窗户欣赏那雪花飘落，好温馨。

9. 山、自然景色、田野、空气新鲜

有六位受访者（B2、D6、F1、O2、P7、U6）都明确表示东北农村往往与山区联系在一起，其他八位受访者也在描述时经常提到"山"这一构念。受访者 U 认为主要是因为山区交通不便，如果交通便利，可能对经济发展也有促进作用，农村就可能慢慢发展成小城镇了；相反如果交通不方便的话，地方就会有些落后，还会保持着比较原始的生活方式。这种地方人比较少，没有城市的嘈杂和喧闹，受访者表示在这种地方能让他们安静下来，无论是身体还是心灵，舒舒服服地过上一天，放松放松。

受访者 X 觉得长期被钢筋水泥包围的城市人，喜欢去乡村看美丽的自然景色，这个美丽有时候是"优美"，更多时候是"壮美"。夏天的时候，树木成林，

一边避暑一边欣赏美景；冬天的时候白雪皑皑，安静、壮美，能让人放松。

田野是乡村的一个重要符号，对东北地区来说一望无际的黑土地、苞米地和稻田都是其表现形式。受访者 G 认为东北地区的田野中空气比较透，很有质感，没有南方那么雾蒙蒙，特别清新，眼目清亮，山明水净，感觉很舒服，没有压力，很放松。研究表明人类在绿色和安静的环境中待一段时间，能让人变得快乐和放松。受访者 P 就指出走在田埂上，看着绿油油的庄稼，心情就会特别好。

当受访者提到"山""自然景色"和"田野"时，都会涉及"空气新鲜"这一构念。主要是因为这三者都和绿色植物相关：山区里树林比较多，自然景色中必然会有很多绿色植物点缀，而田野中的大部分都是进行光合作用的绿色植物。受访者 E 表示去农村就是想去呼吸一下新鲜空气，能让身心放松，获得愉悦。

10. 东北农村人、大嗓门

在旅游过程中与当地居民的交流是必不可少的。受访者对东北农村人最大的印象是"大嗓门儿"。受访者 M 眼中的东北农妇形象就是穿着大红大绿，一张嘴说话嗓门儿很大，挺热情，很实在、很朴实。东北农村人表现出来的"朴实""直率""热情""实在"和"简单"都让受访者感到舒服。还有就是东北农村人的"淳朴"让受访者感到自由自在，没有束缚，能让人放松。受访者 R 提到东北农村敞着大门透露出"路不拾遗，夜不闭户"的淳朴民风，会突然感慨与城市中鸡鸣狗盗的强烈反差，不由产生了宾至如归的悠闲和自在。

四、乡村旅游情境

（一）从元素到情境

如果只是简单地罗列乡村旅游的符号性元素，这对相关理论的构建以及对相应的实践都没有实际的指导意义。换言之，不难想象，如果整个东北地区的乡村旅游情境都按照上文所罗列的符号性元素进行开发，那么所谓的符号性元素，也不再具有独特性了。因而，在真实的旅游体验过程中，情境的呈现是一个相当复杂的动态过程，任何干涉因素的介入，哪怕十分微小，都会改变旅游者对情境的整体认知。这既是旅游体验情境研究的困难所在，也是旅游者实际体验过程的魅力所在。旅游情境如果失去了这种变化或不确定性，也就失去了它的吸引力。由此就提出了一个十分关键的问题：这些符号性元素与情境时怎样一种关系？换言之，我们必须弄清楚，乡村旅游者期望的东北地区乡村旅游情境是什么样的，有哪些终极元素能指导整个东北地区乡村旅游的开发，各个地区只要根据这些终极元素就能根据自己的资源特色本土化地开发当地乡村旅游资源，并打造一个具有独特性的乡村旅游目的地。

根据我们的研究，在旅游者眼中，实际上上述符号性元素总是镶嵌在某种乡村环境中的，这些元素作为构筑东北地区乡村旅游"原色"，尽管并非总是以某种固定不变的形态、样式、结构加以组合和呈现的。相反，在广阔的东北地域上，不同地区甚至不同乡村社区的乡村旅游都会因为糅进了更多本土化的人文和自然的环境条件而呈现了千差万别、丰富多彩的乡村旅游情境，从而满足不同类型的旅游者或同类旅游者不同时期相异的乡村旅游需要。

比如，对受访者 J 来说，"白桦林""知青点""知青""狗皮帽子""大棉袄""黏豆包""年画""老太太叼大烟袋"这些符号性元素能满足她对东北农村的"好奇"。而她如果想获得"舒服"体验，则需要体验"玉米""辣椒""大红大绿""火炕""农家小院""菜园子""鸡鸭""向日葵""洋井""雪"等符号性元素。这说明同一个旅游者在满足不同需要时，可能就需要不同的符号性元素构建不同的乡村旅游情境。

而受访者 I 则通过体验"二人转""红辣椒""东北人""对联""福字""灯笼""玉米""玉米楼子""少数民族文化"等符号性元素来满足他的好奇心。与受访者 J 相比，同样是为了营造满足好奇的乡村旅游情境，两者所运用的符号性元素却存在很大的差异，基本上没有重合的元素。然而，"玉米"和"辣椒"这两个元素将会出现在受访者 J 寻求"舒服"的乡村旅游情境中，而受访者 I 对其体验结果为"好奇"。这充分证明乡村旅游地不用机械地套用本项研究最终得出的符号性元素，完全可以根据本地资源特色进行组合和呈现，最终满足不同类型的乡村旅游者。

每个乡村符号都在表现功能，而一系列乡村符号组合以后就会被感知为一个整体情境，从而又传达出一个总体意义。因此，对于丰富多彩的乡村情境中的符号性元素来说，我们在构建乡村旅游环境时需要的不只是固定的几个符号性元素来指导乡村旅游规划，而是应该从元素过渡到情境，了解不同情境的总体意义，探索符号性元素背后的本质属性。而统观这些不同的情境，其中可以构成乡村旅游特色情境的两个条件可以用地脉和文脉这两个框架性的环境因素加以反映。赵飞羽等（2002）认为地脉是一个地域（国家、城市、风景区）的地理背景，即自然地理脉络；文脉是指一个地域（国家、城市、风景区）的社会文化氛围和社会文化脉承，即社会的人文脉络。地脉与文脉即当地的地域特色，也称地格，它是一个地方长期积累形成的自然与人文融合而成的本质特征，这种本质特征决定了当地人的世界观与它的发展倾向（邹统钎，2008）。通过准确把握、分析东北地区的地脉和文脉，尤其是那些最主要的地脉和文脉中的组成元素，梳理出地脉和文脉的主线，从而能使我们找出符号性元素背后的本质属性。而上文中列举的 21 个符号性元素正是乡村旅游者认为东北地区乡村旅游情境中最主要的地脉和文脉的组成元素，因而我们可以通过对这 21 个符号性元素的整理、分析和归纳，最终推导出东北地区乡村旅游情境的本质属性或终极元素。

在访谈过程中，根据 24 位受访者对图片的分类，可以将这 21 个符号性元素大致分为以下两类：

第一类是人的元素："东北农村人"，其突出特征是大嗓门儿。

第二类是环境的元素，包括东北农村生活环境和东北农村自然环境。生活环境是农家菜肴、火炕、苞米、鸡鸭、猪、大铁锅、菜园子、爬犁、农家小院、老大娘叼大烟袋、苞米楼子、杀猪菜、看门狗、辣椒等元素的变换和组合。自然环境则是山、空气新鲜、雪、田野、自然景色的变换和组合。

这两类元素最大的共同点是不同于城市区域的性质和特征，也就是乡村性。所谓乡村性是乡村旅游地所表现出的、不同于城市区域的性质和特征，客观上表现为一种"气氛"（邹统钎，2008）。这种"气氛"具体化为：热情淳朴的人情、原始简单的生活方式和优美的田园风光。它们是乡村地区长期历史沉淀形成的乡村特有的景观，是乡村地区人类文明的符号，和东北乡村形象紧紧地连在了一起，与现代城市的繁华、时尚、紧张、冷漠形成了鲜明对比。它们是吸引城市居民到乡村旅游的基本动力，也是乡村旅游可持续发展的基础。因此可以说乡村性是东北地区乡村旅游情境中的终极元素，是可以指导整个东北地区乡村旅游情境构建的主旋律。而那些受城市化和商业化影响而在乡村旅游情境中出现的蹩脚的霓虹灯、精致的饭菜、豪华的宾馆等都不是吸引乡村旅游者的符号性元素。

（二）乡村旅游期望分析

共识地图中的终结构念可以作为整个东北地区乡村旅游情境的终极期望，终结构念是共识地图中心智共享的、相互关联的多重构念里最为凸现的构念。这些终结构念是所有受访者对本项研究确定的符号性元素的最终体验结果，是受访者对东北地区乡村旅游情境的终极期望。从共识地图所描述的构念及构念间的关系来看，可以将乡村旅游者对东北地区乡村旅游情境中符号性元素的体验结果分为放松、愉悦、怀念和好奇这四大块，最终目标为获得独特而美妙的旅游体验。

1. 放松

一共有 7 个构念关系联结到"放松"。首先是来自于"舒服""缓解压力""摆脱烦恼""自由自在"和"有生活气息"这 5 个构念，就像受访者 J 谈道："这么开阔的雪地应该在农村才能看到，白色看起来很舒服，在这样的雪地里走着，整个给我感觉很开阔、轻松、让我摆脱烦人的事情，可以睡觉，让脑袋变空，减轻压力，彻底放松。"平常工作压力比较大，生活节奏比较快，城市里的人就期望摆脱日常生活中的烦恼，到乡村去缓解一下压力，舒舒服服地过上一两天，从而得到身心的放松。与这 5 类构念相连接的符号性元素可以大致归为三类：第一类是东北农村人。城市繁华的背后掩藏不了人情的冷漠，当人遇到困难时，更多的人充当了看客。于是城里人来到农村体验到东北农村人那种久违的热情、简单、直率、实在，看到农村人热情地打招呼，乡里乡亲忙活杀年猪、吃杀猪菜，他们会感到特别舒服，也会情不自禁卸下心防，得到彻底放松。第二类是安静的山、新鲜的空气、寒冷却愈发让人感觉温馨的雪这一类自然环境。随着城市经济的不断发展，刺耳的噪音、污浊的空气、喧闹的环境也成了城市的象征意象。因而越来越多的城市人像受访者 E 说的那样："城市里人太多了，去农村走走，呼吸新鲜空气！"享受一份安静。第三类是"吃大锅饭，睡农家炕，住农家院"这种典型的农村生活，充满着生活气息，让人感到温馨而又舒服。喷香的大锅饭、暖和的炕和充满生活气息的农家小院，这是在城里怎么也体验不到的，有一种"古旧遥远"的感觉，但对长期被"流行"包裹着的城市人来说，这时的"古旧遥远"却成了一种时尚。

其次是"美"，它也是"放松"的影响因素之一。受访者 L 这么描述"美"和"放松"的关系：看看炊烟袅袅，很自然的乡村风光，觉得特别的美，心目中真实的乡村就是这样，产生很放松的感觉。城市中人们被钢筋水泥包围，四处都是人工雕凿而成，人们的视觉也开始沙漠化，而乡村优美的自然景色正是这沙漠中的一湾绿洲，跟人希望，让人重新燃起对生活的热爱。

最后，"放松"也被"踏实"影响着。那边是红灯笼，这边是玉米，一个红彤彤，一个金灿灿，天生就有一种象征意义，就表示五谷丰登，一种丰收喜悦，会有成就感。感觉它是厚墩墩的、沉甸甸的，很踏实，很有安全感。一进这种地方，还会觉得很热情，看着农村人待人接物的方式，能感觉到东北豪爽、热情，就可以大大咧咧，也不用拘小节，彻底放松。这是受访者 M 对"踏实"和"放松"的理解。曾经有过乡村经历的城市人都很关心农民的生活，因为他们都能体味农民的艰辛，所以当他们看到农民丰收了，生活有了保障，心里才会踏实，才能充分地放松。与"踏实"联系最紧密的符号性元素是"苞米"和"苞米楼子"，其原因一个是苞米在东北种植的的确比较多，还有一个是储藏苞米的苞米楼子一般都安置在院子里，远远就能看到金灿灿的苞米，比较显眼，容易看到。

2. 愉悦

与"愉悦"这个终结构念直接相联结的 4 个联结构念分别是"儿时记忆""空气新鲜""喜庆"和"绿油油"。

每个人的童年都有各自精彩的回忆，特别是那些在农村成长的孩子，后来去了城市就没有怎么再回农村。现在长大了，看到一些儿时的东西就会感到愉悦。就像受访者 K 说到赶集的时候这样描述：有可能看到儿时的东西，因为农村还比较简单，那样就可以回味一下儿时记忆，吃到应该很开心。在共识地图中与"儿时记忆"相联结的符号性元素是火炕，由于东北地区冬季寒冷而又漫长，东北农村人养成了猫冬的习惯，因此在冬季很多活动都在炕上：吃饭、唠嗑、老大娘叼大烟袋、围着火盆听鬼怪故事、烤土豆、烤黄豆，给人们很多美好的回忆。

"空气新鲜"和"绿油油"有同样的功能，它们能让人们情不自禁心情好起来，呼吸一下新鲜空气，看着一望无际的绿油油的田野就会让人心旷神怡。受访者 P 指着一幅关于田野的图片说：你看着这种画面，就觉得空气特别好特别想去田间走一走，而且走在田埂上，看着这些绿油油的庄稼，你的心情就会特别好，放松了。与这两个构念相对应的符号性元素是"山""自然景色"和"田野"。受访者认为山区一般空气比较新鲜，因为会有很多树木。

东北农村的有些东西对城里人来说会很土，比如花花绿绿的年画，穿大红大绿的大叔大婶扭大秧歌，但在农村情境中看到，你不会感觉到土，那时的"大俗"变成了"大雅"，它会让你感觉很新鲜，很喜庆。受访者 O 就是这么描述有点"土"的大秧歌：有喜事的时候，逢年过节的时候，节庆时候的活动，特别热闹，特别夸张的表演，一点都不细腻，东北人的典型，粗犷地大声唱，扭来扭去，衣服都是大红大绿，让人很新鲜的仪式，喜庆，很鲜明，印象很突出……而且音乐、舞蹈、演的就是高兴的事，也会被感染，情不自禁就高兴起来了。与喜庆联结的符号性元素是"苞米"和"辣椒"，主要是因为他们的颜色，金灿灿和红彤彤，很喜庆。还有是过年的时候得杀猪菜，大家吃得很热闹，也会让人感到喜庆。

3. 怀念

这里的怀念主要有三层含义：

第一，是和儿时记忆有关。例如受访者 A：小的时候也放过鸭子，早上起来拿个棍，出去撵，晚上再拎个棍撵回来，很自在，自由自在，很想再次找回那种感觉。还有受访者 E 也提到很怀念当时听广播喇叭的那段童年时光。

第二，看过后还想看，或者吃过后还想吃。美味的农家菜肴让受访者 M 怀念不已：农家饭，感觉热气腾腾的。炖菜、酸菜、玉米饼，吃的时候就想下次还能不能吃到，给我留下深刻记忆，想起来就口水连连，回来就想在城市里能找到，而且会美化，可能是一种缺憾感，越美化越怀念。因此相对应的符号性元素为"农家菜肴"和调制美味的农家菜肴的"大铁锅"。

第三，正在消失的东西，怀旧的情结。受访者 G 在谈到阎王椎时，对正在消失的狩猎工具表现出一点伤感：现在林区都禁猎了，这些猎具可能也会逐渐消失了。但我会很好奇，对猎人捕猎的工具有新奇感，即使看不到捕猎的场景，也想了解这些猎具都是怎么用的。同时会有一点点感伤，对过去东北历史上出现过的东西的怀念，有一种怀旧的情结。共识地图中东北农村人的"大嗓门"也可以归入这一类，越来越多的城市人以"文明礼貌"自居，不断伪装和掩饰自己，在掩饰自己粗犷的大嗓门儿的同时也磨灭了自己朴实的本质。

4. 好奇

由组成"好奇"构念脉络来看，有 3 个构念关系让旅游者产生"好奇"的终结构念。首先是"真实"，什么样的农村才是真实的农村？受访者 I 认为：看到这样一串红辣椒就像到了东北农家的感觉，与都市风格完全不一样的，简单、直接而有鲜明。……感觉这些都是东北农村原生态的真实生活，很想体验一两天他们的生活，当当他们的一分子，满足好奇。除了"红辣椒"，还有受访者认为"苞米""火炕"和热情的"东北农村人"也是体现东北农村真实生活的一部分，认为真实的东北地区乡村情境就应该具备这 4 个符号性元素。

其次，"新奇"对"好奇"的影响。在访谈过程中，很多受访者使用"新鲜"这个词，但为了区分菜肴新鲜和空气新鲜的"新鲜"，故在编码过程中将其调整为"新奇"。所谓"新奇"是在日常生活中不常见的，看到会觉得很新奇。如受访者 B 描述爬犁时表示：我以前没见过，所以看到会觉得很新鲜，不知道坐上面什么感觉，应该很平稳吧，出于好奇也想坐坐。从城市里长大的人对于农村是不熟悉的，很多东西对他们来说都是新奇的，共识地图中的让受访者感到新奇的符号性元素是"爬犁""菜园子"和"农家小院"。

最后，受访者 J 对"老大娘叼大烟袋"的好奇是因为：经常听到、看到，但就是没亲眼看过，所以更想看。毕竟是东北三大怪之一，估计以后越来越难看到了。现在城里很少有女人抽烟，尤其还是抽大烟袋，对这种名声在外的特殊习俗总是会很好奇，想体验一下他们特殊的感受。

共识地图反映了目标市场对于特定主题的共同的参考框架，它不仅可以帮助相关部门思考东北地区乡村旅游开发的定位，同时也能了解营销策略的方向是否正确，进而再造他们与乡村旅游者互动的模式。从以上四个终结构念的分析可以看出，乡村旅游期望并不是单一的，而是多元变化的。不同的乡村旅游者会有不同的乡村旅游期望，一个乡村旅游者也有可能拥有几个乡村旅游期望。乡村旅游地应该针对具体的目标群体，依托本地区资源特色，进行主题化开发，构建主题明确的高品质乡村旅游环境，使乡村旅游者营造出的乡村旅游情境与其期望相匹配。

第四节　研究结论

　　本项研究从乡村旅游者对东北地区乡村旅游情境中符号性元素识别出发，运用隐喻抽取技术，绘制共识地图，最终确定21个符号性元素，推导出"乡村性"这一终极元素。并通过攀梯技术抽取出4个终结构念作为东北地区乡村旅游情境的终极期望。本项研究根据最初对旅游情境的定义，即旅游情境是旅游者为自己营造的心理环境，旅游者在其中处于中心地位。通过对共识地图的分析，构建一个能概括本项研究所有结论的乡村旅游情境模型，如图8-3所示。

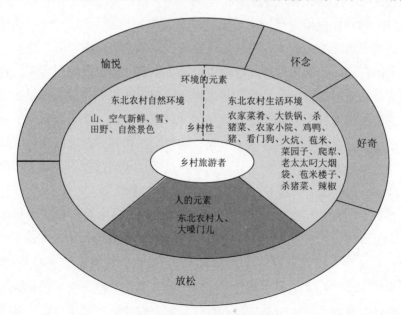

图8-3　乡村旅游情境模型

在这个模型中的内容和关系可以描述如下：

整个乡村旅游情境模型由处于中心的"乡村旅游者"、内环的"乡村旅游环境"和外环的"乡村旅游期望"组成。

"乡村旅游者"和"乡村旅游环境"是感知与被感知的关系，通过感知，乡村旅游者为自己营造出一个独特的乡村旅游情境，最终获得旅游体验。乡村旅游者作为旅游活动中的主体在乡村旅游情境中处于中心地位，因而本项研究从乡村旅游者入手，了解他们对乡村旅游环境的认知，最终识别出内环中列示的21个东北地区乡村旅游情境中的符号性元素，为东北地区构建出高质量的乡村旅游环境提供了方向。但是这21个符号性元素并不能照搬至所有东北地区的乡村旅游开发，在个别元素上各地会有一定差异，需要一个总体性原则来指导整个东北地区的乡村旅游开发。本项研究根据24位受访者对描述图片的分类，将21个符号性元素分为人的元素和环境的元素这两类，同时环境的元素又可继续划分为东北农村生活环境和东北农村自然环境，并最终推导出"乡村性"作为整个东北地区乡村旅游开发的终极元素，即各地所有能突出当地"乡村性"的元素都有可能作为当地的符号性元素。

通过感知"乡村旅游环境"营造的"乡村旅游情境"和"乡村旅游期望"是匹配或者不匹配的关系。乡村旅游体验的实质是乡村旅游者通过感知乡村旅游环境中的符号性元素在旅游过程的各个环节中以一定规则展现出来，营造出旅游者各自的乡村旅游情境，然后与乡村旅游期望匹配的过程。如果旅游期望与感知的旅游情境匹配，则获得高质量的乡村旅游体验，反之则获得低质量的乡村旅游体验。本项研究最终得出放松、愉悦、怀念和好奇这四个东北地区乡村旅游者的旅游期望，在构建东北地区乡村旅游情境的过程中，要在围绕"乡村性"这一总体原则的前提下考虑以上四个乡村旅游期望。

从表8-6中我们可以发现，"好奇"和"怀念"集中在"东北农村生活环境"这一类符号性元素中，"愉悦"则主要集中在"东北农村生活环境"和"东北农村自然环境"这两类符号性元素中，而"放松"则横跨"人的元素""东北农村生活环境"和"东北农村自然环境"这三类符号性元素。这是因为当我们对符号性元素和乡村旅游期望进行联结关系对应研究时发现，与"怀念"和"好奇"相连的主要是农家小院、火炕、农家菜肴、菜园子等符号性元素；与

"愉悦"相连的则有山、空气新鲜、杀猪菜、苞米等符号性元素；而与"放松"相连的符号性元素一共有 17 个符号性元素，包括所有三类符号性元素（见表8-6）。因此乡村旅游地可以针对目标市场的旅游期望，利用相应的符号性元素进行主题化，开发迎合乡村旅游期望的主题化旅游产品。例如针对长期生活在城市中的青少年来说，他们对农村充满了好奇，其乡村旅游期望主要是满足好奇，看看农村到底什么样，和城市有什么差别。乡村旅游地可以推出以"乡村生活探秘"为主题的乡村旅游产品，在构建这类乡村旅游产品时主要运用东北农村生活环境中的符号性元素。而那些仅仅想去乡村放松一下的旅游者来说，农村优美的自然环境也是不可或缺的一部分，应该运用这类符号性元素进行构建。

表 8-6　乡村旅游期望与符号性元素联结关系表

乡村旅游期望	符号性元素	类别
放松	东北农村人、大嗓门儿 大铁锅、农家菜肴、农家小院、鸡鸭、猪、菜园子、爬犁、火炕、苞米、苞米楼子 山、自然景色、田野、空气新鲜、雪	人的元素 东北农村生活环境 东北农村自然环境
愉悦	杀猪菜、苞米、辣椒、苞米楼子 山、自然景色、田野、空气新鲜	东北农村生活环境 东北农村自然环境
怀念	大铁锅、农家菜肴、农家小院、鸡鸭、看门狗、火炕	东北农村生活环境
好奇	农家小院、菜园子、爬犁、火炕、辣椒、苞米、老大娘叼大烟袋	东北农村生活环境

在现实中，乡村旅游情境模型不能这么简单，不可能每一个东北地区乡村旅游情境都与这个模型的抽象结果完全相符。在现实生活中，将会有更多的符号性元素与非符号性元素所组成的复杂组合，也会有更为多样化的乡村旅游期望。但这个模型提供了一个构建乡村旅游环境、营造乡村旅游情境并最终获得高质量乡村旅游体验的基本思路。换言之，已有的乡村旅游者在旅游过程中，通过对乡村旅游环境的感知，形成了对乡村旅游情境的一种定式化的认识。从事乡村旅游体验商品生产的旅游企业，既要考虑这种既有的认知模式，也要在这种模式的指导下寻求变化。因为，这个模式意味着乡村旅游体验就是旅游者

将乡村旅游情境与旅游者自身的乡村旅游期望进行匹配，如果匹配成功，就能满足相应的旅游期望，获得高质量的乡村旅游体验。为了构建一个能够让乡村旅游者满意的乡村旅游环境，乡村旅游地应该从乡村旅游者出发，了解乡村旅游期望，掌握那些为乡村旅游者所共同认可的符号性元素。同时，考虑到乡村旅游情境的营造是一个动态的过程，需要有一个明确的主题，符号性元素的选取应该围绕在"乡村性"等类似的终结元素进行。

参考文献

［1］艾尔·巴比. 社会研究方法［M］. 邱泽奇，译. 北京：华夏出版社. 2005.

［2］埃科. 符号学与语言哲学［M］. 王天清，译. 天津：百花文艺出版社.2006.

［3］毕剑. 戏曲旅游的开发研究［D］.赣州：赣南师范学院，2007（2）.

［4］B·约瑟夫·派恩，詹姆斯·吉尔摩. 体验经济［M］. 夏业良，鲁炜，译. 北京：机械工业出版社，2002.

［5］波德莱尔. 恶之花［M］. 钱春绮，译. 北京：人民文学出版社，1986.

［6］蔡佩芳. 应用隐喻诱引技术探讨电视戏剧节目之开发与行销：以大学生为研究对象［D］. 台北：世新大学.

［7］蔡晓梅，赖正均. 旅游者队广州饮食文化景观形象感知的实证研究［J］.人文地理，2007（1）.

［8］曹洪.西部地区宗教旅游发展的现状及其对策研究［J］.贵州民族研究，2005.

［9］曹洪珍. 旅游体验中研究快乐形成的新方法—畅爽理论［J］. 北方经贸，2006（11）.

［10］车尔尼雪夫斯基. 艺术与现实的美学关系［M］. 周扬，等，译./车尔尼雪夫斯基选集（上卷）. 北京：三联书店，1959.

［11］陈超群，罗明春，钟永德. 乡村旅游者体验真实性探析［J］. 安徽农业科学，2007，（34）.

［12］陈纪，吕如敏. 布鲁默和库恩在符号互动论上的异同［J］.湖北教育学院学报，2005（11）.

［13］陈荣富，周敏慧.进一步发展我国现代宗教文化旅游事业［J］.江西社会科学，2001.

［14］陈伟.西方人眼中的东方戏剧艺术［M］.上海：上海教育出版社，2004.

［15］陈向明.质的研究方法与社会科学研究［M］.北京：教育科学出版社，2000.

［16］陈向明.旅居者和"外国人"——留美中国学生跨文化人际交往研究［M］.长沙：湖南教育出版社，1998.

［17］陈向明.在行动中学作质的研究［M］.北京：教育科学出版社，2003.

［18］陈兴."体验经济"背景下基于人类学视角的我国"旅游体验"研究［D］.四川：四川师范大学.2006（4）.

［19］陈志华.外国古建筑二十讲［M］.北京：三联书店，2001.

［20］陈宗明，黄华新.符号学导论［M］.郑州：河南人民出版社，2004.

［21］戴庆厦.社会语言学概论［M］.北京：商务印书馆，2004.

［22］戴维·波普诺.社会学［M］.李强，等，译.10版.中国人们大学出版社,1999.

［23］邓启耀.衣装密语——中国民族服饰文化象征［M］.成都：四川人民出版社，2005年.

［24］董键，荣广润.中国的戏曲：从传统到现代［M］.北京：中华书局，2006.

［25］董强.梁宗岱——穿越象征主义［M］.北京：文津出版社，2005.

［26］窦清.论旅游体验［D］.南宁：广西大学，2003.

［27］恩斯特·卡西尔.人论［M］.甘阳，译.上海：上海译文出版社，1985.

［28］方百寿.论宗教旅游的生态化趋向［J］.社会科学家，2001（1）.

［29］方贤寨，粟路军，蒋术良，等.基于乡村旅游者调查的乡村旅游体验研究——以长沙市周边乡村旅游为例［J］.桂林旅游高等专科学校学报，2007（3）.

［30］费迪南德·索绪尔.普通语言学教程［M］.高名凯，译.北京：商务印书馆，1996.

［31］弗朗兹·博厄斯.原始艺术［M］.金辉,译.贵州:贵州人民出版社,2004.

［32］傅铿.文化:人类的镜子［M］.上海:上海人民出版社,1990.

［33］高登亮.浅议语境理论在西方的形成与发展［J］.龙岩师专学报,2005(1).

［34］格雷伯恩.旅游:神圣的旅程./瓦伦·史密斯.东道主与游客:旅游人类学研究［M］.张小萍、何昌邑,译.昆明:云南大学出版社,2002.

［35］龚鹏程.文化符号学导论［M］.北京:北京大学出版社,2005.

［36］龚锐.从异域到本土——旅游人类学的西学东渐述评［J］.贵州民族学院学报(哲学社会科学版),2006(4).

［37］苟志效,陈创生.从符号的观点看——一种关于社会文化现象的符号学阐释［M］.广州:广东人民出版社,2003.

［38］郭毅,阎海峰,付永刚.组织行为学［M］.北京:高等教育出版社,2000.

［39］韩荔华.导游语言概论［M］.北京:旅游教育出版社,2005.

［40］何景明.国外乡村旅游研究述评［J］.旅游学刊,2003(1).

［41］何景明.中外乡村旅游研究:对比、反思与展望［J］.农村经济,2005(1).

［42］何兰萍.大众旅游的社会学批判［J］.社会,2002(10).

［43］何星亮.象征的类型［J］.民族研究,2003(1).

［44］洪淑秋.结合方法目的链与隐喻诱引技术的新产品开发与行销策略之研究［D］.台北:世新大学,2004.

［45］胡传胜.符号与象征［J］.南京化工大学学报,2000(2).

［46］华梅.服饰与中国文化［M］.北京:人民出版社,2005.

［47］黄鸣奋.近四世纪英语国家中国古典文学之流传［J］.学术研究,1995(3).

［48］黄廷慧,田穗文.阳朔旅游跨文化研究［M］.苏州:苏州大学出版社,2006.

［49］黄维钧.ZMET技术应用在员工对组织变革后的组织发展愿景认知之

研究——以警察广播电台为例［D］.台湾世新大学硕士学位论文.2005,（7）.

　　［50］黄宗成,等.雪域明珠——西藏:宗教观光客旅游动机与其满意度之研究［J］.旅游管理研究,2002（2）.

　　［51］黄宗成,等.宗教观光客旅游动机、期望、满意度关系之研究［J］.户外游憩研究,2000.

　　［52］J.B.du Halde.中国帝国及鞑靼人的描述./施叔青,西方人看中国戏剧［M］.北京:人民文学出版社,1736.

　　［53］蒋原伦.传统的界限:符号、话语与民族文化［M］.北京:北京师范大学出版社,1998.

　　［54］杰克·特里希德.象征之旅:符号及其意义［M］.北京:中央编译出版社,2001.

　　［55］卡尔·荣格.人类及其象征［M］.张举文,等,译.沈阳:辽宁教育出版社,1988.

　　［56］克莱夫·贝尔.艺术［M］.周金环,马钟元,译.北京:中国文联出版公司,1984.

　　［57］克利福德·格尔兹.文化的解释［M］.纳日碧力戈,译.上海:上海人民出版社,1999.

　　［58］库尔特·考夫卡.格式塔心理学原理［M］.黎炜,译.杭州:浙江教育出版社,1997.

　　［59］约翰·劳逊.戏剧与电影的剧作理论与技巧,邵牧君、齐雷,译.北京:中国电影出版社,2000.

　　［60］库尔特·勒温.拓扑心理学原理［M］.竺培梁,译.杭州:浙江教育出版社,1999.

　　［61］李怀兰.旅游体验效用因素分析［D］.南宁:广西大学,2004.

　　［62］李伶伶.梅兰芳全传［M］.北京:中国青年出版社,2002.

　　［63］李森.旅游群体规模与旅游体验质量:针对旅游群体成员间互动过程的实证分析［D］.大连:东北财经大学,2005.

　　［64］李萍.戏剧人类学及其视野下的环县道情皮影戏［D］.兰州:兰州大学,2007.

［65］李巍. 关于旅游地形象的认知心理研究［D］. 南京：南京师范大学，2004.

［66］李亦园. 文化的图像台北［M］. 台北：允晨文化实业股份有限公司，1992.

［67］李幼蒸. 历史符号学［M］. 南宁：广西师范大学出版社，2003.

［68］李泽厚. 美学三书［M］. 天津：天津社会科学院出版社，2003.

［69］李舟. 体验经济时代休闲农业旅游的发展策略［J］. 新疆农垦经济，2004（3）.

［70］廖杨. 象征符号与旅游工艺品中的民族文化认同［J］. 民族艺术研究，2006（2）.

［71］廖智倩，阙月清. 小学体育教师体育目标认同倾向之研究［J］. 体育学报，2000（30）.

［72］林升栋，王枢亚. 扎尔特曼隐喻抽取技术（ZMET）的实际操作及其应用［J］. 市场研究，2005（2）.

［73］林莹莹. ZMET技术在发展广告创意表现之应用研究［D］台北：台湾世新大学，2004,（6）.

［74］刘爱雄，林婷玉. 基于体验经济视角的乡村旅游营销模式探讨［J］. 企业家天地，2007,（11）.

［75］刘丹萍，保继刚. 窥视欲、影像记与自我认同——西方学界关于旅游者摄影行为研究之透视［J］. 旅游学刊，2006（4）.

［76］刘海鸿. 乡村旅游：国外的理论与实践对中国的启示［J］. 经济问题，2007（7）.

［77］刘玲华. 鲍德里亚德"符号政治经济学批判"［J］. 江西社会科学，2005（11）.

［78］刘沛林. 古村落文化景观的基因表达与景观识别［J］. 衡阳师范学院学报，2003（4）.

［79］楼庆西. 中国古建筑二十讲［M］. 北京：三联书店，2001.

［80］卢小丽，武春友. 基于内容分析法的生态旅游内涵辨析［J］. 生态学报，2006（4）.

［81］卢云亭. 现代旅游地理学［M］. 台北：地景企业股份有限公司，1993.

［82］吕珊珊，刘娜. 体验经济时代的乡村旅游发展策略［J］. 吉林工程技术师范学院学报，2005（7）.

［83］栾冠华. 角色符号：中国戏曲脸谱［M］. 北京：三联书店，2005.

［84］罗汉田. 庇荫：少数民族的居住文化［M］. 北京出版社，1999年版.

［85］罗兰·巴尔特. 符号学原理：结构主义文学理论文选［M］. 李幼蒸，译. 北京：三联书店，1988.

［86］罗兰·巴特. 神话——大众文化诠释［M］. 许蔷蔷，许绮玲，译. 上海：上海人民出版社，1999.

［87］马爱萍，朱蕴波，吕勤，韩玫丽. 北京地区居民旅行社产品消费特征实证研究［J］. 旅游学刊，2004（1）.

［88］Mc Kercher, Hilary du Cros. 文化旅游与文化遗产管理［M］. 朱路平，译. 天津：南开大学出版社，2006.

［89］马波. 现代旅游文化学［M］. 青岛：青岛出版社，1998.

［90］马春庆. 社会学概论教学纲要. www.zkbbs.com，2004.

［91］马丁·甘农. 异域文化之旅——体悟23个国家的文化象征［M］. 黄华光，徐力源，译. 北京：当代世界出版社，2004.

［92］马健雄. 社会文化现象的象征意义及解读［J］. 思想战线，2004（6），30-36.

［93］马凌. 本真性理论在旅游研究中的应用［J］. 旅游学刊，2007（10）.

［94］马敏，政治象征：概念、结构和特征的分析［J］. 社会科学论坛，2004（6），26-30.

［95］马潇. 城市体验型旅游产品开发研究——以广州市为例［D］. 广州：华南师范大学，2007.

［96］马晓京. 旅游商品消费的文化人类学解读［J］. 中南民族大学学报（人文社会科学版），2005（4）:58-61.

［97］马晓京. 旅游象征消费对云南石林旅游商品开发的启示 / 张晓萍. 民族旅游的人类学透视［M］. 昆明：云南大学出版社，2005.

［98］马也.后现代语境中的"艺术"——兼谈中国戏曲的命运和走向［J］.文艺报，2006（1）.

［99］毛娉婷.视觉文化的盛宴，浮躁年代的欢愉——视觉文化泛滥对青少年文化环境负面影响的反思［J］.扬州大学学报（高教研究版），2005（2）.

［100］孟建.视觉文化传播：对一种文化形态和传播理念的诠释［J］.现代传播.2002（3）.

［101］纽拜.对于风景的一种理解［M］./中国社会科学院哲学研究所美学研究室，美学译文［M］，1982.

［102］欧文·戈夫曼.日常生活中的自我表演［M］.徐江敏，译.昆明：云南人民出版社，1988.

［103］潘玉玲.结合质化与量化方法探索女性上班族对裤袜产品的心智模式［D］.台北：台湾世新大学，2006（2）.

［104］彭吉象.影视美学［M］.北京：北京大学出版社，2002.

［105］彭顺生.中国旅游人类学发展述评［J］.思想战线,2005（1）.

［106］彭兆荣.旅游人类学［M］.北京：民族出版社，2004.

［107］皮埃尔·吉罗.符号学概论［M］.怀宇，译.成都：四川人民出版社，1988.

［108］朴松爱，郭婕.乡村体验性旅游项目开发模式研究［J］.桂林旅游高等专科学校学报，2007（1）.

［109］齐如山.梅兰芳游美记［M］.大连：辽宁教育出版社，2005.

［110］乔治·米德.心灵、自我与社会［M］.赵月瑟，译.上海：上海译文出版社，1992.

［111］秦方.符号的象征性及其在建筑中的表达［J］.郑州：郑州航空工业管理学院学报，2004（8）.

［112］让·波德里亚.象征交换与死亡［M］.车槿山，译.北京：译林出版社，2006.

［113］让·波德里亚.消费社会［M］.刘成富，等，译.南京：南京大学出版社，2001.

［114］Reisinger,Yvette，Turner,W. Lindsay.朱路平，译.旅游跨文化行为

研究［M］. 天津：南开大学出版社，2004.

［115］Robert J Sternberg. 认知心理学［M］. 陈燕，邹枝玲，译. 北京：中国轻工业出版社，2006.

［116］阮欣怡. 应用 ZMET 技术探索电视购物消费者及潜在消费者之心智模式与其行销策略应用［D］. 台北：台湾世新大学，2006.

［117］沙莲香. 社会心理学［M］. 北京：中国人民大学出版社，1987.

［118］申秀英，刘沛林，邓运员，等. 景观基因图谱：聚落文化景观区系研究的一种新视角［J］. 辽宁大学学报，2006（3）.

［119］生彩蕙. 整合"声誉商数"与"隐喻诱引技术"于金融机构企业形象之探讨［D］. 台北：世新大学，2004.

［120］施叔青. 西方人看中国戏剧［M］. 北京：人民文学出版社，1988.

［121］苏勤. 旅游者类型及其体验质量研究——以周庄为例［J］. 地理科学，2004 年（6）.

［122］苏珊·朗格. 情感与形式［M］. 刘大基，等，译. 北京：中国社会科学出版社，1986.

［123］孙隆基. 中国文化的深层结构［M］. 南宁：广西师范大学出版社，2004.

［124］孙玫. 简论戏曲研究之中西互动［J］. 戏曲艺术，2007（4）.

［125］孙明泉. 深化乡村旅游认知的多维视角［J］. 经济管理，2007（10）.

［126］孙飒. 论体验经济时代乡村旅游的发展［J］. 安徽农业科学，2006（2）.

［127］索绪尔. 普通语言学教程［M］. 高名凯，译. 北京：商务印书馆，1996.

［128］Susan Sontag. 论摄影［M］. 艾红华，毛建雄，译. 长沙：湖南美术出版社，1998.

［129］唐代剑，池静. 中国乡村旅游研究述评［J］. 杭州师范学院学报，2006（2）.

［130］田穗文，龙晓明. 旅游发展中的跨文化研究［J］. 经济与社会发展，2003（07）.

［131］汪嘉彬．试论构建我国乡村旅游的体验营销模式［J］．天府新论，2007，（12）．

［132］汪曾祺．说戏［M］．济南：山东画报出版社，2006．

［133］王冰，蔡君，杜颖．浅析中国有效利用游憩机会谱（ROS）的途径［J］．四川林勘设计，2007（9）．

［134］王桂彩，陈村富．国际跨文化研究引论［J］．浙江大学学报（人文社会科学版），2006（4）．

［135］王柯平．旅游美学新编［M］．北京：旅游教育出版社，2000．

［136］王宁．旅游、现代性与"好恶交织"——旅游社会学的理论探索［J］．社会学研究，1999（6）．

［137］王宁．消费社会学——一个分析的视角［J］．北京：社会科学文献出版社，2001．

［138］王琼英，冯学钢．乡村旅游研究综述［J］．北京第二外国语学院学报，2006（1）．

［139］王甦，汪安圣．认知心理学［M］．北京：北京大学出版社，2006．

［140］王素洁、刘海英．国外乡村旅游研究综述［J］．旅游科学，2007，（2）．

［141］王文君，高林．饭店服务质量测量方法研究综述［J］．旅游学刊，2008（3）．

［142］王新．浅谈皮尔士和他的符号学理论［J］．社会科学家，2005（10）．

［143］王秀红．我国乡村旅游研究述评［J］．重庆工学院学报，2006（3）．

［144］王一川．审美体验论［M］．天津：百花文艺出版社，1992．

［145］乌蒙勃托·艾柯．符号学理论［M］．卢德平，译．北京：中国人民大学出版社，1990．

［146］吴必虎，刘筱娟．中国景观史［M］．上海：上海人民出版社，2004．

［147］吴惠萍．约翰走路威士忌品牌原型研究：业者与消费者的观点比较［D］，台北：世新大学，2006．

［148］吴文智、庄志民．体验经济时代下旅游产品的设计与创新——以古

村落旅游产品体验化开发为例［J］. 旅游学刊, 2003（6）.

［149］吴越民. 象征符号解码与跨文化差异［J］. 浙江大学学报（人文社会科学版）, 2007（2）.

［150］夏玢, 黄成林. 黄梅戏文化景观初步研究［J］. 池州师专学报, 2007（1）.

［151］肖洪根. 对旅游社会学理论体系研究的认识———兼评国外旅游社会学研究动态（上）［J］. 旅游学刊, 2001 年（6）.

［152］肖俭伟, 邱美玲. 关于旅游审美经验的思考［J］. 江西社会科学, 2006（3）.

［153］谢菲. 论"三位一体"民俗符号体系下饮食民俗的表达［J］. 沈阳教育学院学报, 2005（12）.

［154］［德］谢林著, 梁志学、石泉译. 先验唯心论体系［M］. 商务印书馆, 1976 年版.

［155］谢彦君. 基础旅游学［M］. 2 版. 北京：中国旅游出版社, 2004.

［156］谢彦君. 旅游体验研究——一种现象学视角的探讨［D］. 大连：东北财经大学, 2005.

［157］谢彦君. 旅游体验研究——一种现象学的视角［M］. 天津：南开大学出版社, 2005.

［158］谢彦君, 彭丹. 旅游、旅游体验和符号——对相关研究的一个评述［J］. 旅游科学, 2005（6）.

［159］谢彦君. 旅游体验的情境模型［J］. 财经问题研究, 2005（12）.

［160］谢彦君. 旅游体验——旅游世界的硬核［J］. 桂林旅游高等专科学校学报, 2005.（12）.

［161］谢彦君. 现象世界的旅游体验：旅游世界与生活世界［J］. 旅游学刊, 2006（4）.

［162］徐海龙. 戏剧"场"的消失和转化——三种电视戏曲模型巡视［J］. 戏剧, 2002（3）.

［163］徐正林、邹丽君. 体验营销——乡村旅游发展的新思路［J］. 经济与管理, 2007（5）.

［164］颜亚玉. 宗教旅游析论［J］. 厦门大学学报，2000（3）.

［165］杨蕾. 中国古代服饰文化中的符号与象征［J］. 艺术设计史论，2005（10）.

［166］杨晓云. 乡村体验旅游开发初步研究［J］. 昆明大学学报，2007（2）.

［167］杨振之，邹积艺. 旅游符号化与符号化旅游——对旅游及旅游开发的符号学审视［J］. 旅游学刊，2006（5）.

［168］于显洋. 组织社会学［M］. 北京：中国人民大学出版社，2001.

［169］余秋雨. 观众心理学［M］. 上海：上海教育出版社，2005.

［170］余向洋，朱国兴，邱慧. 旅游者体验及其研究方法述评［J］. 旅游学刊，2006（10）.

［171］Yvette Reisinger，Lindsay W.Turner. 旅游跨文化行为研究［M］. 朱路平，译. 天津：南开大学出版社，2005.

［172］詹宁斯. 旅游研究方法［M］. 谢彦君，陈丽，译. 北京：教育科学出版社，2007.

［173］张春兴. 现代心理学［M］. 上海：上海人民出版社，1993.

［174］张法. 20世纪的哲学难题：符号世界的发现及其后果［J］. 中国人民大学学报，2001（4）.

［175］张健华，陈秋华. 试论乡村旅游中的游客体验［J］. 商业研究，2008（1）.

［176］张丽华，罗霞. 乡村旅游体验营销模型的一种设计［J］. 经济管理，2007（3）.

［177］张明. 旅游目的地文化真实性探讨［J］. 学术探索，2006（6）.

［178］张文彤. SPSS11统计分析教程（高级篇）［M］. 北京：北京希望电子出版社，2002.

［179］张晓萍. 旅游人类学在美国［J］. 思想战线，2001（2）.

［180］赵飞羽、范斌、方曦来，等. 地脉、文脉及旅游开发主题［J］. 云南师范大学学报，2002（6）.

［181］赵红梅. 对旅游体验及相关研究的解读［J］. 广西民族研究. 2007

（4）．

［182］赵林．论西方古代文化从希腊多神教向基督教的转化［J］．求是学刊，1997（3）．

［183］赵林．中西文化的源流传统与基本精神［J］．人文杂志，2003（4）．

［184］赵汝芹．服务质量测量方法及其应用研究［D］．大连：大连海事大学，2007．

［185］周常春，唐雪琼．符号学方法和内容分析法在旅游手册研究中的应用［J］．生态经济，2005（6）．

［186］周传家．中国古代戏曲经典丛书总序［M］．北京：华夏版社，2000．

［187］周年兴，俞孔坚，黄震方．观注遗产保护的新动向：文化景观［J］．人文地理，2006（5）．

［188］周宪．现代性与视觉文化中的旅游凝视［M］．天津：天津社会科学，2008（1）．

［189］周亚庆，吴茂英，周永广等．旅游研究中的"真实性"理论及其比较［J］．旅游学刊，2007（6）．

［190］宗晓莲．西方旅游人类学两大研究流派浅析［J］．思想战线，2001（6）．

［191］邹宏霞，李培红．长沙城郊乡村体验旅游的开发探讨［J］．经济地理，2006，（6）．

［192］邹统钎．乡村旅游——理论·案例［M］．天津：南开大学出版社，2008：89-94．

［193］邹统钎．旅游景区开发与管理［M］．北京：清华大学出版社，2004．

［194］Adler J., 1985,Youth on the road: Reflection on The History of Tramping, Annals of Tourism Research.

［195］Ager,T. ,1958, "Der Fremdemdenverkehr in seiner Bedeutung fiir die Gebirgsbevijlkerung und fur die Bergbauernbetriebe" ,Arrarpolitische Revue 14.

［196］Antony J, F J Antony, S Ghosh, 2004, Evaluating service quality in a UK hotel chain: a case study, International journal of Contemporary Hospitality

Management, Vol. 16（6）.

［197］Arie,R.，Oded,L.，Ady,D.，2000，"Rural Tourism in Israel: Service Quality and Orientation"，Tourism Management, Volume 21, Issue 6.

［198］Armstrong, R. W., Mok, C., Go, F., & Chan, G., 1997, The importance ofcross-cultural expectations in the measurement of service quality　perceptions in the hotel industry, International Journal of Hospitality　Management, Vol. 16（2）.

［199］Ateljevic, Irena et al., 2002,Representing New Zealand: Tourism Imagery and Ideology, Annals of Tourism Research, 29（3）.

［200］Bednar, Bob, 1999,Snapshot Semiotics, www.southwestern.edu.

［201］Bejou, D., B. Edvardsson, J. Rakowski，1996, A Critical Incident Approach to Examining the Effects of Service Failures on Customer Relationships: The Case of Swedish and US Airlines, Journal of Travel Research，Vol. 35（1）.

［202］Belk,R. W.，1975, "Situational Variables and Consumer Behavior"，Journal of Consumer Research,Vol. 2

［203］Berger,John, 1972, Ways of Seeing , British Broadcasti Corporation and Penguin Books.

［204］Bigne, J., C. Martinez, and M. Miquel,1997, The Influence of Motivation, Experience and Satisfaction on the Quality of Service of Travel Agencies, Managing Service Quality, Vol.3.

［205］Bigne, J., C. Martinez, M. Miquel, A. Belloch, 1995, La Calidad Percibida: Una Aproximacio'n a las agencias de viajes. Revista Europea de Direcciony Economic'a de la Empresa，Vol. 5（2）.

［206］Bongkoo Lee, 2002, The dynamic nature of leisure experience: an application of affect control theory, Journal of Leisure Research, Vol. 34（3）.

［207］Boorstin, Daniel, 1964,The Image:A Guide to Pseudo-Events in America, New York:Harper & Row.

［208］Bradd Shore,1991, Twice-Born,Once Conceived: Meaning Construction and Cultural Cognition, American Anthropologist, New Series, Volume 93.

［209］Brian Garrod, 2007, Exploring place perception: A Photo-based Analysis,

Annals of Tourism Research, Vol.35.

［210］Bright William, Sociolinguistics, 1964, Proceedings of the UCLA Sociolinguistics Conference.

［211］Brown T J ．B A Churehill，J Peter, 1993, Improving the measurement of service quality，Journal of retailing, Vol. 69（1）.

［212］Brown, 1992, Tourism and Symbolic Consumption, In Choice and Demand in Tourism, P. Johnson & B. Thomas（Eds），London:Mansel Publishing.

［213］Chhetri, P., C. Arrowsmith & M. Jackson, 2004, Determining dimensions of hiking experiences in nature-based tourist destinations, Tourism Management, Vol. 25.

［214］Chu. R. K. S., Choi, T., 2000, An importance performance analysis of hotel selection factors in the Hong Kong hotel industry: A comparison of business and leisure travelers. Tourism Management, Vol. 21（4）. .

［215］Cohen E, 1973，"Nomads From Affluence: Notes on the Phenomenon of Drifter Tourism"，International Journal of Comparative Sociology, Vol. 14.

［216］Cohen E, 1988, Authenticity and commoditization in tourism, Annals of Tourism Research Vol. 15（2）.

［217］Cohen, Eric, 1996, A Phenomenology of Tourist Experiences, In The Sociology of Tourism, Yorghos Appstolopoulos（Eds.），Routldge.

［218］Coulter, R. A. ，Zaltman, G. ，Coulter, K. S. ，2001，"Interpreting Consumer Perceptions of Advertising: An Application of The Zaltman Metaphor Elicitation Technique"，Journal of Advertising Research, Vol.30.

［219］Coulter, R. H. ，& Zaltman, G. ，1994，"Using The Zaltman Metaphor Elicitation Technique to Understand Brand Images"，Advances in Consumer Research, Vol.21.

［220］Crompton, J. L., Love, L. L., 1995, The predictive value of alternative approaches to evaluating quality of a festival. Journal of Travel Research, Vol. 34（1）.

［221］Cronin, J. Joseph, Jr. and Steven A. Taylor, 1992, Measuring Ser- vice Quality: A Reexamination and Extension, Journal of Marketing, Vol. 56（3）.

［222］Csikszentmihalyi, M, Larson, R, Prescott, S, 1977, The ecology of adolescent activity and experience. J. Youth Adolescent, Vol.6.

［223］Culler, Jonathan, 1981, Semiotics of Tourism, The Ameican Journal of Semiotics, Vol. 1, Iss.1/2, pp.127–140.

［224］Culler, Jonathan, 1981, Semiotics of Tourism, The Ameican Journal of Semiotics, Vol. 1, Iss.1/2.

［225］Culler, Jonathan, 1981, Semiotics of Tourism, The American Journal of Semiotics.

［226］Danaher, P.J. and Mattsson, J, 1994, Customer Satisfaction in the Service Delivery Process, European Journal of Marketing, Vol. 28 No. 5..

［227］Dann.G., Nash, D, Pearce, 1988, Methodology in tourism research. Annals of tourism Research, Vol. 15（1）.

［228］Dhan,B. ,Klaus,S., 2008, "Ecotourism in Bhutan: Extending its Benefits to Rural Communities", Annals of Tourism Research, Volume 35, Issue 2.

［229］Dorfman, P. W, 1979, Measurement and meaning of recreation satisfaction, Environment and Behaviour, Vol. 11（4）.

［230］E.Cohen, 1988, Authenticity and Commoditization in Tourism, Annals of Tourism Research, Vol.15.

［231］Echtner, Charlotte, 1999, The Semiotic Paradigm: Implications for Tourism Research, Tourism Management , Vol.20.

［232］Ellis, G. D., J. E. Voelkl, C. Morris, 1994, Measurement and Analysis Issues with Explanation of Variance in Daily Experience using the Flow Model, Journal of Leisure Research, Vol. 26（2）.

［233］Fache, W., 2000, Methodologies for innovation and improvement of services in tourism. Managing service quality, Vol. 10（6）.

［234］Farrar, P., 1994, Memory–work as method. Unpublished manuscript, University of Technology, Sydney.

［235］Farsad B, S LeBruto, 1994, Managing quality in the hospitality industry, Hospitality &Tourism educator, Vol. 6（2）.

〔236〕Favreau-Lilie,M.L.,1995, The German Empire and Palestine: German Pilgrimages to Jerusalem between the 12th and 16th Century, Journal of Medieval History.

〔237〕Fredrickson,Laura M. and Anderson, Dorothy H., 1999, A Qualitative Exploration of the Wilderness Experience As a Source of Spiritual Inspiration〔J〕. Journal of Environmental Psychology, Vol. 19.

〔238〕Frochot, I. and Hughes, H, 2000, HISTOQUAL: The development of a historic houses assessment scale, Tourism Management , Vol. 21（2）.

〔239〕Goodall, H.Lloyd., 1990, Small Group Communication in Organization, Wm. C. Brown Publishers.

〔240〕Graburn, 1983, N., The Anthropology of Tourism, Annals of Tourism Research, Vol.10.

〔241〕Guth Klaus, 1995, Pilgirmages in Contemporary Europe: Signs of National and Universal Culture, History of Europe Ideas.

〔242〕Gwendolyn, C. C, 2002, The ZMET Alternative. Marketing Research, Vol. 12（summer）.

〔243〕Gwendolyn,C, 2000, The ZMET Alternative, Marketing Research, Vol.12.

〔244〕Gyimóthy, S, 2000, Service quality: a self-perpetuating concept, Journal of Quality Assurance in Hospitality and Tourism, Vol.1 （2）.

〔245〕Haemoon Oh, 2001,Revisiting importance-performance analysis, Tourism Management, Vol..

〔246〕Halliday MAK, HasanR.,1976, Cohesion in English ,London:Longman.

〔247〕Halliday MAK, 1985, An Introduction to Functional Grammar, London: Edward Arnold.

〔248〕Harkin, Michael, 1995, Modernist Anthropology and Tourism of the Authentic, Annals of Tourism Research, Vol.22（3）.

〔249〕Herbert, David, 2001, Literary Places, Tourism and the Heritage Experience, Annals of Tourism Research, Vol.28（2）.

［250］Hohnen, R, 1996, Women and holidays: Memory-work research project, Unpublished manuscript, University of Technology, Sydney.

［251］Hollenhorst S, Gardner L. 1994, The indicator performance estimate approach of determining acceptable wilderness conditions, Environmental Management, Vol. 24(3).

［252］Hu, Y. & Ritchie, J. R.B.,1993, Measuring Destination Attractiveness : A Contextual Approach. Journal of Travel Research, Volume 32, Issue 2.

［253］Hull, R. B., Stewart, W. P., and Yi, Y. K., 1992, Experience patterns: capturing the dynamic nature of a recreation experience, Journal of Leisure Research, Vol. 24 (3).

［254］Hymes, D, 1986, Models of interaction of language and social life, Directions in sociolinguistics: The ethnography of communication. Oxford: Blackwell.

［255］Ianna,C., 2004, "Old and New Marketing Techniques:Using Images to Penetrate the Mind of the Global Consumer", CMS Conference.

［256］Isabelle Frochoti, Howard Hughes, 2000, HISTOQUAL: The development of a historic houses assessment scale, Tourism Management, Vol. 21 (4).

［257］J. E. Bigné, C. Martínez, M. J. Miquel, L. Andreu, 2003, SERVQUAL Reliability and Validity in Travel Agencies, Annals of Tourism Research, Vol. 30.

［258］J. Enrique Bigne a, Luisa Andreua, Juergen Gnoth, 2005, The theme park experience: An analysis of pleasure, arousal and satisfaction, Tourism Management, Vol.26 (2).

［259］Jackowski, A. & Smith, V. L, 1992, Polish Pilgrim-Tourists, Annals of Tourism Research.

［260］Jackson, M., White, G.N. Schmierer, C.L., 1996, Tourism experiences within an attributional framework, Annals of Tourism Research, Vol. 23 (4).

［261］Jennie Small, 1999, Memory-work: a method for researching women's tourist experiences, Tourism Management, Vol. 20.

［262］Jens-Erik Mai, 2001, Semiotics and Indexing: An Analysis of the Subject

Indexing Process, Journal of Document, Vol.57.

［263］Jiu-Hwa L. Upshur et al, 1991, World History, West Publishing Company, 1991.

［264］Joar Vitters，Marit Vorkinn，Odd Inge Vistad，Jorid Vaagland，2000, Tourist experiences and attractions，Annals of Tourism Research，Vol. 27（2）..

［265］John R. Fairweather, Simon R. Swaffield, 2001, Visitor Experiences of Kaikoura, New Zealand: an interpretative study using photographs of landscapes and Q method Tourism Management, Vol. 22（3）.

［266］John Urry, 1990, "The Tourist Gaze——Leisure and Travel in Contemporary Societies", SAGE Publications Ltd.

［267］Johns, Nick & Clarke, Valerina, 2001, Mythological Analysis of Boating Tourism, Annals of Tourism Research, 28（2）.

［268］Judith Voelkl，Gary Ellis, Joseph Walker, 2003, Go With The Flow，Research update, Vol.18.

［269］Justine Digance, 2003, Pilgrimage at Contested Sites, Annals of Tourism Research.

［270］Knutson, B. J., Stevens, P., Patton, M, 1995, DINESERV: Measuring service quality in quick service, casual/theme and fine dine restaurants. Journal of Hospitality and Leisure Marketing, Vol. 3（2）.

［271］Knutson, B., Stevens, P., Wullaert, C., & Patton, M., 1991, LODGSERV: A service quality index for the lodging industry. Hospitality，Research Journal, Vol. 14（7）.

［272］Koutroulis, G., 1993, Memory-work: A critique. Annual Review of Health Social Sciences，Vol.3.

［273］Leech, Geoffrey, 1966, English in Advertising: A Linguistic Study of Adve, London Longman.

［274］Loker-Murphy L, Pearce, 1995，"Young Budget Travelers: Backpackers in Australia"，Annals of Tourism Research, PP819-843.

［275］MacCannell, Dean, 1976, The Tourist: A New Theory of the Leisure

Class, Schocken Books.

　[276]Malinowski, B, 1923, The problem of meaning in primitive languages[M]. In Ogden and Richard.

　[277] Markwick, M., 2001, Postcards from Malta Image, Consumption, Context, Annals of Tourism Research. 28 (2) .

　[278] Martilla. J. A, James, J. C, 1977, Importance performance analysis. Journal of Marketing, January.

　[279] Maryam Khan, 2003, ECOSERV: Ecotourists' Quality Expectations, Annals of Tourism Research, Vol. 30 (1) .

　[280] Matzler, K., Fuchs, M., & Schubert, A. K, 2004, Employee satisfaction: Does Kano's model apply, Total Quality Management & Business Excellence, Vol. 15 (9/10) .

　[281] Mehmetoglu, Mehmet & Graham M. S. Dann. , 2003, Atlas/ti and Content/Semiotic Analysis in Tourism Research. Tourism Analysis. Vol. 8.

　[282] Michael Hughes, Carolyn J. Kroehler, James W. Vander Zanden. Sociology, 1999, The Core. McGraw-Hill College, 1999.

　[283] Mills, Wright, WhiteCollar, 1951, The American Middle Classes, Oxford University Press.

　[284] Nixon,Howard L., 1979, The Small Group. Englewood Cliffs, N.J., Prentice Hall,1979.

　[285] Nolan, M. L., & S. Nolan, 1992, Religious Sites as Tourism Attractions in Europe, Annals of Tourism Research.

　[286] Norton, Andrew, 1996, Experiencing Nature: the Reproduction of Environmental Discourse through Safari Tourism in East Africa, Geoforum, Vol.27 (3) .

　[287] Oh, H, 2001, Revisiting importance–performance analysis. Tourism Management, Vol. 22 (6) .

　[288] Oliver, R. L., 1997, Satisfaction: A behavioral perspective on the consumer, Irwin: McGraw-Hill Company.

［289］Oppermann, Martin, 1996, Rural Tourism in Southern Germany ,Annals of Tourism Research, Vol.23（1）.

［290］P.L.Pearce, 1988, The Ulysses Factor: Evaluating Visitors in Tourist Setting, Springer Verlag.

［291］Page, Stephen, 1997, Urban Tourism:Analysing and Evaluating the Tourist Experience, In The Tourist Experience, Ryan, C.（Ed.）, London: Cassell: Wellington House.

［292］Palmer, Catherine, 1999, Tourism and the Symbols of Identity, Tourism Management Vol.20.

［293］Parasuraman, A., Zeithaml, V. A., & Berry, L. L., 1985, A conceptual model of service quality and its implications for future research. Journal of Marketing, Vol. 49（4）.

［294］Pearce, P.L., 1982, The Social Psychology of Tourist Behavior, New York: Pergamon.

［295］Peter J. Danaher,Jan Mattsson, 1994, Cumulative Encounter Satisfaction in the Hotel Conference Process，International Journal of Service Industry Management, Vol. 5（4）.

［296］Philip Feifan Xie, Halifu Osumare, Awad Ibrahim, 2007, Gazing the hood: Hip-hop as tourism attraction, Tourism Management Vol. 28.

［297］Randall S.Upchurch, Una Teivane, 2000, Resident perceptions of tourism development in Riga, Latvia, Tourism Management Vol.21.

［298］Rinschede, G., 1992, Forms of Religious Tourism, Annals of Tourism Research.

［299］Rojek, Chris & Urry, John （Ed.）, 1997, Touring Cultures: Transformation of Travel and Theory, London and New York: Routledge.

［300］Rosa,M., Pablo,A.,Libia,S.,2007, The Moderating Role of Familiarity in Rural Tourism in Spain, Tourism Management, Vol. 28.

［301］Ryan, Chris（Ed.）, 1997, The Tourist Experience: A New Introduction, London, Cassell: Wellington House.

［302］Ryan, Chris. , 2002, The Tourist Experience［M］. Continuum.

［303］Samuel V. Lankford, 1994, Attitudes and Perceptions Toward Tourism and Rural Regional Development, Journal of Travel Research, Winter.

［304］Schweyer, F.X., 1984, Qui vient en pelegrinage?, Une enquete des chiffres, Haltes.

［305］Selwyn, Tom（Ed.）, 1996, The Tourist Image:Myths and Myth Making in Tourism, John Wiley& Sons.

［306］Sharpley.R, Tourism, 1994, Tourists&Society, Cambridge shire: ELM.

［307］Smith, V. L., 1992, Introduction: The Quest in Guest, Annals of Tourism Research.

［308］Smith, V., ed, 1977，Hosts and Guests: The Anthropology of Tourism, Philadelphia: University of Pennsylvania Press.

［309］Sorensen.A, 2003, "Backpacker Ethnography", Annals of Tourism Research, Vol.30.

［310］Stamboulis, Yeoryios & Skayannis, Pantoleon, 2003, Innovation Strategies and Technology for Experience-Based Tourism. Tourism Management. Vol.24.

［311］Swarbrooke, J., Horner, S., 1999, Consumer behaviour in tourism, Oxford：Butterworth -Heinemann.

［312］Tenenbaum, G., Fogarty, G., & Jackson, S, 1999, The flow experience: A Rasch Analysis of Jackson's Flow State Scale. Journal of Outcome Measurement, Vol. 3（3）.

［313］Tribe, J., Snaith.T, 1998, From SERVQUAL and HOLSAT: Holiday satisfaction in Varadero, Cuba. Tourism Management, Vol. 19（1）..

［314］Turner V. & Turner E., 1978, Image and Pilgrim in Christian Culture: Anthropological Perspective, New York: Columbia University Press.

［315］Urry ,1990, The Tourist Gaze（Theory, Culture and Society Series）, Sage Publications Ltd

［316］Wang, Ning, 2000, Tourism and Modernity: A Sociological Analysis,

Pergamon.

［317］Weijaw Deng, 2007, Using a revised importance–performance analysis approach: The case of Taiwanese hot springs tourism，Tourism Management, Vol. 28（5）.

［318］Werner Nohl, 2001, Sustainable landscape use and aesthetic perception–preliminary reflections on future landscape aesthetics, Landscape and Urban Planning Vol.54.

［319］William T. Borrie , Robert M. Birzell, 2001, Approaches to measuring quality of the wilderness experience, USDA Forest Service proceedings RMRS2P220.

［320］Yiping Li, 2000, Geographical Consciousness and Tourism Experience, Annals of Tourism Research, Vol. 27（4）.

［321］Zaichkowsky, J.L.,1985, Measuring the Involvement Construct, Journal of Consumer Research, Vol.12.

［322］Zaltman, G., 2002, Hidden Minds, Harvard Business Review, Jan..

［323］Zaltman, G., Coulter, R. A., 1995, Seeing the Voice of the Consumer: Metaphor–Based　Advertising Research. Journal of Advertising Research, Vol. 35..

［324］Zaltman, G., Useem, J., 2003, The Man Can Read Your Mind”, Fortune（Europe）, Vol. 147.

［325］Zube, E. H., Pitt, D. G., 1981, Cross cultural perceptions of scenic and heritage landscapes. Landscape Planning, Vol. 8（5）.

后 记

　　这部集合了我所指导的部分研究生的硕士论文的作品终于要付梓印行了，这对我们来说是一件很快乐的事情。对于我本人而言，编撰自己所带的学生的作品也是一种新奇的体验。尽管这些文章从选题到写作过程中的反复沟通已经使我对论文的每个细节都比较熟悉，但重读这些作品，还是能感觉来自年轻人的一些新鲜的思想、独特的视角和鲜活的表达。这些是他们的论文固有的一些品质，我力争把他们强化出来，并求之于一贯。因此，这部书虽然是多人的作品的合集，但并非各家观点的体现，而是一家之言的一个多视角的探索。

　　按照书籍编写的体例要求，以及我本人对这本书的总体风格、样式的一个设想，我将学生的原始论文进行了大幅度的删削、调整和改写。论文在具体行文表达上，凡涉及观点性的地方，在不违背、不误解、不肢解原作者观点的原则下，我对所有意识到的可能不适当的观点性表达都做了推敲。对此，我已经求得各位学生的谅解。

　　尽管这部书在编撰阶段的工作主要由我自己来做，但原始材料都是学生们早期创造性劳动成果的积累。在编撰这些文稿时，我时不时地回想起带学生的时光，回想起在指导学生论文过程中所发生的一切，也为这些学生在求学日子所付出的努力、所承受的压力感到一些愧疚。那些投到我门下的学生，几乎都带有不畏艰险、不怕责难的勇气，而我却往往没有给他们多少实质性的帮助，甚至留下了某种难以名状的遗憾。幸好，对这些学生而言，两年半的读研时光只是人生的一小段而已，此后的辉煌才是自我的证明。因此，我愿在此祝愿我的所有学生。而谈到对旅游体验研究这一小片学术天地的贡献来说，我则感谢在本书中奉献了个人作品的这些学生们。

　　本书各章除绪论是我撰写的之外，其他各章的作者简要情况分别是：第一章，作者彭丹，为2003级研究生，目前在湖南师范大学工作，并在职攻读中山大学社会学博士学位；第二章，作者李翠文，为2006级研究生，目前在哈尔滨理工大学工作；第三章，作者李淼，为 2002 级研究生，目前在东北财经大学工作，并在职攻读东北财经大学旅游管理博士学位；第四章，作者王海弘，为 2004 级研究生，目前在辽宁大学工作；第五章，作者刘炎，为 2005 级研究生，目前在大连东特房地产公司工作；第六章，作者李双双，为 2006 级研究生，目前在北京第二外国语学院工作；第七章，作者李宁，为 2005 级研究生，目前在深圳 IBM 公司工作；第八章，作者陈焕炯，为 2006 级研究生，目前在宁波某银行工作。本书各章（除绪论外）的实际研究成果的发布时间，均与各位学生的毕业时间相对应。

　　最后，感谢在这些学生读研期间给予他们多方教诲的师长，感谢同门其他上下届同学在互助互学过程中所作出的贡献。也感谢为本书出版作出巨大努力的中国旅游出版社的同人。

谢彦君

2009 年 10 月 10 日晨于灵水湖畔

补 记

在 1999 年出版的《基础旅游学》一书中，我将"旅游体验"这一范畴正式纳入旅游基础理论研究，时至今日，旅游体验作为一个有特色的研究领域，已经引起国内学者的高度重视，旅游产业发展实践也不断演绎旅游体验的理论指导价值。

在这十余年当中，我所采取的研究策略通常是两种：一种是纯思辨性的讨论，另一种则遵循实证科学的原则去探求抽象命题。按照我最初的想法，是计划写三部著作来探求"旅游体验"这一领域的一些基础命题，它们分别是《旅游体验研究：一种现象学的视角》《旅游体验研究：走向实证科学》和《旅游体验研究：构建旅游世界》。第一部著作的目标在于解释旅游以及旅游体验的本质问题。鉴于旅游学界长期固守着世界旅游组织权威定义的现实，我所能接受的哲学思想，便不再是实证主义的，而是现象学的，其主旨是在本体论意义上寻求对旅游本质认识的突破，并探索走向情境论的旅游体验理论。尽管这一思想路线并未能够很好地实现，但还是催生了第一部著作《旅游体验研究：一种现象学的视角》的内容框架。此书在 2005 年出版的时候，相关的学术土壤还不够肥沃，个人对相关问题尤其是哲学理论问题的把握还很肤浅，因此，该书在不少地方存在着阐释不够充分甚至有所偏颇的缺憾，反映了当时本人的思想局限。

出版于 2010 年的第二部著作《旅游体验研究：走向实证科学》，本想也由自己独立完成，但限于个人精力并迫于尽早回应学界对上一本著作的某些关切，我不得不利用指导研究生的机会，引导学生从科学实证的角度展开对旅游体验的研究，试图获得某些一般抽象命题。所以，这部著作其实是一个集体成果，展现的是学生们的才华和科学认知。它与第一部著作分别从科学实证和哲学思辨两个角度隐喻了旅游知识的双重存在。今天，如果让我站在知识的角度去通观这两部著作所贡献的知识类型，以及它们在本体论意义上所体现的基本的知识观，我愿意说，第一部著作主要体现的是我新近提出的"缘识"的观点（尽管该著作的观点一旦披露便也即刻凝固为常识），而第二部则体现的是"常识"的观点（见《灵水识谭》）。这是知识的两种基本类型。因此，当今天以姊妹篇的形式重印这两部著作时，也算是在基本思想上统合了两部著作最初的写作意图。

不过，如有可能，我还是希望能再完成一部著作:《旅游体验研究：构建旅游世界》。在这部著作中，将力求融通旅游世界的各个层面，并把旅游世界打成一个整体，让旅游体验成为旅游世界的核心并发挥其知识硬核的作用。不过，这还仅仅是一个计划，将来很难说它是否能够如约而至。

这一次，中国旅游出版社应读者要求，以姊妹篇的形式重印上述两部著作，我要特别在此表示感谢。一方面，这种感谢是针对读者的，没有读者的理解和接受，旅游体验研究的相关成果不可能具有这样的生命力；另一方面，也感谢出版社能对这两部作品的重印进行颇具新意的谋划，使得它们也许会焕发出新的青春活力。此外，我也十分感谢多年来与我朝夕相处的学生们，他们在日常的学术批评氛围中成长，在蒙受学界同行的关爱中一点点步入科学研究的门径。由于他们的努力，使得我们团队的旅游体验研究逐渐形成了自己的特色。

愿旅游体验研究最终能够成为旅游学知识谱系中的重要一脉。

谢彦君

2017 年 6 月 13 日于大连灵水湖畔

项目策划：段向民
责任编辑：孙妍峰
责任印制：谢　雨
封面设计：谢彦君

图书在版编目（ＣＩＰ）数据

旅游体验研究 ：走向实证科学 ／ 谢彦君等著．--
北京 ：中国旅游出版社，2017.12（2021.11重印）
ISBN 978-7-5032-5796-4

Ⅰ．①旅… Ⅱ．①谢… Ⅲ．①旅游－研究 Ⅳ.
①F590

中国版本图书馆CIP数据核字(2017)第061500号

书　　　名：旅游体验研究：走向实证科学

作　　　者：谢彦君等著
出版发行：中国旅游出版社
　　　　　（北京静安东里 6 号　邮编：100028）
　　　　　http://www.cttp.net.cn　E-mail:cttp@mct.gov.cn
　　　　　营销中心电话：010-57377108，010-57377109
　　　　　读者服务部电话：010-57377151
排　　版：北京旅教文化传播有限公司
经　　销：全国各地新华书店
印　　刷：三河市灵山芝兰印刷有限公司
版　　次：2017 年 12 月第 1 版　2021 年 11 月第 2 次印刷
开　　本：720 毫米 ×970 毫米　1/16
印　　张：27.75
字　　数：436 千
定　　价：48.00 元
ＩＳＢＮ　　978-7-5032-5796-4